सितारों की रातें

शोभा डे

वर्ष 1948 में महाराष्ट्र में जन्मी शोभा डे की शिक्षा दिल्ली और मुंबई में हुई। बंबई के सेंट ज़ेवियर कॉलेज से उन्होंने मनोविज्ञान में स्नातक की डिग्री हासिल की और 1970 में पत्रकारिता जगत में कदम रखा।

उन्होंने तीन चर्चित पत्रिकाओं–**स्टारडस्ट, सोसायटी** और **सेलिब्रिटी**–की नींव रखी और उनका संपादन किया। **सन्डे** और **मेगा सिटी** पत्रिकाओं की वे सलाहकार संपादक रहीं।

शोभा डे आजकल स्वतंत्र लेखन में रत हैं। वे कई अखबारों और पत्रिकाओं के लिए कॉलम लिखती हैं जिनमें प्रमुख हैं : *द टाइम्स ऑफ इंडिया, द स्टेट्समैन, इंडियन एक्सप्रेस* और *द वीक*। 1988 में उन्होंने अपना पहला बहुचर्चित उपन्यास **सोशलाइट इवनिंग्स** लिखा था।

D1832201

सितारों की रातें

शोभा डे

अनुवादक
मोज़ेज़ माइकेल

राजकमल पेपरबैक्स

पहला पुस्तकालय संस्करण
राजकमल प्रकाशन प्राइवेट लिमिटेड द्वारा
1999 में प्रकाशित

© मूल अंग्रेजी : शोभा डे

राजकमल पेपरबैक्स में
पहला संस्करण : 2014
दूसरा संस्करण : 2018

© मूल अंग्रेजी : शोभा डे
© हिन्दी अनुवाद : राजकमल प्रकाशन प्रा.लि.

राजकमल पेपरबैक्स : उत्कृष्ट साहित्य के जनसुलभ संस्करण

प्रकाशक : राजकमल प्रकाशन प्रा. लि.
1-बी, नेताजी सुभाष मार्ग, दरियागंज
नई दिल्ली-110 002

शाखाएँ : अशोक राजपथ, साइंस कॉलेज के सामने, पटना-800 006
पहली मंजिल, दरबारी बिल्डिंग, महात्मा गांधी मार्ग, इलाहाबाद-211 001
36 ए, शेक्सपियर सरणी, कोलकाता-700 017

वेबसाइट : www.rajkamalprakashan.com
ई-मेल : info@rajkamalprakashan.com

मुद्रक : बी.के. ऑफसेट
नवीन शाहदरा, दिल्ली-110 032

मूल्य : ₹ 299

SITARON KI RATEN
Novel by Shobha de

ISBN : 978-81-267-2514-4

भाग : एक

- किशनभाई
- आशा रानी
- अक्षय अरोड़ा
- सेठजी
- अम्मा
- लिंडा
- अभिजित मेहरा
- आशा रानी

किशनभाई

'लाइट्स ऑफ !' किशनभाई ने स्टूडियो के चपरासी की कड़क आवाज पर मुँह बिचकाया। पिछले बीस बरसों में उसने न जाने कितनी बार इन शब्दों को सुना था ? हजार बार ? दस हजार बार ? इस समय वह उस गंदे, कस्बाई थिएटर में बैठा था, जहाँ फिल्मों के रिलीज होने से पहले उनका प्रिव्यू शो किया जाता है। अँधेरा होते ही किशनभाई ने सफेद रेक्सीन की चप्पलों से अपने पैरों को निकालकर उन्हें आराम दिया, पान पराग का डब्बा उठाया, सावधानी से डकार ली और अपने गले में पड़े पंचमुखी रुद्राक्ष को छुआ। यह हरकत वह हर बार अनायास ही करता था।

हर बार नहीं तो अधिकतर वह ऐसा करता था। और आज रात दिखाई जाने वाली फिल्म तो खास थी। इस फिल्म में केवल उसका पैसा ही दाँव पर नहीं लगा था। किशनभाई की तमन्ना थी कि *तेरा मेरा प्यार ऐसा* नामवाली यह फिल्म बॉक्स आफिस पर हिट हो। यह सब वह अपनी खातिर नहीं, बल्कि आशा रानी की खातिर चाहता था। अपनी हमदम आशा की खातिर। हाँ, यह सच है कि आशा अब उसकी नहीं रह गई है, किशनभाई ने तुरंत अपनी गलती को सुधारा। लेकिन यह भी सच है कि कभी वह उसी की थी। और यही थिएटर है, जहाँ से आशा रानी को शोहरत मिलनी शुरू हुई। उस घटना को वह कभी नहीं भूल सकता। यह उसकी पहली फिल्म थी। और आशा रानी की भी। यह उसकी प्रीमियर हिट थी, और आशा रानी की भी। यह उसका पहला प्यार था, और आशा रानी का भी।

उसकी बगल में बैठे आदमी का कसमसाना पहले ही शुरू हो गया था। किशनभाई ने धीमे से उसे गरियाया। सिंथेटिक कपड़े का नीला कुरता-पाजामा पहने यह दो कौड़ी का भंगी आज रात गोपालजी बना बैठा है। 'गोपालजी माई फुट,' उसने फनफनाते हुए धीमे से कहा। वह कोई गोपालजी-वोपालजी नहीं था। वह तो मुंबई की गंदी नालियों का भंगी था, भंगी। और आज वही कुतिया का पिल्ला प्रोड्यूसर बना बैठा है। बड़े नाम, बड़े दामवाला प्रोड्यूसर। हरामजादा ! अभी सात साल पहले यही आदमी किशनभाई की प्रोडक्शन कंपनी में यूनिट की जी-हुजूरी किया करता था। हाँ, तब किशनभाई की अपनी खुद की प्रोडक्शन कंपनी हुआ करती थी। उसका अपना बैनर

था—के.बी. प्रोडक्शंस।

उन दिनों गोपालजी था ही क्या ! महज एक लफंगा भड़ुआ, जो डायरेक्टर के लिए पान और हीरो के लिए रंडियाँ लाने का काम करता था। किशनभाई को अच्छी तरह से याद है कि कैसे वह इस मक्कार आँखोंवाले ठग को बुलाता था, "अबे साले !" और उससे कहता था, "जाकर मेरा बीड़ी का बंडल ले आ।" उसके 'ले आ' कहने की देर होती थी कि बस गोपालजी उसकी कार से डनहिल का पैकिट लाने के लिए यह जा—वह जा। वैसे वह था काम का आदमी, और जुगाड़ू भी कम नहीं था। उसमें यह हुनर था कि हीरोइन के रेशमी पेटीकोट पर इस्तरी कर दे और मजाल कि कपड़ा कहीं से जल जाए। किसी फिल्म का गाना शूट होना हो तो गोपालजी को बताइए और एक ही दिन में ऊँटों का काफिला हाज़िर ! यही क्यों, भूले से कभी मेकअप-मैन बीमार पड़ गया तो यह लौंडों का यार चेहरे पर लीपापोती भी कर देता था। गोपाल ने अपने आपको हरफनमौला बना लिया था। और घिनौना भी।

किशनभाई ने उस दिन को याद किया जब उसने गोपाल को अपनी प्रोडक्शन कंपनी से निकाल बाहर किया था। ऐसा करके अच्छा तो नहीं लगा था उसे, लेकिन करता भी क्या। गोपाल अपनी हद जो पार कर गया था। उसने आशा रानी को ही लाइन मार दी थी। किशनभाई इस बारे में सोचना भी नहीं चाहता था। उसने अपने आपको जबरन वर्तमान में लौटाया। पर्दे पर अब फिल्म के टाइटिल्स चल रहे थे और उसके साथ कान फोड़ देने वाला संगीत भी। पता नहीं क्यों, सारे के सारे हिंदी फिल्म वाले शुरू के इतने अहम दृश्यों में अदबदाकर इतना कान-फाड़ू शोर भर देते हैं (कला फिल्में भी तो अछूती नहीं रह पातीं इस हल्ला-गुल्ला संगीत से) ? क्या वे ऐसा इसलिए करते हैं कि दर्शकों को इतना झकझोर दो कि वे फिल्म में ध्यान लगाने को मजबूर हो जाएँ, या फिर उनकी समझ को ही कुंद कर दिया जाए ? जाने दो...उसे क्या लेना-देना। ये हरामजादे चाहते भी यही हैं, और यही उन्हें मिलता भी है।

आशा रानी ने इस शो में आने की जहमत नहीं की थी। इसकी उम्मीद भी नहीं थी उससे। और फिर अब तो उसने बांद्रा के अपने आलीशान बँगले में ही एक छोटा-सा थिएटर बनवा लिया था। वहीं डबिंग स्टूडियो भी था। धंधे की अच्छी समझ है, किशनभाई ने सोचा। उसका गुरु कौन है ? गुरु चाहे जो भी रहा हो, उसने आशा रानी की अंटी तो ढीली करवा ही ली थी। किशनभाई के दिमाग में अचानक एक तसवीर उभरी और वह चुपचाप हँस दिया। "आशा रानी, मेरी जान, अपना नाड़ा खोलो, बटुआ तो तुम बाद में भी खोल सकती हो !" वह चाहे जो भी रहा हो, आशा रानी के साथ यही होना चाहिए था। चालू कुतिया ! चलो छोड़ो, सब औरतें ऐसी ही होती हैं। कम-से-कम फिल्मी औरतें तो तमाम ऐसी ही होती हैं। कोई शरीफ नहीं होती। एक भी नहीं।

किशनभाई ने जब पहली बार आशा रानी को देखा था, तब वह कुछ भी नहीं थी। सड़कछाप फिल्मी अखबार 'धूल का फूल' कहकर उसकी हँसी उड़ाते थे। वह थी भी तो ऐसी ही—बेढंगी, बेडौल, भारी-भरकम मद्रासी छोकरी। और उस पर उसकी काली

चमड़ी। छिः ! किशनभाई को काली लड़कियाँ बिलकुल पसंद नहीं थीं। वह तो हमेशा 'दूध-जैसी गोरी' औरतों का दीवाना रहा है। खुद उसके काले रंग पर अफगान स्नो और ड्रीमफ्लावर पाउडर की परतें चढ़ी रहती हैं। नहाने के बाद उसका नियम है क्रीम-पाउडर थोपने का। आशा रानी ने जब उसको यह सब करते देखा था तो उसकी हँसी रोके नहीं रुकी थी। हँसती ही चली गई थी वह। लेकिन यह बाद की बात है, जब वह बदस्तूर उसकी हो गई थी। नहीं, उसने इस कुतिया से शादी-वादी तो नहीं की थी। लेकिन फिल्मी हलकों में यह बात उड़ गई थी कि किशनभाई ने एक नई चिड़िया फँसा ली है। यह इशारा था बाकी तमाम लोगों के लिए कि अब वे अपने हाथ दूर ही रखें। लेकिन गोपाल ने जान-बूझकर इस फरमान को तोड़ने की कोशिश की थी। गोपाल ने अपने आपको किशनभाई से हमेशा इक्कीस समझा। वह हिमाचल प्रदेश का जो था—गोरा-चिट्टा, हलके रंग की आँखोंवाला।

बहरहाल, अब आशा रानी सामने थी। एक खूबसूरत दृश्य। अच्छे ढंग से फिल्माया गया था उसे। आशा रानी शुरू के दृश्यों में तो जान ही डाल देती है। बेशक, सारे टोटके सीख लिए थे उसने। अपने चेहरे को जितनी अच्छी तरह वह जानती थी, उतना और कोई नहीं। उसे पता था कि उसकी नाक भद्दी है और ठुड्डी भी भारी है। लेकिन उसे यह भी पता था कि कैमरा अगर उसकी आँखों पर हो और उसके होंठ सही अंदाज में खुले हों तो लोग फिर और कुछ नहीं देखते। किशनभाई ने पर्दे पर उसकी तसवीर को बारीकी से देखा और उसे आशा रानी के होंठों के ऊपर वह मस्सा दिखाई दे गया। उन दिनों आशा रानी को इससे बहुत चिढ़ थी। "निकाल दो न," वह अपने मेकअपमैन से मिन्नत करती। फिर किशनभाई ने ही उसे विश्वास दिलाया था कि यह बहुत सेक्सी दिखता है। इसी की वजह से लोगों का ध्यान उसके मुँह पर जाता है। आजकल वह इसे और काला करने लगी है। किशनभाई कोशिश करने लगा कि वह बीते दिनों के बारे में न सोचे और इस गाने पर ध्यान दे, जिसके बोलों पर वह अपने होंठ चला रही है। अब भी वह वही आशा रानी है, जिसे अपना मुँह ज्यादा खोलने से इसलिए डर लगता था कि कहीं कुत्तों जैसे उसके टेढ़े दाँत पर्दे पर न दिख जाएँ।

हलका फोकस लेंस, पीछे से आती रोशनी, चेहरे की तीन चौथाई तसवीर—इस दृश्य में सब कुछ वैसा ही था जैसा वह चाहती थी। किशनभाई गाने के बोलों में डूब गया। गाने में कुछ खास नहीं था—हालाँकि साउंडट्रैक में एकाध मिनट तक सेक्सी अंदाज में जोर-जोर से साँसें लेने की आवाजें थीं। इस दृश्य में आशा रानी 'जाकुजी' में दिखाई दे रही थी, उसकी एक पतली टाँग बाहर को निकली हुई थी। यह एक फैंटेसी दृश्य था, जिसमें हीरोइन अपनी सुहागरात का सपना देख रही है। आशा रानी ने सचमुच इस दृश्य में अपना सब कुछ झोंक दिया था। किशनभाई ने देखा, वह अपने बदन पर साबुन रगड़ रही है। कैमरा प्यार से उसके बदन पर घूमता हुआ उसकी छातियों के करीब आकर ठहर गया। क्या छातियाँ हैं ! तभी बगल की सीट पर बैठे गोपाल ने पादा। किशनभाई ने अचकचाकर पहलू बदला। तमाम कोशिशों के बावजूद उसकी मर्दानगी

जोर मारने लगी थी। शिट ! वह सोचने लगा, यह कुतिया आज भी उत्तेजित कर देती है मुझे।

गोपाल ने उसे कोहनी मारी, ''क्यों जी, क्या चीज है।'' किशनभाई ने ऐसा जताया जैसे उसने सुना ही न हो। उधर दृश्य बदल चुका था। अब एक पाँच-सितारा होटल का हनीमून सुइट सामने था। आशा रानी पूरे सुहाग के जोड़े में थी। पता नहीं हिंदी फिल्मों की दुल्हनें हमेशा उत्तर भारतीय ही क्यों होती हैं ? वही लाल-सुनहरी साड़ी, वही गहने, वही मेहँदी, वही बिंदिया।

जब वह मुंबई में आई-आई थी, कभी लाल कपड़े नहीं पहनती थी। कहती थी, ''छिः ! इसमें तो मैं और काली लगूँगी।'' उसके ड्रेस डिजाइनर ने उसे समझाया था कि वह शोख रंग के कपड़े पहना करे। लेकिन आशा रानी अड़ गई थी, ''न रे बाबा, मम्मी कहती हैं भड़कीले कपड़े मत पहना करो।'' उन दिनों आशा रानी का हर जुमला 'मम्मी कहती हैं' के तकिया कलाम से शुरू और इसी पर खत्म होता था। क्या यह आज भी ऐसे ही बात करती है ?

कितनी नफरत करता था वह आशा रानी की उस मम्मी से। पिशाचों-जैसी बड़ी-बड़ी कजरौटी आँखों वाली मरखनी गाय थी वह। अपने आपको 'गीता देवी' कहती थी। गीता देवी और वह पहली नजर में ही एक-दूसरे से नफरत करने लगे थे। लेकिन गीता देवी नफरत किससे नहीं करती थी ? एक दिन किशनभाई ने उसे गरिया दिया तो आशा रानी ने समझाने की कोशिश की थी। ''मम्मी ऐसी नहीं हैं,'' उसने कहा था। ''मम्मी मुझे बचाने के लिए यह सब करती हैं।'' ''किससे बचाने के लिए ?'' किशनभाई गरजा था। इस पर आशा रानी ने सहजता से जवाब दिया था, ''मर्दों से,'' और किशनभाई का गुस्सा काफूर हो गया था। उसने अपने आपको याद दिलाया था कि अभी बच्ची ही तो है वह। पंद्रह साल उम्र थी उसकी, और छाती चालीस इंच !

किशनभाई ने एक बार फिर अपना ध्यान पर्दे की ओर मोड़ा। शिट ! तो वह आज भी ये नकली चीजें पहनती है ! उसे इनकी जरूरत नहीं है। सैकड़ों बार उसने आशा रानी से यह बात कही भी थी। लेकिन मम्मी की जिद थी। तमाम प्रोड्यूसरों की भी यही जिद थी। ''अच्छा लगता है यार।'' उनका कटाव देखकर वे बोले थे। किशनभाई ने इस पर जवाब दिया था, ''क्या अच्छा लगता है, साला पहाड़ दिखता है।''

आशा रानी की छातियाँ बहुत ही बड़ी थीं। किशनभाई इस बात को तो दावे के साथ कह सकता था। आखिर उसे सेंट माइकेल्स से वे सारी चोलियाँ किसने लाकर दी थीं ? जब कभी वह लंदन जाता, आशा रानी उससे यही मिन्नत करती थी, ''मेरे लिए और कुछ मत लाना...बस गुदगुदे खिलौने और 'ब्रे-सी-यार्स' '' (इसे वह इसी अंदाज में बोलती थी)। किशनभाई बड़े गर्व के साथ सेल्सगर्ल्स से कहता था कि वे काली लेस, तीन चौथाई कप, जाली वाली 38 नंबर की ब्रॉ ढूँढ़ने में उसकी मदद करें। और वह इस कल्पना में खो जाता था कि ये सेल्सगर्ल्स जरूर उसकी तकदीर से रश्क कर रही होंगी।

और, कपड़ों के खिलौनों का कैसा अंबार लगा रखा था उसने ! तौबा ! पीली बिल्लियाँ, नीले खरगोश, पीली आँखों वाले रेशमी काले तेंदुए, बिंदियों वाले पांडा, क्या कुछ नहीं था उसके पास; यहाँ तक कि चार फुट का एक जिराफ भी था उनमें। "यह मेरा चिड़ियाघर है !" आशा रानी किसी सड़कछाप फिल्मी अखबार के बीच के पन्नों के लिए एक टेडी बियर पकड़कर पोज देती हुई बड़ी अदा से हँसकर कहती।

किशनभाई की समझ में यह कभी नहीं आया कि वह खिलौनों की इतनी दीवानी क्यों है। "तुम्हें मेरे बचपन के बारे में नहीं मालूम," वह किसी गुड़िया को छाती से लगाए उससे कहती, "मेरे पास खेलने को कभी कुछ नहीं रहा—कोई खिलौना नहीं, कुछ भी नहीं।" यह कहानी वह पहले भी सुन चुका था। एक पिता था, जिसने उन्हें छोड़ दिया था। एक माँ थी, जिस पर तीन-तीन लड़कियों को पालने की जिम्मेदारी आ पड़ी थी। गरीबी थी, अभाव था, संघर्ष था। किशनभाई को उसके लिए ये चीजें लाना बुरा नहीं लगता था। हालाँकि, जब उसके मँगाए बड़े-बड़े और फुलफुले बंदरों को कस्टम से निकलवाने के लिए चलता तो अपनी नजर में वह कुछ-कुछ मूर्ख दिखता था। किशनभाई कड़वाहट से भरकर सोचने लगा कि अब उसे न जाने कौन से जानवर अच्छे लगते होंगे।

पहला दृश्य आशा रानी के चेहरे के क्लोज़अप के साथ खत्म हो गया। वह आज भी उन बेहूदा नकली पलकों और रंगीन कांटैक्ट लेंसों का इस्तेमाल क्यों करती है ? क्यों ? उसकी आँखें तो वैसे ही सुंदर हैं। अमावस की रात के आसमान से भी ज्यादा काली। किसी अक्षत-योनि कन्या-सी भोली। आश्चर्य की बात थी यह। इतने सारे मर्दों और इतनी सारी फिल्मों का तजुर्बा कर लेने के बाद, आज भी वह उतनी ही नाजुक, भोली और बेदाग दिखती थी।

किशनभाई एक चौथाई पान पराग खा चुका था। वह पेशाब जाने के लिए फटाफट उठा। उसे पता था कि फिल्म में ऐसा कुछ भी नहीं है जिसे नहीं देखने से कोई फर्क पड़ जाएगा। शायद इस बीच एक और बेसुरा गाना होगा, बलात्कार या डकैती का एकाध सीन हो।

पेशाबघर गंदा था और बदरंग, और उसमें सिगरेट के टोंटे पड़े थे। वहाँ एक ही बेसिन था और उसमें भी पानी नहीं था। किशनभाई ने अपना रूमाल निकाला और अपनी उँगलियाँ पोंछीं। उसकी जान-पहचान के कुछ लोग तो यह भी नहीं करते थे। लेकिन वह इस सबका बहुत ध्यान रखता था। आखिर उसने अपना अंग छुआ था, पेशाब की कुछ बूँदें उँगलियों पर जरूर रह गई होंगी। और बाद में वह उसी हाथ से खाना खा ले ? छिःछिः ! एक बार फिर उसने आशा रानी के बारे में सोचा। एक बार जब उसने उससे पूछा था कि पेशाब करने के बाद क्या वह वहाँ धोती है तो वह सन्न रह गई थी। उन दिनों हर बात से वह परेशान हो जाती थी। उसने शर्म से लाल होते हुए 'हाँ' में सिर हिला दिया था। "शाबाश !" उसने आशा रानी की पीठ ठोंकी थी, "ये पंजाबी कुतियाएँ कभी इस सबकी परवाह नहीं करतीं। कित्ती गंदी औरतें होती हैं ये। ऊपर चमक-दमक और अंदर निरी गंद, फफूँद लगी चोलियाँ पहने रहेंगी, और गंदी

चड्ढियाँ, और काँखों से बदबू उठती रहेगी। छिः ! बेकार की चुदक्कड़ें।" वह उस बाजारू शब्द को सुनकर शर्म से जड़ होकर रह गई थी। और आज ? आज हालत यह थी कि यह लाजवंती हर तरह और हर तरफ से मर्दों का रस ले चुकी थी।

किशनभाई वापस थिएटर में आ गया और फिल्म पर ध्यान जमाने की कोशिश करने लगा। फिल्म का हीरो आशा रानी से बहुत छोटा दिख रहा था। किशनभाई को उसका नाम याद नहीं आया—क्या जो नाम था—अमर जैसा कुछ। क्या उम्र होगी उसकी ? अभी उसकी जाँघों के बीच बाल भी आए या नहीं ? चिकना-चिकना चेहरा और आँखों का रंग ऐसा जैसे भूरी चाशनी। गुलाब की कली जैसा मुँह। किशनभाई के जमाने में तो किसी हाल में भी हीरो नहीं बन पाता वह। औरत को भोगने की तो बात ही छोड़ो, यह छोकरा पता नहीं रगड़ा भी मार पाता है या नहीं ? अगर इसके ये तड़क-भड़क वाले कपड़े उतार दिए जाएँ तो कैसा दिखेगा यह ? क्या आशा रानी ने इसे नंगा देखा होगा ? किशनभाई ने मेकअप रूम के कई किस्से सुने थे, लेकिन ऐसे किस्से तो हर वक्त हर सितारे के बारे में फैलाए जाते रहे हैं, और आशा रानी के मामले में तो यह कुछ ज्यादा ही होता है। जो हो, यह नया छोकरा तो आशा रानी के लायक बिलकुल भी नहीं है। और फिर उसने खुद से सवाल किया, 'क्या मैं आशा रानी के लायक हूँ ? क्या आज कोई इस बात पर यकीन करेगा कि वह, हाँ वह, यानी किशनभाई इस आशा रानी की जिंदगी में आनेवाला पहला मर्द था ? कि उसी ने पहली बार आशा रानी के जिस्म को भोगा था—जबरन या हैवानियत से नहीं, बल्कि कोमलता और प्यार से ?' जी हाँ, प्यार से, अब चाहे इस बकवास का मतलब कुछ भी हो।

वह उस अनजान होटल में पलंग पर लेटी अपनी भोली आँखों से किशनभाई को ताक रही थी, जो बड़ी सावधानी से अपने कपड़े उतार रहा था। "जानते हो मेरे चचेरे भाई के बाद तुम पहले मर्द हो जिसे मैं नंगा देख रही हूँ। लेकिन मेरा भाई तब बहुत छोटा था," उसने कहा था। "तुम्हें डर नहीं लग रहा ?" किशनभाई ने अपनी पैंट उतारकर उसे सलीके से तहाते हुए पूछा था। "तुमसे ? नहीं तो। बिलकुल नहीं। क्यों ? क्या मुझे डरना चाहिए ?" उसने कहा था, और आश्वस्त आँखों से किशनभाई को देखा था। किशनभाई सोचने लगा था कि क्या यह सचमुच उतनी ही भोली है, जितनी दिखती है ?

"तुम्हें पता है हम क्या करने जा रहे हैं ? क्या कभी किसी ने तुम्हें...सेक्स के बारे में बताया है ?" उसने अटकते हुए कहा था। उसे अपनी ही बात कुछ मूर्खतापूर्ण लगी थी। "मुझे किसी ने कुछ नहीं बताया, लेकिन मैंने किताबों में इसके बारे में पढ़ रखा है। अम्मा तो कभी ऐसी बातें करती नहीं, और मेरी बहनें इतनी सिड़ी हैं कि जब अंग्रेजी फिल्मों में चूमा-चाटी के सीन आते हैं तो बस दाँत फाड़कर हँसती चली जाती हैं। "लेकिन यह केवल चूमा-चाटी की बात नहीं है," उसने अपने मोजे उतारते हुए कहा

था। अब उसके बदन पर अकेला जाँघिया रह गया था और उसे बड़ा अटपटा लग रहा था। तभी आशा रानी चीख पड़ी थी, "हे भगवान !" और वह उछल पड़ा था, "क्या हुआ ?" "वह निशान !" मुँह पर हाथ रखकर आशा रानी ने कहा था, और किशनभाई के हाथ एक झटके में अपनी जाँघ पर चले गए थे। "अरे यह ? मैंने तुम्हें बताया नहीं ? यह चोट तब की है जब मैं बीस का था। शूटिंग के बाद मारपीट हो गई थी। बहुत पी रखी थी, और उस पर कड़की। हर तरफ से मायूसी भरा हाल था...उन दिनों फिल्म इंडस्ट्री में सचमुच के गुंडे होते थे। निरे ठग। मैंने किसी से पैसे ले रखे थे। वह अपने पैसे माँगने आया। मैं झगड़ पड़ा और फटाक...उसने चाकू निकाल लिया। उनतीस टाँके आए थे। मेरे घाव ठीक से नहीं भरते और जल्दी भी नहीं भरते।" यह कहते हुए उसने अपना जाँघिया भी उतार दिया और पलंग पर आ गया।

पहले दस मिनट तक तो आशा रानी अपने लंबे-लंबे नाखून उसके घाव के टेढ़े-मेढ़े किनारों पर फेरती रही थी। उसने उस जगह को चूमा, जहाँ चाकू लगने से बने घावों पर टाँके लगने से छोटे-छोटे उभार बन गए थे। वह उसकी जाँघों के बीच गुनगुनाने लगी थी। उसका मुलायम गाल उसके अंग को छू रहा था और वहाँ हरकत होने लगी थी। उसने आशा रानी को पकड़कर वहाँ से हटाया था, "जानती हो बेबी जान, इस तरह तो मैं तुम्हें प्यार करने लग जाऊँगा, तुम्हारा गुलाम हो जाऊँगा। यही रहा तो मैं कहीं का भी नहीं रहूँगा, और शायद तुम भी बरबाद हो जाओ।" उसने अपनी आँखें बंद कर ली थीं और आश्वस्त होकर उसके और पास सिमट आई थी, "अब इस सबके बारे में मत सोचो, बस मुझे प्यार करो।"

वह उसकी छातियों से अपनी आँखें नहीं हटा पाया था। उन्हें बारी-बारी से सहलाते हुए पूछा था, "इतनी बड़ी कब कर लीं तुमने ?" और आशा रानी ने जवाब दिया था, "जब मैं तेरह की थी, तभी। मेरी माहवारी जल्दी शुरू हो गई थीं। तब साढ़े दस की थी मैं। अम्मा बहुत गुस्सा हुई थी, जैसे मैंने जान-बूझकर यह सब किया हो। मुझे बड़ा खराब लगा था। उसके बाद तो बस ये बड़ी ही होती चली गईं। मैं बारह की भी नहीं थी, तभी से 36 नंबर की ब्रॉ पहनने लगी थी। मुझे अपने उभारों से बहुत चिढ़ होती थी। किसी के भी तो इतने बड़े नहीं थे। अपनी उम्र की और लड़कियों की तरह मैं न रस्सी कूद पाती थी, न दौड़ पाती थी और न उछल पाती थी। मैं पावडई भी नहीं पहन सकती थी। यहाँ तक कि मेरे डांस गुरु ने भी मेरा ध्यान इस ओर खींचा था। उन्होंने अम्मा से कहा था, "इस लड़की को साड़ी पहननी चाहिए। इसे ढाँककर रखिए। मुझे तो लगता है यह भगवान का शाप है।"

किशनभाई ने उसके नीचे एक तकिया लगाते हुए कहा था, "तुम सुंदर हो। अपनी छातियों को तो देखो, कितनी सुंदर हैं। कला के नमूने। हर तरह से शानदार हैं ये।" इस पर आशा रानी ने सपाट स्वर में कहा था, "आजकल जिस भी आदमी से मिलती हूँ वही इन्हें छूना चाहता है।" किशनभाई ईर्ष्या से भर उठा। उसने झपटकर आशा रानी के शरीर को अपने शरीर से ढक लिया और उसमें समा गया। "कभी किसी

को छूने मत देना, समझीं कि नहीं ? तुम मेरी हो, केवल मेरी। ये मेरी हैं। बस मेरी।'' वह कहता चला गया था।

जब तक यह सब चलता रहा, आशा रानी की आँखें खुली ही रही थीं। उसके मुँह से एक आवाज भी नहीं निकली थी।

वह फिर पर्दे पर थी।

एक डिस्को का दृश्य था, जिसमें वह ऐसे कपड़े पहने थी कि उसकी आधी से ज्यादा कमर नंगी दिखाई दे रही थी। सुनहरा रंग उस पर खूब खिलता था, और अगर उसका मेकअप और बाकी सजावट भी उसी के हिसाब से हो तो सोने पर सुहागा हो जाता था। इस समय वह जो लिबास पहने हुए थी, फिल्मों में उसने कैबरे की पोशाक के मामले में एक नया फैशन ही शुरू कर दिया था। आशा रानी के ड्रेस डिजाइनर ने उन चमकीले सितारों या रँगे हुए परों की जगह उसके लिबास में सिक्कों का इस्तेमाल किया था। ये सिक्के असली नहीं बल्कि, टीन के पत्तर के बने थे, जिन्हें हलकी जंजीरों से जोड़ दिया गया था। वह चमड़ी के रंग की ब्रॉ पहने थी और नीचे जो छोटी सी बिकनी उसने पहनी हुई थी, वह वहाँ दिख ही नहीं रही थी। उसकी चुस्त चमकीली पाजामी उसकी टाँगों से बिलकुल चिपकी हुई थी। उसके लिए खासतौर पर बनाई गई ब्रॉ की उठान ऐसी थी कि उसकी छातियों में और ज्यादा गहराई दिखाई दे रही थी। टीना टर्नर के बालों की नकलवाली विग तो और भी गजब ढा रही थी। यही हाल उसकी गर्दन पर झूलती सुनहरे रंग की लटों का था। वह ऐसी लग रही थी जैसे सीधी हालीवुड की किसी विज्ञान फिल्म से निकलकर आई हो। किशनभाई ने देखा कि उसकी नाभि में काँच का एक हीरा अटका हुआ है। उसे देखकर उसे कुछ याद आ गया।

हाँ, यह उनकी पहली मुलाकात थी। किशनभाई 'क्लियोपैट्रा' का मैटिनी शो देखकर अभी लौटा ही था और स्टूडियो के फाटक के बाहर खड़ा हुआ अपने दोस्त वेंकी के साथ इसकी खूबियों (जैसे स्लेज़ टेलर की लुभावनी नाभि) के बारे में बातें कर रहा था। तभी अचानक स्टूडियो के फाटक के बाहर जमा भीड़ को धकियाती हुई एक काली, भयंकर, राक्षस जैसी औरत वहाँ आई और उनके सामने खड़ी हो गई थी। फिर वह वेंकी से मुखातिब हुई थी, हालाँकि वह उसे पहचान नहीं पाया था। ''मैं गीता देवी हूँ,'' उसने कहा था, पर उसका कोई असर नहीं हुआ था। उनकी बातों से उसे यह पता चला था कि वेंकी कभी मद्रास के किसी स्टूडियो में असिस्टेंट का काम करता था, जहाँ से उस औरत का कोई संबंध था।

किशनभाई गलती से यह समझ बैठा था कि शायद गीता देवी फिल्मों में अपने लिए काम माँग रही है, और वह मन ही मन अभी हँस ही रहा था कि उस औरत ने अपनी बेटी को धक्का देकर आगे कर दिया था। ''विजी से मिलो।'' उसने अपनी बेटी का परिचय कराते हुए कहा था। वह लड़की क्या थी, साक्षात् एलिजाबेथ टेलर थी।

किशनभाई फौरन हरकत में आ गया था। अपने सफारी सूट की सिलवटें ठीक करते हुए और अपने गंजे सिर पर बचे गिनती के बालों को सँवारते हुए उसने एक सुर में अपना परिचय दिया था, "मैं किशनभाई, प्रोड्यूसर, मेरा मतलब है, असिस्टेंट प्रोड्यूसर। मैडमजी, मुझे एक नए चेहरे की तलाश है। मैं इंडस्ट्री में सबको जानता हूँ। आपका शुभ नाम ? क्या आपकी बेटी को नाचना आता है ? दरअसल, मैं सभी को जानता हूँ–डांस डायरेक्टरों को, म्यूजिक डायरेक्टरों को, कैमरामैनों को...सारे बड़े-बड़े प्रोड्यूसरों, हीरो लोगों को, हीरोइनों को, सबको जानता हूँ मैं। आजकल माँग भी खूब है। दक्षिण भारतीय लड़कियाँ अच्छी होती हैं। वे कोई खिटपिट, कोई फालतू नखरा नहीं करतीं। मुंबई में सब लोग दक्षिण भारतीय लड़कियों को बहुत पसंद करते हैं, शायद मैं बेबी को कोई रोल दिला सकूँ..."

सच पूछा जाए तो अम्मा को इतना भरोसा दिलाने की जरूरत ही नहीं थी। वह तो हर ओर से हताश थी। वह वेंकी के साथ तमिल में सलाह-मशविरा कर चुकी थी और वेंकी ने उसे निराश ही किया था। लेकिन अम्मा अपना मन बना चुकी थी।

बस, 'क्लियोपैट्रा' की बातों को छोड़-छाड़ वह उन माँ-बेटी के साथ एक घटिया से दक्षिण भारतीय रेस्टोरेंट में आ गया था। वहीं गुनगुनी कॉफी पीते हुए उसने उन्हें अपना विजिटिंग कार्ड थमा दिया था और उनका माटुंगा का पता नोट कर लिया था। उसने उन्हें यह भी आगाह कर दिया था कि वे और किसी से इस सिलसिले में न मिलें। और वहीं वह बड़ी-बड़ी छातियों और भोले-भाले चेहरे वाली इस भरपूर बदन की लड़की को दिल दे बैठा था।

किशनभाई इस फिल्म में पहली बार आशा रानी के चेहरे पर असली चमक देख रहा था। इस दृश्य में चमड़े का लिबास पहने वह खलनायक की बेरहमी से पिटाई कर रही थी। यह दृश्य देखकर किशनभाई सोचने लगा कि क्या आशा रानी के मन में सचमुच मर्दों के लिए नफरत है ? कहीं इसका संबंध अप्पा से और अम्मा के साथ उनके दुर्व्यवहार से तो नहीं है ? या शायद उसे लगता हो कि मर्दों ने उसे गंदा किया, उसे इस्तेमाल किया, और उससे अपना काम निकाला है। वह अकसर कड़वाहट से कहती भी थी, "तुम सबके सब एक जैसे हो, लेकिन देखते जाओ, मैं तुम सबको दिखा दूँगी। मैं मर्दों के साथ वही सब करूँगी जो वे मेरे साथ करने की कोशिश करते हैं। मैं तुम सबसे निपटूँगी–तुम्हें तुम्हारी ही चाल से मात दूँगी !" किशनभाई उसकी इन बातों पर खूब हँसता और कहता था, "छोड़ो, छोड़ो, औरतें तो नाजुक फूलों की तरह होती हैं। तुम लोगों की देखभाल करना तो हमारा विशेष अधिकार है, और कर्त्तव्य भी।" "तो फिर मेरा बिस्तर गरम करने के बजाय तुम अपनी बीवी की देखभाल क्यों नहीं करते ? या वह औरत नहीं है ?" आशा रानी के साथ अपनी पुरानी बातों को याद करते हुए, अब वह उससे सहमत हो रहा था कि अधिकतर मर्द हरामी होते हैं।

किशनभाई को याद आया कि किस तरह उसने आशा रानी को अक्षय अरोड़ा के चक्कर में न पड़ने देने की कोशिशें की थीं। साला हीरो ! वह जानता था कि अक्षय किस किस्म का आदमी था—हाँ वह कुछ ज्यादा ही अच्छी तरह जानता था। लेकिन आशा रानी की तो अक्ल ही खराब थी। उसने कहा था, "मुझे रोकने की कोशिश मत करो, किशनभाई ! मैं उससे प्यार करने लगी हूँ। अगर इस संबंध को कोई आँच आई तो मैं मर जाऊँगी। अक्षय मेरी जान है।" उसके ये शब्द सुनकर उसे मितली आ गई थी। 'जान !' तो इसने इन फिल्मी टाइप लोगों के लाड़-प्यार के बेमतलब शब्दों को भी अपना लिया। कैसी जान ? और किसकी जान ? ये हीरो लोग किसी की जान नहीं होते। ये लोग तो बस अपने ही लिए जीते हैं, और जीते हैं अगली छोकरी के लिए।

लेकिन वह कौन होता है उसे नैतिकता का पाठ पढ़ानेवाला ? वह न उसका बाप है, न उसका भाई। वह तो बस उसका पूर्व प्रेमी है। छोड़ दिए गए यार जैसी निकम्मी चीज फिल्म इंडस्ट्री में और कोई नहीं होती। खासतौर से ऐसा यार जो पेशेवर भी रहा हो। वह उससे कहता भी तो क्या ? यही कि उस मादरचोद के साथ मत सोओ ? इस पर वह यही जवाब देती, "क्या तुम भी मेरे साथ नहीं सोए थे ? तब कहाँ थी तुम्हारी यह शराफत ? तुम्हारी भी तो बीवी थी। बच्चे थे। तुमने मेरा इस्तेमाल किया। तुमने मुझसे अपना काम निकाला। तो फिर तुममें और अक्षय में फर्क क्या रहा ?" और उसका यह कहना सही ही होता। बस, एक फर्क जरूर था कि इस सारे चक्कर में किशनभाई बेवकूफ बना था। वह आशा रानी से प्यार कर बैठा था।

किशनभाई को बहुत बेचैनी हो रही थी। आजकल लोग कितनी बकवास फिल्में बनाते हैं। पैसे फँसने का भी जोखिम रहता है। उसके जैसे आदर्शवादी डिस्ट्रीब्यूटरों का तो बस एक से अगली फिल्म तक का जीना होता है। जब उसने इस लाइन में कदम रखा था, तब बात अलग थी। उसने स्वतंत्र प्रोड्यूसर के रूप में अपनी एक हैसियत बना ली थी। उन दिनों लोग उसकी इज्जत करते थे। लेकिन इस धंधे में कामयाबी बहुत दिन नहीं चलती। दो-तीन फिल्में पिटीं नहीं कि बस खत्म। उसे उम्मीद नहीं थी कि उसके साथ भी ऐसा होगा। लेकिन ऐसा हुआ। पाली हिल में—दीपक कुमार के बँगले से कुछ ही कदम की दूरी पर एक बँगले और रंगीन शीशों वाली दो एयरकंडीशंड ऐम्बैसडर कारों का मालिक होने के बाद आज उसकी यह हालत हो गई थी कि उसके पास कुछ भी नहीं था। आशा रानी को बढ़ाना अत्यंत बुद्धिमानी का काम रहा था। अगर उसके पास साधन होते तो वह उसके लिए प्रोड्यूसर, डायरेक्टर की हैसियत से तीन-चार फिल्में और शुरू कर सकता था। अब तो ज्यादा से ज्यादा वह यही कर सकता है कि बिचौलिया बन जाए।

किशनभाई ने आशा रानी को लेकर जो पहली फिल्म बनाई थी, उसका श्रीगणेश अच्छा नहीं हुआ था। मुहूर्त के दिन ही सेट पर एक हादसा हो गया था जिसमें उसका

एक हिस्सा तो बिलकुल बर्बाद हो गया था। "यह तो अपशकुन है।" किसी ने कहा था। आशा रानी तो यह सुनकर डर ही गई थी। वह तो पहले ही इस फिल्म में काम करने को राजी नहीं थी। जब किशनभाई ने उसे फिल्म की कहानी सुनाई थी तो उसने कहा था, "मैं यह रोल कभी नहीं कर पाऊँगी। मैं ऐसी औरत का रोल कैसे कर सकती हूँ ?" किशनभाई को बहुत समझाना पड़ा था, तब जाकर वह यह फिल्म करने को राजी हुई थी। आशा रानी में आत्मविश्वास की कमी थी। अम्मा ने घंटों बैठकर उसे विश्वास दिलाया था कि वह यह रोल कर सकती है; फिर हर कदम पर किशनभाई तो उसके पीछे खड़े ही होंगे। "यही तो मुश्किल है, अम्मा," उसने तड़पकर कहा था, "इसीलिए तो मैं घबरा रही हूँ।"

पहले-पहल तो किशनभाई की भी हिम्मत नहीं हुई थी। लेकिन उसने केवल आशा रानी की खातिर वह कहानी खरीद ली थी। अगर वह यह फिल्म नहीं करना चाहती तो वह भी नहीं करेगा। बेशक यह एक बोल्ड कहानी थी, लेकिन वह जानता था कि उसे फिल्म को किस तरह बनाना है। आशा रानी कुछ दृश्यों को लेकर चिंतित थी, विशेषकर बलात्कर के दृश्य को लेकर और उस दृश्य को लेकर भी जिसमें उसे गीली साड़ी में पेश होना था। उसे साँपों से भी डर लगता था, और इस फिल्म में तो साँपों की भरमार थी। वास्तव में तो मुहूर्त वाले दृश्य में ही उसे एक साँप को सहलाते हुए शॉट देना था। "तुम कुछ और क्यों नहीं सोच सकते ?" उसने काँपते हुए कहा था, "साँप ही क्यों ?" इस पर किशनभाई ने जवाब दिया था, "मुझ पर भरोसा रखो। साँपों का खास आकर्षण होता है। बस अपने शुरुआती डर पर काबू पा लो तो फिर सबकुछ ठीक हो जाएगा। और फिर, ये साँप जहरीले भी तो नहीं हैं।"

साँप और हीरो, आशा रानी को दोनों ही पसंद नहीं थे। "कैसी कहानी है यह ?" उसने तमककर जवाब दिया था, "मेरा हीरो भी साँप है !" "तभी तो मैंने इस फिल्म में श्रीकांत को लिया। उसे राजी करना इतना आसान नहीं था। वह दूसरी हीरोइन को लेना चाहता था, तुम्हें नहीं। मैंने उसे कितना मक्खन लगाया, उसकी कितनी चमचागीरी की, उसे मोटी रकम दी, तब जाकर वह राजी हुआ है। और फिर, बिना किसी बड़े हीरो के कोई डिस्ट्रीब्यूटर भी तो फिल्म को हाथ लगाने को तैयार नहीं हो रहा था।" किशनभाई ने कहा था। "हीरो-शीरो तो सब ठीक है...लेकिन मेरा क्या होगा ? क्या बकवास रोल है मेरा। बलात्कार करवाने और साँपों के साथ नाचने के सिवाय और कोई काम ही नहीं है। कैसी फिल्म है यह ?" आशा रानी ने उखड़ते हुए पूछा था। इस पर किशनभाई ने जवाब दिया था, "हिट फिल्म, बेबी जान, हिट फिल्म है यह ! मुझ पर भरोसा रखो।"

किशनभाई आशा रानी से ऐसे जवाब के लिए तैयार नहीं था। उसे तो यही विश्वास था कि वह अहसान मानेगी और जैसा कहेगा, करेगी। उसकी अभी उम्र ही क्या है, और यह उसकी पहली मुंबइया फिल्म है।

आश्वस्त तो अम्मा भी नहीं थी, लेकिन उसे किशनभाई ने एडवांस में मोटी रकम

पकड़ाकर ठंडा कर दिया था। उसने अम्मा से कहा था, "अगर यह फिल्म चल गई तो आशा रानी स्टार बन जाएगी। मैं उसे लेकर तीन गाने फिल्माने जा रहा हूँ, जिनकी धुन पर सारा हिंदुस्तान नाच उठेगा। क्या बात है...अगर मेरा विश्वास नहीं है तो जरा उन गानों को सुनो।"

अम्मा और आशा रानी ने न-नुकुर करते हुए हामी भर दी थी। बाद में बिस्तर पर आशा रानी गंभीर हो गई थी। "मुझे अच्छे कपड़े चाहिए होंगे, है न ?" उसने कहा था और किशनभाई समझ गया था कि वह मान गई है। उसने सोचा भी यही था कि ऐसा ही होगा। वह सीख जाएगी। एक बार पाँव जम भर जाएँ, फिर तो वे सीख ही जाती हैं। सारी लड़कियों के साथ यही होता है।

नागिन की कसम खासी हिट हुई थी। शुरू में तो वह ढीली-ढाली चली, लेकिन फिर उसने तीन गुना मुनाफा कमाया। इस फिल्म के बाद किशनभाई ने उम्मीद की थी कि अब लोग उसे एक 'हिट फिल्म-निर्माता' मानने लगेंगे।

किशनभाई ने इस बात के पुख्ता इंतजाम कर लिए थे कि आशा रानी के फिल्मों में प्रवेश की घटना यूँ ही न निकल जाए। उसने आशा रानी की जीत का जश्न मनाया था—बदले के भाव में। कैसी शानदार पार्टी दी थी उसने आशा रानी के लिए। सभी लोग आए थे। अमीरचंद, हाँ, सेठ अमीरचंद भी आया था, और रमणीकलाल भी। दक्षिण-भारतीय प्रोड्यूसर आए थे, फाइनेंसर आए थे, और वह साला हीरू भी आया था। हरामजादा ! वहीं, उसी समय आकर उसने पूछ लिया था, "कितने दूँ ?" जैसे किशनभाई कोई घटिया दर्जे का चालू भड़आ हो। अम्मा तो उस रात उस बंगाली बाबू सुधेंदु बोस के साथ महज इसलिए चिपकी रही थी कि उसकी दो-तीन फिल्में हिट हो गई थीं।

किशनभाई का सीना यह याद करके गर्व से तन गया कि आशा रानी उस रात कितनी सुंदर दिख रही थी। सफेद सुनहरी बनारसी साड़ी में वह गजब ढा रही थी। अम्मा तो चाहती थी कि वह चुस्त सलवार-कमीज़ पहने लेकिन आशा रानी ने ही इनकार कर दिया था। किशनभाई ने उसे सलाह दी थी कि वह इस मौके पर साड़ी ही पहने, और दोनों साड़ी खरीदने कला निकेतन गए थे। किशनभाई ने यह साड़ी पंद्रह सौ में खरीदकर दी थी उसे। ब्लाउज अलग से। लेकिन उसकी आशा रानी कितनी जानदार लगी थी इसमें। उसने ही उसे सुझाव दिया था कि वह अपने बालों में ढेर सारे गजरे लगाए और कलाइयों में ढेर सारी चूड़ियाँ डाले। इस पर आशा रानी ने चुटकी ली थी, "काँच की या सोने की ?" वह उसका इशारा समझ गया था। उसने घर जाकर अपनी पत्नी से छुपाकर बैंक लॉकर की चाबियाँ उठाई थीं और सोने की दस चूड़ियाँ निकाल ली थीं। एक-एक चूड़ी ठोस थी; दो तोले से ऊपर तो हर हाल में रही होंगी। उसने ये चूड़ियाँ आशा रानी को पहना दी थीं और वह उसकी आँखों में आँखें डालकर

मुस्कराती रही थी।

उसकी पत्नी को इस चोरी का जल्दी ही पता चल गया था। तौबा ! तौबा ! क्या तूफान खड़ा किया था उसने ! "इसी वक्त मेरी चूड़ियाँ वापस लेकर आओ," उसने चीखते हुए कहा था, "नहीं तो मैं उसके हाथ काटकर उतार लूँगी। मैं उसे जिंदा नहीं छोड़ूँगी ! क्या तुम्हारी बुद्धि बिलकुल भ्रष्ट हो गई है ? अगली बार तुम हमारा मकान बेच डालोगे—और सारा पैसा उसे पकड़ा दोगे। कीड़े पड़ें उसके, मर जाए वह। घर बरबाद करने वाली दुष्टा। भगवान ही निपटता है ऐसी औरत से। उसे कभी सुख नसीब नहीं होगा। मुझसे लिखवा लो तुम !"

इतना ही गुस्सा अम्मा ने दिखाया था, "तुम बेबी से चूड़ियाँ लौटाने को कह रहे हो ? कैसे मर्द हो तुम ? बेबी का तो दिल ही टूट जाएगा। तुम्हें पता है, जबसे तुमने उसे चूड़ियाँ दी हैं, उसने इन्हें एक बार भी उतारा नहीं है, ये चूड़ियाँ तुमने उसे दी ही तो हैं। उसने तुम्हारे घर जाकर चुराया तो नहीं था इन्हें। कितना रोएगी वह। तुम चाहो तो अपनी बीवी को नई चूड़ियाँ लेकर दे दो, लेकिन बेबी का दिल मत दुखाओ। अगर तुम इस तरह उसे परेशान करते रहे तो वह अपने कैरियर पर क्या ध्यान दे पाएगी ?"

किशनभाई की खाली हाथ घर जाने की तो हिम्मत थी नहीं, सो वह कालबादेवी में एक महाजन के पास गया था। वहाँ उसने अपनी घड़ी, सोने की चेन, अँगूठी, सिगरेट केस और लाइटर गिरवी रखा था। फिर भी इतने पैसे नहीं हो पाए थे कि दस नई चूड़ियाँ आ जातीं। जब उसने अपनी बीवी के लिए चूड़ियाँ खरीदी थीं तब से सोने का भाव दो गुना हो चुका था। हताश होकर वह एक दोस्त के दफ्तर में गया था और उससे बाकी के पैसे उधार लिए थे। वहाँ से टैक्सी करके वह फौरन झावेरी बाजार पहुँचा था। गरमी का मौसम और चिपचिप हो रही थी। हमेशा की तरह ही उस छोटी सी गली में जरूरत से ज्यादा भीड़-भाड़ हो चुकी थी और हजारों दुकानदार सँकरे फुटपाथों पर सब्जी, प्लास्टिक के मग, स्टेनलेस स्टील के बर्तन, रेडीमेड कपड़े; यहाँ तक कि चोरी की घड़ियाँ भी बेच रहे थे। वह बड़े जौहरियों के चमक-दमकवाले किसी भी शोरूम में नहीं गया था। वहाँ उसे उन्हीं चूड़ियों की दोगुनी कीमत देनी पड़ती। लेकिन छोटे दुकानदारों के पास गिनती की चीजें होती हैं। वहाँ पसंद-नापसंद की इतनी गुंजाइश नहीं होती। उसने जल्दी से अपनी बीवी की चूड़ियों से मिलती-जुलती चूड़ियाँ छाँट ली थीं। पैसे देकर वह उसी टैक्सी से तुरत-फुरत घर पहुँचा था, लेकिन उसकी बीवी को तसल्ली नहीं हुई थी।

उसने चूड़ियाँ उसके मुँह पर फेंककर मारी थीं, और कहा था, "इन्हें नाली में डाल दो। यह क्या लेकर आए हो तुम ? मेरी चूड़ियों की तो आधी भी नहीं हैं ये। यह मत सोचो कि मुझे इस तरह बेवकूफ बना लोगे। ये नई चूड़ियाँ लेकर उस रंडी के पास जाओ और मुझे मेरी वही वाली चूड़ियाँ वापस लाकर दो। ये चूड़ियाँ तो मैं अपनी मेहतरानी को भी नहीं दे सकती—उसकी चूड़ियाँ भी इनसे भारी होंगी। और मेरी चूड़ियाँ लिए बगैर घर मत आना।"

अम्मा ने नई चूड़ियों पर एक नजर डाली थी और मुँह फेर लिया था। बोली थी,

''मैं ये चूड़ियाँ बेबी को कैसे दिखा पाऊँगी ? वह मेरे मुँह पर फेंककर मारेगी इन्हें। ये चूड़ियाँ ! कहाँ से ले आए इन्हें तुम ? तुम्हें पक्का पता है कि ये सोने की ही हैं ? जरा देखूँ तो, इतनी हलकी चूड़ियाँ, कितने तोले की होंगी ? चार की ? चूच् ! वो वाली चूड़ियाँ तो कम से कम बारह तोले क़ी होंगी न बाबा, हम ये चूड़ियाँ नहीं ले सकते।'' उसने लाख मनुहार की थी, लेकिन कोई फायदा नहीं हुआ।

आखिर उसने एक सौदा किया था। उसने कहा था, ''जैसे ही मैं अपनी अगली फिल्म के लिए पैसा जुटाऊँगा, सबसे पहले मैं आशा रानी को दस तोले सोना खरीदकर दूँगा। यह मैं आपसे वादा करता हूँ। लेकिन तब तक के लिए, इन चूड़ियों को रख लें और पहले वाली चूड़ियाँ मुझे वापस कर दें। मेरी बीवी का सवाल है।'' न-नुकुर करते हुए अम्मा ने वे चूड़ियाँ लाकर दी थीं। ''तुम किसी से कुछ मत खरीदना,'' अम्मा ने कहा था, ''तुम मुझे पैसे दे देना। मैं मांटुंगा में अपने साउथ इंडियन जौहरियों के पास जाऊँगी। वे खरी चीजें रखते हैं। उनका सोना असली होता है। मैं इन मारवाड़ियों और गुजरातियों पर भरोसा नहीं करती। रंग देखो, जरा इनका रंग देखो, इसे सोना कहते हैं !'' आशा रानी को थोड़ी देर के लिए तो बुरा लगा था, लेकिन उस रात पार्टी में नए-नए लोगों से हुई मुलाकात की वजह से उसका मूड अच्छा हो गया था। उसकी मुलाकात कुछ काम के लोगों से हुई थी। मसलन सेठ अमीरचंद। पार्टी के बाद वाले हफ्ते में, सेठ के आदमी ने उसे दो बार फोन किया था और सेठजी ने उसके लिए कार भी भेजी थी। बदकिस्मती से उस समय वह स्टूडियो में थी, लेकिन अम्मा घर पर ही थी और उसने सेठजी के बारे में सारी जानकारी लेने की भरपूर कोशिश की थी। इंडस्ट्री में अम्मा का सबसे अच्छा संपर्क सूत्र रिजवी नाम का जो दलाल था, उसने कहा था, ''अगर सेठ जी ने आशा रानी में दिलचस्पी दिखाई है तो यह तय मानिए कि उसका कैरियर बन गया।''

सेठजी की दिलचस्पी वाली बात से किशनभाई को लेकिन इतना उत्साह नहीं हुआ था। उसे याद है, आशा रानी के अँधेरी वाले उस फ्लैट में वह कैसे धड़धड़ाता हुआ घुसा था, जो उसने नया-नया किराए पर लिया था। और यह उनकी आखिरी मुलाकात थी। ''क्या तुम उसके साथ सोई थीं ?'' वह गरजा था। उसे याद है, वह रेक्सीन के सोफे पर लेटी हुई थी। उसका सिर एक हत्थे पर टिका था, और पाँव दूसरे हत्थे पर। वह *'शो बिज'* पत्रिका के पुराने अंक देख रही थी। कमरे के एक कोने में एक टीवी रखा था, जिस पर एक मेजपोश बिछा था। मेजपोश के ऊपर भड़कीले रंगों वाले प्लास्टिक के फूल एक फूलदान में रखे थे। दूसरे कोने में एक छोटी सी अलमारी थी, जिसका सामने का हिस्सा काँच का था। इसमें स्टेनलेस स्टील का एक डिनर सेट; आशा रानी का एक फोटो; नटराज की पीतल की तीन मूर्तियाँ; लकड़ी के आधारों पर जड़े पीतल के दो 'ॐ', एक तनजौरी गुड़िया और एयर इंडिया के महाराजा की तराशी हुई एक

आकृति रखी थी। आज भी उसके दिमाग में एक-एक चीज ज्यों की त्यों बनी हुई है।

आशा रानी ने पल-भर को उसे देखा था और वापस पत्रिका पढ़ने में लग गई थी। किशनभाई आपे से बाहर हो गया था। आशा रानी के लिए उसने क्या-कुछ नहीं किया था ? अपनी बीवी के गहने गिरवी रख दिए थे, उसे बनाने के लिए अपनी फिल्म में अपना सब कुछ दाँव पर लगा दिया था, यहाँ तक कि उसे एक नया नाम दिया था। चलो छोड़ो, ये तो सांसारिक चीजें थीं, लेकिन उसने तो आशा रानी को अपना दिल भी दे दिया था। "छिनाल रंडी !" वह उस पर बरस पड़ा था, "स्टार बनने के लिए जिस-तिस के साथ सोती फिर रही है। सेठजी ने तुम्हें ऐसा क्या दे दिया, उन तमाम और लोगों ने ऐसा क्या दे दिया जो मैंने नहीं दिया ? मेरा गुनाह, मेरा पाप क्या है, कि मेरे साथ इतना बड़ा धोखा हो रहा है !"

आशा रानी उसे चुपचाप देखती रही थी। फिर उसने संयत स्वर में कहा था, "तुमने मेरी पहली फिल्म को प्रोड्यूस किया, उसमें पैसा लगाया था, किशनभाई, लेकिन इसका भुगतान तुमने मेरे जिस्म से वसूला। तुम मुझे रंडी तो कह रहे हो, लेकिन यह भूल रहे हो कि मेरे पहले दलाल तुम्हीं थे। इसलिए, मुझ पर अहसान मत जताओ। मुझ पर तुम्हारा कोई कर्ज नहीं है !" और एक बार फिर कहा था, "मुझ पर तुम्हारा कोई कर्ज नहीं है।"

वह नजारा उसे भुलाए नहीं भूलता। आज इतने साल बीत जाने के बाद भी वह यह सोचने बैठ जाता है कि अगर उस दिन उसने आशा रानी से कुछ अलग बरताव किया होता तो क्या होता। अगर उस पर वह किसी ईर्ष्यालु पति की तरह न झपटा होता, अगर उस पर भूत न सवार हो गया होता। लेकिन उस समय वह होशो-हवास में था ही कहाँ ? वह तो आशा रानी के बाल पकड़कर चिल्लाया था, "तुम मेरी हो, तुम मेरी हो, मेरी !" आशा रानी ने अपने आपको छुड़ाने के लिए हाथ-पैर मारे थे। कितना अजीब दिख रहा था उसका चेहरा—अगर उस चेहरे पर खौफ के भाव होते तो शायद वह रुक गया होता। लेकिन वहाँ तो घृणा थी। वह उस समय वहशी हो उठा था। छिः, उसे खुद को भी शर्म आई थी अपने उस वहशीपन पर। यह तो अच्छा हुआ कि उसी समय अम्मा वहाँ आ गई थी। उसने आशा रानी को छोड़ दिया था, और वह अपनी पत्रिका उठाकर कमरे से चली गई थी। दरवाजे पर थोड़ा सा रुककर उसने बस इतना ही कहा था, "अब मैं इस आदमी की सूरत भी नहीं देखना चाहती। कभी नहीं।"

लेकिन जो कुछ उसने किया था, क्या वह इतना गलत था ? इन मामलों में वह एक खुद्दार आदमी था, और आशा रानी उसकी महबूबा थी। उसकी अपनी महबूबा। यह तो वह किसी हाल में कबूल नहीं कर सकता था कि वह किसी और को अपना बदन छूने दे। उस बदन को हाथ लगाने दे, जिस पर उसका अधिकार था। लेकिन उसने ऐसा किया था, और झूठे को भी इसके लिए अफसोस नहीं जताया था। हो सकता है, हो भी सकता है, अगर उसने इसके लिए माफी माँग ली होती, अगर उसे लगा होता कि उसे सचमुच अपनी इस हरकत पर पछतावा है, अगर उसने कसम खा ली होती

कि आइंदा वह कभी ऐसा नहीं करेगी; लेकिन अब क्या करना, अब इस बारे में सोचकर भी क्या होना-जाना है ?

पता नहीं क्यों उसने यह तय किया था कि वह अम्मा से इस बारे में मिन्नतें करेगा। वह वहाँ अब भी हक्का-बक्का खड़ी हुई थी। उसने सोचा था कि अम्मा तो मेरी तरफ ही से बोलेगी। लेकिन, वह तो उस पर किसी जहरीले साँप-सी फुफकार पड़ी थी, "बेबी पर ये सब इलजाम लगाने की तुम्हारी जुर्रत कैसे हुई ? हिम्मत कैसे हुई ? औरतों को जबरन अपनी हवस का शिकार बनाने वाले गंदे आदमी ! अपने आपको क्या दूध का धुला समझते हो तुम ? क्या तुमने मेरी बेटी का रस नहीं लिया, उसका इस्तेमाल नहीं किया ? और अब तुम उससे सफाई माँग रहे हो ? पाप कबूलने को कह रहे हो ? तुमने दो कौड़ी की वह फिल्म बनाने के सिवाय हमारे लिए और किया ही क्या है ? उसके बाद किसने क्या किया ? पर्दे पर तुम्हारा चेहरा था या उसका ? क्या उसकी जगह वे सारे डांस तुमने किए ? स्टूडियो में शिफ्ट-दर-शिफ्ट क्या तुमने जी-तोड़ मेहनत की ? क्या धूप में घंटों तुमने पसीना बहाया ? क्या मेरी बेबी की तरह तुम बर्फ पर नंगे पाँव चले ? वह जिसके साथ जाना चाहेगी, जाएगी। और फिर, सेठजी ने उसे दो और फिल्में दिलाने का वादा किया है। उसे स्टार सेठजी बनाएँगे, तुम नहीं।"

उस दिन के बाद से किशनभाई की मुलाकात आशा रानी से नहीं हुई थी। लेकिन इसका यह मतलब नहीं था कि वह उसे भूल गया था। पर वह करे भी तो क्या ? आजकल वह फोन पर उससे बात करने से भी इनकार कर देती है, उससे मिलने से मना कर देती है। आखिर उसने क्या जुर्म किया है ? उसने अकसर ही अपने आपसे यह सवाल किया है। उसने इस लड़की से सच्चा प्यार किया—अपने तरीके से। लेकिन वह एक शादीशुदा आदमी है। उसने दोनों माँ-बेटी से यह साफ-साफ कह दिया था कि वह अपने परिवार को कभी नहीं छोड़ेगा। और वे चाहती भी क्या थीं ? ऐसा तो था नहीं कि आशा रानी किसी को पति बनाने के लिए बेताब हुई जा रही थी। कम से कम उस समय तो ऐसी हालत नहीं थी। तब तो वह अपना कैरियर शुरू ही कर रही थी। ठीक है, वह उसके साथ सोया था, चलो उस पर यह भी इलजाम लगाया जा सकता है कि उसने आशा रानी के जिस्म का इस्तेमाल किया, लेकिन वह तो सीधी सी बात जानता है कि अगर वह ऐसा न करता तो कोई और करता। फिल्म इंडस्ट्री में ऐसे सेक्स के भूखे मर्दों की कमी नहीं है जो आशा रानी जैसी चिड़ियों का नाश्ता करते हैं। यह तो उसकी किस्मत थी कि उसे वह मिल गया था, और उसने उसकी मदद की थी। क्या वह यह सब भूल गई ? इंडस्ट्री में ज्यादातर आदमी ऐसे हैं जो लड़कियों को अपनी हवस का शिकार बनाने के बाद छोड़ देते हैं, और फिर उनकी तरफ मुड़कर भी नहीं देखते। न कोई रोल दिलवाते हैं, न कुछ। यह तो किशनभाई ही था जिसने उसे इतना बढ़िया फिल्मी नाम दिया—आशा रानी ! और जैसी कि उसने भविष्यवाणी की थी, यह नाम

भाग्यशाली भी निकला। उसे वह दिन याद आया जब उसने उसका नए सिरे से नामकरण किया था।

उस दिन वे दोनों नीतेशजी के ऑफिस जा रहे थे। आशा रानी बस स्टॉप पर खड़ी दफ्तरों में काम करने वाली स्मार्ट लड़कियों को देख-देखकर इतनी परेशान हो गई थी कि उसने सुना ही नहीं जब किशनभाई ने कहा, ''आशा रानी ! हाँ, यही नाम ठीक है। आशा रानी ! देखो, जब नीतेशजी तुमसे तुम्हारा नाम पूछें तो 'विजी' मत कहना। यह नाम सुनने में ठीक नहीं लगता। यह तो पुराने फैशन का और गँवारू-सा नाम है। तुम अपना नाम 'आशा रानी' बताना। यह नाम सुनने में फैशनेबल और शानदार लगता है। जैसे, देविका रानी—ओ हो—क्या गजब की स्टार थी वह। क्या चीज थी ! अब अपने मन में दो-चार बार कहो, 'आशा रानी, आशा रानी, आशा रानी।' मुझे यह नाम पसंद आया ! याद रखो, आज से तुम 'आशा रानी' हो—लाखों दिलों की मलिका !'' आशा रानी के अंग्रेजी हिज्जे में एक 'ए' और जोड़ देने की सूझ भी उसी की थी। ''यह थोड़ा हटकर हुआ न ! कुछ नया-सा। एक नई बात हो गई।'' उसने आशा रानी को समझाया था। लेकिन अम्मा इस हिज्जे से वास्तव में इसलिए आश्वस्त थी, क्योंकि अंक ज्योतिष के हिसाब से भी यह सही था। आशा रानी के नाम के हिज्जे में यह जो अतिरिक्त 'ए' था, इससे सफलता और असफलता के बीच भारी अंतर पड़ने वाला था।

उधर पर्दे पर आशा रानी कुछ जाने-पहचाने से संगीत की धुन पर कामुक अंदाज में थिरक रही थी। कैमरा उसके चेहरे पर आकर ठहरा तो उसने अपने निचले होंठ को दाँतों के बीच दबाया और मीठी सिसकारी भरी। बेचारे किशनभाई ने भी यही किया।

आशा रानी

आशा रानी ने घंटी बजाने के लिए उँगली रखी तो देर तक उसे बजाती ही रही। नई नौकरानी उसकी स्टार कलाकारों वाली बेताबी से संभ्रमित हड़बड़ाई हुई वहाँ आई। आशा रानी ने उसे कोई तवज्जो न देते हुए एक कप कॉफी लाने को कहा।

लड़की नेस्कैफ़े लेकर वापस आई, तो आशा रानी ने प्याला उठाकर उसी की ओर फेंक दिया, ''तुम्हें यह भी पता नहीं कि अच्छी कॉफी कैसे बनाई जाती है ? वह साला फिल्टर कहाँ गया ?'' नौकरानी सहम गई। उसने कहा, ''मैडम, मुंबई में लोग इसी तरह की कॉफी पीते हैं।'' यह सुनते ही आशा रानी भड़क गई, ''मुझे मत बताओ कि मुंबई में लोग क्या पीते हैं। मुझे अच्छी तरह मालूम है, यहाँ लोग मूत पीते हैं और सोचते हैं कि कॉफी पी रहे हैं ! मुझे वैसी ही कॉफी चाहिए जैसी हम मद्रास में पीते हैं। आइंदा मेरे लिए यह गंद लेकर मत आना।'' नौकरानी ढीठ-सी वहीं खड़ी रही। ''अब तुम्हें क्या चाहिए ?'' ''मैडम, साब खाने पर आ रहे हैं, क्या मैं रसोइए से दही-भात बनाने को कह दूँ ?''

''हे भगवान ! जाओ उससे कहो, जो बनाना चाहे बना ले !''

''लेकिन मैडम, अक्षय साब को दही-भात अच्छा नहीं लगता। मुर्गी बना लूँ ?''

''अरे भाई तुम्हें जो बनाना हो बना लो,'' आशा रानी ने तीखी आवाज में कहा।

जाहिर था कि अक्षय उसका जन्मदिन भूल गया है। 'ठीक ही तो है,' उसने कड़वाहट से सोचा, 'इसकी अहमियत भी क्या है। आखिर वह उसका होता भी कौन है ?' फिर भी वह टेलीफोन से हटी नहीं। अक्षय इतना स्वार्थी, इतना बेरहम तो नहीं था। एक फोन की ही तो बात थी ? बस एक फोन ? यह काम तो उसका सेक्रेटरी भी कर सकता था। हे भगवान ! कहीं वह बीमार तो नहीं हो गया ? अस्पताल में भरती तो नहीं है ? अगर ऐसा हुआ तो उसे कोई बतानेवाला भी नहीं है। क्या पता इसी समय उसके घर पर इनकमटैक्स का छापा पड़ गया हो ! हो सकता है

मालिनी का ऐक्सीडेंट हो गया हो, शायद 'वह' मर गई हो।

वह फोन करना चाहती थी, लेकिन उसकी हिम्मत नहीं हुई। यह भी तो उनके बीच एक नियम था। अक्षय तो उसे फोन कर सकता था, लेकिन वह उसे नहीं कर सकती थी। उसके मन में आया कि लिंडा से संपर्क करके उससे अक्षय को फोन मिलाने को कहे; उससे कहे कि वह इंटरव्यू के बहाने से अक्षय से बात करे और फिर आशा रानी का संदेश उसे दे दे। नहीं। अगर अक्षय को यह पता चल गया कि आशा रानी पत्रकारों से उसके अपने संबंधों के बारे में चर्चा करती है तो वह आगबबूला हो जाएगा। ये खबर सूँघने वाले खूँखार कुत्ते होते हैं। घटिया खबरनवीस, जो स्टार कलाकारों के बारे में, अक्षय के बारे में, गंदी-गंदी बातें लिखते हैं। बिलकुल नहीं। वह ऐसा नहीं कर सकती।

आशा रानी फोन के पास बैठकर इंतजार करती रही। वह बाथरूम भी नहीं गई। उसके पास एक कॉर्डलेस फोन था, लेकिन उसे इस पर भरोसा नहीं था। क्या पता जब अक्षय फोन करे, ठीक तभी उसका कॉर्डलेस खराब हो जाए ? ऐन मौके पर ? वह सोचेगा कि शायद आशा रानी शूटिंग पर गई हुई है और फोन रख देगा। अपना गुस्सा फोन पर उतारते हुए उसने उसे कोसना शुरू कर दिया—जब आपको इनकी जरूरत होगी तब ये मशीनें कभी काम नहीं करेंगी। उसने रिसीवर उठाकर देखा कि डायल टोन आ भी रही है या नहीं ? हाँ, डायल टोन तो थी। क्या पता इससे पहले उसकी लाइन डेड रही हो। ऐसा अक्सर हो जाता था। शिट ! ये बकवास फोन...कितनी चिढ़ थी उसे इनसे। हो सकता है अक्षय ने फोन किया हो और उसे कोई जवाब न मिला हो ! फिर भी, वह ड्राइवर को तो भेज ही सकता था। आखिर दूरी ही कितनी थी ? बिलकुल भी नहीं। हो सकता है ड्राइवर मालिनी की ड्यूटी पर हो। फिर वह आशा रानी के लिए संदेश कैसे ला सकता था। अक्षय अपनी बी एम डब्ल्यू में भी तो आ सकता था। उसने कई बार ऐसा किया है। लेकिन यह भी तो हो सकता है कि उसकी बी एम डब्ल्यू मरम्मत के लिए वर्कशॉप में खड़ी हो। पिछले हफ्ते ही तो उसने बताया था कि उसकी कार उसे परेशान कर रही है। बेचारा अक्षय ! कितनी चिंताएँ हैं उसके सिर पर ! यह खटारा भी हमेशा नाटक करती रहती है—उसकी मक्कार बीवी की तरह। दो दिन ठीक-ठाक रहेगी, और फिर वापस वर्कशॉप में पहुँच जाएगी। कितनी बार उसने अक्षय से कहा—कोई हिंदुस्तानी कार ले लो, कोई हिंदुस्तानी कार ले लो, लेकिन नहीं। उसकी जिद जो ठहरी। बस—विदेशी कारों का जुनून है। टोयोटा, होंडा, मर्सडीज़, बी एम डब्ल्यू—वह गाड़ी !

हो सकता है कि वह घर में बैठा मालिनी के लौटने का इंतजार कर रहा हो। अब वह टैक्सी करके तो आ नहीं सकता। और फिर उसका वह बड़ा भाई भी तो था—छिः ! एक और लफड़ा ! हमेशा अक्षय को भाषण ही पिलाता रहता है। उसके दिमाग में तो बस एक ही बात रहती है पैसा, और ज्यादा पैसा। उसमें न कोई

आत्मसम्मान था, न इस बात की कोई शर्म कि वह अपने छोटे भाई की कमाई पर क्यों पल रहा है।

अजय ने उसके और अक्षय के बारे में फैली अफवाहों को सुन रखा था। लेकिन वह इसकी धेले-भर भी परवाह नहीं करती थी। यह कोई अनहोनी बात नहीं थी कि अक्षय का भाई उसकी बीवी की ही तरफदारी करेगा। लेकिन उससे क्या ? ये सब के सब रिश्तेदार एक जैसे होते हैं। जैसे अम्मा। इन्हें क्या परवाह होती है उन लोगों की जो स्टूडियो में खून-पसीना एक करके उनके लिए पैसा कमाते हैं ? रत्ती-भर भी नहीं। फिर भी वे उन्हें अपनी मुट्ठी में रखना चाहते हैं। वे चाहते हैं कि ये लोग उन्हीं के इशारे पर चलें कि किससे शादी करनी है, किसके साथ सोना है, किसके साथ काम करना है, किसके साथ भला बनना है, किसकी तरफ से आँख मूँदनी है और किसे बेइज्जत करना है।

आशा रानी अपने बेडरूम में आ गई। वहाँ जालीदार गुलाबी पर्दे थे, रुई भरे बेड-कवर थे और दिल के आकार के गुलाबी कुशन थे, जिनमें लेस लगी थी। वहाँ एक बहुत बड़ा डबल बेड था, जो दीवार से सटाकर रखा हुआ था और एक ड्रेसिंग टेबल थी जिस पर मेकअप की खुली बोतलें बेतरतीबी से रखी हुई थीं। एक नीची शेल्फ कमरे की लंबाई तक चली गई थी, जिसमें उसके कपड़े के खिलौने सजे हुए थे। फर्श कपड़ों से अटा पड़ा था। वह जाकर खिड़की के पास खड़ी हो गई। यह ठीक नहीं था। अक्षय के जन्मदिन पर उसने तो शूटिंग के अपने सारे कार्यक्रम रद्द कर दिए थे। उसने सोचा था कि आज के दिन तो वह यही चाहेगा कि आशा रानी उसके आसपास ही रहे।

अक्षय का जन्मदिन उन्होंने दो सप्ताह पहले होलीडे-इन में, अक्षय के पेंट हाउस सुइट में आनन-फानन में मिलने का समय तय करके मनाया था। वहाँ गलीचे पर सिर की एक पिन पड़ी देखकर आशा रानी का माथा ठनका था। लेकिन अक्षय ने बड़ी बेबाकी से मामले को रफा-दफा कर दिया था। "चू ! छोड़ो भी, डार्लिंग," उसने कहा था, "एक स्टोरी सेशन के दौरान मालिनी मेरे लिए घर से मसाला दूध लेकर आई थी। वह यहाँ झपकी लेने लगी और मैं बगल के कमरे में उस चूतिया के साथ मशगूल रहा।" आशा रानी ने बात आई-गई हो जाने दी थी। यह अक्षय का जन्मदिन था और वह चाहती थी कि अक्षय खुश रहे ! बहुत खुश।

उसने अक्षय की कमीज के बटन खोल दिए थे और उसकी चमकती छाती को धीरे-से चूम लिया था। अक्षय के शरीर पर बाल बिलकुल नहीं थे और यह उसे अच्छा लगा था। उसने उन तमाम मर्दों को याद किया जिनके शरीर बालों और पसीने की बदबू से भरे हुए थे और जिनको यहाँ-वहाँ हर जगह उसे मजबूरन चाटना पड़ा था। इन मर्दों के शरीर के बाल उसके मुँह में आ जाते थे और उसका जी

मिचलाने लगता था। "रुको नहीं, रानी," अक्षय ने इसरार किया था। लेकिन आशा रानी को इशारे की जरूरत नहीं पड़ी थी। उसके मुँह ने ऊपर से नीचे की ओर अपना काम करना जारी रखा था, जबकि उसकी उँगलियाँ अक्षय की जींस खोलने में लग गई थीं। वह अपनी पसंद का जाँघिया पहने था; वही मारू काला जाँघिया। कितना चिकना है यह—बिलकुल औरत जैसा, उस पर अपनी जीभ घुमाते हुए आशा रानी ने सोचा था। अक्षय अपने सिर को हाथ पर टिकाकर उसे देखने लगा था। "ऐसे मत देखो," आशा रानी ने विरोध जताते हुए कहा था, "मुझे शर्म आती है···।' "तुम्हें···और शर्म ? जब तुम मुझे चूसती हो तो मुझे तुम्हारा सिर हिलाना अच्छा लगता है। क्या तुम चाहती हो कि मैं यह सुख न लूँ ?"

आशा रानी ने कुछ नहीं कहा था और चुपचाप पलंग के पास ही रखे अपने बैग को उठाने लगी थी। "क्या कर रही हो तुम ?" अक्षय ने पूछा था। "लेटे रहो। तुम्हारे लिए एक तोहफा है," आशा रानी ने कहा था। "लेकिन तोहफा तो तुम मुझे दे चुकी हो।" "वह तो शुरुआत थी। यह कुछ खास है, तुम्हें मजा आएगा इसमें," और यह कहते हुए उसने एक छोटी सी बोतल निकाल ली थी। पूरे कमरे में उसकी तेज मसालेदार खुशबू भर गई थी। "तेल है ?" अक्षय ने पूछा था। "खास तेल है, जिसका इस्तेमाल हम लोग खास मौकों पर नहाने में करते हैं। तुम्हारे शरीर में एक हफ्ते तक इसकी खुशबू बसी रहेगी···अब अपने आपको ढीला छोड़ो, मैं तुम्हारी मालिश करती हूँ," यह कहकर आशा रानी उसके ऊपर चढ़ गई थी, और उसके उत्तेजित अंग पर हथेली-भर दिव्य गंध वाला वह तेल डालकर धीरे-धीरे उसकी मालिश करने लगी थी। वह किसी लोचदार नर्तकी की तरह हरकत कर रही थी। उसके बाल अक्षय के पूरे सीने पर फैल रहे थे, उसके उरोज अक्षय के मुँह पर आ-जा रहे थे, उनकी घुंडियाँ रह-रहकर अक्षय के होंठों से छू रही थीं। "सेक्सी औरत, यह सब कहाँ से सीखा तुमने ?" अक्षय ने अपने आपको आशा रानी की तीमारदारी के हवाले कर दिया था और सिसकारी भरने लगा था।

दो घंटे बाद, जब वे अभी बिस्तर में सिमटे हुए सो ही रहे थे, तो दरवाजे पर किसी ने जोर से थपथपाया था। अक्षय उछलकर खड़ा हो गया था, और उसने आशा रानी की तरफ जल्दी से एक तौलिया फेंक दिया था। उसका चेहरा पीला पड़ गया था; उसकी आँखों में खौफ था। "मालिनी है !" उसने फुँफकारते हुए कहा था, "जल्दी यहाँ से निकल जाओ। मालिनी ऊपर आ रही होगी, यह थपथप सेक्रेटरी मुझे होशियार करने के लिए कर रहा है। चलो, चलो, इसे उठाओ, कपड़े पहनो !"

आशा रानी की आँखें नींद से बोझिल थीं। अक्षय ने धक्का देकर उसे पलंग से उतार दिया था और कड़ककर कहा था, "तुम बहरी तो नहीं हो, औरत ? तुम्हें मेरी बात सुनाई नहीं दे रही ? बाहर निकलो ! मेरी बीवी आ रही है यहाँ !" उसने आशा रानी की तरफ जो कपड़े फेंके थे, उन्हें पकड़े हुए वह पलंग के सिरे पर

बैठी रही थी; उसने वहाँ से हटने से इनकार कर दिया था, ''अगर तुम डर के मारे पैंट में हगे दे रहे हो, तो तुम जाओ। मैं क्यों जाऊँ ? वह मेरी बीवी तो है नहीं, मैं तो यहीं रहूँगी। मुझे कोई परवाह नहीं, चाहे वह मालिनी हो या खुद देवी सीता !'' अंत में उसने कहा था। अक्षय उसकी तरफ लपका था, उसकी आँखें गुस्से में उबल रही थीं। ठीक उसी क्षण एक और थपथपाहट हुई। सेक्रेटरी ने माफी माँगने के अंदाज में कहा था, ''सॉरी बॉस ! सब ठीक है। मैडम को पता नहीं कि आप ऊपर हैं। वह सीधे हेल्थ क्लब चली गई हैं।''

अक्षय के हाथ नीचे आ गए थे और वह आशा रानी की गोद में ढेर हो गया था। ''भगवान बचाए ! मैं तो मर ही गया था !'' उसने कहा था। आशा रानी ने उसे छूने की कोई कोशिश नहीं की थी।

फोन की घंटी बजी तो उसने झपटकर फोन उठाया। राँग नंबर। शिट ! यह एक और बेकार जन्मदिन साबित होने जा रहा था। कैलेंडर भी मानो उसे मुँह चिढ़ा रहा था। वैसा ही इसने तब किया था, जब वह पंद्रह की हुई थी। उसे याद आया कि कैसे वह उस दिन जल्दी उठ गई थी और इस आशा में बिस्तर पर लेटी रही थी कि अम्मा उसकी सबसे अच्छी सहेली सविता को दिन-भर के लिए उसके पास रहने देगी। यह एक खास उपहार होता। आखिर यह उसका जन्मदिन था। शायद उसे नई 'पावडई' मिलेगी। लेकिन अम्मा ने अपने परिवार को कंगाल से राजा बनाने के लिए खास वही दिन चुना था; और इसके लिए उसके पास दुनिया में बस एक ही पूँजी थी–उसकी पंद्रह वर्षीया बिटिया की चालीस इंची छाती।

पुरानी बातों को याद करते हुए अब आशा रानी की समझ में आ रहा था कि कितने तरीके से अम्मा ने अपनी पहली बड़ी चाल की तैयारी की थी। जब अम्मा ने खुद भड़कीला मेकअप करके संदिग्ध 'अंकल' लोगों के साथ रातों को बाहर जाना शुरू किया था, तब से उस समय तक जब उसने आशा रानी को बारह की होने से पहले ही ब्लू फिल्मों में 'काम करने' के लिए झोंक दिया था, अम्मा के दिमाग में बस एक ही बात रही थी–इतना पैसा बचाना है कि विजी को मुंबई ले जा सकें।

''लोगों के सामने मुझे 'अम्मा' मत कहना,'' उसकी माँ ने विक्टोरिया टर्मिनस पर उसके कान में फुसफुसाते हुए कहा था, ''मुझे 'मम्मी' कहना, याद कर लो, मम्मी। मुंबई में हर कोई अपनी माँ को मम्मी ही कहता है, अम्मा नहीं।''

उसने चुपचाप सिर हिलाकर हामी भर दी थी। वह बहुत थकी हुई थी और उसे नींद भी आ रही थी। मद्रास से मुंबई तक का रेल का यह सफर बहुत लंबा

था, और यह उसने पहली बार किया था। अम्मा ने मुंबई के लिए उसे नए कपड़े दिलवाए थे। उसने आस लगाई थी कि जन्मदिन पर उसे नई 'पावडई' मिलेगी, लेकिन उसकी जगह उसे स्कर्ट-ब्लाउज ही मिला था, और वह भी बेहद चुस्त ! उसे याद है, उस ब्लाउज को पहनकर वह ठीक से साँस भी नहीं ले पा रही थी। और ब्रॉ ! छिः, इतनी मोटी और तंग ! उसने रेलवे स्टेशन के लिए रवाना होने से पहले घर के छोटे-से आईने में खुद को देखा था तो उसकी आँखों में आँसू भर आए थे। "अई यई यो, यह अम्मा ने क्या किया !" उसकी बहन सुधा ने हँसते हुए उसे छेड़ा था, "अपनी हालत तो देखो, अपना सीना तो देखो ! बिलकुल भैंस दिखाई देती हो !" "मुझे यह मत पहनाइए, कितना भद्दा दिखता है !" उसने अम्मा से विनती की थी। अम्मा ने सुधा को आँखें दिखाई थीं, "तुम चुप रहो, नहीं तो जोर का थप्पड़ लगाऊँगी। विजी बड़ी फिल्म स्टार बनने मुंबई जा रही है। तुम क्या जानो ये सब बातें ? उसके पास नाम भी होगा और पैसा भी, और तुम कीचड़ में ही लोटती रहोगी।" सुधा ने हँसते हुए कहा था, "फिल्म स्टार, फिल्म स्टार, हा, हा, कौन देखेगा इस मोटी, काली और बदसूरत लड़की को ?" अम्मा हाथ उठाकर उसकी तरफ दौड़ी थी, लेकिन वह ताने मारती हुई उससे आगे-आगे भागी थी, "और इसका नाम तो देखो, विजी ! क्या किसी फिल्म स्टार का नाम विजी हो सकता है ? विजी, निजी, पिजी !" आशा रानी की आँखों से आँसू गिरने लगे थे और माँ के लगाए ढेर सारे गुलाबी पाउडर पर लकीरें खिंच गई थीं। अम्मा ने बस रैक्सीन के बैग उठा लिए थे, जिन पर दाम की पर्चियाँ अब भी लगी थीं। "देखेंगे, कौन सही है, तुम या हम ?" अम्मा ने कहा था, "तुम अभी विजी की हँसी उड़ा सकती हो, लेकिन एक दिन यह एक बड़ी स्टार होगी। नाचेगी, गाएगी, फिल्मों में काम करेगी, और तुम सब इसी नर्क के गड्ढे में पड़े-पड़े सड़ते रहोगे ! विजी तो कुछ भी कर सकती है, सब कुछ कर सकती है। वह अच्छी लड़की है। अपनी अम्मा का कहना मानती है। मैं इसे स्टार बनाऊँगी।"

कॉफी आ गई थी। थी तो यह भी रद्दी, लेकिन कम-से-कम नेस्कैफे तो नहीं थी। उसे मुंबई में रहते हुए कई साल हो गए थे, लेकिन इंस्टैंट कॉफी पीने की आदत उसे अब भी नहीं पड़ी थी। आशा रानी अपना किमोनो बदलने के लिए उठी। क्या पता कैसी स्थिति आ जाए। वह अपने बेडरूम में बेतरतीबी से पड़े सामान में से होती हुई निकली–कपड़े, जूते, हैंडबैग, अक्षय के कुर्ते, जींस, जॉकी सब गलीचे पर इधर-उधर बिखरे पड़े थे। वह बेसब्री में अपनी आलमारी से कुर्ते निकाल-निकालकर बाहर फेंकने लगी। उसका हाथ एक चमकीले, गुलाबी, फूलों की छापवाले कुर्ते पर आकर रुक गया। उसने इस कुर्ते को उठा लिया और धीरे से छुआ। इस कुर्ते की उसे अच्छी तरह याद है। यह कुर्ता उसने उस सुबह पहना था, जब किशनभाई उसे

उसके पहले बड़े इंटरव्यू पर लेकर जा रहा था। यह वह दिन था जब वह विजी नहीं रह गई थी। आशा रानी बन गई थी। यह नाम उसे किशनभाई ने दिया था। यह सब एक टैक्सी में हुआ था। यह सही है। उस दिन वे नीतेश मेहरा से मिलने जा रहे थे। वह उन दिनों आज जैसे करोड़ों रुपएवाले प्रोड्यूसर-डायरेक्टर नहीं थे, लेकिन नए चेहरों को लेकर वह कुछ कामयाब फिल्में दे चुके थे। अनजानी प्रतिभाओं के गॉडफादर हुआ करते थे तब वह और जोखिम उठाने को तैयार रहते थे, नए लोगों को मौका देने को हरदम तैयार। वह प्रतिभा को सूँघ लेते थे। बल्कि, उन्हें यह मालूम था कि दर्शक क्या देखने आते हैं। उन्होंने एक नई फिल्म का ऐलान किया था। यह एक हलकी-फुलकी संगीत-प्रधान कॉमेडी थी, जिसमें हीरोइन की दोहरी भूमिका थी। यह जानकारी फिल्मी पत्रिकाओं ने छापी थी। नीतेश मेहरा को इस फिल्म के लिए एक नए चेहरे की तलाश थी। सैकड़ों लड़कियाँ यह रोल पाने की उम्मीद में स्टूडियो पहुँच रही थीं। किशनभाई ने अम्मा से कहा था कि अगर वह अपनी बेटी को अकेला छोड़ दे तो इस रोल के लिए चुने जाने की काफी उम्मीद है। अम्मा बिफर गई थी, "विजी मेरी बच्ची है। मैं जानती हूँ कि उसके लिए अच्छा क्या है। तुम कौन होते हो मुझे कुछ बताने वाले ?" किशनभाई ने उसे समझाया था कि बहुत-सी होनहार अभिनेत्रियों का कैरियर बनने से पहले ही इसलिए चौपट हो गया, क्योंकि उनकी माँएँ अपनी टाँग अड़ाती थीं। "यहाँ कोई लफड़ा नहीं चाहता। पहले उन्हें आशा रानी से मिलने दो, फिर हम देखेंगे।" अम्मा ने बड़ी न-नुकुर के बाद आशा रानी को अपनी नजरों से दूर होने दिया था। लेकिन, इससे पहले उसे अच्छी तरह से सावधान कर दिया था, 'किसी कागज पर दस्तखत मत करना। कुछ कहना नहीं। वही करना जो तुमसे कहा जाए। अगर वह कहे 'नाचो' तो नाचना। वह डिस्को देखना चाहे तो डिस्को करना। भरतनाट्यम कहे तो भरतनाट्यम दिखाना। लेकिन उसके साथ अकेले कमरे में मत जाना। अपने कपड़े मत उतारना। किशनभाई के साथ रहना और उसी को बात करने देना। झुककर मत खड़ी होना। सीधी तनकर खड़ी होना। अगर वह कोई सवाल करे तो तुम यही कहना, "मम्मी से पूछिए—अम्मा मत कहना, याद रहेगा ?" आशा रानी ने हाँ में सिर हिला दिया था और बाहर खड़ी टैक्सी में आकर बैठ गई थी।

नीतेश भाई ताड़देव की मशहूर 'फिल्म बिल्डिंग' में एक छोटे सँकरे से ऑफिस से अपना कारोबार चलाते थे। इस बड़ी सी इमारत में सौ से भी ज्यादा प्रोडक्शन कंपनियाँ थीं। नीतेश का ऑफिस और तमाम ऑफिसों की तरह ही था—नकली छत, प्लास्टिक के फूलों के गुच्छे, भड़कीले गलीचे और बेशुमार फोन। आशा रानी मुँह बाए दीवारों पर चिपके पब्लिसिटी पोस्टरों को देखने लगी। नीतेश बार-बार यही शेखी मारते थे कि वह केवल और केवल पैसे के लिए फिल्म बनाते हैं। उनका कहना था कि उनका सौंदर्य-बोध से कोई लेना-देना नहीं है। वह तो नाम कमाने के लिए, ढेर सारा धन कमाने के लिए फिल्में बनाते हैं। "अरे, छोड़ो ये सब आर्ट-फार्ट

की बातें,'' वह उन पत्रकारों से कहते थे जो उन पर भौंडेपन का आरोप लगाते थे, ''मेरी फिल्में बिकती हैं। लाखों लोग उन्हें देखते हैं। मैं अपने दर्शकों को तीन घंटे का मसाला देता हूँ। बस। देखो, निकलो, भूल जाओ। लेकिन देखो जरूर। कम-से-कम, मैं उन तमाम नकली कला फिल्मवालों से तो बेहतर हूँ, जिनकी फिल्में टिंबकटू में एवार्ड जीतती हैं। लेकिन कोई उन्हें देखता नहीं—जब वे दूरदर्शन पर मुफ्त दिखाई जाती हैं, तब भी नहीं ! बिलकुल फालतू; घटिया चीज।''

नीतेश ने आशा रानी को एक बार भरपूर निगाहों से देखा था। ''काफी बड़ी छातियाँ हैं !'' उन्होंने बिना लाग-लपेट के किशनभाई से कहा था। फिर उन्होंने आशा रानी की ओर मुड़कर पूछा था, ''नाचना आता है तुम्हें ? भरतनाट्यम ? कत्थक ?'' आशा रानी ने हाँ में सिर हिला दिया था और गवाही के लिए किशनभाई की ओर देखा था।''बेशक, नाचना आता है इसे। इसका स्क्रीन टेस्ट तो लो यार। हाई क्लास, टॉप क्लास। कमाल की चीज है।'' लेकिन नीतेश को इत्मीनान नहीं हुआ था। ''हिंदी आता है ?'' उन्होंने आशा रानी से पूछा था। ''ये साउथ की औरतें हिंदी का एक शब्द भी नहीं बोल पातीं यार,'' उन्होंने किशनभाई को समझाते हुए कहा था, ''प्रोड्यूसर लोग उन्हें हिंदी पढ़ाने पर ढेरों पैसा लगाते हैं और उन्हें मिलती फिर भी वही ऐक्ट्रेसेज हैं जो हिंदी भी ऐसे बोलती हैं जैसे मद्रासी बोल रही हों। साउथ और बंगाल की ऐक्ट्रेसेज के साथ यही परेशानी है। उनकी आँखें अच्छी होती हैं, छातियाँ अच्छी होती हैं, लेकिन उच्चारण एकदम बेकार।''

नीतेश ने सभी के लिए कॉफी मँगाई थी और अपने लिए तंबाकू वाला पान। उन्होंने किशनभाई से मुखातिब होते हुए पूछा था, ''कैसिट लाए हो ? स्क्रीन टेस्ट है ? रुको, मैं दादा को बुलाता हूँ।'' उन्होंने अपनी बड़ी सी मेज के नीचे लगी घंटी की तरफ हाथ बढ़ाया था और एक चपरासी से मेकअप-मैन दादा को बुलाने के लिए कहा था। किशनभाई ने आशा रानी की ओर मुड़कर उसे समझाया था, ''दादा सबसे बढ़िया मेकअप-मैन है। वह तुम्हें ऐसा मेकअप देगा कि तुम अप्सरा दिखने लगोगी।'' दादा ने आकर आशा रानी को गौर से देखा था। ''माथा का प्रॉब्लम है, साब,'' उसने सपाट स्वर में कहा था, ''स्ट्रिंगिंग करना पड़ेगा।'' नीतेश ने उसे निर्देश दिया था कि वह जो भी जरूरी समझे, करे। वह आशा रानी का पहला मेकअप था, और सबसे अहम भी।

दादा ने कोई चार घंटे तक उसके चेहरे का मेकअप किया था। उसने आशा रानी की भौंहों को नया आकार दिया था, उसकी माँग बदली थी और उसके भरे हुए गालों पर आलूबुखारे की लाली जैसे कुछ ब्रुश जल्दी-जल्दी मारकर उन्हें नया आकर्षण दे दिया था। आशा रानी के बाल घुँघराले थे। चेहरे के आसपास उनके छल्ले बन गए थे। दादा के सहायकों ने गरम चिमटों की मदद से उसके बालों के पेंचों को खोलकर लटों को इस तरह सीधा कर दिया था कि वे एक स्याह चिलमन की तरह नीचे आ गए थे।

नीतेश को फिर भी इत्मीनान नहीं हुआ था। "उसकी जाँघें कैसी हैं ?" उन्होंने आँखों में चमक लाते हुए किशनभाई से पूछा था, "क्यों ?" किशनभाई ने अपने चेहरे पर कोई भाव न आने देते हुए कहा था। "अरे बाबा, आजकल पटाखा जाँघों वाली हीरोइनें चाहिए ! साउथ की इन सारी छोकरियों की जाँघें ऐसी ही तो हैं। तुम वहाँ की गरम फिल्में नहीं देखते क्या ? सब उंडू-गुंडू भाषा में।" "वे तो केरल की फिल्में होती हैं, यार !" किशनभाई ने सफाई दी थी, "और वे लड़कियाँ मलयाली होती हैं।" "एक ही बात है यार, क्या फर्क है ?" किशनभाई ने आशा रानी की कुछ तसवीरें निकाली थीं। "अब तुम खुद ही देख लो," उसने कहा था और उन्हें नीतेश के हाथों में थमा दिया था। "फिगर बड़ी अच्छी है," नीतेश ने एक मिनट बाद कहा था, "लेकिन इसे अपनी जाँघों पर मांस चढ़ाना होगा। मैंने तुम्हें बताया न—आदमी लोग को तगड़ा जाँघें पसंद आता।" "स्क्रीन टेस्ट के लिए हम कौन सा दिन रखेंगे ?" "देखने दो, मुझे कोई अच्छा कैमरामैन बुलाना होगा, अगले हफ्ते ? फोन करना, यार !"

अपने स्क्रीन टेस्ट की याद आशा रानी के मन में हमेशा के लिए बस गई थी। इसके एक से अधिक कारण थे। आखिर, उस दिन केवल उसके कैरियर की ही शुरुआत नहीं हुई थी। बल्कि फिल्म इंडस्ट्री के सबसे चर्चित रोमांस की भी शुरुआत हुई थी। यह शुरुआत थी अक्षय अरोड़ा और आशा रानी की बदनाम प्रेम कहानी की।

उसने सब कुछ अम्मा और किशनभाई पर छोड़ दिया था। मजे की बात तो यह थी कि उसे बिलकुल भी घबराहट महसूस नहीं हो रही थी। जब अम्मा ने उसे जिंदगी में पहली बार कैमरे के आगे धकेलकर कहा था, "नाचो बेबी, नाचो," तब वह कितने साल की रही होगी ? पाँच की ? या छह की ? और तभी से यह हाल था उसका कि उससे जो भी करने को कहा जाता था, उसे वह अच्छी तरह करके दिखाती थी। उसके दिमाग में यह बात कभी आई ही नहीं कि वह अपनी तरफ से भी कुछ कर सकती है। और यही तब हुआ था जब उन सभी ने नीतेश जी और कैमरामैन के आने का इंतजार किया था। उसका स्क्रीन टेस्ट शूटिंग के दौरान ही शॉट्स के बीच होना था। स्टूडियो में उस समय एक बड़े बजट वाली फिल्म 'जीत' की शूटिंग चल रही थी। जब अगले दृश्य के लिए सेट को फिर से सजाने की बारी आई तो आशा रानी, अम्मा और किशनभाई को एक धुँधले से कोने में पहुँचा दिया गया था। आशा रानी बाँस के कामचलाऊ ढाँचों पर चपल पैरोंवाले लाइटिंग बॉयज को नारियलों से खेलते बंदरों की तरह इधर-उधर जाते देखते हुए मुग्ध होती रही थी। वहाँ एक साथ कई-कई लोग चिल्ला-चिल्लाकर निर्देश दे रहे थे और इसके चलते चारों तरफ अफरा-तफरी का माहौल बना हुआ था।

यह एक डीलक्स-लक्जरी बेडरूम का सेट था। अमीर लोग किस तरह रहते और आराम फरमाते हैं, उसके बारे में हिंदुस्तानी फिल्म निर्माताओं की कल्पना का साकार दृश्य था यह। आशा रानी के मन में यह विचार आया था कि उसने इससे अधिक भव्य कक्ष अपनी जिंदगी में कभी देखा ही नहीं। मखमल के पलंगपोश, जरीदार कपड़े के पर्दे, रेक्सीन के दो सीटों वाले सोफे, गुलाबी टेलीफोन, सुनहरे किनारेवाले आईने और एक फुहारा–क्या नहीं था उस बेडरूम में ! उसने अम्मा की ओर मुड़कर देखा था, उसकी आँखें विस्मय से चौड़ी हो रही थीं। ''क्या हमारे पास इस तरह का रूम नहीं हो सकता ?'' उसने पूछा था, अम्मा हँस पड़ी थी और उसने गर्व से किशनभाई को कोहनी मारकर कहा था, ''तुमने सुना, बेबी ने अभी क्या कहा ?''

फिल्मी तक्नीशियन स्टूडियो के फर्श पर पड़े साँप जैसे तारों के जाल को सफाई से फलाँगते हुए इधर से उधर आ-जा रहे थे। 'लाइट चेक, साउंड चेक !' किसी ने चिल्लाकर कहा था। वे तीनों रास्ते में पड़ रहे थे, इसलिए किसी ने धक्का देकर उन्हें एक तरफ कर दिया था। आशा रानी ने पानी के एक बड़े से ड्रम के ऊपर अपने लिए जगह बना ली थी। अम्मा एक पैकिंग केस पर बैठ गई थी। किशनभाई खड़ा रह गया था और डांस डायरेक्टर से गप-शप करने लगा था। यह डांस डायरेक्टर कोमल नाम की एक चौड़ी, भयंकर, बदसूरत-सी औरत थी। इसी बीच किशनभाई ने एक बार आशा रानी को बुलाया था। ''आओ इंडस्ट्री की सबसे मशहूर, टॉप क्लास डांस डायरेक्टर कोमलजी से तुम्हारी मुलाकात करवाऊँ,'' उसने कहा था। आशा रानी उन दोनों के पास चली गई थी और उस औरत ने आशा रानी को बेगानेपन से देखा था। ''डांस आता है ?'' उसने पूछा था और आशा रानी ने सिर हिलाकर हामी भरी थी। ''यह बहुत अच्छी डांसर है। मद्रास में इसकी टक्कर की कोई डांसर नहीं है। तुम इसे पर्दे पर देखना–बहुत, बहुत ही अच्छा नाचती है ! चार की थी तभी से नाच रही है।'' किशनभाई ने उसे कायल करते हुए कहा था। लेकिन उसकी दिलचस्पी वहाँ से हट गई थी और उसने शूट की जा रही इस फिल्म की हीरोइन की बखिया उधेड़नी शुरू कर दी थी, ''साली रंडी ! दो स्टेप तो नाचना आता नहीं और घमंड बोलो तो ! ये सारा हीरोइन एक जैसा होने का। गटर से निकलकर आएगा और एक फिल्म हिट देने पर महारानी का माफिक नखरा करेगा। ये सोचता कि हमें इनका पिछला लाइफ का बारे में कुछ पताइच नहीं। ये कुतिया भी कोई अलग नहीं। मैं इसे तभी से जानता जब यह पहली बार मुंबई आयला। इसका नाम रोजी होता। अरे, यह किसी भी चलता-फिरता का नीचू लेट जाता, स्पॉट बॉय का नीचू भी···बस एक बीड़ी का वास्ते। और आज इसे देखो। मैं अपना मन में कहती, 'इन गंदी औरतों का परवाह नको करने का। ये तो आज यहाँ होता और कल वहाँ। लेकिन तुम्हारा काम तो चलता रहेगा।' मैं इसका माफिक सैकड़ों को देखती। दो फिल्मोंवाला हीरोइनें। किसी चूतिए को फँसा

लेने का, एक फिल्म प्रोड्यूस करवा लेने का और बस, सोचने लगेगा कि हम महारानी एलिजाबेथ होता। मैं तो डायरेक्टर को बोला, 'बाबा, यह औरत तो हमारा बस का नहीं। इसका तो दो बायाँ पैर होता। यह तो आसान सा एक-दो, एक-दो वाला स्टेप भी करने को नहीं पाता। जाने दो, अपुन भी उसे आसान-सा चीजें देने का। वह छातियाँ हिला सकता, जाँघें चमका सकता—बस।' देखो, बाबा उसे इस वक्त हमारा साथ रिहर्सल करने को माँगता। लेकिन मैडम है कहाँ ? अक्षय अरोड़ा के मेकअप रूम में टाँगें उठाता। सोचता कि अक्षय अपना अगला फिल्म का वास्ते उसका नाम का सिफारिश करेगा। बड़ा ख्वाब देखता ! वह इतना बेवकूफ नहीं, यार ! उसको कोई और नहीं मिलेगा तो वह हिजड़े के साथ भी सो लेगा ! इस रंडी को यह तो समझने का !''

आशा रानी बड़े ध्यान से कोमल की बातें सुनती रही थी। उसने कोमल की रँगीली मुंबइया हिंदी के एक-एक शब्द पर ध्यान दिया था। फिर, जब कोमल की बक-बक चल ही रही थी, तभी आशा रानी की नजर एक बेहद खूबसूरत आदमी पर पड़ी थी। इतना सुंदर मर्द उसने अपनी जिंदगी में पहले कभी नहीं देखा था। उसने सफेद पतलून पहन रखी थी, जिसके पाँयचे उसके टखनों पर फड़फड़ा रहे थे। उसके पाँवों में लाल जूते थे, और उसने लाल लबादा डाल रखा था। उसकी आँखें काली और सोच में डूबी हुई थीं। उसके घने बाल पीछे को करके सँवारे हुए थे और वह इस तरह चलता हुआ आया था, जैसे इस जगह का मालिक वही हो।

आशा रानी ने स्टूडियो में काम करनेवालों को उस खूबसूरत आदमी के रास्ते से कूदकर हटते हुए देखा। कोई भागकर कुर्सी ले आया, कोई और पानी का गिलास लाने के लिए दौड़ा। वह आशा रानी से तीन फुट की दूरी से ही गुजरा था और आशा रानी ने अपने हाथों के रोंगटों को खड़े होते महसूस किया था, मानो उसे भारी वोल्टेज की बिजली ने करंट मार दिया हो। वह बिलकुल बदहवास हो गई और उसने किसी सहारे के लिए हाथ बढ़ाया। तभी अचानक छपाक की एक जोरदार आवाज हुई। सभी लोग ठिठक गए। आशा रानी अपना संतुलन खो बैठी थी और पीपे में गिर गई थी; वह बिलकुल भीग गई थी और हवा के लिए छटपटा रही थी। उस रहस्यमय व्यक्ति ने आशा रानी को बाहर निकलने में मदद की थी। उसके होंठों पर एक व्यंग्यपूर्ण मुसकान खेल रही थी। अपनी घबराहट में वह यह भी नहीं देख पाई थी कि उसका भीगा हुआ स्कर्ट सिमटकर उसकी जाँघों के तिकोन तक पहुँच गया है। वह शर्म से लाल हो गई थी, और उसने 'सो सॉरी, सो सॉरी' कहते हुए अपने आपको सँभाला था। उस व्यक्ति ने उसे गौर से देखा था, उसकी नंगी टाँगों का जायजा लिया था, और कंधे उचकाते हुए वहाँ से चला गया था।

''यह अक्षय अरोड़ा थे,'' किशनभाई ने आदर के साथ कहा था।

आशा रानी ने बाद में अपने इंटरव्यू में अक्सर इस बड़े स्टार के साथ अपनी उस नाटकीय मुलाकात के बारे में बताया था। अक्षय अरोड़ा ने भी इस घटना का उल्लेख सहजता से हँसते हुए किया था, "मुझे विश्वास है कि यह कोई संयोग नहीं था," वह कहता था, "उसने यह सब सोच-समझ कर किया था। नहीं तो उसकी तरफ मेरा ध्यान कैसे जाता ?" और सचमुच उसका ध्यान आशा रानी की तरफ गया था, क्योंकि इस घटना के कुछ ही मिनट बाद एक चिकने-चुपड़े घिनौने-से आदमी ने चुपचाप किशनभाई के पास आकर पूछा था, "यह कौन है ? अक्षय जी ने पुछवाया है।"

किशनभाई ने एक मिनट भी नहीं गँवाया था, "यह बिलकुल नई खोज है। चार-पाँच बड़े बैनर इसमें दिलचस्पी ले रहे हैं, लेकिन हम चाहते हैं कि यह अभी रुके और सही फिल्म को ही साइन करे। उसने साउथ की फिल्मों में तो काम किया है, लेकिन अब उसे हिंदी फ़िल्मों में उतारा जा रहा है। राज ने दिलचस्पी ली है, नीतेश ने भी। शेखर तो रोज फोन कर रहा है। ड्रीम गर्ल के बाद, आशा रानी का ही नंबर है। आशा रानी—लाखों दिलों की मलिका !" अम्मा भी दौड़कर आ गई थी और उसने अपनी बात कह डाली थी, "मेरी बेबी तो बस टॉप हीरो लोगों के साथ बड़े बैनर की फिल्में करेगी। हमें इंतज़ार करने में कोई परेशानी नहीं है, लेकिन वह छोटे-मोटे साइड रोल नहीं करेगी। वह एक बड़ी स्टार बनेगी।" वह आदमी तिरछी नजर डालता हुआ वापस चला गया था। उन्होंने उसे अक्षय के कानों में फुसफुसाते हुए देखा था। लेकिन कुछ नहीं हुआ था, कम-से-कम एकाध साल तक तो कुछ भी नहीं।

आशा रानी का स्क्रीन टेस्ट उस रात साढ़े आठ बजे जाकर हुआ था। उन्हें न कुछ खाने को मिला था, न पीने को और जब उसने टॉयलेट के बारे में पूछा था, तो किसी ने स्टूडियो के एक गंदे से कोने की ओर इशारा करते हुए कहा था, "वहाँ चली जाओ। नखरे मत करो।" किशनभाई ने उस गंधाते कोने तक जाने वाले तंग रास्ते को बड़ी शान से तब तक रोके रखा था, जब तक आशा रानी ने पेशाब नहीं कर लिया था। उसने देखा था कि आशा रानी का दमखम टूटने लगा है। आशा रानी के लिए उसने एक पैकिट नरम-नरम बिस्कुटों का इंतजाम करा दिया था, जिन्हें उसने जल्दी-जल्दी खा लिया था। फिर उसने डरते-डरते अम्मा से 'कॉपी' के लिए कहा था। अम्मा ने धीमे-से लेकिन बिगड़ते हुए कहा था, "यहाँ कोई 'कॉपी' नहीं मिलेगी। चुप रहो और इंतजार करो—बाद में खाने-पीने के लिए बहुत समय मिलेगा। इस समय बस अपने टेस्ट पर ध्यान लगाओ।" आशा रानी ने दुखी मन से हाँ कर दी थी और घी में भीगे भात के ऊपर गरमागरम साँभर से अपना ध्यान बँटाने की कोशिश करने लगी थी।

स्क्रीन टेस्ट भी बिलकुल आसान रहा। उसे तालाब में नहाती गाँव की गोरी का वही दृश्य देने को कहा गया था, जहाँ करने के नाम पर उसे बस भीगी हुई

दिखाई देना था। यह उसने बड़ी आसानी से कर लिया था। पानी में गिरने में वह बड़ी माहिर होती जा रही थी।

दो सप्ताह बीत जाने पर भी नीतेश भाई की ओर से कोई संदेश नहीं आया। तब किशनभाई आगे आया था। उसने फिल्म में खुद पैसा लगाने की पेशकश की थी, किसी-न-किसी तरह।

फोन की घंटी एक बार फिर बज उठी। ''हैपी बर्थडे, बेबी जान !'' आशा रानी ने आवाज सुनते ही फोन रख दिया। आज वह किशनभाई से तो बिलकुल बात नहीं करना चाहती थी; वह जो उसका पहला प्रेमी था, और पहला दलाल भी। अम्मा और किशनभाई दोनों ने, ऐसा क्या था, जिसका सहारा नहीं लिया था। कुछ नहीं छोड़ा था उन्होंने। उसका पहला 'ग्राहक' उसकी पहली मुहूर्त पार्टी में लाया गया था। बड़े उदास मन से उसने उस घटना को याद किया।

किशनभाई ने उस पार्टी में आशा रानी को जाने के लिए जोर देते हुए कहा था, ''तुम्हें उन लोगों के सामने आना चाहिए जो यहाँ अहमियत रखते हैं।'' उसने फिल्म के फाइनेंसर से पार्टी का आमंत्रण भी हासिल कर लिया था। यह फाइनेंसर एक सिंधी था, जो आँखों में इतना सारा सुरमा लगाता था कि कोई कथकली-नर्तक भी शरमा जाए। इस आदमी का नाम भी बड़ा अजीब था—विष्णु एम.डी.। पूरी इंडस्ट्री में लोग उसे 'एम.डी.' के भ्रामक नाम से ही जानते थे। आशा रानी को देखकर उसने बस इतना ही कहा, ''काली है, लेकिन चलेगी।'' किशनभाई ने आँख मारी थी और धीमे-से यह कहते हुए उसे धकेलकर आगे कर दिया था, ''चलो अंकल को स्माइल दो।'' अम्मा ने इस मौके के लिए उसे नए कपड़े लाकर दिए थे—दादर के एक बाजार से खरीदी गई भद्दी सी एक गुलाबी साड़ी।

चोली की जिम्मेदारी किशनभाई ने ले ली थी। ''कुछ सेक्सी बनाओ,'' उसने दर्जी से कहा था। और उसने सचमुच चोली को सेक्सी बना दिया था। पीठ पर से नंगी, डोरियोंवाली इस चोली की गद्देदार कटोरियाँ इतनी नुकीली बनाई गई थीं कि हैरत की ही बात थी कि उनसे कोई घायल नहीं हुआ था ! ''बहुत बढ़िया, बहुत बढ़िया !'' किशनभाई ने हौसला बढ़ाते हुए कहा था, जबकि अम्मा ने उसे आगाह किया था कि वह अपने हाथ नीचे ही रखे, कहीं उसकी काँख के बाल न दिखाई दे जाएँ।

और इस तरह पेश हुई थी वह उस पार्टी में। उसकी लंबी, पतली बाँहें उसके शरीर से चिपकी हुई थीं। वह ऐसी पोशाक पहने हुए थी, जो उस पर बिलकुल नहीं फब रही थी। वह सहमी-सहमी दिख रही थी और दुखी महसूस कर रही थी। ''साउथ की एक और इडली !'' किसी ने रंगशाला से स्वीमिंग पूल की तरफ जाते हुए फिकरा कसा था। उसने खुद को आईने में देखा था। अम्मा ने उसके साथ

ऐसा क्यों किया ? उसे स्कर्ट-ब्लाउज या सलवार-कमीज क्यों नहीं पहनने दी ? और मेकअप—अइयो, वह तो भयंकर था। गाढ़ी लाल लिपस्टिक, चमकती हुई बिंदी, आईलाइनर जिसे लगाकर उसकी आँखें रावण जैसी लग रही थीं, ढेरों लाली ऐसे लगती थी जैसे गालों पर लाल पित्ती उछल आई हो, और हाँ, हलके रंग की फाउंडेशन की पर्तें भी जिससे वह गोरी दिखे।

गोरी, गोरी, गोरी। अम्मा पर तो उसके रंग का जुनून सवार था। यहाँ तक कि उसके खूबसूरत, काले, कुदरती घुँघराले बालों को भी हिना लगाकर और खींचतान कर सीधा करके एक असंभव केश-सज्जा का रूप देने की कोशिश की गई थी। उसकी ऊँची एड़ी की जूतियों से उसके पाँवों में पहले ही छाले पड़ गए थे। उसने सोचा था कि काश, वह वहाँ एक अदृश्य लड़की के रूप में आती, क्योंकि वह हर चीज और हर व्यक्ति को देखने को उत्सुक थी, लेकिन यह नहीं चाहती थी कि कोई उसे देखे।

सब कुछ कितना सुंदर दिख रहा था ! सब कुछ ठीक उन हिंदी फिल्मों की तरह था, जिन्हें वह देखती तो थी, लेकिन एक शब्द भी नहीं समझ पाती थी। यहाँ तक कि मुंबई के ताड़ के पेड़ भी मरीना बीच के ताड़ वृक्षों से कुछ भिन्न थे। यहाँ के पेड़ अधिक सीधे, अधिक लंबे, अधिक सुंदर थे। उनमें खूबसूरत बत्तियाँ लगाई गई थीं, जिससे वे समुद्री हवा में थिरकते सुंदर नर्तकों की तरह दिख रहे थे। ताल के चारों ओर महँगे कपड़े पहने सैकड़ों लोग जमा थे—सैकड़ों ! वह किसी को भी जानती-पहचानती नहीं थी। लेकिन वे सभी कितने प्रभावशाली दिख रहे थे। औरतें दुकानों में सजे पुतलों की तरह चकाचौंध करनेवाली थीं, तो पुरुष टी.वी. पर विज्ञापनों में आनेवाले पुरुषों की तरह चिकने और खुशबू बिखेरते हुए। एक तरफ को एक बैंड बज रहा था, और वेटर ड्रिंक्स की ट्रे लिए होशियारी से इधर-उधर जा रहे थे। उसने भी हिचकिचाते हुए एक पेग उठाने की कोशिश की थी, लेकिन बेयरा उसके बढ़े हुए हाथ को अनदेखा कर निकलता चला गया था।

किशनभाई की आँखें भीड़ में संपर्कों को खोजने में लगी थीं। अम्मा सही शिकार की तलाश में निकली बाघिन की तरह हरकत कर रही थी। आशा रानी की नजर सफेद लिबास पहने एक आकर्षक पुरुष पर पड़ी थी—हे भगवान ! अक्षय जी ! वह धाँसू लग रहा था। उसके साथ की लड़की भी अच्छी लग रही थी। लेकिन वह इतनी नंगी क्यों है ? छिः···उसके कंधे उघड़े हुए, नंगे थे। उसे शर्म या ठंड नहीं लग रही है क्या ? उसकी तरफ से खुद आशा रानी को कँपकँपी छूट गई थी और वह उसी ओर ताकती रही थी। वह लड़की अपने सिर को पीछे झटककर सारा समय हँसे ही जा रही थी। उसके आसपास लोगों की भीड़ जमा थी। अक्षय और वह औरत किसी देवता और देवी की तरह लग रहे थे—ऊपर से नीचे तक सफेद कपड़ों में सजे। खूबसूरत। कौन थी वह, आशा रानी ने हैरान होकर सोचा था और किशनभाई से पूछने का फैसला किया था। ''अरे वह ? वह अनुश्री है,

तमिल स्टार–जैसी कि तुम जल्दी ही बन जाओगी।'' आशा रानी की तो साँस ही फूल गई थी, ''वह लड़की साउथ इंडियन है ? हो ही नहीं सकता ! वह तो इतनी गोरी है ! और उसके कपड़े तो देखो ! वह तो कुछ भी नहीं पहने है। मेरा मतलब। वह साड़ी तो पहने ही नहीं है।'' किशनभाई हँस दिया था, उसने कहा था, ''आजकल बड़ी हीरोइनें साड़ियाँ नहीं पहनतीं। उनके अपने ड्रेस डिजाइनर होते हैं, जो उनके लिए खास कपड़े तैयार करते हैं। तुम्हारे साथ भी यही होगा।'' ''लेकिन मैं ऐसा कोई लिबास नहीं पहन सकती। छिः !'' ''पहनोगी, तुम जरूर पहनोगी,'' किशनभाई ने जवाब दिया था।

पार्टी चलती रही थी और इस बीच अनेक फिल्म स्टार आए थे और प्रोड्यूसर को बधाई दी थी। सुबह एक बजे तक भी लोग झुंड-के-झुंड आते जा रहे थे, लेकिन खाने का कहीं नामोनिशान नहीं था। आशा रानी भूख के मारे मरी जा रही थी और घर जाकर सोना चाहती थी। ठीक तभी सुरमेदार आँखोंवाले आदमी ने किशनभाई के पास आकर कहा था, ''चिड़िया तैयार है ?'' किशनभाई तेजी से आशा रानी की बगल में आकर नरमी से बोला था, ''एम.डी. का यहाँ ऊपर एक कमरा है। उसके साथ चली जाओ। वह तुम्हें खाना खिला देगा। एम.डी. एक खास आदमी है। उसके साथ अच्छी तरह से पेश आना। वह तुम्हारे कैरियर में बहुत मदद कर सकता है। कोई लफड़ा वगैरह मत करना। तुम्हें बस वही करना है…वही…जो तुम मेरे साथ करती हो…बस। सब ठीक होगा। कल सुबह मैं आऊँगा और तुम्हें घर ले जाऊँगा।'' आशा रानी ने आँखों-ही-आँखों में विनती की थी और याचना-भरी नजर से अम्मा की ओर देखा था, लेकिन अम्मा ने अपनी आँखें फेर ली थीं।

उस रात की याद करते हुए, आशा रानी इसी निष्कर्ष पर पहुँचती थी कि सब कुछ ऐसा बुरा नहीं था। सुरमाचश्म और भी बुरा हो सकता था, और फिर उसने पी भी बहुत रखी थी। आशा रानी ने हमेशा यही सुना था कि पियक्कड़ लोग औरतों को तंग करके रख देते हैं। अम्मा के भी उस समय आँसू निकल आते थे जब कभी अप्पा शराब में महकते हुए आते थे, उनकी आँखें लाल होती थीं, और आवाज लड़खड़ाती हुई। लेकिन यह आदमी आधे-अधूरे मन से उसके कपड़े उतरवाने के बाद किसी थके हुए साँड़ की तरह बिस्तर पर ही ढेर हो गया था। वह अनिश्चय की स्थिति में बैठी यही सोचती रही थी कि क्या करे। शोर करने या फोन उठाने की उसकी हिम्मत इसलिए नहीं हुई थी कि कहीं वह अचानक जाग ही न जाए। इसलिए वह खिड़की पर खड़ी होकर नीचे लोगों को देखती रही थी।

पार्टी अब भी जोर-शोर से चल रही थी–तरण-ताल में खुशनुमा बत्तियाँ चमक रही थीं। वहीं अक्षय और अनुश्री खड़े थे। वाह ! कितने शानदार दिख रहे थे वे दोनों ! वह वहाँ जड़ी-सी रह गई थी और भीड़ के उमड़ने और रास्ता बनाने की हलचल से अतिथियों की बनती-बिगड़ती नृत्य-रचना जैसी आकृतियों को देखती रही थी। जब बहुत देर हो गई तो उसने पर्दे खींच दिए और गलीचे पर पसरकर

नींद की गोद में चली गई थी।

अगली सुबह सुरमाचश्म काफी खराब मूड में था। अपनी जालीदार गंजी और लंबे, पटरेवाले घुटन्ने में वह बड़ा हास्यास्पद लग रहा था। आशा रानी ने उसके गले में पड़ी जंजीरों को देखा था—उनमें से दो जंजीरें सोने की थीं और एक तुलसी के मनकों की माला। उसने आशा रानी को बड़ी रुखाई से बिस्तर पर खींचते हुए कहा था, "कपड़े उतारो।" वह थोड़ी हैरान हुई थी, क्योंकि उसकी हिंदी अभी भी कच्ची थी। उसे हिचकिचाती देख वह गुर्राया था, "साली रंडी, सुना नहीं ? नाटक तो ऐसा करती हैं ये कुतिएँ जैसे अभी तक साबुत हों !" आशा रानी ने धीरे-धीरे कपड़े उतार दिए थे। इस समय उसे जरूरत थी एक कप गरमागरम 'कॉपी' की। उसने अपना दिमाग उसी पर जमाए रखा था और किसी कठपुतली की तरह अपने कपड़े उतार दिए थे। वह भौंहें चढ़ाकर उसे कपड़े उतारते देखता रहा था। फिर उसने मेज से पेंसिल उठाई थी और उसे कान में घुसेड़कर मैल कुरेदने लगा था। फिर पेंसिल की नोक पर आए मैल को उसने सूँघा था और उसे बेदर्दी से पकड़कर पलंग पर घसीट लिया था। उसने अपनी आँखें बंद कर ली थीं और कॉपी, मद्रास, अपनी सहेली सविता और उन टूटी हुई गुड़ियों के बारे में सोचने लगी थी, जिन्हें वह बेहद प्यार करती थी।

उसके हाथ आशा रानी के नंगे बदन पर रेगमाल की तरह फिसले थे। उसने दाढ़ी नहीं बनाई थी और उसके बाल उसके चेहरे पर चुभ रहे थे। उसने जोर की डकार ली थी और सारा कमरा व्हिस्की, कबाब और प्याज-पकौड़ों की बास से भर गया था। उसकी थुलथुल, बालों-भरी तोंद आशा रानी के पेट से सटी हुई थी और वह उसकी घुंडियों को पकड़कर इस तरह मसलता और नोचता रहा था कि वे दर्द करने लगी थीं। उसने उसकी टाँगों को घुटनों से मोड़कर चौड़ा दिया था। "ऊपर कर," उसने आदेश दिया था। "क्या ?" आशा रानी ने पूछा तो वह पलटकर बोला था, "साली पूछती है, 'क्या'? और क्या ? टँगड़ी।" उसने उसके घुटनों पर अपने हाथ रखे थे और धक्का लगाया था। "तुम तो सीमेंट की पटिया हो," वह बोला था, "चलो बदन हिलाओ···मुझे गरम करो, जोर लगाओ···ऐसे मुरदा बनकर मत पड़ी रहो।" वह अपने आप ही अपनी कमर चलाने लगी थी, आगे-पीछे होने लगी थी। उसने आशा रानी के कंधे पकड़ लिए थे और बड़ी रुखाई से धक्के लगाने लगा था।

आशा रानी ने सोचा था, यह ठीक है। जो कुछ बुरा हो सकता था वह अब टल गया है। यह हैवान अभी खलास हो जाएगा, ऊपर से हट जाएगा और मुझे शांति में छोड़ देगा। कुछ ही पल की बात और है, बस।' इस विचार से प्रेरित होकर उसने अपनी कमर को खूब जोर से चलाया था और उसके मुँह से हलकी सी चीख निकल गई थी। इस चीख ने जैसे एम.डी. को उत्तेजित कर दिया था। उसने अपने पंजे उसकी गर्दन में और भी कसकर गड़ा दिए थे और जोर-जोर से चोट मारने

लगा था। अंत में वह किसी जंगली सूअर-सा डकारता हुआ अपने चरम तक चला गया था।

उस अनुभव के बाद तो हर बार ऐसा ही होता रहा था। अक्सर तो वह अपने जिस्म से खेलनेवाले आदमी के चेहरे या शरीर को देखने की कोशिश भी नहीं करती थी। वह कोई प्रतिक्रिया ही नहीं देती थी। क्या फर्क पड़ता था इससे कि वह कौन है और क्या कर रहा है ? किशनभाई उसे भेजता था, किशनभाई उसे लाता था और इसके बीच उसे पता ही नहीं रहता था कि क्या हो रहा है। लेकिन एक बार आशा रानी ने अम्मा और किशनभाई की बातचीत सुन ली थी। अम्मा कह रही थी, "मुझे तुम्हारा बेबी को इधर-उधर भेजना बुरा नहीं लगता, मैं जानती हूँ यह धंधे का ही एक हिस्सा है। मुझे तुम पर भरोसा है। लेकिन उसकी सेहत के बारे में सोचा है ? ये आदमी, ठीक-ठाक भी है ? उन्हें कोई बीमारी तो नहीं है ? हमें बेबी का ठीक से चेकअप कराना पड़ेगा। अभी हमारे पास थोड़ा पैसा है। तुम उसकी सारी कमाई का हिसाब रख रहे हो न, या नहीं ?" किशनभाई ने धीमी आवाज में कुछ कहा था। फिर उसने अम्मा को आगे बोलते सुना था, "अब बेबी को कोई अच्छी फिल्म मिल ही जानी चाहिए। आखिर, मैं उसे वेश्या बनाने को तो मुंबई लाई नहीं। अगर मुझे उससे यही सब करवाना होता, तो हम मद्रास में ही अपना धंधा शुरू कर देते। यह मत सोचो कि वहाँ लोगों के पास पैसा नहीं है। हमारे यहाँ भी लखपति लोग हैं। वे लोग मेरी बेबी के लिए कितना भी पैसा दे सकते थे।"

"हलो···आशा रानी ?"

"अमर ?"

"तो तुमने मेरी आवाज पहचान ली, यार ! मैं तो फूलकर कुप्पा हो गया। देखो, तुम्हें हमारी फिल्म का वह सीन याद है, जहाँ हमारे होंठ मिलने ही वाले थे कि डायरेक्टर ने बिजली कड़कने का शॉट दे दिया था ? मैं, जैसे, इसी निरंतरता की समस्या से परेशान हूँ···क्या मैं···मेरा मतलब है···"

आशा रानी रिझानेवाली अदा में हँस दी थी। अगर अक्षय दुर्लभ होने का नाटक कर रहा है, तो वह भी उसे दिखा देगी। अमर एक चिकना, भूरी आँखोंवाला लड़का था; वह बेधड़क जवान था और बेधड़क आशिक भी ! वह उसका सबसे नया हीरो था। वह उसे बहुत पसंद करती थी और उसने नीतेशभाई की अगली बड़ी बजट की फिल्म के लिए उसका नाम भी सुझाया था। उसे अमर को बुलाने में और उसके साथ सोने में कोई हर्ज नहीं दिखाई दिया।

"मैं इस समय अकेली हूँ।"

"बहुत बढ़िया, यार ! मेरे पास तुम्हारे लिए एक बेशकीमती तोहफा भी है–मेरा फुल साइज ब्लोअप, मैं जानता हूँ आज तुम्हारा जन्मदिन है। मेरा मतलब, कौन नहीं जानता इस बात को !"

यह अच्छी बात थी कि कोई और विनीत हो रहा था। 'बदलाव के लिए यह क्या बुरा है,' आशा रानी ने सोचा। कभी-कभी अक्षय के साथ उसे यह अहसास होता था कि सारा जुनून, सारी गरज, बस उसकी अपनी तरफ से ही होती है। अक्षय का रवैया–मेहरबानी करनेवाला होता था, मानो वह उस पर कोई अहसान कर रहा हो। हरामी ! फोन रखकर उसने वे कपड़े उतार दिए जो खास तौर पर अक्षय के लिए पहने थे, और एक बड़ी-सी टी-शर्ट पहन ली जो उसके घुटनों तक लटक रही थी। अमर जैसे जवान लड़के के लिए यही ठीक है। वह इसे पसंद करेगा। बेहद।

फुल साइज ब्लोअप की बात सुनकर आशा रानी कुछ सोचने लगी थी। वह भी कभी इस तरह की चीजों में मजा लेती थी। बेचारा बच्चों जैसे चेहरेवाला अमर ! कितना कुछ सीखना है अभी उसे। उस दिन वह अब पहली बार मुसकराई थी, और उसने धीरू के बारे में सोचा था।

"बेबी," अम्मा ने एक दिन कहा था, "हमें तुम्हारी कुछ बढ़िया-सी तसवीरों की सख्त जरूरत है। कुछ सचमुच कलात्मक, अच्छी तसवीरों की।"

अम्मा का 'बढ़िया-सी' तसवीरों से मतलब अधनंगी तसवीरों से निकला। यानी आशा रानी की नंगी तसवीरें धीरू नाम के एक लंपट फोटोग्राफर ने ली थीं।

मुंबई आने वाली हर नई स्टार धीरू के स्टूडियो जरूर जाती थी। वह अंग-प्रदर्शनवाली तसवीरें खींचने में विशेषज्ञ था। उसका काम करने का तरीका आसान था। वह इन लड़कियों को 'मॉडलिंग' का झाँसा देकर अपने कामचलाऊ स्टूडियो में ले आता था। जब वे उसके चंगुल में आ जाती थीं, तो वह उनके घमंड को हवा देता था। "सच्ची, क्या प्यारी फिगर है," वह उनसे कहता था, "तुम्हें तो अपने जिस्म पर गर्व करना चाहिए। मैंने हजारों फिल्म स्टारों की तसवीरें खींची हैं, लेकिन ऐसी फिगर मैंने आज तक नहीं देखी। चलो, कुछ आदिवासी शॉट्स लेते हैं। अरे, सारे प्रोड्यूसर इन्हें पसंद करते हैं ! आखिर, हमारी अधिकतर फिल्में गाँववालों के बारे में होती हैं। जब तुम स्टार बनोगी तो तुम्हें इस तरह के कपड़े पहनने पड़ेंगे। आज मैंने ऐसी ही एक पोशाक का इंतजाम करके रखा है, देखो !"

यह 'आदिवासी' पोशाक और कुछ नहीं, बस एक गाँठदार चोली होती थी–जो ब्रॉ अधिक लगती थी–और घुटनों तक की लंबाई का एक घाघरा ('इस तरह वे तुम्हारी सुंदर टाँगें भी देख सकते हैं।' जब वह नई स्टार यह पोशाक पहन लेती थी, तो वह उसकी टाँगों के बीच मटका रखकर उसका पोज लेता था या फिर आल्प्स की चमकदार पृष्ठभूमि में उसे आमंत्रण देनेवाले अंदाज में फर्श पर लिटा देता था। उसका एक और प्रिय फोटो होता था 'झरना शॉट' इसके लिए वह 'मॉडल'

को मलमल की सफेद झीनी साड़ी लपेट लेने को कहता था। इसमें उसे ब्लाउज नहीं पहनना होता था, क्योंकि हिंदी फिल्मों में गाँव की छोरियाँ आमतौर पर ब्लाउज पहने नहीं दिखाई देतीं। उसके पहले कुछ शॉट तो वही 'गाँव की छोरी' तक सीमित रहते थे। बाद में जब 'माहौल' काफी गरम हो जाता था, तो वह लड़की से कहता था कि वह बाथरूम में जाकर अपने ऊपर थोड़ा पानी डाल ले। अगर लड़की हिचकिचाती थी तो वह प्लास्टिक के एक जग से थोड़ा-सा पानी लेकर उसके ऊपर छिड़क देता था। एक-दो बार काँपने के बाद लड़की ठीक हो जाती थी। फिर वह उस पर पूरा जग ही उँडेल देता था या उसे शॉवर के नीचे खड़ा कर देता था--बहुत आसान था यह सब।

आशा रानी के साथ उसने दूसरी तरकीब आजमाई थी। अम्मा को एक तरफ ले जाकर उसने कहा था, "आपकी बेटी सुंदर है। एक दिन वह स्टार बनेगी। उसके उभार बहुत अच्छे हैं। हम उन्हीं पर ध्यान देंगे। चलिए हम साड़ी में उसका एक फोटो खींचेंगे, जिसमें उसकी चोली के बटन खुले रहेंगे। इस तरह वह सचमुच सेक्सी और प्यारी दिखाई देगी।" अम्मा तुरंत तैयार हो गई थी और आशा रानी को उसने महीन जार्जेट की साड़ी पहना दी थी। उसके ब्लाउज को उसने उसके कंधे से सरका दिया था और पहले तीन हुक खोल दिए थे। "काफी है ?" उसने धीरू से पूछा था। "ठीक है—पहले शॉट्स के लिए," धीरू ने जवाब दिया था।

एक घंटे में धीरू ने दस रीलें खींच डाली थीं, और कैमरे के हर 'एक्सपोजर' के साथ वह उसे कुछ और उघाड़ता चला गया था। जब तक फोटो सत्र खत्म होने का समय आया, आशा रानी लगभग नंगी हो चुकी थी ! "ठीक है !" धीरू ने कहा था, "इन रिलीज फॉर्मों पर साइन कर दो। मैं परसों आपको तसवीरें दिखा दूँगा।"

इस फोटो सत्र के कुछ महीने बाद आशा रानी ने भीड़भाड़ वाले एक शॉपिंग सेंटर में एक टेलीविजन कंपनी का आदमकद कैलेंडर देखा था और ठिठककर उसे देखने लगी थी—इस कैलेंडर में वही थी, लगभग नंगी, दुनिया पर अपनी मुसकान बिखेरती हुई। उसके ऊपर शीर्षक दिया हुआ था, 'पूरी तसवीर : केवल वी.टी. एस. टेलीविजन पर'। वह अपनी घुंडियाँ देखकर शरमा गई थी। उन्हें बड़ा करके और कुछ ज्यादा आकर्षक बनाकर पेश किया गया था। यह पोस्टर कैलेंडर, चिकना चमकदार और सेक्सी था। शुरुआती झटके के बाद आशा रानी मन-ही-मन मुसकरा दी थी। धीरू ने सही कहा था। उसका जिस्म सचमुच खूबसूरत है।

धीरू की तसवीरों का मनचाहा असर हुआ था। खासतौर पर उनके 'शोबिज़' में छप जाने के बाद। एक उत्सुक रिपोर्टर तो आशा रानी को खोजती हुई उस छोटी-सी कोठरी में आ पहुँची थी, जहाँ वे रह रही थीं। "हम आपका इंटरव्यू लेना चाहते हैं," उसने कहा था। अम्मा की तो खुशी का ठिकाना नहीं था, "हमें तुरंत 'शोबिज़' के दफ्तर में चलना चाहिए," उसने कहा था। "अरे, यह तो खुशखबरी

है। एक बार अगर उन्होंने तुम्हारे बारे में कुछ लिख दिया, तो फिर हमें किशनभाई, नीतेशभाई या और किसी भी भाई की जरूरत नहीं रह जाएगी। बेबी, लगता है हमारे सपने सच होने जा रहे हैं।'' 'हमारे नहीं तुम्हारे सपने,' आशा रानी ने अपनी माँ को सही करना चाहा था, लेकिन चुप रह गई थी।

आशा रानी ने 'शोबिज़' देखी थी। हर कोई इसे पढ़ता था—शुरू से आखिर तक। मद्रास में भी पढ़ी जाती थी यह पत्रिका। वह जानती थी कि अगर इसमें उसके बारे में कोई लेख छप गया तो उसे वह तवज्जो मिल जाएगी जिसकी उसे इतने दिनों से तमन्ना है। लेकिन उसके बाद ? उसने इंतजार करना चाहा था। चाहा था कि प्रेस में जाने से पहले उसकी एक फिल्म साइन हो जाए। उसका अपना मन कहता था कि सही तरीका यही है। उसने इसी रास्ते को चुना होता। उसने अम्मा को समझाने की भी कोशिश की थी, ''देखो, मेरे पीछे अगर कोई बड़ा बैनर होगा, तो वे मुझसे अलग ढंग से पेश आएँगे। अब तो बस मैं एक और स्टारलेट हूँगी उनके लिए, बड़ी-बड़ी छातियोंवाली नाचीज़। बस।''

अम्मा भड़क गई थी, ''कल की छोकरी, बचकानी लड़की, तुम्हारी अपनी अम्मा से इस तरह बात करने की हिम्मत कैसे हुई। मैं कुछ सुननेवाली नहीं। अब, कपड़े पहनो, वह बेल-बॉटम पैंट डालो और चलो। हमें तुरंत वहाँ चलना चाहिए।''

आशा रानी ने हार नहीं मानी थी। ''मैं जिद नहीं कर रही हूँ, अम्मा,'' उसने कहा था, ''लेकिन मैं इसे अपने तरीके से करना चाहती हूँ। मैं अपनी शर्तों पर स्टार बनना चाहती हूँ। इस तरह से नहीं। उन लोगों ने खुद मुझसे संपर्क किया है। मैं भीख माँगने उनके पास नहीं गई। मैं तब उनसे मिलूँगी जब मैं तैयार हूँगी। अभी नहीं।'' अम्मा ने उसे घूरकर देखा था। ''घमंडी लड़की,'' उसने कहा था, ''तुम्हें सबक सिखाना ही पड़ेगा। रुको, मैं किशनभाई को बताऊँगी।'' ''किशनभाई आखिर होता कौन है ? एक दलाल, बस। वह मेरा क्या बिगाड़ सकता है ?'' आशा रानी ने चुनौती दे डाली थी। और इससे पहले कि वह कुछ समझ पाती, अम्मा ने उसे थपड़ा दिया था। उसने आशा रानी के गाल पर सीधे एक थप्पड़ जड़ा था। ''अपनी अम्मा से इस तरह बोलने की हिम्मत भी मत करना,'' वह दहाड़ी थी, ''मैंने इसके लिए अपनी जिंदगी, अपनी जवानी, अपना सब कुछ कुरबान नहीं किया है। तुम हर समय मेरा कहना मानोगी। अगर मैं कहती हूँ 'यह करो' तो तुम यही करोगी। आया समझ में ?''

आशा रानी अंधाधुंध दौड़ गई थी। उसका गाल दुख रहा था, लेकिन उसे तो अम्मा की आँखों के भाव ने डरा दिया था। अम्मा पागल लगने लगी थी। महत्त्वाकांक्षाओं के जुनून की मारी। क्या उनकी हालत इतनी निराशाजनक है ? पैसा ! इसके पीछे जरूर पैसा ही होगा। उसने एक सार्वजनिक टेलीफोन बूथ पहुँचकर वहाँ से नीतेशभाई को फोन किया था। यह पहली बार था कि उसने किसी को अपने आप फोन किया था। पहले तो उसके मुँह से शब्द ही नहीं निकले थे। अंत

में वह बोली तो उसकी अपनी ही आवाज ने उसे चौंका दिया। उसमें किसी तरह की कोई हिचकिचाहट नहीं थी, जब उसने नीतेशभाई से चीखते हुए कहा था, "मैं सारा समय आप ही के बारे में सोचती रहती हूँ। खासतौर पर रात में, जब मैं बिस्तर में होती हूँ..."

आशा रानी ने ड्राइव वे में अमर की कार के आने की आवाज सुनी तो अपनी टी-शर्ट के गले को एक कंधे से सरका लिया और सीढ़ियों पर जा खड़ी हुई। अमर ने किसी छोकरे की तरह कूदते हुए एक बार में दो सीढ़ियाँ चढ़ीं। उसका चेहरा लाल हो रहा था। वह उत्तेजित था, और थोड़ी पिए हुए भी था।

"छिः, तुम्हारे मुँह से बदबू आ रही है," अमर ने उसे चूमने की कोशिश की तो आशा रानी ने कहा था, "तुम्हारी मम्मी को पता है कि उसका राजा बेटा क्या करता फिर रहा है—शराबखोरी और आशिकी ?"

"जब से मैंने स्टार बनने की खातिर घर छोड़ा है, मेरी माँ मुझसे बात नहीं करती। वह अब भी यही सोचती है कि मुझे समझ आ जाएगी और मैं आई.ए.एस. बनूँगा," उसने हँसते हुए कहा, "लेकिन मेरे डैडी बहुत बढ़िया आदमी हैं, तुम्हें वह अच्छे लगेंगे। यार ! उन्होंने हमेशा मेरा हौसला बढ़ाया है। इस बात पर वह शायद गर्व ही करेंगे कि उनका बेटा आशा रानी के बिस्तर तक पहुँचने में कामयाब हो गया ! ए ! ये सारे खिलौने क्या हैं, यार ?"

बाद में जब वह बिस्तर पर लेटी हुई थी और अमर उसकी बगल में सो रहा था, तो उसने कड़वाहट में भरकर सोचा था कि उसके अपने माँ-बाप अमर के माँ-बाप से कितने अलग हैं। उसकी माँ ऐसी है जो उस समय दूसरी ओर देखने लगी थी जब किशनभाई उसे लेकर उसके पहले 'ग्राहक' की ओर चला था, उसका बाप ऐसा है जो शायद उसे पहचानता भी नहीं। वह तो बस एक अनचाही, हराम की औलाद है, जिसे हर कोई इस्तेमाल करने को आजाद है।

अक्षय अरोड़ा

जब अक्षय को आशा रानी का जन्मदिन याद आया, तब तक बहुत देर हो चुकी थी। वह अपने परिवार के साथ खाना खा रहा था, और यह उन लोगों के लिए खास मौका था। तभी उसकी नजर किचन की घड़ी पर गई। "ओह, शिट !" उसके मुँह से निकला और मालिनी उसकी तरफ देखने लगी। "कुछ भूल गए क्या ?" उसने पूछा। अक्षय ने एकदम जवाब दिया, "नहीं, कुछ खास नहीं।"

रात के दस बजे थे। उसने जाँचा कि आशा रानी उसे कभी माफ नहीं करेगी। उसने अपने सेक्रेटरी से कहा भी था कि वह कांजीवरम् की एक साड़ी और एक जोड़ी सोने की बालियाँ खरीद लाए। उस नालायक ने उनका किया क्या ? हे भगवान ! कहीं उसने वह सब मालिनी को तो नहीं पकड़ा दिया ? क्या इसीलिए वह खाने की मेज पर इतना तुनक रही थी ? मालिनी को मूर्ख बनाना आसान नहीं था। वह समझ गई होगी कि ये तोहफे किसके लिए हैं। या कम-से-कम यह तो वह समझ ही गई होगी कि ये उसके लिए नहीं हैं। पिछली बार वह कब उसके लिए तोहफा खरीदने गया था ? अपनी शादी की पहली वर्षगाँठ पर। उसके बाद तो वही पारिवारिक जौहरी के पास जाती थी और उसे जो चाहिए होता था, खरीद लेती थी और बिल अक्षय को पकड़ा देती थी। यह स्थिति उसके लिए ठीक थी। उसे कम-से-कम यह माथापच्ची तो नहीं करनी पड़ती कि क्या ठीक रहेगा, क्या नहीं। जब तक वह बिना कुछ पूछताछ किए हिसाब कर रहा था, मालिनी भी खुश थी। बेशक वह अपने तोहफों के बारे में महीनों पहले से तैयारी कर लेती थी और उसे देने की घड़ी को एक खास मौका बना देती थी। उसके अनूठे तोहफों की हर बार ही गॉसिप कॉलमों में चर्चा होती थी और उसे बहुत अधिक प्रचार भी मिलता था। लेकिन अक्षय को उसकी इन छोटी-छोटी उपलब्धियों से कोई शिकायत नहीं थी। उस समय उसे सचमुच बड़ी तकलीफ हुई होगी जब उसने अक्षय के लिए अपने कैरियर की कुरबानी दी थी और अपने आपको प्रसिद्धि की दुनिया से बाहर पाया था। इसीलिए अक्षय को कोई परेशानी नहीं होती थी, जब वह छोटी-छोटी चीजों में ही प्रचार पा लेती थी, जैसे अक्षय के जन्मदिन पर उसकी आयोजित

पूजाएँ या वे खास पार्टियाँ, जिनका इंतजाम वह करती थी। क्या वह उससे यह नहीं कह सकता कि उसे शहर के बीच रहनेवाले उस प्रोड्यूसर से एक जरूरी मुलाकात की याद आ गई है, जो काफी समय से इसके लिए समय माँग रहा है। वह कह देगी कि अपने सेक्रेटरी को भेज दो ; बड़ा टेढ़ा मामला था। अक्षय जानता था कि उसने खुद ही घालमेल कर डाला है, आशा रानी उस पर अपना पूरा अधिकार समझती है। इसके अलावा, वह यह भी जानता था कि देर-सबेर आशा रानी को यह पता चल ही जाएगा कि उस दिन का एक बहुत बड़ा हिस्सा उसने अपनी गुप्त मुलाकातों वाले सुइट में उस नई स्टार शबनम के साथ बिताया था और फिर उसकी खैर नहीं।

यह सब कुछ सचमुच बेहद हास्यास्पद था। वह दुर्भाग्यपूर्ण स्थिति थी कि वह अपनी बेवफाइयों को अपनी पत्नी और अपनी रखैल से छिपाने की कोशिश कर रहा था ! क्योंकि आशा रानी और उसकी पत्नी दोनों ही छकाने की हद तक उसके प्रति समर्पित थीं। शायद उसे आशा रानी से छुटकारा पा लेना चाहिए। आखिर उसके पिता का सर्वनाश बहुत कुछ इसी तरह से हुआ था जब वासना में अंधे होकर उन्होंने अपना सारा पैसा अपनी लालची रखैल की भावशून्य, ठंडी, सर्पीली आँखों में डुबो दिया था। अक्षय ने उस जिंदगी के बारे में सोचा जो उन्हें पिता के दिवालिया हो जाने के बाद बितानी पड़ी थी, और वह काँप गया। पिताजी ने उस बदहाली से निकलने की कसम खाई थी, और उसमें बरसों लग गए थे। अब क्या आशा रानी उस दबाव का काम करेगी, जिसके कारण उसे वापस उस गंदी चाल में जाना होगा ?

उन दिनों अक्षय अरोड़ा कामयाबी का अंतिम पैमाना इसे मानता था कि व्यक्ति के पास एक भव्य बाथरूम तो होना ही चाहिए। यह बचपन का ही कोई आकर्षण था। शायद इसका संबंध उन दिनों से था जब उसे टूटी-फूटी चाल के एक गंदे से संडास में शौच के लिए लाइन में लगना पड़ता था। उसकी कहानी गरीब लड़के के सफल होने की आम फिल्मी कहानी नहीं थी। बचपन में उसने अच्छे दिन देखे थे, लेकिन कुछ ही समय के लिए। उसे उन सालों की ठीक से याद नहीं थी, हालाँकि उसका बड़ा भाई अजय उसे उन दिनों की बातें बताता था, जब उनका परिवार चेंबूर के एक साफ-सुथरे बँगले में रहता था। यह तब की बात है जब उसके पिता एक कामयाब प्रोड्यूसर थे। तब उनके पास कार भी होती थी और नौकर-चाकर भी। अक्षय को एक पुराने मकान की धुँधली-सी याद है, जिसके बाहर एक बगीचा था। उस समय वह चार या पाँच साल का ही रहा होगा।

उसकी सबसे साफ यादें दादर चाल की हैं। यहाँ वे तब आकर रहे थे जब उसके पिता की महत्त्वाकांक्षी फिल्म 'महबूब की निगाहें' बॉक्स ऑफिस पर बुरी

तरह पिट गई थी और वे दिवालिया हो गए थे। फिल्म के असफल होने के साथ ही अक्षय के पिता की सेहत भी गिरती चली गई थी। एक ही झटके में वह अपने जोश, अपनी बीवी और अपनी रखैल से हाथ धो बैठे थे।

अक्षय एक तनहा बच्चे की तरह बड़ा हुआ, जिसका साथ देने को उसका बड़ा भाई ही था। इस भाई ने उसका सब कुछ बनने की कोशिश की—माँ, बाप और दोस्त। लेकिन दो छोटे लड़कों और एक शराबी बाप के लिए गुजारा करना मुश्किल था। यहाँ चाल की जिंदगी उनके लिए मददगार साबित हुई, क्योंकि पड़ोसी हमेशा ही उनका खयाल रखते थे। पैसों की खातिर उन्हें अक्सर बेल्ट की मार भी खानी पड़ती थी। अक्षय के पिता ने कई फिल्म यूनिटों में असिस्टेंट का काम पाने के लिए चक्कर लगाना शुरू कर दिया था। उनकी कोई नियमित आमदनी नहीं थी। और जो थोड़ा-बहुत आता भी था, वह पीने में चला जाता था। लेकिन लड़के उन स्थितियों से निपटते रहे। वे ऐसा करने को बाध्य थे। अक्षय की आंटी ने स्कूल की फीस का जिम्मा ले लिया और उनके दादा जरूरत पड़ने पर राशन का पैसा दे देते।

अक्षय को अपने पिता से नफरत नहीं थी, बल्कि उसे उन पर अफसोस होता था। अजय उनसे चिढ़ता था। 'पापा जी ने हमें निराश किया। उन्होंने हमारा भविष्य बिगाड़ दिया। मम्मीजी उन्हीं की वजह से भाग गईं,' वह कड़वाहट में भरकर अक्षय को बताया करता था। वास्तव में मम्मीजी उनसे बहुत दूर नहीं रह रही थीं। उन्होंने उनके पिता के पुराने मित्र के साथ एक नई जिंदगी शुरू कर दी थी। यह मित्र उनके पिता के अच्छे दिनों में उनका कैमरामैन हुआ करता था, यह वही मित्र था जो उन दिनों अक्षय के पिता की चमचागीरी में आगे-पीछे घूमा करता था, जब उनकी गिनती चोटी के लोगों में होती थी। अक्षय की समझ में यह कभी नहीं आया कि उनकी माँ उन्हें छोड़कर 'सुरेश अंकल' के साथ क्यों चली गई। अजय उसे समझाने की कोशिश करता था। ''मम्मीजी तंग आ गई थीं,'' वह कहता था, ''पापाजी ने अपनी इस फिल्म के लिए उनसे उनके सारे गहने, सारी जमा-पूँजी, सारा कुछ निकलवा लिया, और वह भी किसलिए ? क्योंकि वह अपनी दोस्त को स्टार बनाना चाहते थे। वह वही हरी आँखों वाली कुतिया है जो आजकल माँ के रोल कर रही है। उन्होंने सोचा था कि 'महबूब' चल जाएगी और वह कामयाब हो जाएगी। निहायत बेवकूफी थी यह ! जैसे यह इतना आसान हो ! फिल्म बजट से भी ऊपर निकल गई और कोई भी उस औरत को सहन नहीं कर पाया। वह अपनी जिंदगी बचाने के लिए ऐक्टिंग भी नहीं कर पाई। सपाट चेहरा और भर्राई हुई आवाज थी उसकी। लेकिन पापाजी तो बिलकुल फिदा थे उस पर। वह उसे एक-दो बार घर भी लेकर आए थे। यह तब की बात है जब मम्मीजी को उनके चक्कर का पता नहीं चला था।'' अक्षय अपने आपको इन तमाम पुराने किस्सों से जोड़ ही नहीं पाता था। वह तो बस इतना जानता था कि उसे यहाँ से छुटकारा पाना है

और पैसा बनाना है। ढेर सारा पैसा। आसानी से आनेवाला पैसा।

उसका मन कभी पढ़ाई में नहीं लगा, जिसे लेकर अजय बहुत परेशान था। "अरे यार, मैं चाहता हूँ कि तुम इंजीनियर बनो, बाहर जाओ, अच्छी नौकरी पकड़ो। तुम अपना समय इस तरह क्यों बर्बाद कर रहे हो ?" वह अक्षय को समझाता, "मैं सच कह रहा हूँ, यार, मेरे पास इतना दिमाग नहीं है। लेकिन तुम्हारे पास सब कुछ है—शक्ल-सूरत है, दिमाग है, सभी कुछ है।" बस पैसा नहीं है—अपनी शक्ल आईने में देखते हुए अक्षय सोचता था। यह सही है कि वह आकर्षक था। उसके पास माँ के नैन-नक्श थे और पिता का ऊँचा कद। लेकिन इंजीनियर बनना उसकी आखिरी पसंद थी। "फिर तुम करना क्या चाहते हो यार ?" अजय खीझकर उससे पूछता था। "मुझे नहीं पता," अक्षय कहता था और आईने में अपनी शक्ल कुछ और देखता था।

उसने स्कूल की पढ़ाई के बाद कॉलेज की पढ़ाई भी लगभग पूरी कर ली थी। इस बीच, अजय को जूनियर सेल्समैन की नौकरी मिल गई थी और वह प्रसाधन सामग्री तथा दवाइयाँ बेचने लगा था। स्कूल के दिनों में अक्षय ने नाटकों में काम किया था और उसमें उसे मजा आया था। कॉलेज की बात अलग थी। वहाँ जो नाटक चुने जाते थे, उनमें भावपूर्ण अभिनय की जरूरत होती थी; उनके आडंबरपूर्ण निर्देशक उससे यह कहते नहीं अघाते थे। उसके लिए तो अभिनय मात्र खेल-तमाशा था। दिल बहलाने का जरिया था। उसे तो घुड़सवारी करना और कामचलाऊ अभिनय करना अच्छा लगता था। अजय मजे के लिए भी उसके ऐक्टिंग करने से सहमत नहीं था। अक्षय जब कभी इस विषय को छेड़ता तो अजय यह कहकर उसे झिड़क देता था कि अपनी पढ़ाई पर ध्यान जमाओ। इसलिए अक्षय पढ़ाई पर ध्यान जमाने की कोशिश करता था, लेकिन बात बनती नहीं थी।

एक बार यूँ ही मजे के लिए उसने, अजय को बताए बिना, एक टी.वी. नाटक के लिए ऑडिशन टेस्ट देने का फैसला किया था। उसे वह रोल तो मिल ही गया था—साथ में और भी कुछ मिला। उससे न्यूजरीडर का काम करने के लिए कहा गया। कहा गया कि उसे बतौर फ्रीलांसर ही यह काम दिया जाएगा, लेकिन उन्होंने यह भी वादा किया कि अगर वह चल गया तो उसे नियमित अनुबंध दिए जाएँगे। अक्षय को ऑडिशन में अद्‌भुत सफलता मिली थी और उन्होंने उससे कहा था कि वह अगली रात ट्रॉयल के लिए हाजिर हो। यह बात अक्षय के काम आई कि वह पंजाबी लहजे से अछूती मराठी बोलता था। अजय को जब यह पता चला तो वह बहुत नाराज हुआ, लेकिन अक्षय अपनी हठ पर अड़ा रहा, और अपनी इस हठ पर उसे खुद भी आश्चर्य हुआ। "मैं अपने लिए यही करना चाहूँगा," उसने कहा था, "और फिर, हमें पैसों की भी जरूरत है।" अजय एक शर्त पर राजी हुआ कि अक्षय टी.वी. पर समाचार पढ़ने के काम को केवल शौकिया तौर पर लेगा।

टी.वी. समाचार से वह एक टी.वी. सीरियल तक पहुँच गया, जिसमें उसने एक

सजीले जासूस का रोल किया। इस काम से उसे काफी पैसा मिला, और उससे भी बड़ी बात यह हुई कि वह लोगों की नजरों में चढ़ गया। वह छोटी-सी भूमिका थी, लेकिन कुछ लोगों ने उस पर गौर किया। उसकी इस बात के लिए बहुत प्रशंसा हुई कि वह जब भी मुँह खोलता था, उसका पंजाबीपन बिलकुल नहीं झलकता था। एक मराठी फिल्मी पत्रिका ने उस पर एक आवरण कथा भी छापी। अचानक हर कोई अक्षय अरोड़ा की ही बात कर रहा था। उसके बाद, अक्षय को फिर कभी पैसों के लिए परेशान नहीं होना पड़ा। न ही बाथरूम के लिए।

अजय ने अक्षय की पहली बड़ी कामयाबी के कुछ समय बाद हार मान ली। यह सफलता एक मराठी फिल्म 'प्रेम तुझे माझे' के रूप में आई, जिसमें अक्षय ने एक प्यार के मारे पुलिस अफसर की भूमिका की थी। 'तुम्हें अपनी काम-काज सँभालने के लिए किसी आदमी की जरूरत है।' अजय ने ऐलान किया और अपनी जूनियर सेल्समैन की नौकरी छोड़-छाड़कर अक्षय का एजेंट बन गया। फिल्म इंडस्ट्री अक्षय में दिलचस्पी लेने लगी थी। इनमें से एक प्रोड्यूसर उनका दूर का एक अंकल था, जिसने पापाजी के गर्दिश के दिनों में उन्हें पहचानने से इनकार कर दिया था। अजय बड़ा खुश हुआ था। ''अब आ गया लाइन पे साला,'' उसने इसे अपनी जीत मानते हुए कहा था, ''अब हम उसे दिखाएँगे। वह तुम्हें एक रोल दे रहा है, हरामजादा ! चलो, हम उसे सबक सिखाएँगे। आने दो उसे। आएगा सिर के बल चलता हुआ। देखेंगे उसकी घटिया फिल्म। अगर वह फोन करे तो उससे बात मत करना। मैं देख लूँगा सब कुछ।''

अजय ने उसका कामकाज सँभाल लिया तो अक्षय को बहुत राहत मिली। उसके खुद के पास व्यापारियोंवाला दिमाग कहाँ था। अजय में उसने कठोर और चंट होने की खूबियाँ देखी थीं, जिनके चलते वह किसी सौदे को सैकिंडों में भाँप लेता था कि उसमें कितना दम है। ''पैसा मुझसे बोलता है, यार !'' अजय ने अक्षय के लिए पहली बार एक दमदार सौदा पटाने के बाद उससे हँसते हुए कहा था।

हिंदी सिनेमा में अक्षय के सफल पदार्पण के बाद अजय ने तय किया कि अब उन्हें चाल छोड़ देनी चाहिए और एक शानदार कार खरीद लेनी चाहिए। ''दाम-वाम की चिंता मत करो,'' उसने कहा, ''इस धंधे में दिखावा चलता है। रोबीले बनकर रहोगे तो यहाँ के लोग तुम्हारा रोब मानेंगे। सड़ेला बनकर रहोगे तो ये भी तुम्हारे साथ सड़ेला बर्ताव करेंगे।'' अक्षय जानता था कि सच में वे जुहू-विले-पार्ले स्कीमवाला बँगला लेने की स्थिति में नहीं हैं, और न इनकी हैसियत उस होंडा एकार्ड कार को रखने की थी, जो उनकी चाल में आकर खड़ी हुई है। लेकिन वह अजय की योजना के मुताबिक चलता रहा। वह तो बस किसी भी तरह इस दो कमरोंवाली चाल से हमेशा-हमेशा के लिए निकलना चाहता था। जब वे चाल छोड़ रहे थे, तो उनके पड़ोसी उन्हें विदा कहने के लिए जमा हुए। वे लोग अपनी चमचमाती कार में बैठकर फर्राटा भरने के लिए पूरी तरह से तैयार थे कि तभी बुढ़ऊ अड़ गए

और उन्होंने वहाँ से हिलने से मना कर दिया। उनकी यह प्रतिक्रिया देखकर वे चौंक गए और उन्हें घूरने लगे। अजय ने हाथ पकड़कर उन्हें इस गंदी कोठरी से बाहर खींचना चाहा, लेकिन उसकी कोशिश बेकार गई, "यह अब मेरा मकान है। मैं यहीं का बाशिंदा हूँ। मैं यहीं रहना चाहता हूँ।" बुढ़ऊ बड़बड़ाने लगे। अजय ने अक्षय को कार की तरफ धकेलते हुए कहा, "चलो भाई, चलो। इनसे बाद में निपटेंगे हम। बुढ़ऊ बिलकुल सठिया गए हैं।"

अक्षय का नया मकान सन-ऐन-सैंड होटल के पास था। उस पॉश इलाके में रहते हुए उसे एक साल से भी ज्यादा हो गया था, तब कहीं जाकर उसकी वहाँ टहलने की हिम्मत हो पाई थी।

वह उसकी जिंदगी का एक अत्यंत रोमांचकारी क्षण था। सन-ऐन-सैंड अमीरी तड़क-भड़क का प्रतीक था। यह स्थान था चमक-दमक और अनैतिकता का, कामयाबी और कपट का। लोग यहाँ देखे जाने को उतावले रहते थे। यह अमीरों और विलासियों का मनपसंद अड्डा था। यह वह जगह थी जहाँ वे पार्टियाँ और रंगरेलियाँ करते थे। उसने दर्जनों फिल्मी पत्रिकाओं में यहाँ की तसवीरें देखी थीं। सैकड़ों फिल्मों में ताल-किनारे के नाच देखे थे। उसने इस होटल से जुड़े सारे किस्से सुन रखे थे। रेस्त्राँ में पटाए गए सौदे, ऊपर के कमरों में हम-बिस्तर होती नई हीरोइनें, बंद कमरों में चलते तूफानी स्टोरी-सेशंज—यहाँ तक कि मार-पीट और चाकूबाजी की वारदातों के बारे में भी सुना था उसने, जो गरमागरमी होने पर घट जाती थीं ! और, यहाँ वह था, प्रवेश द्वार पर अनिश्चय की स्थिति में खड़ा, अपने आपको गँवार और मूर्ख महसूस करता, और यह सोचकर हैरान कि जाए तो जाए कहाँ।

लेकिन जब वह होटल की लॉबी में सचमुच पहुँच गया तो वह उतनी जानदार नहीं रह गई। और फिर तो सन-ऐन-सैंड की होड़ में कई नए चमाचम होटल खुल गए थे। इन होटलों ने फिल्मी लोगों की भीड़ आकर्षित करने के लिए अपने यहाँ अत्याधुनिक हेल्थ क्लब, अलग-अलग देश-प्रदेशों के व्यंजन, रेस्त्राँ, आधुनिक बार और स्वागत के लिए खूबसूरत लड़कियों का प्रबंध कर रखा था। इन होटलों में आलीशन सेनतॉर, नव-धनाढ्यों का सी प्रिंसेज, सर्वसुलभ रमादा-इन और फिल्म इंडस्ट्री का आज का प्रिय होली-डे-इन प्रमुख थे। फिर भी सन-ऐन-सैंड अपना आकर्षण बनाए रखने में कामयाब था। यहाँ की सेवा दोस्ताना थी, बार भरा रहता था और पुरानी चकाचौंध हालाँकि कुछ हलकी पड़ गई थी, फिर भी दिखाई अवश्य देती थी।

तभी कोई उसके पास आया था और वह एक मिनट के लिए चौंक गया था। "माफ कीजिएगा, क्या आप अक्षयजी हैं ?" यह किसी महिला का स्वर था। अक्षय घबरा गया था : हे भगवान ! तो इन्होंने उसे पहचान ही लिया ! शायद उसे यहाँ नहीं होना चाहिए था। कहीं वे उसे धक्का देकर बाहर तो नहीं निकाल देंगे। वह बाहर निकलने के लिए गेट की तरफ भागा ही था कि वह लड़की अड़ गई थी।

उसने डरते-डरते उसकी तरफ देखा था। वह अपने हाथ में ऑटोग्राफ बुक पकड़े हुए थी। कहीं कोई गलती हुई है ? पर वह लड़की अब भी अड़ी हुई थी। "प्लीज, अपने ऑटोग्राफ दीजिए न।" वह बोली थी, और अक्षय को अचानक अपनी मूर्खता का अहसास हुआ था। "पेन नहीं है," उसने अटकते हुए कहा था, "मेरे पास पेन नहीं है।" वह बदहवासी में इधर-उधर देख ही रहा था कि तभी होटल का मैनेजर चलकर उसके पास आया था; उसके एक हाथ में पार्कर पेन था और दूसरे में फूलों का गुच्छा।

अजय को अक्षय के कैरियर के बारे में इतनी चिंता नहीं करनी पड़ी। उसने दस सालों में तीस हिट फिल्में दी थीं। उसने सबसे बड़े सुपरस्टार को भारी अंतर से पछाड़ दिया था। इसमें कोई संदेह नहीं था। अक्षय सचमुच नंबर वन था। और वह आज जहाँ था, वह अजय के चंटपन की वजह से ही था। उसी ने अक्षय के कामकाज को बड़ी होशियारी से सँभाला था। अगर उसने लेन-देन का मामला अक्षय पर ही छोड़ दिया होता, तो सारा घालमेल हो गया होता। उसने गलत फिल्में चुनी होतीं और गलत फैसले किए होते। जब-जब अक्षय किसी प्रोड्यूसर को धोखा देकर खंडाला या अलीबाग भाग जाता तो अजय को ही मामला सुलटाना पड़ता और यूनिट को भी वही मनाता था।

अजय ने अपनी मेज पर लगे फाइलों के ढेर को देखा। इनकम टैक्स के भुगतान, करारनामे, कब कौन सी शूटिंग होनी है, पटकथाएँ—बाप रे बाप ! उसके पास अपने परिवार के, अपने लिए कोई वक्त ही नहीं था। सुबह आँख खुलते ही अक्षय, अक्षय, अक्षय होने लगती थी। कभी-कभी तो वह हैरान होकर सोचने लगता था कि आखिर उसके भाई के उन उन्मादी प्रशंसकों को उसमें ऐसा क्या दिखाई देता है। माना कि वह देखने-भालने में अच्छा है। लेकिन फिर, ऐसे तो न जाने कितने स्टार हैं जो उससे भी खूबसूरत थे। चलो, उसे अभिनय आता है। लेकिन वह तो कुछ ही भूमिकाएँ कर पाता है। राकेश कपूर उससे अधिक भूमिकाएँ निभा सकता है और वह नया लड़का—शबान—उससे अच्छा नाच लेता है।

अजय ने अक्षय की पहली फिल्म 'किस्मत का कर्ज' के एक पोस्टर पर निगाह डाली। उसने इस फिल्म में क्या किया था ? नाच-गाना किया था, मारा-मारी की थी, और मर गया था। और सभी फिल्मों के हीरो लोग भी तो यही करते हैं। फिर भी भीड़ पागल हो गई थी।

अक्षय की इस तसवीर को देखते हुए उसकी निगाहें उसकी जाँघों के बीच आकर टिक गई थीं। चित्रकार ने उसकी टाँगों के बीच की जगह को बहुत भारी दिखाया था। अजय ने और पास से देखा। हे भगवान ! तो मामला यह है ! अक्षय का सामने का हिस्सा। अजय ताबड़तोड़ दूसरे प्रचार-पोस्टरों को पलटने लगा। हे

भगवान ! फिर वही सब। अक्षय ने तो इसे अपने प्रशंसकों के मुँह में ही रख दिया था। उसने कई पत्रिकाओं में अक्षय की चिकनी तसवीरों को देखा। नहीं, यह संयोग नहीं है। अक्षय हमेशा यह पक्का कर लेता था कि उसकी पैंट भरी-भरी दिखाई दे। उसने अक्षय की एक और तसवीर देखी।—इस बार उसने अपनी जेब में एक पिस्तौल ठूँस रखी थी। एक के बाद एक सारी तसवीरों में उसके सामनेवाले हिस्से को ही प्रमुखता से दिखाया गया था। हर बार अक्षय की फोटो नीचे से खींची गई थी !

अजय टिककर बैठ गया। अक्षय के जादू का रहस्य आखिर उसके दिमाग में खुल गया था। अक्षय प्रतीक रूप में सेक्स का सहारा लेकर ही शीर्ष तक पहुँचा है। दर्शकों में बैठी हर महिला यही मानती थी कि अक्षय उसके और केवल उसी के साथ वह कर रहा है, और हर आदमी यह सोचता था कि वह अक्षय है और दुनिया की तमाम औरतों को रगड़ रहा है !

पूरी फिल्म इंडस्ट्री अक्षय को एक नीच, घृणित हरामजादे के रूप में जानती थी। दुर्भाग्य से, वह एक सफल हरामजादा था भी। और फर्क इसी बात से पड़ता था। ''मैं अकेला ऐसा हीरो हूँ जो मुँहमाँगा पैसा लेता हूँ।'' वह शेखी बघारते हुए कहता था, और यह सही भी था। अक्षय का जादू चलता था पर्दे पर। उसका व्यक्तित्व करिश्माई था। उसमें स्टारोंवाली खूबियाँ थीं। इससे उन प्रोड्यूसरों को परेशानी होती थी जो एक सिरे से उसके बेधड़क रवैये से चिढ़ते थे और उन्हें उसकी काइयाँ आँखों और फूले हुए नथुनों के अलावा उसमें और कुछ दिखाई नहीं देता था। निर्देशकों का भी यही कहना था कि अक्षय कोई दिलीप कुमार नहीं है, और उसके साथ काम करना भी टेढ़ी खीर है। वह फिल्म से जुड़े हर आदमी की रातों की नींद हराम कर देता है।

जब आशा रानी ने पहली बार सिनेमा की दुनिया में कदम रखा, उस समय अक्षय का सितारा बुलंदियों पर था। लेकिन थोड़ा-थोड़ा। तब उसकी पहली महँगी फिल्म पिटी थी और आशा रानी की पहली महँगी फिल्म अभी-अभी हिट हुई थी। उसे 'तराजू' में कमर मटकाते देख अक्षय ने महसूस किया था कि टॉप पर अपनी जगह बनाए रखने का एक ही अचूक तरीका है, और वह है आशा रानी का साथ।

उन दोनों की पहली फिल्म 'सौतन का बदला' ने बॉक्स ऑफिस के सारे रिकार्ड तोड़ दिए और अक्षय एक बार फिर चल निकला। लेकिन वह तभी चलता था जब आशा रानी के साथ आता था। किसी करार पर उन दोनों के दस्तखत देखकर अंधविश्वासी फाइनेंसर उन्हें 'भाग्यशाली जोड़ी' कहकर चहक उठते थे। अब वे भाग्यशाली हों या नहीं, लेकिन आशा रानी तो बहुत खुश हो गई थी। साथ-साथ काम करने से यह तो पक्का हो जाता था कि वे सारा समय एक दूसरे के साथ

ही बिताएँगे। उसे वह एक सम्मोहित औरत की नजरों से देखती थी।

पर्दे पर उन दोनों की रोमांटिक जोड़ी अद्‌भुत काम करती थी। सस्ते फिल्मी अखबार इसे उन दोनों की 'कीमियागरी' बताते थे, जबकि प्रशंसक उनके प्रणय दृश्यों को देखकर गश खा जाते थे। उन पर एक खास दो-गाना तो रेल के एक डिब्बे में इस अंदाज में फिल्माया गया कि यह चमत्कार ही हुआ कि वह सेंसर की नजरों से बच गया। इस गाने में अक्षय रेलगाड़ी की 'छुक-छुक-छुक' के साथ आशा रानी की तरफ हाँफते हुए धक्के लगाता है (इसमें गाने के बोल रेलगाड़ी की छुक-छुक के साथ चलते हैं)। कैमरा घूम-घाम कर आशा रानी के चेहरे पर टिक जाता है, जिसे वह चरम सुखवाली निर्वाण की हालत को दर्शाने के लिए दर्द से ऐंठ लेती है। इसके साथ ही साथ रेलगाड़ी के इंजन के पिस्टनों को जोर-जोर से अंदर-बाहर होते हुए भी इस गाने में दिखाया गया था, और इसे देखकर दर्शक पागल हो गए थे। पूरे-के-पूरे चित्रहार इस एक गाने को समर्पित होते थे। हरेक ढाबा, सड़क किनारे हरेक नाई की दुकान और हर लाल मारुति इन दोनों के प्यार के उत्साह में झूमती दिखाई देती थी।

इस स्टार जोड़ी की कामयाबी से अगर कोई एक व्यक्ति खुश नहीं था तो वह थी मिसिज मालिनी अरोड़ा। खाने की मेज पर अक्षय की प्रतिक्रिया को देखकर उसने भाँप लिया था कि कहीं कुछ चल रहा है, और उसे अच्छी तरह पता था कि यह किसके साथ चल रहा है। यह तो तय था कि वह उन तमाम लड़कियों में से कोई नहीं थी जिनके साथ अक्षय अक्सर ही रंगरेलियाँ मनाता था। फिर अक्षय के झूठों ने मालिनी के शक को और पक्का कर दिया था। आमतौर पर वह अपने अवैध संबंधों को छिपाता नहीं था। आखिर उसे सेक्स की जरूरत थी और मालिनी उत्साह से उसका साथ देती नहीं थी।

वह जानती थी कि अक्षय ने बहुत सोच-विचारकर उसे अपनी पत्नी के रूप में चुना है। यह स्पष्ट है कि वह किसी रूपसी या बुद्धिजीवी लड़की की तलाश में नहीं था। जिस दिन उसकी मालिनी से शादी होनी थी, उस दिन उसने झूठ नहीं कहा था, ''मुझे घरेलू लड़की चाहिए, जो मेरे बच्चों के लिए अच्छी माँ साबित हो। मैं किसी लिपी-पुती गुड़िया से शादी नहीं करना चाहता; किसी ऐसी घटिया फिल्मी लड़की से शादी नहीं करना चाहता जो मेरे तमाम दोस्तों के साथ फ्लर्ट करे। मालिनी मेरे लिए सही लड़की है।'' उधर मालिनी ने यह स्पष्ट किया था कि उसने अपना कैरियर छोड़ने का फैसला क्यों किया। वह ग़ज़ल गायिका थी, और जब अक्षय ने उसके सामने शादी का प्रस्ताव रखा, उस समय इस रूप में उसकी पहचान बनने लगी थी। ''मेरे लिए मेरे कैरियर से ज्यादा अहमियत मेरे पति की है। मेरा मानना है कि औरत की जगह घर में होती है, रिकार्डिंग स्टूडियो में नहीं। अक्षय पुराने

ढर्रे के आदमी हैं। मैं उन्हें कभी नाराज नहीं करूँगी।'' एक मुँहफट रिपोर्टर ने उससे पूछ लिया था, ''लेकिन उनके जो चक्कर चल रहे हैं, उनके बारे में आप क्या कहेंगी ? क्या आप उन्हें सहन कर लेंगी ?'' मालिनी ने इस बारे में अपनी जबान नहीं खोली थी। ''मुझे अपने पति पर पूरा भरोसा है,'' उसने कहा था, ''वे कोई ऐसा काम नहीं करेंगे जिससे मुझे चोट पहुँचे।''

लेकिन इंडस्ट्री के सारे लोग इस बात को जानते हैं कि शादी से पहलेवाली रात को ही ऐसे मौकों से पहले होनेवाली मर्दों की अनिवार्य पार्टी में धुत हो जाने के बाद अक्षय सीधा सिल्क सिमकी के घर पहुँचा था और रात-भर वहीं रहा था। सिल्क सिमकी इंडस्ट्री की सबसे चालू लड़की थी। वह किसी के भी साथ जाने को तैयार रहती थी। अपना हनीमून खत्म होने से पहले ही अक्षय कम-से-कम छह बार मालिनी के साथ धोखा कर चुका था। वह औरतों के मामले में बहुत कमजोर था, और गजब का पाखंडी भी। मालिनी को तुरंत फिल्म इंडस्ट्री की भाभीजी बना दिया गया था।

जहाँ तक मालिनी का सवाल है, वह अपनी इस छवि से खुश थी और उसने इसे और परवान चढ़ाया। जल्दी ही वह शक्ल-सूरत से भी भाभीजी ही दिखने लगी। उसने महँगी, सादी साड़ियाँ पहननी शुरू कर दीं और अपने घने बालों को समेटकर साधारण-सा जूड़ा बनाने लगी। हलके से काजल के अलावा वह और कोई शृंगार नहीं करती थी; और उसकी आँखों में कोई चमक भी नहीं होती थी। शादी से पहले हुए करार के मुताबिक उसने गाना छोड़ दिया था और गाने के नाम पर अब वह अपने सजे हुए पूजाघर में रोज सुबह पूजा के समय भजन गाया करती थी। उसने जल्दी-जल्दी दो लड़के पैदा किए और तीसरा गिरा दिया। उनके बड़े-से बँगले में जो कोई भी आता, वह उसकी शांत सुरुचि और घर की बेदाग सँभाल को देखकर दंग रह जाता था। अक्षय और मालिनी दावतें देने में विश्वास नहीं करते थे। मालिनी ने जो छिटपुट इंटरव्यू कभी दिए, उनमें उसने यही कहा, ''हमारे यहाँ कोई फिल्मी पार्टी नहीं चलेगी, बाबा !'' लेकिन सच्चाई यह थी कि वे दोनों ही पैसा खर्च करने के नाम पर पीछे रहते थे। अगर कभी उनके बच्चे अक्षय से मिलने सेट पर पहुँच जाते, तो वह उनके कोल्ड ड्रिंक्स और स्नैक्स के पैसे प्रोड्यूसर से ही दिलवाता था। पूरी इंडस्ट्री उसे कंजूस के रूप में जानती थी, लेकिन किसी की यह कहने की हिम्मत नहीं होती थी। जहाँ तक मालिनी की बात थी, तो वह गहने खरीदने में कोई कंजूसी नहीं दिखाती थी। इसके लिए उसने एक नायाब बहाना भी ढूँढ़ रखा था। ''यह मेरी आनेवाली बहुओं के लिए है,'' वह अपने मेहमानों को सफाई देती हुई कहती थी, ''आजकल जिस तरह से कीमतें चढ़ रही हैं, उसे देखते हुए तो यही बेहतर है कि जब तक गहने हमारी पहुँच के अंदर हैं, उन्हें खरीद लिया जाए।'' बाहर उसके छोटे-छोटे लड़कों को अपने पैरों के बल चलने की कोशिश करते देख इस तरह की बातों पर लोगों को हमेशा हँसी आ जाती थी, लेकिन

मालिनी गंभीर बनी रहती थी।

मालिनी जब हीरों की खरीदारी करने निकलती थी तो अक्षय उसमें दखल नहीं देता था। मालिनी का यह शौक महँगा पड़ता था, लेकिन इससे अक्षय का अपराध-बोध कम होता था। उसने मालिनी को 'समाज सेवा' में भी लगा दिया था। वह आधा दर्जन कल्याण कार्यों में लगी हुई थी और जब छोटे-मोटे कीमती गहने खरीदने से उसे फुर्सत मिलती थी, तो भटके हुए लोगों को धमकाकर राह पर आने के लिए प्रेरित करती थी। इंडस्ट्रीवाले अपनी भाभीजी पर तरस खाते थे और उसकी अजीबोगरीब आदतों में शामिल रहते थे। अक्षय को अपने मुहूर्तों में उसका आना पसंद नहीं था, क्योंकि वह अंधविश्वासी था और यह मानता था कि अगर उसने उसकी फिल्म का प्रीमियर शॉट देख लिया तो वह फ्लॉप हो जाएगी। इसलिए समझदार फिल्मवाले मुहूर्त की वीडियो फिल्म उसे घर पर ही भेज देते थे, और वह उन्हें अपने कम आँके जानेवाले, मटमैले और सायन मछली-से गुलाबी रंग के बेडरूम में आराम से देखती थी।

ऐसी ही एक वीडियो फिल्म में मालिनी ने सबसे पहले अक्षय और आशा रानी को गुपचुप आँखें चार करते देखा था। उसने वीडियो के उस विशेष हिस्से को कम-से-कम छह बार देखा था कि कहीं उससे कोई भूल तो नहीं हुई, और फिर इस बारे में चुप लगा गई थी। हाँ, उसे पक्का विश्वास था कि यह उसकी कल्पना नहीं है। उसने दर्जनों बार चुपचाप अपने पति को मुहूर्त के मौकों पर हीरोइनों के साथ फ्लर्ट करते देखा था और उसके बारे में कभी पलटकर सोचा ही नहीं था। लेकिन यह कुछ अलग ही था। उसे तभी से लगने लगा था कि कुछ गड़बड़ चल रही है, जब एक दिन उसने भजन समझकर एक टेप को अपने प्लेयर में लगा दिया था और उसमें उसे एक भारी आवाज सुनाई दी थी। यह किसी औरत की आवाज थी जो उसके पति को कामोत्तेजक प्रेम कविताएँ सुना रही थी। पहले तो वह इस औरत को पहचान नहीं पाई थी। क्या यह कोई नई गायिका है ? कोई सम्मोहित प्रशंसिका ? या कोई अज्ञात अनुरागिनी ? लेकिन जो शब्द इन कविताओं में इस्तेमाल किए गए थे, उनमें अत्यधिक अंतरंगता और जाना-पहचानापन था। एक जगह तो इस औरत ने अक्षय के एक प्रिय संबोधन 'जानू' का प्रयोग करते हुए मजाक भी किया था। इससे मालिनी को विश्वास हो गया था कि हो-न हो, यह कोई ऐसी औरत है, जिसके साथ अक्षय लगातार सो रहा है।

उस रात जब अक्षय स्टूडियो से वापस घर आया तो उसने जान-बूझकर वह टेप चला दिया था और उसकी प्रतिक्रिया का इंतजार करने लगी थी। वह ग्रेनाइट, क्रोम और क्रिस्टल से बने बाथरूम से अभी निकला ही था और उसने अपनी कमर पर एक तौलिया पकड़ रखा था। टेप से आती आवाज को सुनकर वह चौंक गया था और तौलिया उसके हाथ से छूट गया था। मालिनी ने अपने पति को गौर से देखा था और उसे लगा था कि वह इस हाल में कितना हास्यास्पद दिखाई दे रहा

है–उसका पौरुष अंग सिकुड़कर लटका हुआ था और आँखें किसी आहत बकरे की-सी दिख रही थीं। लेकिन अक्षय ने फौरन ही अपने आपको सँभालते हुए कहा था, "अरे, इस टेप को तो मैं ढूँढ़ रहा था। इस औरत ने, उसका नाम भूल रहा हूँ मैं, मुझे यह टेप प्रोड्यूसर को देने के लिए भेजा था। बेचारी बहुत निराश है। फिल्मों में गीत लिखने का मौका चाहती है।" मालिनी ने सपाट नजरों से उसे देखते हुए पूछा था, "तो फिर वह तुम्हें पूरे टेप में 'जानू' क्यों कहती है ?" अक्षय ने बेचैनी से हँसते हुए कहा था, "बेवकूफ है। उसने कहीं मेरा वह इंटरव्यू पढ़ लिया होगा जिसमें मैंने कहा था कि प्यार के क्षणों में मैं तुम्हें इसी नाम से बुलाता हूँ।" मालिनी ने उसे घृणा से देखा था। कितना झूठा है उसका पति। लेकिन वह और फिल्मी पत्नियों की तरह नहीं थी। वह कोई बखेड़ा करनेवाली नहीं थी, हाय-तौबा मचाने वाली नहीं थी। उससे कुछ हासिल नहीं होना था। वह तो रुककर देखेगी। इस वीडियो से उसका यह शक पक्का हो गया था कि यह औरत आशा रानी ही है, लेकिन उसे अभी और सबूत चाहिए था। उसे उसकी आवाज सुननी थी। एक रात उसके मन में आया कि आशा रानी को फोन मिलाए। लेकिन उधर से उसके सेक्रेटरी की आवाज आई तो उसने चुपचाप फोन रख दिया। इससे पहले मालिनी को अक्षय के किसी प्रेम संबंध से कभी कोई परेशानी नहीं हुई थी। सच पूछो तो वह अक्षय से उन तमाम हीरोइनों के बारे में कभी कोई सवाल ही नहीं करती थी जो फिल्मी पत्रकारों को अक्षय के साथ अपनी मौज-मस्ती के एक-एक पल का ब्यौरा देती थीं और इन पत्रकारों को भी ये बातें अपने काम की लगती थीं। लेकिन इस बार उसे अपने लिए असली खतरा दिखाई दिया था, क्योंकि वह समझती थी कि यह औरत उन मर्दखोर औरतों में से नहीं है, जिनके 'पाशविक व्यवहार' के लिए वह उनसे घृणा करती थी।

मालिनी को सेक्स से घृणा थी या शायद उसे अक्षय के साथ ही सेक्स से घृणा थी, क्योंकि अक्षय अपने साथी को पीड़ा पहुँचाकर सेक्स का आनंद लेता था। दरअसल, मालिनी को अक्सर यही लगता था कि वह अपनी पूरी जिंदगी सेक्स के बिना खुश रह सकती है, हालाँकि वह अभी तीस-बत्तीस की ही थी। मन में वह यही सोचती थी कि अक्षय को यह सब करने का मौका इसीलिए मिलता है, क्योंकि वे दोनों बहुत कम साथ सोते हैं। जब अक्षय स्टूडियो से थका-हारा घर लौटता था तो उसके पास यही बना-बनाया बहाना होता था; और इसके बावजूद जब कभी वह मालिनी की तरफ हाथ बढ़ाता भी था तो वह सिरदर्द का बहाना बना देती थी। अब तो उसने भारतीय नारी का फर्ज निभाते हुए उसे दो लड़के भी दे दिए थे, इसलिए सेक्स की तमाम जिम्मेदारियों से अपने आपको आजाद समझती थी। सेक्स एक ऐसा विषय था जिसके बारे में चर्चा करना उसे पसंद नहीं था, विशेषकर अक्षय के साथ। उसे यही सोचकर हैरानी होती थी कि आखिर सेक्स को जिंदगी में हरेक चीज का केंद्र क्यों बना दिया गया है। अक्षय को स्वीडन की ब्लू फिल्में देखना

अच्छा लगता था। उसे तो वे स्वीडिश फिल्में खासतौर पर अच्छी लगती थीं जिनमें सेक्स-पार्टनर एक-दूसरे को चोट पहुँचाकर उसका आनंद लेते थे। मालिनी पर्दे पर हाँफते उन तमाम लोगों की तरफ से आँखें फेर लेती थी और यही सोचती थी कि इनसान आखिर कैसे इस तरह का व्यवहार कर लेते हैं। उसे पता था कि अक्षय अक्सर बिस्तर में हस्तमैथुन करता है, और उसे इससे भी परेशानी होती थी। वह है क्या—कभी तृप्त न होनेवाला कोई राक्षस ? क्या उसे सेक्स के अलावा और कुछ सुझाई नहीं देता ? पलंग अक्षय की हरकत के साथ लय में हिलता जाता था और वह अँधेरे में पड़ी अपनी बगल में लेटे उस आदमी के प्रति घृणा में भरकर यही सोचती रहती थी, 'क्यों करता है यह ऐसा ? इसके पास दो बच्चे हैं—दो प्यारे बेटे—क्या यह काफी नहीं है ?' मालिनी के दिमाग में यह बात कभी नहीं आई कि औलाद पैदा करना और सेक्स का आनंद लेना दो अलग बातें हैं। पत्नी होने और रंडी होने में कोई खास फर्क नहीं, यह उसे आशा रानी से सीखना चाहिए था।

मालिनी ने जिस रात अक्षय को टेप के लिए टोका था, टकराव उसके कुछ महीने बाद हुआ। मालिनी ने प्रण किया था कि वह टेप की बात फिर कभी नहीं छेड़ेगी, लेकिन उसके लिए चुप रहना आसान नहीं रह गया था, क्योंकि शहर में लगे फिल्मी पत्रिकाओं के तमाम होर्डिंग चीख-चीखकर एक ही बात कह रहे थे—अक्षय का आशा रानी के साथ चक्कर चल रहा है। क्या इसमें सचमुच सच्चाई है ? या यह भी प्रचार का कोई शिगूफा है ?

मालिनी इस बारे में किसी से बात करने को बेचैन थी। कोई ऐसा व्यक्ति, जो शिष्ट और सम्मानजनक हो। ऐसा कोई व्यक्ति हो, जिसे उन पतियों की समझ हो जो पराई औरतों के चक्कर में रहते हैं ! लेकिन उसके दिमाग में ऐसा कोई नाम नहीं आया, जिस पर उसे भरोसा हो। असुरक्षा और अवसाद में घिरी मालिनी ने अपने उसी प्रिय सहारे को पकड़ा—जेवरात की खरीदारी।

उसने अपने प्रिय जौहरी त्रिभुवनदास भीमजी के यहाँ जाने का फैसला किया। उसने तय किया कि वह ओबेराय होटल में खुले उनके नए भव्य शोरूम में जाएगी। पूरा लंबा रास्ता तय करके सस्ते-मद्दे गहनों की तलाश में कार से साउथ मुंबई पहुँचना भी अपने आपमें तसल्ली की बात थी। जब वह नए डिजाइन की सोने की चूड़ियों को पहनकर देख रही थी, तो उसे एक जानी-पहचानी आवाज सुनाई दी 'हलोजी !' यह रीता थी, जो हमेशा इस तरह बोलती थी जैसे रोज सुबह गुलाब जामुन के शीरे से कुल्ला करती हो ? मालिनी उसे देखकर कुछ खुश ही हुई।

रीता अपने आप ही फिल्म इंडस्ट्री की प्रतिशोध देवी और संकटमोचक आंटी बनी हुई थी। वह एक प्रभावशाली महिला थी, जिसका पति कारोबार में ईश्वर के

बाद दूसरा स्थान रखता था। इधर, इन तमाम सालों में रीता ने भी अपना एक कारोबार जमा लिया था, यानी और सभी लोगों के काम में टाँग अड़ाना। उसके मुलायम और मोटे कंधे पर लोगों को तसल्ली देने के लिए सबसे ज्यादा जगह थी। मालिनी चूड़ी पहनते-पहनते बीच में ही रुक गई और बड़ी गरमजोशी से रीता का स्वागत किया। एक-दो मिनट तक दोनों सोने के अंधाधुंध दामों के बारे में, इन दुकानों की बेतुकी कीमतों के बारे में और हीरे की बेतहाशा बढ़ती कीमतों के बारे में बातें करती रहीं।

दुकान में काम करने वाली सितारों की दीवानी लड़कियाँ उन दोनों की लल्लो-चप्पो में मरी जा रही थीं। फिल्मवालों की पत्नियाँ उनकी सबसे अच्छी ग्राहक थीं। लेकिन उन्हें खुश करना भी सबसे मुश्किल काम होता था। नखरे भी बहुत करती थीं वे। फिर, जिस ज्यूलरी बॉक्स में गहने रखकर आते थे उसकी कीमत के बारे में टंटा करने से भी वे नहीं चूकती थीं। लेकिन वे जितना पैसा लेकर आती थीं, उससे यह तो पक्का हो जाता था कि उनके उजड्डपन, भुगतान में उनकी हमेशा की लेटलतीफी और उनके बड़बोलेपन को सहन किया ही जाएगा। मालिनी ने चूड़ियों से भरे अपने हाथ को रीता के आगे लहराते हुए पूछा, ''क्या खयाल है ? सुंदर हैं न ? लेकिन बाप-रे-बाप, कीमत तो देखो !'' रीता ने विनम्रता के साथ देखा और फिर मतलब की बात पर आ गई, ''मालिनी, तुम आशा रानी के बारे में क्या सोच रही हो ?''

मालिनी जानती थी कि चुप लगा जाने या रीता से सीधे-सीधे अपने काम से काम रखने को कह देने से कोई लाभ नहीं होगा। उसने तेजी से सोचा और इस नतीजे पर पहुँची कि इस मामले में रीता की मदद और सहारा लेना ही ठीक रहेगा। ''मैं तो फँस गई हूँ,'' मालिनी ने कहा, ''मुझे समझ नहीं आ रहा कि क्या करूँ। मेरी मदद करो न, प्लीज !'' रीता को इन पाँच शब्दों की ध्वनि बड़ी अच्छी लगी, ''मेरी मदद करो न, प्लीज।'' ये शब्द बेहद मोहक, बेहद मीठे थे। ''बिलकुल करूँगी, मालिनी ! सच पूछो तो, मैंने एक तरकीब भी सोची हुई है। मैं तुम्हारी और आशा रानी की एक बैठक करवा देती हूँ। अपने यहाँ। मेरे बुलाने पर वह कुतिया मना नहीं कर पाएगी। अरे, वह है क्या ? मद्रास की नालियों से निकली हुई छोकरी ही तो है। न कोई स्तर है उसका, न कुछ। वह तो हराम की औलाद है, जो किसी खाला को माँ बनाए हुए है। हम सब जानते हैं उसके बारे में। वह तो इतनी घबरा जाएगी कि कहीं अपनी पज्जी में पेशाब ही न कर दे। मुझे जाना है, मालिनीजी, रेडक्रॉस की एक मीटिंग है। उससे समय तय करने के बाद मैं तुम्हें फोन करूँगी।'' इतना कहकर रीता बाहर निकल गई और मालिनी उसकी तरकीब के बारे में सोचती रह गई।

अगर अक्षय को पता चल गया तो वह बहुत गुस्सा होगा। उन दोनों के बीच एक अलिखित समझौता था कि मालिनी उसकी कारोबारी जिंदगी से अलग रहेगी। वह जरूर उससे यही कहेगा कि यह संबंध 'कारोबारी' है। हुँह ! लेकिन वह अब

यह सब बरदाश्त नहीं करेगी। वह रीता के घर जाएगी और आशा रानी से मिलेगी। अक्षय के गुस्से को तो वह बाद में देख लेगी।

रीता ने मालिनी से कहा था कि वह कुछ जल्दी आ जाए। "मैं तुम्हें समझा दूँगी कि आशा रानी से कैसे निपटना है," उसने मालिनी से कहा था। मालिनी की समझ में नहीं आ रहा था कि क्या पहने। निश्चय ही उसे कुछ हटकर और धाँसू चीज पहननी चाहिए। लेकिन किस रंग में ? मटमैला ही ठीक रहेगा। अक्षय हमेशा उससे यही कहता था कि इससे उसका रंग खिल उठता है। और जेवरात क्या पहने वह ? क्या इसके बारे में सोचना जरूरी भी है ? उस भंगन को बेहतरीन जवाहरात की क्या पहचान होगी ? वह खुद तो शायद भड़कीले मद्रासी रूबी ही पहनती होगी। हाँ, अगर अक्षय ने उसे कुछ सिखा दिया हो तो बात और है, जैसे उसने मालिनी को सिखाया था। मालिनी को अक्सर इस बात पर हैरानी होती थी कि चाल से निकला अक्षय जैसा व्यक्ति इतना सुसंस्कृत कैसे है ? कितना सुरुचिसंपन्न है वह। हाँ, उसकी माँ जरूर एक कुलीन महिला थी, हालाँकि उसके नीले रँगे बाल मालिनी को कुछ ज्यादा ही दिखावटी लगते थे। बहरहाल, अक्षय को यह तमीज तो थी ही कि किस औरत पर क्या अच्छा लगता है। यह आपको मानना ही पड़ेगा। अंत में, मालिनी ने मोती डाल लिए, जिन्हें वह 'बुनियादी मोती' कहती थी। सादे, शानदार और निस्संदेह अनमोल रत्न थे मोती। वह औरत देखे तो कि संभ्रांतता क्या चीज होती है !

रीता अपने हमेशावाले रंग में थी—सिर से पैर तक बनावटी। उसने अपने बालों को स्प्रे करके सिर पर गुंबदनुमा बाँध लिया था, जिससे वे हेलमेट जैसे लग रहे थे। आँखों पर थोपे ढेर सारे फीरोजी आई-शैडो, होठों से आधा इंच ऊपर तक लगी चमकीली गुलाबी लिपस्टिक और गालों पर बेमौसम टमाटरों जैसी लाली की रंगत को दुबई क्रेप के चमकीले पंजाबी सूट और पसीने की पर्त ने मटियामेट कर रखा था। मालिनी ने अपने आपको याद दिलाया कि रीता उसकी मदद ही करने की कोशिश कर रही है। और, उसके समुद्री किनारे के बड़े-से बँगले की सीढ़ियाँ चढ़ते हुए उसने अपने चेहरे को भावशून्य ही रखा। रीता ने दरवाजे पर आकर दाँत निपोर दिए, जो गुलाबी चमकीली लिपस्टिक में रँगे हुए थे। छह तुनकमिजाज पूडल कुत्ते उसके पैरों के पास कुँकिया रहे थे। बेचारी औरत ! उसकी कोख सूनी थी और आदमी दूसरी औरतों के चक्कर में रहता था।

उसका मकान मुंबई के दूसरे तमाम पैसेवाले फिल्म प्रोड्यूसरों के मकानों जैसा ही था—जैसे कोई महँगा सेट गलत हो गया हो। यह सही है कि नई पीढ़ी के प्रभावशाली लोग घर की सजावट के लिए बड़े डिजाइनरों को बुलाते हैं। लेकिन रीता को अपने रचनात्मक होने का भ्रम था। वह सोचती थी कि उसके पास बहुत

अच्छे-अच्छे आइडिए हैं ? और उसकी यह सोच उसके घर की साज-सज्जा में बखूबी दिखाई देती थी। मसलन, उसने मुख्य द्वार को सीपियों से बनवाया था ('मैंने इसे खासतौर पर अपने लिए जयपुर के कारीगरों से बनवाया है,' वह अपने यहाँ आनेवालों से कहती थी।) बैठक के बीचोबीच अनिवार्य चक्करदार सीढ़ियाँ थीं, और एक बड़ा सा झाड़-फानूस था जो किसी छोटी आलमारी के बराबर तो होगा ही। रीता अपनी सारी पार्टियाँ गर्वित भाव से यहीं करती थी और घर में आई तमाम नई चीजों को मेहमानों को दिखाती थी ('वो संगमरमर के खंभे देख रहे हैं ? पिछले हफ्ते ही आए हैं')।

आदर-सत्कार के अनिवार्य संस्कार चलते रहे, और इस बीच मालिनी उन कुछ शामों को याद करती रही जब वह रीता के यहाँ आई थी। ऐसी ही एक शाम में उसने आशा रानी को देखा था। उस समय वह एक फालतू चीज थी। लेकिन मालिनी ने उस पर ध्यान दिया था। उसने आशा रानी के जिस्म पर ध्यान दिया था और उसे अपने जिस्म पर शर्म आई थी। फिर तो उसने कई बार हेल्थ क्लब जाने की कोशिश की थी, लेकिन उसका शरीर कसरती लिबास लायक नहीं था। उसमें उसका जिस्म भद्दा दिखता था। रीता की आवाज ने उसके ध्यान को भंग कर दिया। "कितनी स्वीट लग रही हो !" रीता कह रही थी। उफ ! उसे 'स्वीट' शब्द से घृणा थी। मालिनी अपने आपको बिलकुल भी 'स्वीट' नहीं लगती थी। 'स्वीट होगा मेरा ठेंगा, रंग-बिरंगी कार्टून ! पहले अपना थोबड़ा तो देख ले।' लेकिन, मालिनी ने अपने भावों को प्रकट नहीं होने दिया और मुसकराते हुए रीता के लाली लगे गालों को चूम लिया। कितना जहर रहा होगा उसमें ! जरा सोचो तो, उस घड़ी जहर थोपने में क्या तुक थी, जैसे घटिया कार्लगर्ल करती हैं।

वे दोनों अंदर आ गईं। रीता ने उसका हाथ पकड़ लिया। "चिंता मत करो। अक्षय तुम्हारे पास लौट आएगा," रीता ने कहा, "सब मुझ पर छोड़ दो। मैं एक्सपर्ट हूँ, यार। कितने ही फिल्मी परिवार टूटने से बचाए हैं मैंने। तौबा ! अब तो मैं गिनती भी भूल गई उनकी। उस रंडी ने तुम्हारे पति को उसके कमजोर क्षणों में बहकाया होगा—हर मर्द की जिंदगी में ऐसे क्षण आते हैं, हर मर्द की ! उसने जादू-टोना किया होगा, काला जादू ! किसे पता है ? हमें किसी भी संभावना को अनदेखा नहीं करना चाहिए। आजकल की औरतें बहुत चालाक हैं। हमेशा दूसरी औरतों के आदमियों के पीछे पड़ी रहेंगी। यह सब किया-धरा उसकी माँ का है। शायद उसी ने बेचारे अक्षय को फाँस लिया हो। और ये साउथ इंडियन औरतें ! ये हमारे आदमियों को छोड़ती ही नहीं। उनके अपने आदमी जरूर नामर्द होंगे, यार ! वे दिखते भी ऐसे ढीले-ढाले हैं। पेस्ट्री लीजिए जी, समोसे बहुत ही अच्छे हैं। उस कुतिया को अपने ऊपर हुक्म मत चलाने देना। उसके सामने रोना-गिड़गिड़ाना नहीं। ये औरतें नागिन की तरह होती हैं। साँप होती हैं ये साँप। ये बस एक ही जबान समझती हैं, धमकी की जबान। उससे यही कहना कि मैं तुम्हारा कैरियर

बिगाड़ दूँगी। यही बात समझ में आएगी उसके। अगर वह फिर भी बहस करे तो उससे कहना कि गुंडे बुलवाकर तेरे थन कटवा दूँगी, चेहरा बिगड़वा दूँगी, सारे शरीर पर तेजाब डलवा दूँगी। उसके साथ ताकत का इस्तेमाल करने की धमकी देनी होगी। ये औरतें केवल ऐसी ही बातों पर ध्यान देती हैं। उनसे अच्छी बातें, विनम्र व्यवहार करने का खयाल छोड़ दो, इसमें समय की बरबादी के अलावा और कुछ नहीं मिलना।''

मालिनी सुनने का ढोंग करती रही, लेकिन उसका दिमाग तो कहीं और ही लगा था। उसे आशा रानी की टेप की हुई आवाज सुनाई दे रही थी। उसके गुनगुनाए प्यार और वासना के शब्द सुनाई दे रहे थे। मालिनी ने अक्षय के साथ कभी ऐसा कुछ नहीं किया था। उस समय भी नहीं जब वे प्रेम के दौर से गुजर रहे थे। वह अक्षय के लिए गाती जरूर थी, लेकिन वे तो उधार के शब्द होते थे; ऐसे शब्द, जिन्हें उसके श्रोता भी सुनते थे। मालिनी को इस बारे में चिंता हो गई। उसने अक्षय को किसी भी प्रकार से महत्त्व देना बंद कर दिया था। सच पूछा जाए तो अक्षय के प्रति उसका अवमानना और अधीरता का भाव कुछ ज्यादा ही मुखर था। अक्षय भी इस बात को समझता था, और जब वह इसके बारे में पूछता था तो वह पलटकर जवाब देती थी, ''मेरे साथ अपनी हीरोगीरी मत चलाओ। मैं तुम्हारी खुशामद करनेवाली कोई छोटी-मोटी स्टार या चमची नहीं हूँ।'' इसलिए अक्षय ने उसे उसके हाल पर ही छोड़ दिया था।

वह सोचने लगी, यह भी एक विडंबना ही है कि मुंबई का सबसे बड़ा स्टार अपने ही घर में अपना मनचाहा सेक्स पाने से मोहताज है। शुरू में तो वह यह ढोंग भी कर लेती थी कि उसे सेक्स में मजा आता है, क्योंकि उसके लिए अक्षय को 'संतुष्ट' रखना महत्त्वपूर्ण था। लेकिन बाद में उसने यह ढोंग करना भी छोड़ दिया था। उसके बाद तो वह अक्षय को प्यार 'कर लेने देती' थी और खुद ठंडी हुई, अपने चेहरे पर शहीद होने का भाव लिये पड़ी रहती थी। वह अक्षय को यह जता भी देती थी कि यह उसी की इच्छा है, उसी की बेकाबू तलब; और वह जितनी जल्दी इसे पूरा कर ले उतना ही दोनों के लिए अच्छा है। जब वह अपना 'काम' कर रहा होता था तो वह मन-ही-मन अपनी किसी प्रिय गजल के बोल गुनगुनाती रहती थी और यह सोचती रहती थी कि अगले दिन उसे क्या-क्या करना है। बड़े आश्चर्य की बात थी कि जब अक्षय का चेहरा तनाव से ऐंठा होता था, उसके शरीर से एयरकंडीशनिंग के बावजूद पसीना छूट रहा होता था और वह सिसकारी भरता अपनी मंजिल की ओर बढ़ रहा होता था, उस बीच मालिनी न जाने कितने सारे दिमागी काम निपटा लेती थी।

मालिनी को इस 'काम' से चिढ़ थी, और इससे जुड़ी हरेक बात से भी। उसे अक्षय की साँस से, उसके मनपसंद कलोन से, उसकी काँखों के घुँघराले बालों से, उसके गले में पड़ी सोने की जंजीरों से, यहाँ तक कि उसकी जाँघों पर बने तिलों

से भी नफरत थी। वह उन रातों से डरती थी, जब उसे यह आभास होता था कि आज यह 'काम' होगा। अक्षय को जब भी सेक्स की तलब होती थी, मालिनी को जरूर पता चल जाता था और वह उसके प्रणय-निवेदनों से बचने के लिए छोटे-छोटे हथकंडों का सहारा लिया करती थी। मसलन, वह इठलाती हुई अक्षय से पूछती थी कि क्या वह एक और पेग लेगा, क्योंकि वह जानती थी कि एक फालतू पेग पेट में जाते ही वह बच्चों की तरह पड़कर सो जाएगा। या फिर बच्चों के कमरे में उनसे 'गुडनाइट' करने में ही बहुत देर लगा देती थी। कभी-कभी वह किसी नौकर से ही झगड़ा मोल ले लेती थी। जब सारे ही हथकंडे बेकार हो जाते थे तो वह उस बहाने का सहारा लेती थी जिसे दुनिया-भर की वे औरतें अपनाती हैं, जिनमें कल्पना-शक्ति का अभाव होता है, 'आज रात नहीं, जानेमन, आज मेरे सिर में दर्द है।'

अचानक मालिनी का ध्यान इस ओर गया कि रीता अपने यौन-जीवन के बारे में बके जा रही है, ''सच, जानी, कैलाशजी से शादी करके रहना कोई हँसी-खेल नहीं था। जानती हो, वह हर तरह से इतने आग्रही हैं—और इतने लुभाऊ भी। अरे, हर रोज न जाने कितनी सुंदर औरतें उनके पाँवों पर गिरकर गिड़गिड़ाती हैं कि हमें अपने साथ सोने दो। लेकिन मैंने उनसे पहले ही दिन कह दिया था, 'देखो जी, मैं आपकी बीवी हूँ। आप मुझे वाजिब इज्जत देना। मैं आपके लफड़ों के बारे में कुछ नहीं जानना चाहती। अगर आपका कोई चक्कर चलता है तो मुझे उसके बारे में न बताएँ और न ही पता लगने दें। सबके सामने आपको मुझे इज्जत देनी होगी जिसकी मैं हकदार हूँ। मेरी पीठ पीछे आप क्या करते हैं, इससे मुझे कोई मतलब नहीं।' मेरा विश्वास करो, जानी, आज इतने साल हो गए—इस महीने, उन्नीस—और हम सुखी हैं। इतने सुखी जितना कोई फिल्मी जोड़ा हो सकता है। मेरी अपनी दोस्त हैं, अपना काम है, अपनी खरीदारी है, अपनी किटी पार्टियाँ हैं, अपने विदेशी दौरे हैं, और क्या चाहिए किसी औरत को ? इस मामले में कैलाशजी बड़ा खयाल रखनेवाले हैं।

''वह मुझसे मेरे खर्चों के बारे में कभी सवाल नहीं करते। मैं जो चाहूँ, जब चाहूँ, खरीद सकती हूँ। मैं उनकी प्रेमिकाओं के बारे में जानती हूँ। पहले इससे मुझे ठेस भी पहुँची है। खासतौर पर उन दिनों जब उस चुड़ैल बबली ने उन पर जादू चलाकर उन्हें पूरी तरह से अपने वश में कर लिया था और ये हर हफ्ते के आखिरी दिन उसके साथ पुणे में बिताने लगे थे। लेकिन मैंने यह सब बंद करवा दिया था। मैंने कैलाशजी से कहा, 'देखो जी, बहुत हो गया। यह औरत आपका इस्तेमाल कर रही है। आपको लूट रही है। अच्छा होगा आप उसे छोड़ दें, नहीं तो मैं खुदकुशी कर लूँगी। इससे आपकी इज्जत को बट्टा लगेगा। इसके अलावा, मेरी आत्मा हरदम आपको सताएगी।' उन्हें मेरी बात समझ में आ गई। चलो, इस तरह उन्हें कुछ लाख का घाटा हो गया और जो फिल्म उन्होंने उसके लिए बनाई

थी, वह पिट गई। लेकिन कम-से-कम वह मेरे पास तो वापस आ गए। हम औरतों को सख्ती से पेश आना चाहिए, और अपने अधिकारों के लिए खड़े हो जाना चाहिए। कभी-कभी आदमी लोग बेवकूफी कर जाते हैं। वे बहक जाते हैं। यह हमारा फर्ज है कि उन्हें सही रास्ते पर लाएँ। बीवियाँ और होती किसलिए हैं।''

मालिनी ने चुपचाप सिर हिलाकर हामी भर दी।

रीता ने बड़ी सरलता से दोनों का परिचय करवाया। मालिनी को यह देखकर आश्चर्य हुआ कि आशा रानी के लिए रीता में कितनी गरमजोशी, कितना दोस्तानापन है। उसे आशा रानी के कपड़े देखकर भी आश्चर्य हुआ। वह सफेद चिकन की सादी-सी सलवार-कमीज पहने हुए थी और उस पर उसने एक मामूली-सा बंधनी दुपट्टा डाल रखा था। वह कॉलेज में पढ़नेवाली कोई लड़की लग रही थी। उसने कोई मेकअप भी नहीं किया हुआ था। बालों को पीछे खींचकर एक पोनीटेल बनाई हुई थी। मालिनी ने देखा, उसकी त्वचा अच्छी है। काली, लेकिन अच्छी। और सचमुच, उसकी छातियों पर किसी का ध्यान जाए बिना रह ही नहीं सकता था। क्या छातियाँ हैं ! मालिनी को उसकी ब्रॉ की झलक दिखाई दे रही थी; वह एक सुंदर, लेसदार ब्रॉ थी, बहुत कुछ उसकी अपनी ब्रॉ जैसी। क्या यह ब्रॉ उसे अक्षय ने दी थी ? पर फर्क तो इस बात से पड़ता है कि ब्रॉ के अंदर माल कैसा है। आशा रानी की छातियाँ शानदार थीं; ठोस और तनी हुईं। मालिनी ने अपनी साड़ी के पल्लू को अपने कंधों पर और भी कस लिया। उसे यह स्वीकार करना ही पड़ा कि आशा रानी आकर्षक है—उसका आकर्षण इसी जगत का है। यही नहीं, वह अद्‌भुत तरीके से शांत थी। जरा सोचो तो ! यह लड़की इस्पात की बनी है—इतनी शांत, इतनी संयत, मानो उसका इस बखेड़े से कोई लेना-देना ही न हो। मानो वह महज एक तमाशबीन हो।

मालिनी ने अपनी कल्पना में उसे और अक्षय को बिस्तर में नंगे देखा, फिर जल्दी से उस तसवीर को अपने दिमाग से झटक दिया। उसने कल्पना में उसे अपने भरे-भरे रसदार होंठों से अक्षय को चूसते देखा। मालिनी को खुद देह-चुंबन से घृणा होती थी, और अक्षय जल्दी ही इस बात को समझ गया था। उसने इन दिनों मालिनी से यह सब करने के लिए कहना ही छोड़ दिया था, क्योंकि उसे पता था कि इसे तुरंत अस्वीकार करते हुए वह एक ही शब्द कहेगी—'छिः।' मालिनी के दिमाग में आया कि शायद अक्षय इस औरत की ओर इसीलिए आकर्षित हुआ होगा। शायद यह लड़की उसे समूचा निगल जाती हो। उफ् ! उसे तो इस बारे में सोचकर ही उलटी आने लगी।

आशा रानी ने रीता के पाँव छुए और फिर सेटी पर आराम से बैठकर इंतजार करने लगी। मालिनी को बेचैनी होने लगी थी, लेकिन रीता ने होशियारी से कार्यवाही अपने हाथ में ले ली और इस बातचीत को शुरू किया। ''जानेमन, मुझे यह बताओ,'' उसने आशा रानी से प्यार से कहा, ''अक्षय जी के साथ यह सब क्या चक्कर है ?

यह अच्छी बात नहीं है। बहुत गंदी बात है।'' आशा रानी ने उसे शांति से देखा, ''ऐसा है ? क्यों ?''

''अरे ! 'क्यों' से तुम्हारा क्या मतलब है ? बाबा, वह किसी दूसरी औरत का पति है। तुम किसी के घर को इस तरह बर्बाद नहीं कर सकतीं। ऐसा नहीं करते, जानेमन,'' रीता बिलकुल हैरान होते हुए चीखी। आशा रानी में पश्चात्ताप का कोई चिह्न दिखाई नहीं दे रहा था। वह मालिनी को घूरती हुई बोली, ''मैं उसके घर को नहीं तोड़ रही हूँ। उसने खुद उसे तोड़ा है।''

''देखो, आशा रानी, यह सही रवैया नहीं है। हमने तुम्हें यह मामला सुलझाने के लिए बुलाया है। तुम्हें सही ढंग से पेश आना चाहिए,'' रीता ने कहा।

''आप अक्षय को बुलाकर उससे क्यों नहीं कहतीं कि वह मुझसे मिलना छोड़ दे ? आप मेरे पीछे क्यों पड़ी हैं ?'' आशा रानी ने कहा।

''क्योंकि हम औरतों को अपने मामले आपस में सुलझा लेने चाहिए। हमें मर्दों को बीच में नहीं लाना चाहिए। बेचारे अक्षय जी—वे क्या कर सकते हैं, अगर तुम जैसी औरतें उन पर न्योछावर ही हो जाएँ ? वे भी आखिर आदमी ही तो हैं,'' रीता ने जवाब दिया।

मालिनी अभी तक चुपचाप यह सब सुन रही थी। अचानक वह बोल उठी। उसने जो आवरण सावधानी से डाला हुआ था, वह अनायास ही टूट गया। गुस्से और आवेश में काँपती आवाज में वह चिल्लाई, ''देखो, बेशरम कुत्ती, हम सब तुम्हारी जैसी औरतों को जानते हैं—तुम लोग हमारे आदमियों को हमसे चुराती हो, हमारे घर तोड़ती हो। क्या तुम्हारा कोई जमीर नहीं है ? टेपों पर तुम्हारी बेवकूफी-भरी प्यार की बातें सुनकर मुझे तो मतली आती है। बेशरम, छिनाल !''

आशा रानी थोड़ी देर तो चुप रही। वह बस मालिनी को देखती रही, जो साँस लेने के लिए रुकी थी—उसका चेहरा ऐंठकर भद्दा हो रहा था। फिर उसने धीमे से कहा, ''मैं तुम्हें तुम्हारा चेहरा दिखाऊँ, मालिनी ! जरा अपनी आँखों में छाई इस नफरत को देखो। हर रात तुम्हारा पति जब घर आता है तो क्या तुम इसी तरह उसका स्वागत करती हो ? और फिर तुम इस बात पर हैरान होती हो कि वह मेरे पास क्यों आता है ?''

''कुत्ती ! हरामजादी ! रंडी ! तुम मुझे मेरे पति के बारे में उपदेश दे रही हो ? तुम्हारी हिम्मत कैसे हुई ? मुझे यह उम्मीद नहीं थी कि तुम इतनी बेशरम निकलोगी। पछतावे का तो नाम भी नहीं है तुममें। दरअसल यह तुम्हारा माहौल ही है। किसी रंडी से नैतिकता की क्या उम्मीद की जा सकती है ? वह तो पैसा देनेवाले किसी भी मर्द के साथ सो जाएगी। अक्षय तुम्हें मेकअप रूम में या गंदी नाली में भोग सकता है, लेकिन रात में वह मेरे ही बिस्तर पर आता है।''

''तो ? इससे क्या साबित होता है ?'' आशा रानी ने पूछा।

''इससे यह साबित होता है कि वह मेरा आदमी है। मेरा पति है। वह तुम्हारी

जैसी दर्जनों रंडियों के साथ सो सकता है, लेकिन इज्जत मेरी ही करता है। मेरे ही घर को वह अपना घर समझता है,'' मालिनी ने जवाब दिया।

आशा रानी मुसकरा दी। ''ठीक है, तो फिर तुम सब यहाँ क्यों इकट्ठा हुई हैं ?'' उसने कहा, ''तुम्हें तो बहुत खुश, बहुत संतुष्ट होना चाहिए। मैं तो तुमसे मिलना नहीं चाहती थी, और मैं तुम्हारी जगह भी नहीं लेना चाहती। अगर तुम पति के साथ अपने रिश्ते को नहीं बनाए रख सकतीं, तो तुम्हें अपने आपसे यह सवाल करना चाहिए कि गलती कहाँ हुई है।''

मालिनी ने चीखते हुए कहा, ''अपने इस साले फलसफे और लेक्चरबाजी को अपने चूतड़ों में घुसेड़ लो। मुझे तो मेरा पति वापस दो !''

आशा रानी ने अपना बैग उठा लिया। ''वह कोई बाजार से खरीदा खिलौना तो है नहीं कि मैं उसे 'वापस दे' सकूँ,'' उसने कहा, ''अव्वल तो मैंने उसे लिया ही नहीं है। यह तो तुम्हारे ऊपर है कि तुम उसे सँभालकर रखती हो या हाथ से निकल जाने देती हो।''

मालिनी ने चीखकर कहा, ''सेक्स ! बस यही है तुम्हारे पास—सेक्स ! तुम्हारी जैसी औरतें इसी का इस्तेमाल करती हैं। घटिया कुत्तियो⋯अपनी टाँगें उठाती हो और किसी भी आदमी को अंदर ले लेती हो। सेक्स, सेक्स, सेक्स, गंदा, घिनौना सेक्स ! विकृत सेक्सवालियो ! तुम जरूर विकृत सेक्स का इस्तेमाल करती होगी। क्या करती हो तुम उसके साथ—हैं ? उसका भंटा चूसती हो ? या अपनी छातियों से उसका दम घोंटती हो ? जैसे वह और तमाम औरतों से ऊब चुका है, वैसे ही तुमसे भी ऊब जाएगा। आखिर में आदमी को अपनी बीवी और बच्चों की ही जरूरत होती है। तुम खुद देख लेना। लेकिन मेरा शाप तुम पर है, तुम कभी सुखी नहीं रहोगी। तुम्हारी कभी शादी नहीं हो पाएगी। तुम जैसी हो, वैसी मर जाओगी। तुम्हारी माँग में सिंदूर भी नहीं होगा, और तब तुम आज के दिन को याद करोगी और पछताओगी। लेकिन तब तक बहुत देर हो चुकी होगी !''

आशा रानी उठी और सीपियोंवाले दरवाज़े की ओर बढ़ी। तभी उसे कुछ आगाही-सी हुई और वह ऐन मौके पर घूम गई, और मालिनी ने उसे मारने के लिए ताँबे का जो फूलदान फेंका था, वह उसके पास से होता हुआ निकल गया। बड़े प्रशंसनीय ढंग से अपने आपको सँभालते हुए उसने कहा, ''ठीक है रीताजी, कैलाशजी को मेरा नमस्कार कहना। और प्यारी, प्यारी मालिनीजी, पूरी इंडस्ट्री की भाभी बनने के बजाय एक आदमी की बीवी बनने की कोशिश कीजिए। और हाँ, कभी-कभी उसका भंटा जरूर चूसना—उसे अच्छा लगता है।''

आशा रानी के जाने के बाद रीता और मालिनी बहुत देर तक बैठी रहीं। वे मानसिक स्तर पर बुरी तरह से हिल गई थीं। ''ऐसी गलती कभी मत करना कि इंडस्ट्री की दया की पात्र बन जाओ। यह तो अंत होगा। दूसरी औरत से चिरौरी नहीं, उस पर प्रहार करो। अपने आपको शिकार मत होने दो—उसे शिकार बनाओ।''

रीता अभी भी निर्देश दिए जा रही थी, लेकिन मालिनी उन पर कोई ध्यान नहीं दे रही थी। "आदमी सारे वही होते हैं—जानवर," उसने कड़वाहट से अपनी बात दोहराई, "और हम औरतें, हम उतनी ही मूर्ख होती हैं।"

"इसे इस तरह से देखो, जानी," रीता ने बड़े मीठे स्वर में कहा, "तुम्हारे पास तुम्हारे पति का नाम है। तुम अच्छी तरह रहती हो। वह तुम्हारे साथ अच्छे ढंग से पेश आते हैं—मेरा मतलब, वह तुम्हारे साथ कोई मार-पीट नहीं करते। और तुम्हें क्या चाहिए ? रोमांस तो सुहागरात के दूसरे दिन ही खत्म हो जाता है। उसके बाद क्या रह जाता है ? बोरियत। आदमी लोगों को अलग-अलग तरह के भोग अच्छे लगते हैं। हम औरतों को यह सब बर्दाश्त करना होता है और अपने दिमाग को कहीं और लगाना होता है। तुम रमी क्यों नहीं खेलतीं ? इससे दिमाग की थकान मिटती है। इससे तुम्हें इन सारे लफड़ों से अपना ध्यान हटाने में मदद मिलेगी। यह सच है कि इस समय तुम अक्षय जी से नफरत करती हो। यह मामूली बात है। तुम्हीं क्या, अधिकतर औरतें अपने पतियों से नफरत करती हैं—यह सच है। वे शादी से नफरत करती हैं, यह भी सच है। लेकिन वे और कर भी क्या सकती हैं ? उनके पास इसके सिवाय और चारा ही क्या है ? विवाहित जिंदगी को बनाए रखने का एक ही जरिया है, सेक्स—और अधिकतर औरतें इससे भी नफरत करती हैं। लेकिन जिस दिन आदमी को यह लगता है कि उसकी बीवी को सेक्स में, और इसलिए उसमें भी, कोई दिलचस्पी नहीं रह गई है, उसी दिन यह रिश्ता खत्म हो जाता है, और वह कहीं और ताक-झाँक करने लग जाता है। आशा रानी और उसकी जैसी तमाम औरतें इसी इंतजार में रहती हैं। इसीलिए हमें ढोंग करना होता है। सभी बीवियों को ढोंग करना पड़ता है। बस अपनी आँखें मूँद लो और टाँगें चौड़ा दो, चाहे तुम्हारा मन हो, या न हो। क्योंकि अगर तुम यह सब नहीं करोगी तो कोई दूसरी औरत करेगी। पत्नियाँ हर समय नाटक कर रही होती हैं—यह दुनिया का सबसे गूढ़ रहस्य है। लेकिन मैं तुमसे कहती हूँ नाटक, नाटक, नाटक ही करना होता है उसे। आदमी के अहं को हवा दो, तुम उस पर थूकना चाह रही हो तब भी उसे यही महसूस होने दो कि वह राजा है। सब कुछ बिस्तर से तय होता है। बिस्तर पर तय होता है। अगर तुम उसे ठंडी लगी तो समझो, गया तुम्हारे हाथ से वह। जहाँ तक सेक्स का मामला है, किसी भी औरत को अपने पति के साथ ईमानदारी बरतने की बेवकूफी नहीं करनी चाहिए।

अक्षय कुछ बड़बड़ाता हुआ खाने की मेज से उठा और मनन करने के लिए अपने स्टडी रूम में चला गया। मालिनी की आँखों ने उसका पीछा किया। क्या मुझे कभी उस कुतिया से छुटकारा नहीं मिलेगा, वह कड़वाहट से सोचने लगी। अगर शक्ल-सूरत में मारने की ताकत होती तो इस समय अक्षय को मारा-मारी करने वाले अपने

हमशक्ल की जरूरत होती। 'सेक्स का दीवाना,' मालिनी की आँखों ने कहा, 'हरामी, इसी गंदे 'काम' में उसका दिमाग लगा रहता है हर वक्त।' उसमें मालिनी की संवेदनशील और कलात्मक प्रकृति को समझने की क्षमता ही नहीं थी। वह उसके धर्म की हँसी उड़ाता था, वह उसके संगीत का उपहास करता था, और वह उससे चिढ़ता भी था। किसलिए ? इसलिए कि उसने उसके लिए अपना कैरियर छोड़ दिया ? इसलिए कि उसने उसकी हर सनक को सिर झुकाकर माना और उसे ऐसा घर दिया जिस पर वह गर्व कर सकता था ? इसलिए कि उसने 'मिसिज' अरोड़ा होने के लिए हरेक चीज का त्याग, हाँ त्याग कर दिया ? उसने उस नीच छिनाल में ऐसा क्या देख लिया जो जरा-से इशारे पर अपनी टाँगें उठाने को तैयार रहती है। "हे भगवान, मुझे शांति दो," कहते हुए वह अपने पूजाघर में चली गई। थोड़ा भजन-वजन कर लेती तो शायद उसके मन का बोझ हलका हो गया होता। लेकिन मालिनी तो परिहार में विश्वास करती थी। वह अपने क्रोध को दबाती थी; अपनी उग्रता को अंदर ही रोक लेती थी। इसका नतीजा यह हुआ कि निकलने के बजाय गंद उसके अंदर ही जमा हो गया था।

अपने स्टडी रूम में बंद होकर अक्षय ने स्कॉच का एक अच्छा बड़ा पेग बनाया और उसे खालिस ही पी गया। इससे उसका दिमाग कुछ ठीक हुआ। शायद यह समझदारी ही रही थी कि उसने आशा रानी को फोन नहीं किया। वह साली इतना अधिकार जमाती है ! कभी-कभी तो इससे परेशानी होने लगती थी। और वह चीजों को गोपनीय रखकर संतुष्ट नहीं होती। नहीं—उसका बस चलता तो वह हर सस्ते फिल्मी अखबार को उन दोनों का इस आशय का इंटरव्यू दिलवाती कि वे इक-दूजे के लिए ही बने हैं। आजकल उसने एक अजीब जिद पकड़ी हुई थी। ठीक एक बजे वह गरमागरम दक्षिण भारतीय खाने का डब्बा लेकर उस स्टूडियो में पहुँचना चाहती थी, जहाँ अक्षय की शूटिंग चल रही होती थी। और अक्षय इससे उकता रहा था। जब वह इस तरह समर्पित भारतीय नारी जैसा व्यवहार करती थी तो—अक्षय ने देखा था—यूनिट में काम करनेवाले हँसी रोकने के लिए अपने चेहरों को घुमा लेते थे। वह हमेशा बेतुकी हरकतें करती थी। खासतौर पर अक्षय के मामले में। जब वह उसे शादी लायक किसी नई स्टार की बाँहों में देखती थी तो हत्थे से उखड़ जाती थी, पर दूसरे ही पल उसके लिए सब कुछ न्योछावर कर देने को तैयार दिखती थी। बड़ा अजीब सा व्यवहार था उसका। मानो अक्षय उसका जुनून हो। जैसे वह कुछ साबित करना चाहती हो। यह दलदल में धकेल दिए जाने जैसा था। जितने गहरे आप उसमें जाते हैं, उतनी ही हालत खराब होती है। काश, वह अजय से बात कर पाता। आशा रानी तो उसका दम घोंट रही है। अगर उसका विश्वास किया जाए तो वह अपने कैरियर के प्रति कभी इतनी गंभीर नहीं रही। लेकिन अक्षय तो है। अक्षय को यह सोचना अच्छा लगता था कि उसके पास रुतबा है, भीड़ जिस तरह उसकी पूजा करती है, वह उसे अच्छा लगता था। उसे नकद रोकड़

भी अच्छी लगती थी। उसने एकदम अपना मन बना लिया, उसे अपने आपको आशा रानी के चंगुल से छुड़ाना होगा—इससे पहले कि उसका पागल, विनाशकारी प्यार उसे विनाश और गुमनामी की गर्त में धकेल दे।

अक्षय ने थोड़ी और स्कॉच उँडेली और पी गया। बहुत जानते-बूझते हुए उसने फोन उठाया और नंबर डॉयल करने लगा। फिल्म इंडस्ट्री बड़ी निर्मम जगह है, जंगल की तरह। और, यहाँ लागू होनेवाले कानून भी जंगली हैं। यहाँ जो सबसे ज्यादा ताकतवर है, वही जिंदा रहता है। यहाँ एक शिकारी होता है तो दूसरा शिकार। दूसरी तरफ फोन की घंटी बजती सुनाई दी तो उसने सोचा—बेचारी, बेवकूफ कुत्ती!

सेठजी

'ठुकराए आशिक ने बदला लेने की ठानी', यह शीर्षक 'शोबिज़' पत्रिका में आशा रानी की एक खूबसूरत तसवीर के नीचे छपा था। आशा रानी उत्सुकता से पढ़ने लगी :

> ''अक्षय (रैम्बो) अरोड़ा ने बदले की भावना से अपना 'आशा रानी को बदनाम करो' अभियान छेड़ दिया है। पहला स्टॉप : नीतेश (बिग बैनर) मेहरा का दफ्तर, जहाँ रैम्बो ने यह माँग रखते हुए धरना दिया कि आशा रानी को उसकी आने वाली फिल्म से बाहर किया जाए, नहीं तो···फिल्म इंडस्ट्री के लोग नीतेश-आशा रानी के लफड़े के बारे में सब कुछ जानते हैं, लेकिन यह कहानी आज पुरानी हो चुकी है। रैम्बो नई गंद उछालना चाहता है। उसका संबंध बेदाग शहजादी के दागदार अतीत यानी अश्लील फिल्मों से है। लगता है रसीली आशा रानी रँगीली भी हो सकती है·· बिलकुल, पैसा लेकर ही। अपनी कड़की के दिनों में उसे मद्रास के घटिया होटलों में फिल्माई जाने वाली उन सेक्सी 'साँभर' फिल्मों में नंगा-पंगा रोल करना पड़ा था। अक्षय का दावा है कि उनमें से कुछ तो नीतेश ने ही बनाई थीं। वह यह धमकी दे रहा है कि वह इन नंगी फिल्मों को लोगों में बँटवा देगा, नहीं तो···बेचारी आशा रानी ! वह अपने सिसकारते बचपने के बारे में अपनी जिंदगी में आए इस नए बच्चे को किस तरह सफाई देगी ?''

लेख के अंत तक आते-आते आशा रानी की उत्सुकता बुझ गई थी। उसने छूटते ही पहला काम यह किया कि फोन उठाकर अक्षय का नंबर डायल किया। बड़ा घटिया हरामी निकला वह तो। उसका हाथ फोन पर ही रहा, और दिमाग तेजी से दौड़ता रहा—नहीं, यह माकूल जवाब नहीं होगा। वह शायद उसकी इसी गलती का इंतजार कर रहा था। भगवान ! हे भगवान ! अचानक उसने अपने आपको बेहद अकेला और अस्वस्थ महसूस किया। इस तरह, अक्षय के साथ उसका शानदार रोमांस उसी तरह अचानक खत्म हो गया, जैसे वह शुरू हुआ था। वह उसके साथ

ऐसा क्यों कर रहा है ? जरूर उसके सेक्रेटरी ने उससे कहा होगा कि वह अब उतनी फायदेमंद नहीं रह गई है, जितनी कभी हुआ करती थी। हे भगवान ! तो क्या उसकी 'स्टार वेल्यू' अब नीचे आने लगी है ? अम्मा ने उसे आगाह किया था, किशनभाई ने उसे आगाह किया था। हो सकता है यह मालिनी की ओर से बदनाम करने के लिए चलाया गया अभियान हो। यह हरकत लिंडा की भी हो सकती है या रीताजी की भी। क्या ऐसा एक भी व्यक्ति नहीं है जिस पर वह भरोसा कर सके ? और वह अश्लील फिल्मवाली बात ? धत् ! तब तो वह महज एक बच्ची थी। यह उसका आइडिया नहीं था। उसने तो वही किया, जो उससे कहा गया। उसने अम्मा का कहना माना। इसके अलावा, किसी ने भी उससे यह नहीं पूछा था कि वह ये गंदी फिल्में करना भी चाहती है या नहीं, और जब चिल्ला-चिल्लाकर उसका गला भर्रा गया था और उसने इसका विरोध किया था, तब किसी ने उसकी बात नहीं सुनी थी। उसके दिमाग में बहुत पहले की बातें आईं।

अम्मा उसे एक तरफ बने बाथरूम में ले गई थी और उसके हाथ पर बड़ी जोर से चिकोटी काटी थी। "बेवकूफ मत बनो," अम्मा ने कहा था, "ये फिल्में थिएटरों में थोड़े न दिखाई जाएँगी। किसी को पता भी नहीं चलेगा कि तुमने इनमें काम किया। इसमें ढेर सारा पैसा है। मैंने तुम्हारी तरफ से जबान दे दी है। हम इतने सारे लोगों को निराश नहीं कर सकते।" आशा रानी रोई-चीखी थी, "अम्मा, प्लीज ऐसा मत करो। मुझे बहुत डर लग रहा है। वह खूँखार आदमी ! मैं इन तमाम अजनबियों के सामने अपने कपड़े कैसे उतारूँगी ?" अम्मा ने अपनी चिमटी जैसी चिकोटी को उसके हाथ से हटा लिया था और धीरज के साथ कहा था, "इसे वैसे ही लो जैसे तुम डॉक्टर के यहाँ जाती हो। क्या तुम उसे अपना चेकअप नहीं करने देती ? क्या इतने सारे डॉक्टरों ने तुम्हें नंगा नहीं देखा ? तुम्हारे शरीर की जाँच नहीं की ? ये भी वैसे ही लोग हैं। वो हर समय शरीरों को देखते हैं। उन्हें इससे कोई फर्क नहीं पड़ता। और फिर वह आदमी तुम्हारे साथ सचमुच में कुछ थोड़े ही करेगा। मेरा मतलब है, यह सब नाटक होगा। तुम्हें तो बस ढोंग करके डायरेक्टर का हुक्म मानना है। अपनी आँखें बंद कर लेना और दूसरी चीजों के बारे में सोचना। अपनी गरीब बहन के बारे में और अपनी अम्मा के बारे में, जो तुम्हें एक बड़ी स्टार बनाने के लिए जी-जान से कोशिश कर रही है। तुम्हें पता है, सुधा अपनी फीस नहीं दे पाई है ? उसका डांस मास्टर भी पैसा माँग रहा था। हमें एक प्रेशर कुकर चाहिए। चलो, तुम तो प्यारी बेटी हो न ! अपना मुँह पोंछो। याद रखो, जब तक तुम्हारी अम्मा कमरे में है, कोई तुम्हारे साथ कुछ नहीं कर सकता। मेरा मतलब है, सचमुच में कुछ नहीं कर सकता।"

आशा रानी उस चिपचिपे कमरे में चली गई थी, जिसमें से फर्नीचर हटा दिया गया था। फर्श पर नकली रोएँवाला एक भद्दा-सा गलीचा बिछा दिया गया था। इस पर चार बेहद चमकदार, चौंधिया देनेवाली बत्तियों की रोशनी पड़ रही थी। कैमरामैन

ने दरवाजे के पास अपनी जगह ले ली थी। डायरेक्टर एक स्टूल पर बैठा पंखा झल रहा था और पान चबाता जा रहा था। कोने में ऐल्यूमीनियम की एक ट्रे थी जिसमें कोल्ड ड्रिंक की कुछ बोतलें रखी थीं। ''रेडी ?'' डायरेक्टर ने उसकी नहीं, अम्मा की ओर देखते हुए पूछा था, ''हमें दो घंटे के अंदर काम खत्म करना है और फिर टेप को लैब में भेजना है।''

आशा रानी ने 'हीरो' को देखा जो अपनी कमर पर तौलिया लपेटे हुए था। वह ऐसा लग रहा था जैसे मरीना बीच से किसी भूखे-नंगे नारियल बेचनेवाले को लाकर खड़ा कर दिया गया हो। वह भद्दा और लुटा-पिटा-सा आदमी था, जिसके दाँत गंदे थे और नाक में बाल थे। वह लगातार अपने जिस्म को खुजाए जा रहा था और उकताया हुआ भी दिखता था। किसी ने उसे अजीब-सी दिखनेवाली एक सिगरेट पकड़ा दी थी। ''इन्नू वोरू दम अड्डी,'' उसने सिगरेट का गहरा कश लेते हुए कहा था, ''ठीक है, मैं तैयार हूँ।'' अम्मा जाकर एक ढिलमिल कुर्सी पर बैठ गई थी। डायरेक्टर ने आशा रानी की तरफ इशारा करते हुए कहा था, ''वहाँ लेट जाओ और अपने कपड़े उतारो।'' कैमरामैन ने पूछा था, ''क्या आपको उसके कपड़े उतारने के शॉट भी चाहिए ?'' ''क्यों नहीं ?'' डायरेक्टर ने जवाब दिया था। ''ठीक है, लाइट्स, साइलेंस, कैमरा वर्किंग,'' मैले-कुचैले असिस्टेंट ने कहा था। आशा रानी ने अपने ब्लाउज के बटन खोल दिए थे। ''सीक्रम, जल्दी-जल्दी, ऐक्शन प्लीज,'' डायरेक्टर ने आग्रह किया था।

अपने सारे बटन खुल जाने पर वह हिचकिचाई थी। ''ब्रॉ, ब्रॉ,'' डायरेक्टर ने कहा था, ''जल्दी, जल्दी खोलो !'' आशा रानी ने अम्मा की ओर देखा था। अम्मा ने हाथ चलाकर इशारे से उसे बताया था कि ब्रॉ को कैसे खोलना है। आशा रानी ने आँखें बंद कर ली थीं और हुक की तरफ हाथ बढ़ाया था। ''वाह !'' उसे डायरेक्टर की आवाज सुनाई दी थी। उसके बाद, उसने वास्तव में किसी भी बात पर ध्यान नहीं दिया था। वह बस निर्देशों का पालन करती रही थी। अपनी आँखों के साथ-साथ उसने अपने दिमाग को भी बंद कर लिया था।

'शोबिज़' में छपे उस लेख ने आशा रानी को कुछ अधिक ही परेशान कर दिया था। वह अपने काम में ध्यान नहीं लगा पा रही थी, इसलिए वह स्टूडियो से जल्दी चली आई और इस समय अपने बड़े से गुलाबी पलंग पर लेटी थी। उसने कपड़े भी नहीं बदले थे और अब भी वही भड़कीला डिस्को लिबास चढ़ाए हुए थी, जो उसने शूटिंग के लिए पहना था। उसे अम्मा का खयाल आया।

काश, वह यहाँ होती, तो जरूर उन घरेलू नौकरों को भगा देती जो सीढ़ियों के नीचे चबूतरे पर झुंड बनाए आशा रानी की 'हालत' के बारे में कानाफूसी कर रहे थे। उसने गरमागरम 'कॉपी' मँगवाई होती और उससे कहा होता कि अक्षय

सुअर है—क्या वह हरदम उससे सही नहीं कहती आ रही थी। सच पूछा जाए तो अम्मा को मुंबई से बाहर भेजने का फरमान ही अक्षय ने जारी किया था। अम्मा की नजरों में अक्षय एक हारा हुआ खिलाड़ी था। एक कमजोर व्यभिचारी। उसने अपनी पत्नी को धोखा दिया था, और अपनी प्रेमिका को भी।

हरामी, आशा रानी ने ब्लैक डॉग की वह बोतल उठाते हुए सोचा जो वह अक्षय के लिए तैयार रखती थी। मैं भी उसे दिखा दूँगी। अचानक उसे याद आया कि अक्षय रूफटॉप क्लब में होनेवाली किसी मुहूर्त पार्टी की बात कर रहा था। इस पार्टी में बुलाए गए लोगों की सूची में आशा रानी का नाम नहीं था, क्योंकि प्रोड्यूसर मालिनी का ही कोई रिश्तेदार था। लेकिन वह फिर भी जाएगी। साली भाभीजी ! उसने अपने बेढंगे लिबास को देखा। चलेगा, उसने सोचा। था तो यह बेकार ही, लेकिन शरीर की नुमाइश तो इसमें हो ही रही थी। वह जिस मकसद से जा रही है, उस हिसाब से बिलकुल ठीक है। भाभीजी तो उसके सामने बैंक-क्लर्क ही लगेगी। उसने अपने बैग से उलट-पुलटकर कार की चाबियाँ निकालीं और उस ओर चल दी जहाँ उसकी रुपहले रंग की टोयोटा खड़ी थी। "ड्राइवर, चलो," उसने हुक्म दिया।

कार होटल के ऐन सामने जाकर रुकी और एक-एक दरबान ने अदब से झुकते हुए उसके लिए दरवाजा खोला। आशा रानी ने दरबान पर नजर जमाने की नाकाम कोशिश की और फिर लड़खड़ाती हुई होटल में दाखिल हो गई। जैसे-तैसे उसने होटल की लॉबी को पार किया और गिरती-पड़ती लिफ्ट में घुसी, जो उसे होटल की छत पर बने रेस्त्राँ तक ले गई। उसने उस बदजात बोतल को छूने के लिए अपने आपको कोसा और आँखें मिचकाते हुए अपने आसपास के माहौल को देखा। वहाँ सौ से भी ज्यादा मेहमान थे। ये केवल फिल्मी लोग नहीं थे, बल्कि समाज के संभ्रांत वर्ग के व्यक्ति थे, उद्योगपति और व्यापारी। उसे यहाँ नहीं आना चाहिए था। और, इस समय बजने भी तो ग्यारह जा रहे थे। यह एक और भूल थी उसकी। इस समय सारे आदमी पिए हुए होंगे। अक्षय को तो दो गिलास भी बरदाश्त नहीं होती, और अब तक वह भी कम-से-कम छह गिलास पी चुका होगा। चलो, अब उस जैसे दो हो गए।

आशा रानी ने भीड़ में उसे तलाशा। वह रहा। उसी की तरफ आ रहा था वह—सँभल-सँभलकर चलता हुआ। जैसे वे लोग चलते हैं जो पिए होते हैं और यह जताना चाहते हैं कि उन्होंने पी नहीं रखी है।

अक्षय उसे घूरता हुआ बोला, "तुम यहाँ क्यों आई हो ?" आशा रानी अटकती हुई बोली, "शूटिंग जल्दी खत्म हो गई थी। तीसरी शिफ्ट कैंसिल हो गई...मैंने सोचा...," उसी समय उसने मालिनी को देखा, जो सख्त चेहरा बनाए उसी को घूर रही थी। अक्षय उसकी ओर झपटा, "कुतिया ! तुम्हें अपनी जगह नहीं मालूम ? मेरा पीछा करती हो ! मैं यह पसंद नहीं करता कि मेरी औरतें मेरी

जासूसी करें, तुम जासूस हो ! मुझे किसी लड़की के साथ रँगे हाथों पकड़ना चाहती थीं। क्यों, यही बात है न ? निकल जाओ यहाँ से, निकल जाओ !'' आशा रानी वहीं खड़ी रही।

सारे लोग उन्हीं को देख रहे थे। अक्षय की सूट जैकिट एक तरफ को सरकी जा रही थी। वह आशा रानी के नजदीक आया और उसके गले में पड़े शिफॉन के गुलाबी दुपट्टे के दोनों सिरों को पकड़ लिया। ''सुना नहीं तुमने—निकल जाओ !'' वह चिल्लाया। ''सॉरी, बहुत-बहुत सॉरी !'' आशा रानी कहने लगी। लेकिन अभी वह अपनी पूरी बात कह नहीं पाई थी कि अक्षय ने उसके मुँह पर एक जोर का थप्पड़ जड़ दिया। वह हक्का-बक्का अक्षय को देखने लगी। तभी अक्षय ने एक और थप्पड़ मारा। तब तक, मालिनी भी उसके साथ आ चुकी थी। वह चीखी, ''मारो कुतिया को ! लात मारकर बाहर निकाल दो इसे ! इसकी हिम्मत कैसे हुई यहाँ आने की !'' एक और थप्पड़ पड़ा आशा रानी के मुँह पर और वह फर्श पर जा गिरी। अक्षय ने उसे लात मारी और अपने जूते को उसके मुँह पर गड़ा दिया। आशा रानी की नाक से खून बहने लगा और उसे मुँह में उसका स्वाद भी महसूस हुआ। वह सिसकती हुई वहीं पड़ी रही।

उस भव्य स्वागत कक्ष में मौजूद लोगों में से एक भी व्यक्ति उसकी तरफ नहीं आया। अक्षय खड़ा-खड़ा उसे देखता रहा। मालिनी तथा एक और फिल्मी हस्ती की पत्नी उसे उकसाती रहीं, ''सबक सिखा दो इसे ! खत्म कर दो ! रंडी ! औरतों से उनके मर्द छीनती है, जिंदगियाँ तबाह करती है !'' आशा रानी लड़खड़ाती हुई अपने पैरों पर खड़ी हुई और लँगड़ाती हुई भारी, पच्चीकारी किए दरवाजे से बाहर चली गई।

अगली सुबह जब आशा रानी सोकर उठी, तो सेठ अमीरचंद उसके पलंग के पास बैठे हुए थे। वह आज पहली बार उसके घर आए थे। ''तो आपने सुन लिया ?'' आशा रानी ने कहा।

''सुन लिया ? अरे सारी मुंबई ने सुना है। पूरी इंडस्ट्री का यही सोचना है कि तुम पागल हो। छिः, उस निकम्मे हिजड़े के पीछे पड़ रही हो—वह तुम्हारे लायक मर्द नहीं है। वह तो अपनी बीवी तक को संतुष्ट नहीं कर पाता। अम्मा कहाँ है ? किशनभाई कहाँ है ?'' सेठजी ने कहा।

''मुझे किसी की जरूरत नहीं है, मैं किसी से भी नहीं मिलना चाहती। यहाँ आने के लिए आपका शुक्रिया !'' आशा रानी ने जवाब दिया।

''आशा रानी,'' सेठजी ने नपे-तुले स्वर में कहा, ''आमतौर पर मैं तुम्हारे जैसी बच्चियों के बारे में परवाह नहीं करता जो मर्दों के बहकावे में आ जाती हैं। हमने एक औरत को भोगा तो समझो सारी औरतों को भोग लिया। लेकिन मैंने सोचा

था कि तुम अलग हो। अक्लमंद और बिंदास। जब मैं तुमसे पहली बार किशनभाई की पार्टी में मिला तो मैंने सोचा था—यह चिड़िया बहुत आगे जाएगी। और मैं सही था। अब तुम्हारा कैरियर चल निकला है, तो इसे इस तरह हाथ से निकाल देना मूर्खता होगी। अक्षय तो मतलबी हरामी है, उसका अपना दिमाग तो है नहीं। उसकी वजह से अपना कैरियर छोड़ देना—और सबके सामने इस तरह पिटना—यह बेवकूफी है। इस लफड़े से बाहर आओ ! अपनी जिंदगी को लाइन पर लाओ,'' और यह कहकर उन्होंने अपनी धोती की लाँग सँभाली और उसके कमरे से निकल गए।

सेठ अमीरचंद की गिनती संदिग्ध लोगों में होती थी। वह एम.पी. थे। उनका कहना था कि उन्हें राजनीति से नफरत थी, लेकिन लोगों के प्यार ने उन्हें इसमें धकेल दिया। राजनीति में वह जनता की सेवा करने के लिए आए थे, और कुछ नहीं। सेठ के बारे में कुछ भी कहना मुश्किल था। उनकी काली करतूतों के बारे में अफवाहों का बाजार गर्म था, लेकिन किसी को भी इसके बारे में पक्का पता नहीं था। उनके बारे में यह भी कहा जाता था कि वह नशीली दवाएँ बेचनवालों का गिरोह चलाते हैं, महाराष्ट्र में होनेवाले जमीन के हर बड़े सौदे में अपना कमीशन लेते हैं, चुंगी और लाइसेंस की धोखाधड़ी करते हैं। यह भी कहा जाता था कि वह अपराध की दुनिया के कई सरताजों के आका हैं, क्योंकि वे चुनावों के लिए उन्हें पैसा देते थे। लेकिन सेठ अमीरचंद अपने आपको हरेक कांड से दूर रखने में कामयाब हो जाते थे। दबे स्वर में लोग यह भी कहते थे कि सेठ ने अपना ऐसा दबदबा बना लिया है कि अखबारों में उनके खिलाफ कोई बड़ी बात कभी नहीं छपती। वह उन गुंडों से घिरे रहते हैं जो अपने आपको 'टोपी वाला ब्रिगेड' कहते थे, क्योंकि वे सभी सफेद टोपियाँ पहने रहते थे और उन पर उनका चिह्न—सुदर्शन चक्र—बना रहता था। कहा जाता है कि अगर विरोधियों के साथ कोई मतभेद हो जाता था तो उसे सुलटाने के लिए वह इन्हीं गुंडों को तैनात करते थे।

सुदर्शन चक्र महज चिह्न नहीं था। यह होशियारी से तैयार किया गया ऐसा हथियार था, जो सेठ से पंगा लेनेवाले दुश्मनों का सिर कलम कर देता था। रहस्यमय परिस्थितियों में गायब हो जानेवालों की सूची बहुत लंबी थी।

सेठ को शहर पर अपना अधिकार जमा देखने में मजा आता था। वह 'गॉडफादर' वाली अपनी छवि को प्रोत्साहन देते और आगे बढ़ाते थे, लेकिन कहते यही थे कि मैं कमजोरों के रक्षक से ज्यादा और कुछ भी नहीं हूँ। उनकी ज़ाती जिंदगी रहस्यों में घिरी थी। उन्होंने अपनी बीवी और बच्चों को कच्छ में भुज के पास कहीं रखा हुआ था और उनके रहने की जगह की पहरेदारी उनके गुर्गे करते थे। वे खुद अपनी एक मुसलमान रखैल के साथ वर्ली के एक बेढब पेंट हाउस में रहते थे। उनकी यह रखैल लखनऊ की एक रक्कासा थी, जिसे सेठ के भरोसेमंद दाहिने हाथ अब्बास मियाँ ने मुंबई के एक कोठे से 'आज़ाद' करवाया था। लुबना नाम की यह रक्कासा अमीरचंद के साथ कोई पाँच साल से रह रही थी, लेकिन अब वह मोटी

और चाहत जगाने में नाकाम हो गई थी। कहा जा रहा था कि सेठ अमीरचंद को अब किसी नई, कमसिन और छरहरी लड़की की तलाश है, और वह मशहूर हो तो और भी अच्छी बात है। सेठ के दायरे के लोग कह रहे थे, ''लुबना बेगम अब बूढ़ी हो गई है। बहुत पुरानी और बासी। सेठजी को कुछ नया चाहिए।'' लुबना अभी तीस की भी नहीं हुई थी।

किशनभाई छोटा-मोटा आदमी था, लेकिन अमीरचंद पर उसका कर्ज था। जब वे दोनों ही अपना-अपना कैरियर शुरू कर रहे थे तो किशनभाई ने कुछ आसान से सौदे सेठजी को दिलवाकर उन्हें फिल्म इंडस्ट्री में प्रवेश करा दिया था। उन दिनों फिल्म इंडस्ट्री प्रतिबंधित जगह होती थी और अजनबी लोगों को उसमें घुसने की छूट नहीं थी। अमीरचंद ने जब इंडस्ट्री के खासमखास लोगों में अपनी जगह बना ली, तो उन्हें किशनभाई की जरूरत नहीं रह गई थी। लेकिन, गुजरे सालों में दोनों ने एक-दूसरे से संपर्क बनाए रखा था। कहीं कोई प्रीमियर, कोई मुहूर्त होता, या कोई 'चैरिटी नाइट' होती, तो अमीरचंद वहाँ मुख्य अतिथि की हैसियत से पहुँचते थे, और वे इसलिए इन समारोहों में जाते थे ताकि अपने पुराने दोस्त को यह जता दें कि वे, यानी अमीरचंद पिछले अहसानों को नहीं भूलता।

कभी-कभार, किशनभाई किसी नई स्टार या किसी और लड़की को इस अनुरोध के साथ सेठ के हवाले कर देता था कि वह उसे उसके संकट से बचा ले। यह संकट हमल गिराने का हो सकता था, या फिर उस लड़की को किसी ब्लैकमेलर या धौंसपट्टी देनेवाले के चंगुल से छुड़ाने का। सेठजी को बस इतना करना होता था कि फोन उठाएँ और स्थानीय दादा को अपनी चिंता से अवगत करा दें। बाकी काम वह दादा निपटा देता था, टोपीवाला ब्रिगेड अपने खूँखार तरीकों के लिए बदनाम थी और वे लोग अपने शिकार पर अपना ठप्पा जरूर लगा देते थे। अगर कोई ऐसी लावारिस लाश मिलती थी जिसके माथे पर सुदर्शन चक्र की छाप होती थी, तो यह अनुमान लगाना बिलकुल आसान होता था कि यह काम किसका है।

लेकिन सेठजी को गिरोहों की आपसी लड़ाई से चिढ़ थी। यह काम तो शौकिया लोग, उनके शोहदे करते थे। सेठजी तो बड़े कामों में अपना ध्यान जमाते थे—जैसे सोने और नशीली दवाइयों की तस्करी। उन्होंने वेश्यावृत्ति करवाने और अपराधियों को संरक्षण देने का धंधा बहुत पहले छोड़ दिया था, क्योंकि इन धंधों में उतना पैसा नहीं था। लेकिन फिल्म इंडस्ट्री से उनका संबंध अब भी बना हुआ था, क्योंकि वह चकाचौंध और शोहरत की दुनिया थी। और फिर, दुबई में उनके जैसे लोगों को भी अच्छा लगता था, जब वह सप्ताहांत के मनोरंजन कार्यक्रमों के लिए वहाँ कोई फिल्मी टोली भेज देते थे। लुबना बेगम खूबसूरत नर्तकियाँ और 'डिस्को सुंदरियाँ' जुटा देती थी, जिनमें से कई तो नामी-गिरामी रह चुकी थीं और अब कुवैत और मस्कट के हरमों में छोटी-मोटी लौंडियों पर हुक्म चला रही थीं।

जिस शाम किशनभाई ने 'नागिन की कसम' के बाद आशा रानी के लिए पार्टी आयोजित की थी, उसके बाद से अमीरचंद की आँखों में बस एक ही औरत बसी हुई थी। वह सफेद-सुनहरी साड़ी में एक लंबी, साँवली लड़की थी। पूछताछ करने पर पता चला था कि वह किशनभाई की नई खोज है। एक अभिनेत्री है वह, जो एक बड़ी फिल्म, एक बड़े कैरियर के इंतजार में है। अमीरचंद की आँखों ने उसे नापा था—निश्चय ही यह बड़ा माल है। पर यह किशनभाई जैसे छोटे-मोटे के साथ अपनी प्रतिभा को क्यों नष्ट कर रही है ? वह इसे ज्यादा-से-ज्यादा दूसरे दर्जे की हीरोइन बना सकता है। लेकिन इस लड़की में तो अव्वल दर्जे की हीरोइन बनने का माद्दा है। इसे किसी सहारे की जरूरत है। किसी ऐसे व्यक्ति की जरूरत है जिसके पास ताकत भी हो और पैसा भी। सेठ ने उस लड़की के बारे में और भी मालूमात हासिल करने का फैसला किया। उसे उनसे बस अकेले में एक मुलाकात करने की जरूरत थी।

जब अमीरचंद के दफ्तर से बुलावा आया तो आशा रानी बहुत खुश हो गई। सेठजी के आदमी ने कोई शिष्टाचार दिखाए बिना बड़े ठेठ तरीके से उनका संदेश सुना दिया था, 'सेठजी ने बुलाया है, सेठजी बोला आने को। पैसा-वैसा बाद में वसूल।' अम्मा तो और भी मगन हो गई थी। वह दौड़कर किशनभाई के पास पहुँची थी यह खबर सुनाने। जब किशनभाई को पता चला कि सेठ क्या सोचता है, तो उसका चेहरा पीला पड़ गया। उसने कुछ नहीं कहा। उसे इस बात से धक्का लगा कि पहले तो सेठ ने ऐसी पेशकश की ही क्यों ? वह ऐसा कैसे कर सकता है ? किसी और के माल को अपना बनाना, यह तो नैतिकता के खिलाफ है। सेठ नाजायज ढंग से शिकार कर रहा है और वह अपनी ऊँची हैसियत का नाजायज फायदा उठा रहा है। किशनभाई परेशान हो गया। वह जानता था कि अमीरचंद को उसके और आशा रानी के बारे में पता है। लेकिन वह सेठ की बात मानने से इनकार भी कैसे कर सकता है ? कल सुबह ही गुंडे उसके दरवाजे पर होंगे। वे कुछ भी कर सकते थे। वे उसके बच्चे को अगवा कर सकते थे; आशा रानी के चेहरे पर तेजाब डाल सकते थे। उसे अम्मा पर भी गुस्सा आ रहा था। अम्मा को पता है कि वह आशा रानी को कितना चाहता है। अम्मा को पता है कि वह सामने आने वाली हर ऐरी-गैरी लड़की की पीठ पर हाथ नहीं रखता। इतने जोश से तो वह ऐसा कत्तई नहीं करता। क्या अम्मा सचमुच यही सोचती है कि उसे यह खबर सुनकर खुशी होगी ?

अम्मा ने अपने अनजानेपन पर अफसोस जताने का ढोंग किया था। "लेकिन सच, किशनभाई तुमने यह तो नहीं सोचा न कि मुझे बेबी के बारे में तुम्हारे जज्बात का पता है ? क्या वह भी इसी तरह से सोचती है ? मैं तुम्हारा दिल नहीं दुखाना चाहती, लेकिन मान लो मैं यह विश्वास कर भी लूँ कि तुम मेरी बेटी के प्रति वफादार हो, पर क्या उसका तुम्हारे साथ कोई भविष्य है ? क्या तुम उसे अपनी

बीवी बना सकते हो…बनाओगे ? उसे इज्जत की जिंदगी दोगे ? उसके साथ अच्छा बरताव करोगे ? नहीं। इसका जवाब है, नहीं। तुम्हारा अपना परिवार है—तुम्हारी अपनी परेशानियाँ हैं। हमारी अपनी परेशानियाँ हैं। मेरी दिलचस्पी उस चीज में है जो मेरी बेटी के लिए…उसके कैरियर के लिए…उसके भविष्य के लिए सबसे अच्छी हो। मैं यह निश्चित करना चाहती हूँ कि उसके पास काफी पैसा हो। उसकी जिंदगी सही ढंग से जम जाए। बस। उसे सेठजी के पास जाने दो और देखने दो कि वह उसके लिए क्या कर सकता है। हम इंतजार करेंगे और देखेंगे। ठीक है ?''

यह बिलकुल भी 'ठीक' नहीं था। लेकिन किशनभाई कर भी क्या सकता था ? आशा रानी—वह उसकी थी कौन ? वह उसकी बीवी तो थी नहीं कि उस पर उसका अधिकार हो। किशनभाई को उसे जाने की 'इजाजत देने' या उसे किशनभाई की 'इजाजत लेने' का कोई सवाल ही नहीं था। मान लो किशनभाई जिद पकड़ ले और अपनी नाखुशी का इजहार कर दे ? इससे क्या होगा ? वह उसके मुँह पर ही हँसेगी और जो कुछ भी करना चाहती है, कर डालेगी। यह हास्यास्पद स्थिति थी। किशनभाई ने इससे पहले कभी अपने आपको ऐसी अजीब स्थिति में नहीं पाया था। वह खुद को नपुंसक और छोटा महसूस कर रहा था। उसे इस बात का भी पक्का विश्वास था कि आशा रानी इस मौके का फायदा उठाएगी, और वास्तव में हुआ भी यही।

सेठ अमीरचंद की कोठी में चप्पे-चप्पे पर उसके अंगरक्षक और हथियारबंद शोहदे तैनात थे। खतरनाक दिखने की कोशिश करते ये लोग इधर से उधर रेंगते दिखाई दे रहे थे। आशा रानी उन्हें देखकर मुसकराई थी, लेकिन उनके चेहरे सपाट बने रहे थे। उसने कपड़ों के चुनाव में बड़ी सावधानी बरती थी। पहनने के लिए ब्रॉ-पैंटी के दो इंपोर्टेड जोड़ों में से एक का चुनाव किया था। ये गुलाबी, लेसदार पैंटी-ब्रॉ थीं। वह तो काला लिबास पहनना चाह रही थी, लेकिन अम्मा ने ही मना कर दिया था। बोली थी, ''नहीं, नहीं, नहीं, बेबी—तुम बहुत काली दिखोगी इसमें। कोई हलका रंग पहनो…पीला पहन लो…सुनहरा पीला।'' इस बार आशा रानी ने साड़ी नहीं पहनने का फैसला किया था। वह कमसिन और कुछ अलग दिखना चाहती थी। उसने सलवार-कमीज पहनी थी, और कमीज सीने पर से इतनी चुस्त थी कि उसके उभार और भी दिलकश दिखने लगे थे। उसने ऊँची एड़ीदाली जूतियाँ पहनीं। कुछ आदमियों को ऊँची एड़ियाँ अच्छी लगती हैं, कुछ को नहीं। उसने हिसाब लगा लिया था कि सेठजी इससे प्रभावित ही होंगे, क्योंकि वह खुद बहुत लंबे नहीं हैं। उसने नीम से अपने दाँत साफ किए और मसूड़ों पर काले बंदरछाप दंत मंजन की मालिश की। फिर उसने अपने मुँह में एक इलायची रखी और आईने में अपना अक्स देखा। अच्छी लग रही हूँ, उसने सोचा और फिर अपने माथे पर एक चमकीली

सुनहरी बिंदी लगा ली। फिर न जाने उसके मन में क्या आया कि उसने डिस्को-चमकी उठाई और उसे अपनी छातियों के बीच रगड़ लिया। थोड़ी चमकी उसने अपने कंधों पर लगाई। थोड़ी अपनी नाभि के आसपास और थोड़ी अपनी जाँघों के बीच। यह उसके शरीर पर इस तरह झिलमिलाने लगी जैसे अमावस के आकाश में हजारों सितारे चमक रहे हों। बहुत बढ़िया! अब वह सेठजी को निपटा सकती थी···और आधा दर्जन दूसरे मर्दों को भी !

आशा रानी से एक छोटे से एयरकंडीशंड कमरे में इंतजार करने को कहा गया। इस कमरे की दीवारें गद्दीदार थीं, फर्श पर मोटा गलीचा बिछा था, वहाँ दो टेलीफोन और एक इंटरकॉम था, और एक नीची सेटी थी जिस पर मखमल का कवर चढ़ा था। जब वह बैठ गई तो उसने गौर किया कि कमरे की छत में शीशे लगे हुए हैं और चतुराई से बनाया गया एक गुप्त दरवाजा है, जो दीवार में गायब था। पंद्रह मिनट बाद वहाँ एक औरत आई। कम-से-कम उसने उसे औरत ही समझा था, लेकिन उसकी भारी आवाज सुनकर उसे हैरानी हुई थी। उसने कहा, ''सेठजी राह देख रहे हैं···उन्होंने मुझे भेजा है कि तुम्हें तैयार कर दूँ।'' आशा रानी के चेहरे पर हैरानी के भाव देखकर उसने आगे कहा था, ''अरे भई, ऐसे क्यों घूर रही हो ? क्या तुमने पहले कभी कोई हिजड़ा नहीं देखा ? वक्त बरबाद मत करो। चलो तुम्हें तैयार कर दूँ। जल्दी से अपने कपड़े उतार डालो। मुझे देखना होगा कि तुम्हें चमड़ी की कोई बीमारी तो नहीं है। सेठजी सफाई पर बहुत ध्यान देते हैं। फिर मुझे तुम्हें डिटॉल के पानी से रगड़ना होगा, तुम्हारी पेशाबदानी की जाँच करके वहाँ डायफ्राम लगाना होगा। यहाँ कोई झंझट नहीं चलेगा। तुम सबकी सब औरतें एक जैसी होती हो—हजार आदमियों के नीचे लेटती फिरोगी, उनमें से किसी मर्द से अपना पेट फुलवा लोगी और फिर आकर सबसे अमीर को फँसा दोगी। अब वक्त ज़ाया मत करो।''

आशा रानी ने अपने जिस्म पर उसके खुरदरे हाथों को महसूस किया। प्रतिरोध करने की कोई तुक नहीं थी। वह बैठ गई और अपने कपड़े उतारने लगी। उसे झिलमिलाती चमकी के बारे में सबसे ज्यादा अफसोस हुआ, जो डिटॉल से छूट जानी थी।

हिजड़ा थोड़ी देर के लिए कहीं चला गया और जब लौटा तो उसके हाथों में पेट्रोलियम जेली का एक जार और एक नया हाउसकोट था। उसने आशा रानी से कहा कि वह अपने घुटनों को हाथों से पकड़कर लेट जाए। फिर उसने आशा रानी से पेट के बल लेट जाने को कहा। ''क्यों ?'' आशा रानी ने उत्सुकता से पूछ लिया। ''मुझे यह पक्का कर लेना है कि तुम सेठजी के लिए हर तरफ से तैयार रहो। क्या पता सेठजी का मूड कब क्या हो जाए,'' हिजड़े ने कहा और अपनी उँगली में जेली लेकर आशा रानी की गुदा में लगा दी। ''यह हाउसकोट पहनो और मेरे साथ चलो। तुम्हारा सामान तुम्हें बाद में इसी कमरे में मिल जाएगा, और घर

जाने के लिए तुम्हें बाहर एक कार भी खड़ी मिलेगी। कब मिलेगी, यह मुझे नहीं पता। यह सब सेठजी पर है। जितना ज्यादा वक्त तुम उन्हें खुश करने में लगाओगी, तुम्हारे लिए उतना ही अच्छा रहेगा। हाँ, एक बात और—वह तुम्हें व्हिस्की पेश करेंगे, लेकिन उसे पीना मत। उन्हें पीने वाली लड़कियों से सख्त नफरत है। इस तरह से वह तुम्हारा इम्तिहान लेंगे।'' आशा रानी ने उसके भद्दे, लिपस्टिक पुते चेहरे को देखा और चुपचाप उसके पीछे चल दी।

सेठजी का कमरा पूरा सफेद था। किसी अस्पताल के कमरे की तरह; फर्क बस यह था कि यह कमरा कुछ अधिक भव्य था और इसमें इलेक्ट्रॉनिक खिलौने भरे पड़े थे। कमरे के बीचोबीच एक बड़ा सा झाड़-फानूस लटका हुआ था, जिसकी तेज रोशनी से बचने के लिए आशा रानी ने अपनी आँखों पर हाथ रख लिया। लकालक सफेद धोती-कुर्ता पहने सेठजी एक सफेद कॉर्डलेस फोन पर किसी को निर्देश देने में व्यस्त थे। उन्होंने आशा रानी की तरफ देखे बिना ही उसे अपने पास रखी एक कुर्सी पर बैठने का इशारा किया। आशा रानी ने झुककर उनके पैर छुए। एक क्षण को तो वह अचकचा गए और बात को बीच में छोड़कर उसे ताकने लगे। उसने बड़े प्यार से सेठजी को मुसकराकर देखा और उनके हाथ पर अपने पॉलिश लगे नाखून फिराए। सेठजी ने फोन पर चल रही अपनी बातचीत को एकदम रोक दिया और आशा रानी की ओर लपके। उनकी धोती उड़ी जा रही थी।

'इसके हाथ गजब के मुलायम हैं, मक्खन लगे पाव-जैसे,' आशा रानी ने सोचा। सेठ के नाखून साफ और स्वस्थ थे। वह किसी टोही कुत्ते की तरह उसके पूरे जिस्म को सूँघने लगे। एक मिनट बाद उन्होंने स्पष्ट किया, ''एलर्जी है मुझे। मैं खुशबू, चंदन, साबुन, अतर, टेल्कम पाउडर की महक को बरदाश्त नहीं कर सकता। मैं देख रहा था कि मस्तान ने अपना काम किया है या नहीं।'' आशा रानी का हाउसकोट पूरा खुला हुआ था और वह मखमल के गद्दों पर निढाल होकर पड़ी थी। उसका मन कहीं और भटक रहा था। जब भी वह किसी मर्द को अपना शरीर सौंपती थी तो उसका मन इसी तरह अन्यत्र भटकता रहता था। इससे कोई फर्क नहीं पड़ता था कि वह मर्द कौन है और उसके साथ क्या कर रहा है—उसे हर बार एक-सा अहसास होता था। लेकिन उसका मन उसका अपना होता था और वह बहुत ईर्ष्या के साथ उसका बचाव करती थी और यह उम्मीद करती रहती थी कि उसे बातचीत नहीं करनी पड़ेगी। लेकिन, सेठ ने उसके आगे और भी माँग रख दी। उन्होंने बड़ी बेरहमी से आशा रानी को उसकी खयाली दुनिया से बाहर खींच लिया और उसे हुक्म दिया, ''गंदी बातें करो मेरे साथ।'' 'यह भी उन्हीं में से एक है,' आशा रानी ने उकताकर सोचा। यह उससे गंदी बातें कहलवाना चाहता है, मानो यह काफी नहीं कि वह गंदा काम कर रही है। उस पर उसकी भाषा की समस्या। उसने अभी हिंदी में गंदी बातें करने में महारत हासिल नहीं की थी। उसने अटकते हुए बोलना शुरू किया और इससे सेठजी उत्तेजित होते दिखे। ''और बोलो, और बोलो !''

उन्होंने आशा रानी का उत्साह बढ़ाते हुए कहा। आशा रानी ने ब्लू फिल्मों के दिनों को याद किया और इस स्मृति पर व्यंग्य से मुसकरा दी। बच्चों का खेल था···

जब उसकी आँख खुली तो सुबह के कोई पाँच बज रहे थे। वह हैरान होकर सोचने लगी कि वह कहाँ है, क्या कर रही है, और किसके साथ कर रही है। कमरे में कोई भी नहीं था और एक भयावह नीला नाइट लैंप जल रहा था। क्या वह किसी नर्सिंग होम में है ? उसके पास से डिटॉल की महक आ रही थी। उसके शरीर में दर्द हो रहा था और वह दुख रहा था। क्या हुआ था ? आमतौर पर उसे अपने सभी सेक्स प्रकरणों की याद थी, लेकिन इस रात के बारे में उसे कुछ भी याद नहीं आ रहा था। उसका सिर भारी हो रहा था और मुँह ऐसा लग रहा था जैसे उसमें किसी ने कच्ची रुई ठूँस दी हो। अजीब बात थी कि उसे कुछ भी याद नहीं आ रहा था। उसने अँधेरे में टटोला तो उसे अपना ड्रेसिंग गाउन मिला। उसे इस नर्क से बाहर कैसे निकलना था ? वह नाइट लैंप की नीली रोशनी की तरफ बढ़ी और वहाँ उसे कुछ स्विच मिले। उसने अंधाधुंध कुछ बटनों को दबा दिया और झाड़फानूस से चकाचौंध कर देनेवाली रोशनी फूट पड़ी।

हे भगवान ! तो वह यहाँ है ! उसे दो-एक बातें याद आईं—सेठजी ने उसकी काँखों को सूँघा था। सेठजी ने उससे कुछ शब्दों को दोहराने को कहा था, जिनका उसे अर्थ भी मालूम नहीं था। सेठ ने उससे ऐसे-ऐसे काम करने को कहा था जो उसने पहले कभी नहीं किए थे। उसे याद आया कि सेठ ने उसके मुँह में अपने पैर का अँगूठा डाल दिया था और उसे दर्द हुआ था, उसकी छातियों पर कुटी बर्फ डाल दी थी। लेकिन यह सब पीने-पिलाने से पहले की बात थी। उसके लिए थोड़ा सा शरबत आया था और सेठ के लिए गिलास-भर व्हिस्की। यह शरबत का ही कमाल था—भगवान जाने क्या मिला हुआ था उसमें। लेकिन इस शरबत के पीते ही आशा रानी एक रंगीन दुनिया में पहुँच गई थी। वह भारहीन होकर तैर रही थी। उसका दिमाग खुशनुमा रंगों और आवाजों से भर गया था। उसकी इंद्रियाँ आनंद की उस ऊँचाई तक पहुँच गई थीं कि उसे तब भी कोई दर्द महसूस नहीं हुआ जब सेठजी ने बड़ी बेरहमी से उसमें पीछे से प्रवेश किया और चमड़े के एक छोटे से पट्टे से उसकी पिटाई की। वह तो किसी सुदूर दुनिया में चिड़ियों की चहचहाहट सुन रही थी और दर्जन-भर इंद्रधनुषों को देख रही थी···

उसने सेटी पर एक लिफाफा रखा देखा। इसके ऊपर अंदर रखी रकम सफाई से टाइप की हुई थी—तीस हजार रुपए। उसकी सेवाओं के एवज में। 'कोई बुरी कीमत नहीं है,' उसने सोचा। पहले तो उसे एक हजार रुपए कमाने के लिए भी इससे कहीं ज्यादा मेहनत करनी पड़ती थी। और तीस हजार रुपए तो उसे दस ब्लू फिल्मों के मिले थे, जिनके लिए उसे एक महीने से भी ज्यादा होटलों के गंदे कमरों में काम करना पड़ा था। वह जानती थी कि उसे पैसों को गिनने की जरूरत नहीं है। वह जानती थी कि वह इन पैसों को लेगी भी नहीं। अम्मा तो जरूर नाराज

होगी, लेकिन आशा रानी ने सब कुछ सोच रखा था। वह इस बात के लिए तैयार नहीं थी कि इस आदमी से सिर्फ तीस हजार रुपए ले ले और हिसाब नक्की कर दे। वह तो इससे भी ज्यादा चाहती थी। और भी ज्यादा। और वह लेकर रहेगी। लेकिन उसके लिए पहले उसे इन नोटों को छोड़ना होगा जो उसे दावत देते उसके सामने ही पड़े हैं। पैसों की उसे सख्त जरूरत थी, लेकिन वह सेठजी से इससे बीस गुना ज्यादा वसूल लेगी बाद में। आशा रानी को इतना विश्वास है। उसे विश्वास है कि सेठजी को उसकी जरूरत एक बार और पड़ेगी। बार-बार पड़ेगी।

उसका दाँव बहुत जल्दी ही सीधा पड़ा। अगले ही दिन सेठजी का आदमी उसके घर सफाई माँगने आ धमका। वह नहीं चाहती थी कि इस मामले को अम्मा निपटाए। उसने खुद अपने स्तर पर इसे निपटाने का फैसला किया था, "जाकर सेठजी से कहना कि उन्हें खुश करना मैं अपना फर्ज समझती हूँ। उन्हें खुश देखकर मुझे खुशी मिलती है। इस तरह की खुशी की कोई कीमत नहीं होती। उन्हें जब कभी मेरी जरूरत होगी, मैं हाजिर हो जाऊँगी। सच पूछें तो मैं उनके हुक्म का इंतजार करूँगी…"

सेठजी ने उसी रात आशा रानी को बुलवा भेजा। इस बार उन्होंने कुछ मिनट निकालकर उससे सचमुच बात की। उन्होंने आशा रानी को बताया कि उसने अपने पत्ते सही खेले हैं। "शाबाश लड़की," सेठ ने हँसते हुए कहा, "तुम एक चालाक नन्ही लोमड़ी हो—मुझे यह अच्छा लगा। दूसरी लड़कियों में भेजा ही नहीं है। मैं उनकी तरफ जो फेंक देता हूँ, उसे लेकर भाग जाती हैं। लेकिन तुम, तुम जानती थीं कि वह रकम कुछ भी नहीं है। बख्शीश भी नहीं थी वह तो। तुम समझ गईं कि यह एक इम्तिहान है। होशियार लड़की, तुम बहुत आगे जाओगी। अगर तुममें थोड़ी सी भी प्रतिभा है तो शोहरत तुम्हारे पीछे आएगी। और मेरा विश्वास है कि तुममें प्रतिभा है। मैं तुम पर नजर रखूँगा। तुम्हारी हर चाल पर नजर रखूँगा। मैंने तुम्हें हमेशा के लिए अपनी रखैल बनाने के बारे में अभी तक कोई फैसला नहीं किया है। औरतें बहुत सारे झंझट पैदा कर देती हैं। उन्हें इस्तेमाल करना और फेंक देना ज्यादा आसान रहता है। एक औरत की जगह दूसरी को रख लेने में ज्यादा मजा आता है। मैं सोचता हूँ कि तुम्हें भी यह इल्म होगा। औरत अगर चाहती है कि वह मर्द की दिलचस्पी बनाए रखे तो उसके लिए उसे शरीर से ज्यादा और भी कुछ देना पड़ता है। मुझे तुम्हारे दिमाग में दिलचस्पी है—तुम मेरे लिए काम की हो सकती हो। लेकिन पहले मैं यह देखूँगा कि तुम्हारा प्रदर्शन कैसा रहता है—केवल बिस्तर में ही नहीं, पर्दे पर भी। चिंता मत करो, मैं अधिकार जतानेवाला आदमी नहीं हूँ। तुम अपनी पसंद के किसी भी आदमी के साथ सो सकती हो। मुझे किशनभाई के साथ तुम्हारे लफड़े के बारे में भी पता है। उसकी बीवी मेरे पास आई थी कि मैं तुम्हें उसके आदमी से मिलने से रोकूँ। मैं और सबके बारे में भी जानता हूँ—तुम्हारी पिछली ब्लू फिल्में, अरे सब कुछ जानता हूँ। चलेगा। यह इंडस्ट्री है ही ऐसी। सबको

जिंदा रहने के लिए हाथ-पाँव मारने का हक है।''

आशा रानी ने कुछ न बोलना ही बेहतर समझा और चुपचाप सेठजी के पाँव दबाने लगी। उसने उनके तलवों की मालिश की और पाँव की उँगलियों को चटकाया। ''आह,'' उन्होंने सिसकारी भरते हुए कहा, ''अच्छा लग रहा है।'' आशा रानी ने अपना काम जारी रखा। उसने सेठजी के टखनों और पिंडलियों की भी मालिश की। फिर वह अचानक रुक गई और उनसे सटकर बैठ गई। ''मैं आपके लिए नाचना चाहती हूँ। आपको दिखाना चाहती हूँ कि मैं क्या कर सकती हूँ, मैं यह साबित करना चाहती हूँ कि मैं कितनी काबिल हूँ। क्या यहाँ संगीत का इंतजाम है ?'' आशा रानी ने सेठजी से कहा। सेठजी ने आँखें खोलीं और हाथ बढ़ाकर एक बटन दबा दिया। कमरे में संगीत भर गया। लेकिन यह हिंदुस्तानी शास्त्रीय संगीत था। ''यह नहीं,'' आशा रानी ने गहरी साँस लेते हुए कहा, ''मुझे कोई सेक्सी चीज चाहिए, कोई धीमी चीज।'' सेठजी ने कुछ और बटन दबाए और उन्हें पाश्चात्य संगीत मिल गया। यह मर्लिन मनरो का एक पुराना गीत था, 'आई वांट टु बी लव्ड बाई यू।'

आशा रानी उठकर खड़ी हो गई और मटकने लगी। उसकी उँगलियाँ अपने हाउसकोट के सबसे ऊपरी बटन पर पहुँच गईं। उसने धीरे-धीरे, अपनी एक-एक थिरकन के साथ उत्तेजक ढंग से अपने कपड़े उतारने शुरू किए। सेठजी उठकर बैठ गए। उनके हाथ अपनी धोती की मुलायम तहों में पहुँच गए। उनकी उत्तेजना साफ दिखाई दे रही थी। ''रोकना नहीं,'' उन्होंने आशा रानी से विनती की, ''रोकना नहीं।''

अमीरचंद सेठ आशा रानी के प्रदर्शन से इतने खुश हुए कि उन्होंने उसका कैरियर चमकाने के लिए कुछ करने का फैसला कर लिया। उन्होंने इधर-उधर कुछ गोटियाँ बैठाईं, अपनी तरफ से कुछ प्रोत्साहन की बातें कहीं, और नीतेशजी अपनी नवीनतम शानदार फिल्म में आशा रानी को लेने के लिए सिर के बल खड़े हो गए। इस फिल्म का शीर्षक गीत—'लव, लव, किस, किस' उन दस वर्षों का सबसे हिट गाना साबित हुआ और उसके साथ ही आशा रानी का कैरियर फिल्मी दुनिया में सबसे तेज पटरी पर दौड़ने लगा। इस गाने और आशा रानी की कामयाबी ने सभी को हैरत में डाल दिया। यों इस फिल्म की कहानी में भी कोई जान नहीं थी। लड़के-लड़की का मिलना, जुदा हो जाना और फिर अंत में मिल जाना जैसी वही घिसी-पिटी स्टोरी। एक मामूली मसालेदार फार्मूला फिल्म ही थी। लेकिन इस गाने ने 'तराजू' को फिल्मी इतिहास की सबसे अधिक मुनाफा कमानेवाली फिल्म बना दिया, और इस क्रम में इसने कामयाबी के कितने ही रिकार्ड तोड़कर रख दिए।

आशा रानी को इसकी धुआँधार कामयाबी पर उतना ही आश्चर्य हुआ, जितना औरों को। फिल्म को जो ताबड़तोड़ प्रचार मिला, वह हैरान कर देने वाला था। उसके प्रशंसकों की चिट्ठियाँ बोरा भरकर उसके पास आने लगीं; और वह जब भी

घर से बाहर कदम रखती तो हर तरफ उसे इसी गाने के बोल सुनाई देते, 'लव, लव'''साई, साई'''किस, किस'''क्लिक, क्लिक !' इस गाने में न जाने ऐसा क्या था कि सारा का सारा मुल्क दीवाना हुआ जा रहा था ! गाने के बोल भी साधारण थे और उनमें ऐसा कोई सेक्सी पुट भी नहीं था। तो क्या यह गाने की धुन का कमाल था ? या गाने के बोलों के बीच उँगलियाँ चटकने की 'क्लिक, क्लिक' की आवाज का ? शायद यह कमाल इस गाने की गायिका के गले से निकली सेक्सी आवाज का था। इसे एक गुमनाम कॉलेज छात्रा नीता ने गाया था और फिल्म रिलीज होते ही उसकी भी किस्मत रातोरात बदल गई थी। कुछ भी हो, 'लव, लव''' का देश-भर में ऐसा जुनून छा गया था कि इसकी धुन से बचना नामुमकिन था। सड़कछाप मजनूँ आती-जाती जवान लड़कियों को यही गाना गाकर छेड़ते, चौराहों पर गाड़ियों की सफाई करते छोकरों के होठों पर भी यही गाना होता, आशिक लोग मुहल्लों में यही गाना गुनगुनाते और बैंडवाले बारातों में इसी गाने की धुन को बेसुरे अंदाज में बजाते थे। फैशनेबल नाइट-क्लबों में कूल्हे मटकाते किशोर लड़की-लड़के इसी गाने की धुन पर डिस्को करते थे, और इसका सेहरा बँधा आशा रानी के सिर पर।

रातोरात एक फिल्म के लिए उसकी कीमत आठ लाख तक जा पहुँची और उसके पास 'तराजू' जैसी कितनी ही फिल्मों का ताँता लग गया। आशा रानी ने चालाकी का परिचय देते हुए इस फिल्म या इसके गीत की नकल करने से इनकार कर दिया। अपनी इस बेतहाशा कामयाबी के बाद आशा रानी ने जिन फिल्मों में काम करना स्वीकार किया, वे ऐसी थीं जिनसे उसकी बहुमुखी प्रतिभा का प्रदर्शन होता था। एक के बाद एक उसकी तीन फिल्में और हिट हुईं। उनमें से एक फिल्म 'मैं खून करूँगी' एक क्राइम थ्रिलर थी, जिसमें आशा रानी ने ऐसा लिबास पहना था कि वह लोन रेंजा और रैम्बो का जनाना घालमेल लगती थी। सबमशीनगन उठाए आशा रानी लोकप्रियता के शिखर पर पहुँच गई, और 'खून' ने बॉक्स ऑफिस पर धमाका कर दिया। खासतौर पर उसी के लिए लिखे गए दो और गाने भी लोकप्रिय गीतों की लिस्ट में सबसे ऊपर पहुँच गए।

फिल्म निर्माताओं ने आशा रानी के प्रति लोगों की इस दीवानगी को भुनाने के लिए पूरे देश में 'लव-लव, किस-किस' नाइट्स आयोजित करने का फैसला किया, और इसकी शुरुआत उन्होंने मुंबई से की। उन्होंने सेठ अमीरचंद को मुख्य अतिथि की हैसियत से बुलाने का फैसला किया। इस शो में आशा रानी के भी आने की उम्मीद थी, लेकिन स्टेज पर नहीं। इस गाने की धुन पर नाचने के लिए अनजान कमसिन लड़कियों को बुलाया गया। स्वाभाविक ही था कि इस कार्यक्रम को किसी अच्छे मकसद से भी जोड़ दिया गया था, जो अब उसे याद नहीं कि क्या था—नेत्रहीन, मानसिक विकलांग या स्पास्टिक—जो भी रहा हो।

अमीरचंद ने कई धर्मार्थ संस्थाओं को संरक्षण दे रखा था। उनकी प्रिय संस्था

थी एक अनाथ विद्यालय। सेठजी अक्सर कहा करते थे कि अनाथ लोग इस धरती पर सबसे अधिक वंचित, सबसे अधिक गरीब हैं, और दुनिया की बड़ी से बड़ी रकम उनके माता-पिता के अभाव की भरपाई नहीं कर सकती। लोग तो यहाँ तक कहते थे कि सेठ खुद अनाथ थे। लेकिन किसी को भी इस बारे में पक्का पता नहीं था, क्योंकि वह अपनी तरफ से कुछ भी नहीं कहते थे और उनकी कोशिश यही रहती थी कि सामनेवाला व्यक्ति ही सारी बात करे। उनकी उदारता उस व्यक्ति के लिए होती थी जो उनके अंदर के किसी अनजाने तार को छेड़ देता था। यह पता लगाना असंभव था कि सेठजी का दान कब किसकी झोली में किस वजह से आ गिरेगा।

सेठजी का जो व्यवहार बाहरी लोगों को मनमाना, गलत दिखाई देता था वह दरअसल एक सोची-समझी योजना होती थी, जिसके बारे में केवल अमीरचंद और उनके दो भरोसेमंद सिपहसालारों को ही पता होता था। हालाँकि आशा रानी अब भी उनकी कृपापात्र थी और वह जब-तब उसे बुलाते भी रहते थे, फिर भी उसे कोई सवाल करने की इजाजत नहीं थी; उनकी पिछली ज़िंदगी के बारे में तो कत्तई नहीं। यह स्थिति आशा रानी के अनुकूल ही थी, क्योंकि वह भी यही चाहती थी कि कोई उसकी बीती जिंदगी के बारे में कुछ न पूछे। उस पहली मुलाकात के बाद सेठजी तो आशा रानी के प्रति बहुत उदारता दिखाने लगे थे और वह उसके प्रति बहुत दयालु भी थे। उन्होंने उसे उसकी पहली प्रीमियर नाइट के लिए हीरों के सेट दिए थे, उसके नाम से दो लाख रुपए फिक्स्ड डिपॉजिट में जमा करा दिए थे, और उसके लिए उनकी सबसे बड़ी भेंट थी--एक डीलक्स एयर कंडीशंड मेकअप वैन, जो उसे स्टूडियो लाती-ले जाती थी। उसकी चमचमाती, नए सिरे से सजाई-बनाई इसूज़ू दूसरे फिल्मी सितारों के लिए ईर्ष्या का विषय बन गई थी। यह वैन खूबसूरत तो थी ही, काम की भी थी; और आशा रानी इसे बेहद पसंद करती थी। जब वह अपनी इस वैन में हाइवे पर एयरपोर्ट से आगे निकलती और फिल्म सिटी की ओर जाती थी, तो पीछे की तरफ बने फोम के पलंग पर आराम से लेट जाती थी और अपनी मनपसंद गजलें लगाकर समुद्र किनारे बने संगमरमर के एक महल का सपना देखने लगती थी। फर्क बस यह होता था कि उसके सपने का समुद्र मुंबई को घेरनेवाला अरब सागर नहीं, बल्कि बंगाल की खाड़ीवाला समुद्र होता था, जो मद्रास के तटों को छूता है।

जिस रात अक्षय ने आशा रानी को पीटा था, उसकी अगली सुबह वह इतनी उदास और निराश थी कि उसने तय किया—वह कहीं नहीं जाएगी। इसलिए उसने अपनी नई नौकरानी से कहा कि उसका नाश्ता बिस्तर पर ही ला दे। जब नौकरानी नाश्ते की ट्रे लेकर आई तो उसमें बिना पता लिखा एक लिफाफा रखा था। आशा रानी

ने उत्सुक होते हुए उसे खोला। इसमें दुबई जाने के लिए गल्फ एयर का फर्स्ट क्लास का एक टिकट रखा था। टिकट के पीछे काली स्याही से बस एक वाक्य लिखा था, 'वह इसके काबिल नहीं है। जाओ, ऐश करो।' साथ ही उस पर एक फीका-सा सुदर्शन चक्र बना था।

आशा रानी को दुबई-यात्रा जैसी ही किसी चीज की जरूरत थी जो उसका ध्यान बँटा सके। वह इसका भरपूर फायदा उठाएगी। उसने सेठजी को शुक्रिया कहने के लिए फोन किया, तो वह बोले, ''पैसों की चिंता मत करो। शेख मुश्ताक और उसके आदमी सब सँभाल लेंगे। तुम्हें जो भी खरीदारी करनी हो, जो कुछ भी लेना हो, ले लेना। पूरी दुबई खरीद डालना—बस अक्षय को भूल जाना और जल्दी आ जाना।''

एयरपोर्ट पर उसे अजीब हुलिएवाले कुछ आदमी मिले। उनमें से अधिकतर मलयालम बोल रहे थे। आशा रानी को एकदम लगा जैसे वह अपने घर में ही हो। ये लोग हिंदी फिल्मों के स्टंटबाजों की तरह कपड़े पहने हुए थे। उनके हाथों में सोने की घड़ियाँ और अँगूठियाँ, और गले में सोने की जंजीरें चमक रही थीं। उनमें से एक ने आशा रानी का हाथ पकड़ा और बोला, ''बॉस के पास चलो।'' आशा रानी को वहाँ खड़ी रंगीन शीशोंवाली स्ट्रेच-लियो में पहुँचा दिया गया। अंदर उसे दूसरे छोर पर एक नाटा, खूबसूरत आदमी बैठा दिखाई दिया, जिसने सफेद कपड़े पहन रखे थे। उसने अपना हाथ बढ़ाते हुए कहा, ''सलाम अलैकुम। दुबई में आपका स्वागत है।'' वह उसकी बगल में बैठ गई। उसका सख्त मार्गदर्शक गंजी, चमकती चाँदवाले ड्राइवर की बगल में बैठ गया। उसने गौर किया कि उसके सामने दो स्टेनगनें हैं और उसके तथा सफेद कपड़ोंवाले आदमी के बीच एक चपटी नलीवाला रिवॉल्वर है।

उसकी बगल में बैठा आदमी उससे बात करने को उत्सुक दिखाई नहीं दे रहा था, इसलिए वह खिड़की के बाहर देखने लगी। उनकी कार एक छोटे से बंदरगाह से होकर जा रही थी, जहाँ कुछ मस्तूली जहाज तैर रहे थे। खामोशी बढ़ गई थी। सामने वाले आदमी ने एक शब्द भी नहीं कहा था और तनाव में दिखाई दे रहा था। ड्राइवर ने पीछे घूमकर कहा, ''सब क्लियर है, बॉस !'' उस रहस्यमय अजनबी ने आशा रानी के हाथ पर अपना हाथ रखा। ''वह चला गया,'' उसने कहा, ''हमने उसे भगा दिया। भाग गया साला। अब आराम से रहो, मेरी जान !''

बाद में उसे पता चला कि कार में उसके साथ जो आदमी बैठा था, वह दुबई का गोल्ड किंग था जिसे लोग 'बादशाह' के नाम से जानते हैं। भारत समेत आधा दर्जन देशों की पुलिस को हथियारबंद डकैती, हत्या, नशीली दवाओं और तस्करी के मामलों में उसकी तलाश है।

बादशाह को आशा रानी में कोई दिलचस्पी नहीं हुई। उसे तो गोरी और सुनहरे बालोंवाली लड़कियाँ अच्छी लगती थीं, जिनकी दुबई में कोई कमी नहीं थी। समुद्र

किनारे बने उसके बँगले में एक हरम था, जिसमें अलग-अलग देशों की लड़कियाँ थीं। उसमें बैंकाक की मालिश करनेवाली थाई लड़कियाँ थीं, लिवरपूल की एक लंदनिया वेट्रेस थी, एक आस्ट्रेलियाई ओपेर (रहने-खाने की सुविधा के बदले अपनी सेवाएँ देने वाली लड़की) थी, और एक फ्रांसीसी बारमेड थी।

'बादशाह' ने आशा रानी की खुलकर मेहमाननवाजी की, लेकिन वह उसके साथ सोया नहीं। इस समय आशा रानी मर्दों से मिलना भी नहीं चाहती थी, और उसे इसी बात से संतोष था कि वह घूम रही है और दूसरी औरतों से बात कर रही है। उसने अपनी खरीदारी कर ली और थाई लड़कियों से अपने शरीर की खूब मालिश करवाई। ये लड़कियाँ आशा रानी की बड़ी-बड़ी (खरबूज जैसी) छातियाँ देखकर खूब हँसीं, और उन्होंने बारी-बारी से उन पर नारियल के तेल की मालिश की। आशा रानी को उस मालिश में बहुत मजा आया और वह अक्षय के बारे में सोचती रही कि वह कितना बुरा निकला। लेकिन यह कल की बात थी। थाई लड़कियों ने उससे मजा लेने के लिए पूछा कि क्या वह 'सैंडविच' मालिश करवाना चाहेगी। एक बार किसी भी चीज को आजमाने में क्या हर्ज है, आशा रानी ने सोचा और तुरंत राजी हो गई।

यह अनुभव इतना कामुक, इतना उतेजक, इतना पूर्ण था कि उसे हफ्तों लग गए यह भूलने में कि कैसे चिकनी, मुलायम, तेल चुपड़ी और बिना छातियोंवाली दो नंगी लड़कियाँ उसके शरीर के दोनों ओर लेटकर उसके नंगे जिस्म के एक-एक इंच हिस्से को छूती, चाटती और सहलाती रही थीं, और उसके पूरे शरीर में एक झनझनाहट-सी होने लगी थी, और वह इस तरह जीवंत हो उठा था, जिसकी वह कभी कल्पना भी नहीं कर सकती थीं।

पंद्रह दिन बाद जब वह मुंबई लौटी तो उसके पास दो वी.सी.आर., दो सी.डी., तीन ट्रंक लायक मेकअप का सामान और अपनी जिंदगी में सेक्स के सबसे अधिक आनंदमय चरम सुख का अनुभव था। घर पहुँचकर उसने सोचा कि जब सेठजी आपको ढूँढ़ते हैं तो आपको सर्वोत्तम ही हासिल होता है।

अम्मा

दुबई से लौटने के बाद आशा रानी सबसे पहले दौड़कर अपने बेडरूम में गई और आंसरिंग मशीन को चालू किया। उसकी ताजातरीन फिल्म के निदेशक नरिंदर गुप्ता ने यह बताने के लिए फोन किया था कि फिल्म की यूनिट मनाली जा रही है, जहाँ बाकी शूटिंग दो हफ्ते में पूरी की जानी है। नरिंदर गुप्ता इस बात पर नाराज था कि वह बिना कुछ बताए शूटिंग के बीच में ही छुट्टी मनाने चली गई थी, और उसने अपने गुस्से को छिपाने की कोशिश भी नहीं की थी। अक्षय की तरफ से कोई संदेश नहीं था।

आशा रानी मनाली जाने को बहुत उत्सुक नहीं थी। इस फिल्म में उसका हीरो एक बुजुर्ग लंपट था, जिसकी विवाहेतर चीज अभी हाल में ही उसे छोड़कर चली गई थी, जबकि नरिंदर गुप्ता मुंबई में एक घरेलू किस्म का आदमी बनकर रहता था और किसी नई जगह की खुशी सीधे उसके सेक्स को जगाती थी। दुबई ने आशा रानी को अभी भी अक्षय के बिना जिंदगी जीने के लिए तैयार नहीं किया था और वह इस मूड में बिलकुल नहीं थी कि पहाड़ पर अपना सारा समय यूनिट के तमाम मर्दों के अश्लील प्रस्तावों से बचने में ही बिता दे। उसने तय किया कि उसे एक संरक्षिका को साथ ले लेना चाहिए, और एकबारगी ही 'शोबिज़' की अपनी रिपोर्टर दोस्त लिंडा को फोन घुमा दिया। उसका खुशनुमा संग आशा रानी के लिए अच्छा रहता, लेकिन लिंडा काम में बुरी तरह डूबी हुई थी। ''मेरी एडीटर पूरी कुत्ती है, यार ! वह मुझे कभी छुट्टी नहीं देगी। सॉरी जानेमन, मुझे जाना है, बाद में फोन करूँगी,'' लिंडा ने जवाब दिया था।

ऐसे क्षणों में आशा रानी को यह हुड़क उठती थी कि काश, इस समय अम्मा वापस आ जाती। उसने रूफ टॉपवाली घटना के बारे में तो सुना ही होगा। अक्षय के बारे में अम्मा ने कितनी ही बार उसे आगाह किया था, उसकी मार-पीट में आनंद लेनेवाली प्रवृत्ति के बारे में तो खासतौर पर। एक बार अक्षय ने जब उसे पीटा था और अम्मा उस पर बोल पड़ी थी, दरअसल उसी वजह से उसे मद्रास रवाना कर दिया गया था। उस समय आशा रानी को अम्मा से नफरत हुई थी।

उसका एक बड़ा कारण यह था कि वह अक्षय के प्यार में अंधी हो रही थी, लेकिन इसका एक कारण यह भी था कि उसे इस बात से चिढ़ थी कि अम्मा ने उसे इस तरह से क्यों इस्तेमाल किया और उसका फायदा उठाया। वैसे वह खुद इस बात को स्वीकार नहीं कर पाती थी। फिर भी, अपनी तमाम कमियों के बावजूद, वह उसकी माँ थी और जब वह हताश-निराश होती थी, जैसे आज, तो उसे अम्मा की कमी बहुत खलती थी।

आशा रानी ने अपनी आलमारी के पीछे से अपना पुराना पारिवारिक एलबम निकाला और धीरे से फूँककर उस पर से धूल साफ की। फिर फर्श पर एक बड़ी सी गद्दी पर बैठकर वह उस परिवार की पुरानी भूरे रंग की तसवीरें पलटने लगी, जिसे कभी, बहुत, बहुत पहले, वह अपना परिवार कहा करती थी।

हे भगवान ! अम्मा कितनी सुंदर दिखती थी ! लेकिन अप्पा के साथ कुछ साल रहने के बाद, जब तक वह बीस की हुई, अम्मा पर मांस चढ़ने लगा था। तब वे साथ-साथ नहीं रह रहे थे, क्योंकि अप्पा का पहले से ही अपना परिवार था—भयंकर गिरिजा और उसके तीन बेटे, यानी आशा रानी के सौतेले भाई। अप्पा ने जंब अम्मा को अलग किया तब तक वह शादी कर चुके थे। अम्मा तब पंद्रह साल की एक उभरती नर्तकी थी। अप्पा ने उसे मद्रास भेज दिया था, जो एक बड़ा और खराब शहर था। अप्पा ने कुछ साल बाद अम्मा के लिए एक बँगला खरीद दिया था। यह आशा रानी के पैदा होने के बाद की बात है। तब तक, सारा मद्रास उनके बारे में जान गया था। लेकिन अप्पा का इतना रुतबा था कि कोई कुछ कहने की हिम्मत नहीं जुटा पाता था। अम्मा अक्सर उन दिनों के बारे में बताती थी। मद्रास के सबसे बड़े और कामयाब स्टूडियो के मालिक होने के नाते अप्पा का साउथ इंडियन फिल्म इंडस्ट्री के एक बड़े हिस्से पर कब्जा था। "तुम्हारे अप्पा सचमुच एक बड़ी फिल्मी हस्ती थे," अम्मा उसे बताती थी, "सभी लोग उनके पास आया करते थे, म्यूजिक डायरेक्टर, फिल्म डायरेक्टर, हीरो लोग, हीरोइनें, साउंड रिकॉर्डिस्ट, एक्स्ट्रा कलाकार, डांस मास्टर, स्टंटमैन—सभी लोग ! वह उदार थे, लेकिन आसानी से धोखा खानेवाले नहीं थे। जिन फिल्मों पर उनका हाथ होता था, वे हिट होती थीं—बड़ी हिट फिल्में। उन फिल्मों के गीत हरेक की जबान पर होते थे। मद्रास उनकी फिल्मों की धुनों पर थिरकता था, और पोस्टरों की तो पूछो ही मत ! अप्पा ने ही सबसे पहले पोस्टरों का दीवाना बनाया था लोगों को। वह शहर के सभी बड़े नुक्कड़ों पर आदमकद से भी बड़े पोस्टर लगवाया करते थे। उन्होंने ही अपने स्टार कलाकारों के रँगे हुए कपड़ों पर सलमा-सितारे जड़ने की बात सोची थी, जिससे वे रात में चमकते थे। उन्होंने अपने स्टार पैदा किए—वे बस उन्हीं के वफादार होते थे, और किसी के नहीं, तुमने उन्हें हमारे घर में देखा होता ! वे विनीत नौकरों की तरह अप्पा की नई फिल्म में रोल माँगने के लिए गिड़गिड़ाते हुए आते थे। हम उन सभी की खातिरदारी करते थे—उनमें राजनीतिज्ञ

होते थे, व्यापारी होते थे…यहाँ तक कि एकाध स्मगलर भी !"

आशा रानी को खासतौर पर उन तसवीरों को देखना अच्छा लगता था, जिनमें कई फिल्मी समारोहों में अम्मा दिखाई देती थी। तब वह शानदार कांजीवरम साड़ियाँ और शानदार जेवरात पहनती थी। "तुमने ये सारी चीजें क्या कीं ?" वह अम्मा से पूछती और उसका हँसी-खुशीवाला मूड एकदम से बदल जाता और वह विषय बदल देती।

अम्मा की जिंदगी की घटनाओं को जोड़-जाड़कर आशा रानी ने थोड़ा-बहुत जान लिया था कि हुआ क्या था। किस तरह अप्पा की उसमें दिलचस्पी खत्म हो गई थी, किस तरह गिरिजा ने उसे अपमानित किया था और एक मामूली वेश्या बताया था। किस तरह अप्पा ने एकबारगी पैसा देना बंद कर दिया था और अम्मा के पास अपने तमाम जेवरात बेच देने के अलावा और कोई रास्ता नहीं बचा था। उसके कपड़े-लत्ते भी बिक गए थे। तब शुरुआत हुई थी उनके दुख-भरे दिनों की। वे अपना आलीशान बँगला छोड़कर भीड़-भाड़ वाले एक गंदे इलाके में किसी बेकार, छोटी सी जगह में आ गए थे।

जब अप्पा छोड़ गए तो अम्मा रातोरात बूढ़ी हो गई थी। वह मुरझाई हुई और अधेड़ दिखने लगी थी, हालाँकि अभी वह तीस की भी नहीं हुई थी। आशा रानी को याद आया कि एक के बाद एक कितने ही 'मामा' उनके घर आते और अम्मा को रहस्यमय कारोबार पर ले जाते थे। ऐसे मौकों पर अम्मा अच्छे ढंग से कपड़े पहनने की कोशिश करती थी। वह अपनी आँखों में काजल, बालों में फूल और गालों पर लाली लगाती थी। वह रात में देर से लौटती थी। उस समय उससे अजीब सी महक आती थी। और, वह नींद में होती थी। लेकिन अगली सुबह वह हमेशा की तरह समय से उठ जाती, और बच्चों को दूध देकर उन्हें स्कूल भेज देती। उन दिनों वे सब स्कूल से लौटते तो उन्हें डोसा और उत्तपम खाने को मिलता था। उन दिनों अम्मा कुछ कम परेशान और कुछ अधिक निश्चिंत दिखाई देती थी। इस सबके दौरान अम्मा ने यह निश्चित कर रखा था कि आशा रानी की नृत्य कक्षाएँ न छूटें। उस बस्ती में इतने अच्छे गुरु तो नहीं थे, लेकिन आशा रानी की प्रगति अच्छी ही रही। इसका श्रेय अम्मा को जाता है।

मद्रास में अपना घर सँभालते हुए, दोपहर के खाने का बंदोबस्त करते हुए, सुधा की डांस क्लास का इंतजाम करते हुए और अपने डाँवाडोल बीमार पति का खयाल रखते हुए—अम्मा का अधिकांश समय मुंबई के बारे में, अपनी बेटी विजी के बारे में सोचने में बीतता था। बीवी को छोड़ देनेवाले उस फ्लॉप हीरो अक्षय के बेहूदा जुनून में वह बेवकूफ लड़की अपना सब कुछ खोए दे रही थी। कितनी बार उसने विजी को अक्षय के खिलाफ आगाह किया था। कितनी बार किशनभाई ने उसकी

आँखें खोलने की कोशिश की थी। लेकिन किसी का कोई फायदा नहीं हुआ। विजी ने अक्षय की खातिर अपनी माँ को ही छोड़ दिया था। जब वह बड़ी स्टार बन गई तो उसने माँ का बोरिया-बिस्तर बाँधकर उसे मद्रास भेज दिया। अब आशा रानी की जिंदगी में हर अहम व्यक्ति और हर अहम चीज की जगह अक्षय अरोड़ा ने जो ले ली थी। आशा रानी ने उसमें ऐसा क्या देख लिया ? वह उसे ऐसी कौन सी सुरक्षा दे रहा था जो वह नहीं दे सकती थी ? कौन सा प्यार दे रहा था वह ?

क्या आशा रानी को मार खाने में मजा आता है ? उसे तब सचमुच इतना बुरा नहीं लगा था जब अक्षय ने उसे इतनी बेरहमी से मेकअप रूम में पीटा था, जब अम्मा ने अपनी बेटी को बचाने के लिए दरवाजा तुड़वाया था। और इसी पाप के एवज में उसे मद्रास भगा दिया गया था।

'दिल के कातिल' की शूटिंग के दौरान हुई यह घटना ऐसी तमाम घटनाओं में से एक थी। अम्मा हमेशा की तरह स्टूडियो में ही मँडरा रही थी, कि तभी अक्षय पास के एक सेट से वहाँ आ धमका था और अम्मा की तरफ देखने की उसने जरूरत भी नहीं समझी थी। वह धड़धड़ाता हुआ आशा रानी के मेकअप रूम में पहुँच गया था, जहाँ वह अगले दृश्य के लिए अपने कपड़े बदल रही थी। उसने दरवाजे को अंदर से बंद कर लिया था और आशा रानी को गालियाँ बकनी शुरू कर दी थीं। पहले तो उसकी आवाज केवल बाहर खड़े आतंकित मेकअप-मैन और हेयरड्रेसर को ही सुनाई दे रही थी, लेकिन जल्दी ही वह इतनी तेज हो गई कि स्टूडियो के फर्श पर आते-जाते लोगों को भी उसकी कुछ गालियों और फर्नीचर टूटने का पता चल गया। अम्मा भी चौकन्नी हो गई और बेतहाशा दौड़ती हुई वहाँ पहुँची।

"दरवाजा खोलो, बेबी !" वह दरवाजा पीटते हुए चिल्लाई थी। अक्षय ने आशा रानी को गालियाँ देनी बंद नहीं की थीं, और वह सिसक रही थी। अम्मा बदहवास हो गई। उसने स्टूडियो में काम करनेवाले कुछ लोगों को बुलाकर उनसे दरवाजा तोड़ने को कहा था। प्रोड्यूसर और डायरेक्टर यह देखने के लिए आ गए थे कि क्या हो रहा है। उनमें से एक ने दरवाजे को जोर से थपथपाकर अपना नाम बताया था और अक्षय से दरवाजा खोलने को कहा था। ठीक तभी, बाहर एक और जोरदार धड़ाका और एक तीखी चीख सुनाई दी थी। अम्मा ने काम करने वालों से फिर दरवाजा तोड़ देने का आग्रह किया था। प्लाईवुड के एक पतले से दरवाजे को तोड़ने के लिए कोई ज्यादा ताकत नहीं लगानी पड़ी थी।

बाहर खड़े हैरान लोगों ने देखा कि आशा रानी ड्रेसिंग टेबल के सामने पड़े दीवान पर नंगी दुबकी हुई थी और अक्षय हाथ में बेल्ट लिए उसे मारने को तैयार था। मेकअप रूम बिलकुल मलबे का ढेर हो गया था। लिबास चिथड़ा हो रहे थे और पूरे फर्श पर मेकअप की बोतलें बिखरी पड़ी थीं। अम्मा दौड़कर अंदर आई थी और अपनी बेटी पर एक मेजपोश डाल दिया था। अक्षय उसे धमकाता हुआ

आगे बढ़ा था। वह कहता जा रहा था, "यह तुम्हारी वजह से है—कैसी माँ हो तुम ? यह लड़की बस एक महँगी रंडी है और कुछ नहीं, और तुम, इसकी दलाल हो, इसकी खाला हो। यह हर किसी आदमी के नीचे लेटती फिरती है। किशनभाई और अमीरचंद के नीचे लेटती है यह। और क्या पता अपने ही ड्राइवर और झाड़ू लगानेवाले के नीचे भी लेटी हो ! इसकी कोई नैतिकता नहीं, कुछ नहीं। तुम अपने आप को माँ कैसे कह सकती हो—तुम तो नीच हो। तुमने तो अपनी ही बच्ची का इस्तेमाल किया है। तुम सोचती हो कि तुमने अपनी बेटी को बड़ी स्टार बना दिया है—लेकिन तुमने तो इसकी जिंदगी ही बरबाद करके रख दी है ! तुम रात में सो कैसे लेती हो ? तुम्हारा जमीर तुम्हें मार क्यों नहीं देता ?"

अम्मा की तो कुछ देर तक बोलती ही बंद हो गई थी। जब उसका मुँह खुला तो उससे तमिल निकली थी। फिर तो उसने धुआँधार गालियाँ सुनाई थीं और बीच में दो बार थूका था। उस समय वह बहुत भयावह दिख रही थी। उसके दोनों हाथ कूल्हों पर थे और आँखों से चिनगारियाँ फूट रही थीं। उसके बाल खुल गए थे और सुबह की पूजा के बाद जो फूल उसने अपने बालों में लगाए थे, वे अब खुली लटों पर झूल आए थे और उसे हास्यास्पद बना रहे थे। अम्मा ने अक्षय को फटकार लगाई थी, "तुम मेरी बेटी के दूसरे प्रेमियों से नहीं, बस इसकी शानदार कामयाबी से जलते हो। तुम यह बरदाश्त नहीं कर पा रहे कि इसने तुम्हें पछाड़ दिया है। आज यह तुमसे भी बड़ी स्टार है—इन लोगों से पूछ लो। आज इसका नाम बिकता है। यह ज्यादा पैसे कमाती है। लेकिन तुम—बेशरम आदमी—घर पर एक बीवी के होते हुए दूसरी औरतों के पीछे भागते हो ! मेरी बेटी शादीशुदा नहीं है। यह जिससे चाहे, जब चाहे मिल सकती है ! यह तुम्हारी जायदाद नहीं है, समझे ?" प्रोड्यूसर और डायरेक्टर ने उसे शांत करने की कोशिश की थी। इस बीच किसी ने पुलिस को फोन कर दिया था। पुलिस वाले एक वैन में भरकर पहुँचे थे, और दौड़ते हुए यह देखने आए थे कि वहाँ क्या हो रहा है। अम्मा ने इंस्पेक्टर को देखते हुए कहा था, "इस लोफर को पकड़ लो। इसने मेरी बेटी को मारने की कोशिश की, और मेरी इज्जत पर हमला बोला। देखो...यह देखो...यह सब इसी ने किया है। इसने सामान को नुकसान पहुँचाया है, सब कुछ तोड़ दिया है। यह गुंडा है—इसे पकड़ लो।"

इंस्पेक्टर सहनशीलता का परिचय देते हुए मुसकरा दिया था। उसने अक्षय को आँख मारते हुए कहा था, "तो, हीरो, तुमने सोचा कि किसी फिल्म की शूटिंग कर रहे हो, क्यों ?" अक्षय अब कुछ शांत हो गया था। उसने धीरे से अपनी बेल्ट कसी थी और पुलिस वाले से बोला था, "चलो।" अम्मा उन दोनों को सेट से बाहर जाते देखती रही थी। अक्षय ने हट्टे-कट्टे पुलिसवाले की कमर में हाथ डाल रखा था। डायरेक्टर ने आशा रानी से मुखातिब होते हुए कहा था, "बीस मिनट में सेट पर पहुँचो—यूनिट आपका इंतजार कर रही है मैडम ! खास सीन है। लेकिन पहले, प्लीज, कुछ ठंडा ले लीजिए।"

दुबई से लौटने पर आशा रानी मुंबई में बड़ी उदास हुई। यहाँ न अम्मा थी, न अक्षय। शूटिंग शुरू होने तक उसके पास करने को भी ज्यादा कुछ नहीं था और यह सोचकर तो वह और भी परेशान हो गई कि इस बेगाने से मकान में वह करेगी क्या, जहाँ ऐसा कोई नहीं है जिससे वह मन की बात कर पाती। उसने सुधा को कई साल से नहीं देखा था, और उसे अम्मा की याद आ रही थी। उसने एकदम से एक छोटा सूटकेस उठाया और उसमें कुछ कपड़े डालकर अपने ड्राइवर को आवाज लगाई। ''मुझे एयरपोर्ट ले चलो। मैं अपनी फ्लाइट से मद्रास जा रही हूँ,'' उसने ड्राइवर से कहा।

उसकी घर-वापसी भी बस ऐसी ही रही। जब वह 'मातृछाया' के व्यंग्यात्मक नामवाले अपने बँगले पहुँची तो उसका स्वागत करने केवल उसका पालतू कुत्ता बाहर आया। सब लोग कहाँ थे ? अम्मा ? सुधा ? वह बैठक में पहुँची और गहरी साँस खींचकर वहाँ की हालत देखने लगी। कितना भयावह दिख रहा था। सब कुछ बिखरा पड़ा था। वह इन लोगों को कितना भी पैसा भेज दे, लेकिन ये कभी सीखने वाले नहीं। ये परदे ! सोफे ! हर चीज़ पर प्लास्टिक के कवर थे। बैठक में सजावट की चीजें कितनी गँवारू हैं, और प्लास्टर ऑव पेरिस की ये मूर्तियाँ ! इन्हें कहाँ से उठा लाई अम्मा ? उसने इन लोगों से कहा था कि किसी इंजीनियर डेकोरेटर से घर की सजावट करवा लेना। यह भी बता दिया था कि वे बेंगलूर से ही डेकोरेटर को बुलवाएँ। लेकिन नहीं। अम्मा तो जितना हो सके, पैसा बचाने की कोशिश में रहती थी। और नतीजा देखो !

उसने नौकरों को आवाज दी। एक बूढ़ी औरत किचन से दौड़ती हुई बाहर आई और उसे घूरने लगी। ''कौन हो तुम ?'' उसने आशा रानी से पूछा। ''मैं तुम्हें बताऊँगी कि मैं कौन हूँ। लेकिन पहले तुम बताओ कि तुम कौन हो ? साली, पूछती है–कौन हो तुम, कौन हो तुम !'' आशा रानी चिल्लाई ! बुढ़िया वहाँ से भाग गई और एक नौकर लड़के को लेकर वापस आई। उस नौकर ने आशा रानी को एक नजर देखा और बोला, ''अई-यई-यो, लव-लव, किस-किस !'' आशा रानी ने अपना हैंडबैग उसकी तरफ फेंका और चिल्लाई, ''अम्मा कहाँ है ? सारे लोग कहाँ हैं ?''

अचानक उसने ऊपर सोने के कमरे को जाने वाली सीढ़ियों पर सुधा को खड़े देखा। हे भगवान ! कितनी बदल गई है वह ! आशा रानी ने सोचा–अरे, यह तो खूबसूरत-सी दिख रही है। कितनी अच्छी फिगर निकली है। आँखें कितनी प्यारी हैं। बाल भी कितने बड़े। और गोरी भी उससे ज्यादा। बहुत गोरी ! सुधा चुपचाप घूरे ही जा रही थी कि आशा रानी चिल्लाई, ''तुम्हें हो क्या गया है ? क्या मैं भूत दिखाई दे रही हूँ ? अम्मा कहाँ है ? क्या हो रहा है यहाँ ?''

सुधा सीढ़ियों से दौड़ती हुई नीचे आई और उसके सीने से चिपट गई। ''अप्पा!'' वह सिसकती हुई कहने लगी। ''क्या मर गए ?'' आशा रानी ने भावुक हुए बिना

ही पूछा। ''नहीं, दौरा पड़ा है'''अम्मा उन्हें देखने अस्पताल गई है। तुम्हें भी जाना चाहिए।''

आशा रानी हैरान रह गई, ''लेकिन मैं उन्हें देखने क्यों जाऊँ ? मैंने तो बरसों से उन्हें नहीं देखा। जब मैं छोटी थी तभी से नहीं देखा उन्हें मैंने। न ही उन्होंने हममें से किसी के बारे में कभी सोचा। अब जब वह मर रहे हैं तो उन्हें इस बात की क्या चिंता है कि हम उनसे मिलते हैं या नहीं ?'' सुधा ने कहा, ''अप्पा ने तो तुमसे मिलने को–हमसे मिलने को–नहीं कहा, यह तो अम्मा है। उसके लिए यह बात मायने रखती है। उसे खुश करने के लिए ही मिल लो अप्पा से।'' ''नहीं, मुझे उस आदमी से नफरत है। वह निर्दयी है, क्रूर है, बेपरवाह है। पक्का हरामी है वह, जिसने हम सबको छोड़ दिया और फिर कभी अपना मुँह नहीं दिखाया। अब क्या चाहता है वह ? और पैसा ? क्या इतना काफी नहीं है कि उसने अम्मा की और हमारी जिंदगी को भी बरबाद कर दिया ? क्या वह पूरा दिवालिया हो चुका है ? यह चिंता हो रही है उसे कि अस्पताल के बिल कौन भरेगा ? ठीक है, मैं भुगतान कर दूँगी उसके बिलों का–लेकिन मैं उससे मिलूँगी नहीं। कभी नहीं। अम्मा से बता देना।'' सुधा रोने लगी। वह बोली, ''बीती बातों को भूल जाओ। आखिर वह हमारे पिता हैं, और वे शायद ज्यादा दिन जिंदा न रहें–उन्हें हमारी माफी की जरूरत है। अम्मा सब कुछ भूल जाने को तैयार है। तुम भी क्यों नहीं उनसे समझौता कर लेती ? उन्हें तुम पर बहुत गर्व है। हम सभी को है। वह चाहते हैं कि तुम्हारी सही तरीके से शादी हो जाए'''तुम्हारा घर बस जाए। उनका दिल मत तोड़ो। अब वह बूढ़े हो गए हैं। उन्होंने हमारे साथ जो कुछ भी किया, वह सही नहीं था, लेकिन यह तो बहुत पुरानी बात हो गई। तब से तो पता नहीं क्या-क्या हो चुका है। प्लीज, अक्का–उनके पास जाओ।''

आशा रानी थकी हुई थी, भूखी थी और उसे कुछ भी अच्छा नहीं लग रहा था। उसमें कठोरता और कड़वाहट का अहसास था। उसने सुधा को कड़ाई से एक ओर कर दिया और बोली, ''उसे कुत्ते की मौत मर जाने दो। मैं क्यों परवाह करूँ ? जब हम भूखों मर रहे थे तब क्या उसने परवाह की थी ? मेरे दिल में उसके लिए कोई भावना नहीं है। मेरे पिता तो बहुत पहले मर गए। मुझे नहीं पता, अस्पताल में भर्ती यह आदमी कौन है'''।'' ''अक्का, यह तुम्हें क्या हो गया है ? तुम इतनी निर्दयी कैसे हो गई ?'' सुधा सिसकियों के बीच बोलती रही। आशा रानी उसे सूनी आँखों से ताकती रही। ''तुम्हें क्या पता कि हमने, अम्मा और मैंने, किस तरह की जिंदगी बिताई ? तुम तो उस समय बहुत छोटी थीं। जब तुम बड़ी हो जाओगी, तब शायद तुम्हें बताऊँगी मैं। आज, तुम अपनी अक्का को बुरा-भला कह सकती हो। ठीक भी है, लेकिन मैं जानती हूँ कि मैं क्या कर रही हूँ और क्या कह रही हूँ। मैं अप्पा का मुँह दोबारा नहीं देखना चाहती। वह मर जाए, तब भी नहीं।''

यह कहकर आशा रानी धड़धड़ाती हुई अपने कमरे में चली गई और दरवाजा

बंद कर लिया। वह अपने कमरे पर पूरा अधिकार जमाती थी। उसने अम्मा से कहा था, ''मेरा कमरा मेरा अपना है। मैं नहीं चाहती कि मेरी गैरहाजिरी में हमारा कोई चालाक रिश्तेदार इसे इस्तेमाल करे। मैं तुम्हें या सुधा को भी इसे इस्तेमाल नहीं करने देना चाहती। और कोई मेरी आलमारियाँ न खोले। नौकरों से भी कह देना।''

वह हाँफ रही थी। वह एक बार फिर सात साल की वही बेफिक्र लड़की हो जाना चाहती थी, और चाहती थी अम्मा की गोद में लेट जाना कि वह उसकी सूखी खोपड़ी में नारियल के गरम तेल की मालिश करे। वह रोना चाहती थी। लेकिन किसलिए ? उसने अपने आपसे यह सवाल किया। उसे भारी थकान महसूस हो रही थी, वह शरीर और मन दोनों से पस्त हो चुकी थी। अम्मा कहा करती थी कि ऐसे समय में उसे प्रार्थना करनी चाहिए। उसने प्रार्थना करनी भी बंद कर दी थी। ईश्वर ने आखिर उसके लिए किया भी क्या है ?

उसने अपने कमरे को गौर से देखा। वही भड़कीला गुलाबी रंग यहाँ भी था जो उसके बांद्रावाले बँगले में किया हुआ था। गुलाबी रंग के वॉलपेपरवाली दीवारें थीं, रेशम के गुलाबी पलंगपोश थे, गुलाबी रंग की लेस लगे तकिए थे। गुलाबी, गुलाबी, गुलाबी ! यहाँ तक कि गुलाबी टाइलोंवाले उसके बाथरूम में वाश बेसिन और टॉयलेट सीट तक गुलाबी थी। पता नहीं लोगों को यह गुमान कैसे हो गया था कि उसे गुलाबी रंग पसंद है ?

उसने अलसाते हुए कपड़ों की अपनी आलमारी खोली और उसमें एक कतार में टँगे कपड़े देखे, जिनका इस्तेमाल नहीं हो रहा था। सुधा ने शायद इन्हें यहीं की किसी दुकान से सीधे हैंगर से उतारकर खरीद लिया था। आशा रानी ने उन कपड़ों पर एक नजर डाली और यह तय पाया कि उसे इनमें से एक भी पसंद नहीं है। अंदर के कपड़े रखनेवाली दराज को उलट-पुलट करने पर उसे प्लास्टिक का एक छोटा सा डब्बा दिखाई दिया। उसने उसे उठा लिया। उसमें भगवान वेंकटेश की एक छोटी सी मूर्ति थी। यह मूर्ति उसे अप्पा ने तब दी थी, जब वह पाँच साल की थी। उसे यह अच्छी तरह से याद है।

अम्मा और वह अप्पा की नई फिल्म के लिए ईश्वर से आशीर्वाद लेने तिरुपति की तीर्थ-यात्रा पर गए थे। यह उनकी अब तक की सबसे बड़ी फिल्म थी, जिसमें करोड़ों रुपए लागत आई थी। अप्पा का इस फिल्म में बहुत कुछ दाँव पर लगा था। अगर यह फिल्म पिट जाती तो उनका सब कुछ चले जाने का खतरा था—इसमें उनका स्टूडियो भी शामिल था। उसे याद है, जब वह तिरुपति में अपने बाल उतरवाकर लौटे थे, तो वह उनके गंजे सिर को देखकर पागलों की तरह खिलखिलाकर हँसी थी। वह इतने अजीब लग रहे थे ! ''अब मैं भारत का यूल ब्रायनर हूँ।'' वह भी उनके साथ हँसते हुए बोले थे। और वे एक बार फिर हँस पड़े थे, हालाँकि उन्हें यह पता ही नहीं था कि यूल ब्रायनर कौन है। अम्मा ने आस्था की शक्ति और तिरुपति के चमत्कार के बारे में समझाया था, ''अगर वेंकटेश्वर ने अप्पा की मन्नत

मान ली, तो हम अगले साल वहाँ फिर जाएँगे और महापूजा का आयोजन करेंगे···हम सभी लोग।''

लेकिन वह दिन कभी नहीं आया। अप्पा की फिल्म तो चल गई थी, लेकिन अम्मा के साथ उनका रिश्ता खत्म हो गया था। हो सकता है अप्पा अकेले ही तिरुपति गए हों या क्या पता वह गए ही न हों। और इसीलिए आज भगवान उन्हें दंड दे रहे हैं। वह हाथ में पकड़ी उस मूर्ति को घूरती रही। तिरुपति–वह किसी दिन वहाँ जरूर जाएगी। वह वहाँ तब जाएगी जब उसे उस सांत्वना की जरूरत होगी जो केवल भगवान ही दे सकते हैं। लेकिन आज उसके पास और दूसरे काम हैं। भगवान तो रुक सकते हैं। उसने मूर्ति को उसके डब्बे में रखकर उसे अपनी आलमारी में बहुत अंदर छिपा दिया।

लिंडा

आशा रानी अप्पा से मिले बिना ही मद्रास से लौट आई। पता नहीं क्यों वह उनसे मिलने का मन ही नहीं बना सकी। अम्मा तो उससे इतना गुस्सा हो गई थी कि बहुत जरूरी होने पर ही उससे बोलती थी। इधर आशा रानी इस बात पर हैरान-परेशान थी कि अम्मा एक ऐसे आदमी के आगे समर्पित है, जिसने उसे और उसके बच्चों को दुख के सिवाय और कुछ नहीं दिया।

मनाली की शूटिंग अपने ठीक समय पर होने जा रही थी और आशा रानी को इससे डर लगने लगा था। सामाजिक बनने के लिए बहुत प्रयास करने की जरूरत होती थी और डायरेक्टर तथा साथी कलाकारों की वासना को झेलने के विचार से ही उसे अरुचि होने लगती थी।

मनाली जाने से एक दिन पहले जब वह शाम को ब्यूटी पार्लर से घर आई तो उसे अपने बेडरूम का दरवाजा आधा खुला मिला। पहले तो उसने यही सोचा कि अक्षय घर आया होगा, लेकिन अंदर देखा तो लिंडा उसके मेकअप के सामान से सज-सँवर रही थी। अपने खूब लिपे-पुते चेहरे को आशा रानी की ओर घुमाते और अपनी आँखें झपकाते हुए उसने चहककर कहा, ''बूझो तो जानेमन, मैं तुम्हारे साथ चल रही हूँ—मैंने अपनी एडीटर से कह दिया कि तुम्हारा स्पॉट बॉय के साथ चक्कर चल रहा है !''

आशा रानी न चाहते हुए भी मुसकरा दी और उन क्षणों के बारे में सोचने लगी जब वह लिंडा से पहली बार मिली थी।

उन दिनों आशा रानी की पहली मल्टी-स्टार फिल्म की शूटिंग चल रही थी। वह एक बड़े बजट वाली फिल्म थी, जिसमें उसके दो बड़े नाच थे। 'शोबिज़' पत्रिका से किसी औरत का फोन आया कि वह उसका इंटरव्यू लेना चाहती है। ''मम्मी से पूछकर बताऊँगी,'' आशा रानी ने झट कह दिया था। उसे फोन के दूसरे छोर पर उस अजनबी औरत के हँसने की आवाज सुनाई दी थी। ''मम्मी से क्यों पूछोगी ?''

उसने आशा रानी की हँसी उड़ाते हुए कहा था, "क्या तुम अपने फैसले खुद नहीं कर सकतीं ? नहीं, अब कुछ मत कहना। मैं अभी आ रही हूँ तुमसे मिलने।" और वह सचमुच आ धमकी थी।

आशा रानी को लिंडा की बेफिक्र स्मार्ट छवि ने बहुत अधिक प्रभावित किया था। उसमें आत्मविश्वास झलक रहा था। वह बढ़िया अंग्रेजी बोल रही थी। उसके हाथ में एक बड़ा सा हैंडबैग था, जिसे थपथपाते हुए उसने कहा था, "मेरा ऑफिस मेरे साथ चलता है।" आशा रानी को उसकी इस बात का मतलब समझ में नहीं आया था, लेकिन यह जताने की उसकी हिम्मत नहीं हुई थी। उसने घबराई हँसी हँस दी थी और उससे बैठने को कहा था।

टेप रिकॉर्डर या राइटिंग पैड निकालने के बजाय लिंडा मेकअप रूम की सेटी पर पसर गई थी, और उसने ऐलान किया था, "मुझे तुमसे जलन होती है, सच–तुम इतनी कमसिन हो ! इतनी सुंदर और इतनी कामयाब ! अगर मैं पुरुष होती तो तुमसे शादी करना माँगती।" आशा रानी की समझ में नहीं आ रहा था कि इस बात का क्या जवाब दे, इसलिए वह दिलफेंक अंदाज में एक बार और हँस दी थी और लिंडा को कोल्ड ड्रिंक पेश की थी। "नहीं बाबा, मैं ड्यूटी पर नहीं पीती," लिंडा ने कहा था।

आशा रानी परेशान होकर अम्मा की तलाश में इधर-उधर देखने लगी थी। "घबराओ नहीं, मैं बच्चियों के साथ बुरा काम करनेवालों में से नहीं हूँ। न ही मैं बलात्कारी हूँ," लिंडा ने कहा था, और आशा रानी उसका खुलापन देखकर दंग रह गई थी। कोई औरत किसी दूसरी औरत के साथ बलात्कार की बात कैसे कर सकती है ? बल्कि, कोई औरत 'बलात्कार' जैसे शब्द को बोल भी कैसे सकती है ? वह अपनी कुर्सी के किनारे पर बैठी इंटरव्यू शुरू होने का इंतजार करती रही थी। अचानक लिंडा ने सेटी से उछलते हुए पूछा था, "ए ! तुम्हारे पास पैड होंगे क्या ? राइटिंग पैड नहीं, यार, सैनिटरी पैड की बात कर रही हूँ मैं। शायद मेरी माहवारी आ गई है। धत्त् ! जब मैं गोलियाँ ले रही होती हूँ तो मुझसे जरूर गड़बड़ हो जाती है।" उसकी बातों से स्तब्ध आशा रानी ने अपनी मेकअप गर्ल को बुलाया था और उससे फौरन पैड का इंतजाम करने को कहा था। "शुक्रिया यार, तुम सचमुच प्यारी हो। अगर मैं सिगरेट पियूँ तो तुम्हें बुरा तो नहीं लगेगा, क्यों ? किसी से दोस्ती बढ़ाने में मैं टेंस हो जाती हूँ।"

तभी दरवाजे पर दस्तक हुई थी और किसी ने कहा था, "मैडम, चलिए जी !" इसका मतलब था कि शॉट तैयार है। आशा रानी उछलकर खड़ी हो गई थी। "आराम करो यार, इसलिए मत दौड़ो कि यह प्रोड्यूसर का हुक्म है। इंतजार करने दो उन्हें। ऐसा करोगी तो वे तुम्हें ज्यादा भाव देंगे। रुको, मैं निपटती हूँ।" यह कहते हुए लिंडा ने दरवाजा खोला था और छोकरे से कहा था, "क्या है ? मैडम को डिस्टर्ब मत करो। मैडम सो रही हैं।" हैरान छोकरा गूँगों की तरह ताकता रह

गया था। "चलो फूटो ! वह जब तैयार होगी तो आ जाएगी," यह कहते हुए लिंडा ने दरवाजा बंद कर लिया था और हँसने लगी थी, "देखा ? कितना आसान है। इन हरामजादों के साथ इतना कोऑपरेट मत करो। ये तुम्हारा फायदा उठाएँगे।" आशा रानी उसकी अकड़ देखकर दंग रह गई थी और उसने सहमते हुए उससे पूछा था, "इस लाइन में कितने साल हो गए तुम्हें ?"

"यही कोई पाँच ? नहीं, सात साल। जयपुर में कॉलेज की पढ़ाई पूरी करने के बाद ही शुरू किया था मैंने। मैं सचमुच बिंदास लड़की होती थी, यार ! मैंने अपने बूते ही मुंबई आकर फिल्म पत्रकार बनने का फैसला किया था। अब यह मत पूछना कि क्यों ? 'शोबिज़' पहली पत्रिका थी, जिसमें मैंने अप्लाई किया। मुझे तुरंत नौकरी मिल गई। अब पूछो कि क्यों ? क्योंकि मुझमें आत्मविश्वास था। मैं सीधे एडीटर के केबिन में घुस गई और बोली, 'मुझे रख लीजिए। अगर आपको मेरा लेखन पसंद नहीं आए, तो मुझे निकाल दीजिएगा।' वह जरूर मेरी बातों से प्रभावित हुई होगी। मुझे नौकरी मिल गई। मेरी एडीटर पूरी कुत्ती है। तुमने उसके बारे में सुना तो जरूर होगा। कामिनी सिंह नाम है उसका। बस, अब मैं रानी हूँ। गपशप कॉलम की रानी। सब लोग मेरी कलम से डरते हैं। तुम भी मेरे साथ अच्छी तरह से पेश आना, नहीं तो अपने कॉलम में तुम्हारी छुट्टी कर दूँगी।"

आशा रानी उसे घूरती रह गई थी। उसकी आँखें प्रशंसा भाव से चमक रही थीं। "सात साल ? तुम्हें अपने पेशे में मजा आता है ?" उसने पूछा था। "ठीक है यार, मुझे काफी पैसा मिल जाता है। मेरा अपना मकान है। मैं बढ़िया कपड़े पहनती हूँ, मेरा लिबास अच्छा लगा तुम्हें ?"

लिंडा ने कुछ देर और वहाँ आराम फरमाया था और अपने बारे में बातें की थीं। उसने आशा रानी की ज़िंदगी के बारे में उससे कोई सवाल नहीं किया था। आधा घंटे बाद स्टूडियो का छोकरा एक बार फिर झुँझलाता हुआ संदेश लेकर आ गया था। आशा रानी ने लिंडा से विनती की थी कि वह जाए नहीं। "मैं शॉट देकर वापस आ रही हूँ। जाना नहीं–ओके ?" उसने जाते-जाते कहा था। लिंडा ने उसकी तरफ धुआँ फेंकते हुए हवा को चूमा था। "तुम्हारे लिए तो कुछ भी करूँगी, मेरी जान !" उसने कहा था।

आशा रानी को लिंडा और उसकी जिंदगी बड़ी मजेदार लगी। हालाँकि देखने-भालने में वह कोई खास नहीं थी, फिर भी उसमें ऐसा कुछ था जो उसे आकर्षक बनाता था, बल्कि सेक्सी बनाता था। ये उसकी भूरी आँखें ही थीं जिन्होंने उसके चेहरे को अलग ही रूप दे दिया था। वह अपने बालों को बड़ी लापरवाही से बाँधकर एक पोनीटेल बना लेती थी, और यह पोनीटेल एक घंटे में छह बार बिखरकर नीचे आ जाती थी। वह लंबी नहीं थी, लेकिन जिस तरह वह अपने कंधों को पीछे उचकाते और अपने सिर को ऊँचा रखते हुए कमरे में आती थी, उसके उस बाँकपन से लोगों का ध्यान बरबस ही उसकी ओर चला जाता था। उसकी

देहयष्टि में कोई खासियत न होते हुए भी सफाई थी। उसके व्यक्तित्व में दमखम, निडरता और निश्चिंत आत्मविश्वास झलकता था। अपनी इन खूबियों को वह एक ऐसी उग्र और उन्मुक्त कामुकता के साथ मिलाकर रखती थी, जिससे अक्खड़पन का आभास होता था। अपने अलग अनूठे अंदाज में, लिंडा सचमुच आकर्षक थी। उसे देखकर आशा रानी को कसकर बाँधे हुए, तेज कदमोंवाले किसी जानवर की याद आती थी, जैसे वह शिकार पर निकली लोमड़ी या मादा भेड़िया हो।

आशा रानी खुद में लिंडा की दिलचस्पी को देखकर अपने आपको खुशकिस्मत समझ रही थी। वह सचमुच यह विश्वास करने लगी थी कि उसे जिस दोस्त की तलाश थी, आखिर वह मिल गया है। आधुनिक, पेशेवर, मुंबइया दोस्त। ''मैं तो जैसे-तैसे अपना वजूद बचा रही हूँ, यार,'' लिंडा बड़े प्यार से कहती थी, ''इस बदमाश शहर और इस बदमाश धंधे में आपको यह करना ही पड़ता है। तुम तो बिलकुल बच्ची हो—माँ की बिटिया। तुम्हें अपने ऊपर निर्भर होना चाहिए। अपने लिए जिंदगी को जियो। मेरी तरह बनो—आजाद।''

अम्मा लिंडा को देखते ही उससे चिढ़ गई थी और उसने आशा रानी को भी यह बता दिया था, ''इस लड़की का बुरा असर है तुम्हारे ऊपर। उससे ज्यादा मेल-जोल मत बढ़ाओ। उस पर विश्वास मत करो। एक दिन वह तुम्हें चोट पहुँचाएगी।'' आशा रानी ने अम्मा की इस आगाही को झटक दिया था। उसने कहा था, ''अम्मा, तुम्हें तो मेरा किसी से भी मिलना-जुलना अच्छा नहीं लगता। तुम नहीं चाहतीं कि मैं अपने मन से कोई दोस्त बनाऊँ। मुझे अकेलापन खलता है, बोरियत होती है। मुझे लिंडा अच्छी लगती है। वह मुझसे अच्छी तरह से पेश आती है। उसने किया क्या है ? उसने तो मेरे बारे में लिखा तक नहीं है।''

यह बात बिलकुल सही थी। उनकी इतनी मुलाकातें हो चुकी थीं, लेकिन लिंडा ने आज तक न कोई बात लिखी थी और न टेप की थी। सच पूछें तो, उसने आशा रानी से आज तक एक सवाल भी नहीं किया था; और उससे फायदा उठाना तो दूर, खुद लिंडा ने ही उसे तोहफे दिए थे। उसने कोई बड़ी चीज तो नहीं दी थी आशा रानी को, लेकिन जो छोटी-मोटी प्यारी-प्यारी सी चीजें उसने दी थीं, वे ऐसी थीं जिनके साथ आशा रानी का बेहद जज्बाती लगाव था। इनमें उसके जैसा एक हैंडबैग भी था। ''तुम अभी रुक जाओ,'' अम्मा ने कहा था, ''वह लड़की साँप की तरह है। एक दिन वह फन मारेगी न, तभी तुम्हारी आँखें खुलेंगी।''

''चलो तुम्हारे ऊपर एक कवर स्टोरी करते हैं,'' लिंडा ने आखिर कहा था। उनकी पहली मुलाकात को दो महीने हो चुके थे और आशा रानी इस पेशकश का इंतजार ही कर रही थी। ''मैं तो सोच रही थी कि तुम कभी कहोगी ही नहीं,'' उसने हँसते हुए कहा था। उस समय तक हालत यह हो चुकी थी कि जब भी उन्हें समय मिलता, वे एक-दूसरे से मिलती थीं और जब समय नहीं होता था तो घंटों फोन पर बातें करती रहती थीं और लाइन ठप कर देती थीं। आशा रानी लिंडा

के छोटे से फ्लैट में भी हो आई थी, जहाँ वह रूपरानी नाम की एक बिल्ली के साथ रहती थी। लिंडा ने उसे वे प्रेमपत्र दिखाए थे जो उसे इन वर्षों में मिले थे और उन तमाम बदतमीज हीरो लोगों की मजेदार कहानियाँ सुनाकर उसका मनोरंजन किया था, जिन्होंने उस पर डोरे डालने की कोशिश की थी।

''तुम्हें पता है,'' आँखों में शैतानी चमक लिए वह कहती, ''वह तुम्हारा बड़ा साँड—गरमा-गरम ? पहली बार जब मैं उसका इंटरव्यू लेने गई, तो उसने मुझसे एक नीची कॉफी टेबल के पास बैठ जाने को कहा। मैं इस लाइन में नई होने की वजह से घबरा तो रही ही थी। वह बार-बार मुझसे यही कहता रहा, 'रिलैक्स करो, रिलैक्स करो।' और भी पता नहीं क्या-क्या। मेरी उसे बहुत ज्यादा देखने की हिम्मत नहीं हो रही थी, इसलिए मैं टेपरिकॉर्डर से छेड़छाड़ करने लगी। वह अपनी वासना-भरी आँखों से मुझे देखता रहा और फिर बोला, 'इंटरव्यू हम फिर कभी कर लेंगे, बाद में।' मेरी फिर भी समझ में नहीं आया कि उसका मतलब क्या है; और फिर मेरी नजर मेज पर पड़ी। पता है मैंने क्या देखा ? उसकी पैंट सामने से खुली हुई थी, और वह मस्ती में फनफना रहा था ! उसने मेज के ऊपर अपना औजार रख दिया था और मैं यही समझती रही थी कि यह सिगार है ! मैं डर के मारे चीख पड़ी और उछलकर खड़ी हो गई। वह भी उछलकर खड़ा हो गया और मुझ पर लपका। मैं बदहवास हो गई। उसने मेरे कंधों पर हाथ रखकर कहा, 'ठीक है, ठीक है, शांत हो जाओ। मैंने सोचा तुम्हें यही चाहिए, सब की सब यही चाहती हैं !' तब मुझे पता चला कि वह सच में यही सोच रहा था कि वह मुझ पर अहसान कर रहा है। बाद में उसने बताया कि जब मैंने मना किया तो उसे कितना सुकून मिला था। लगता है उस बेचारे की छवि ही ऐसी बन गई थी कि औरतें सुबह की फ्लाइट पकड़कर दिल्ली से आती थीं और भोग लगवाकर शाम की फ्लाइट से वापस चली जाती थीं ! उसने बड़ी मासूमियत से मुझसे पूछा, 'मैं उन्हें निराश कैसे कर सकता हूँ ? मैं एक शरीफ आदमी हूँ। अगर मैं किसी औरत को मना कर दूँ तो उसके अहं को चोट नहीं पहुँचेगी ? यह मैं कभी नहीं कर सकता।' हम दोनों ही इस बात पर हँस दिए और फिर मैंने उसका इंटरव्यू लिया। अब हम अच्छे दोस्त हैं।''

इसी तरह की कहानियों के जरिए आशा रानी को फिल्म इंडस्ट्री के बारे में ज्यादा-से-ज्यादा जानने में मदद मिली थी। लिंडा के पास अंदर की सारी खबरें रहती थीं। उसने उसे भेड़ियों के बारे में आगाह किया, उसे यह जानकारी दी कि उसे कहाँ से मुकाबले का खतरा हो सकता है, और यह भी बताया कि उसके लिए कौन से रोल अच्छे रहेंगे। आशा रानी बहुत खुश थी कि उसकी जिंदगी में लिंडा आ गई है। ऐसी स्थिति आ गई कि वह लिंडा से पूछे बिना कोई काम ही नहीं करती थी—'क्या मैं यह फिल्म साइन कर लूँ ? क्या उस पार्टी में चली जाऊँ मैं ? क्या प्रीमियर में जाऊँ ? क्या मैं ज्यादा पैसे माँगूँ ? मुहूर्त के लिए साड़ी पहनूँ या सलवार-कमीज ? क्या मैं, क्या मैं, क्या मैं...'

लिंडा उसे खुश करती रहती। अभी आशा रानी का फायदा उठाने का समय नहीं था। इससे भी बड़े और अच्छे दाँव थे अभी चलने को और उसे कोई खास हड़बड़ी नहीं थी।

जिस रात वे मनाली पहुँचे, गजब की ठंड थी। रेस्ट-हाउस में नीचे लकड़ियाँ जल रही थीं। आशा रानी और लिंडा ने रात का खाना जल्दी खा लिया और यूनिट को पीने-पिलाने और गंदे चुटकुलों के लिए छोड़ वे टहलने निकल गईं। बाहर आते ही लिंडा ने अचानक आशा रानी को पकड़ लिया और उसे अपने सीने से सटाते हुए उसकी नाक को चूम लिया। ''तुम तो बनी-बनाई आइसबर्ग हो, यार ! सब ठंडा-ठंडा ! अपनी नाक तो देखो। बिलकुल बर्फ हो रही है, चलो, अंदर चलकर थोड़ी ब्रांडी लेते हैं,'' उसने आशा रानी से कहा।

आशा रानी हिचकिचाई। ''कल सुबह-सुबह मेरी एक कॉल है—और फिर मेरी हेयर ड्रेसर लूसी का क्या होगा ?'' उसने कहा। ''उसे लात मारकर कमरे से बाहर कर दो, यार ! तुम्हीं अकेली ऐसी हीरोइन हो जो अपनी हेयर ड्रेसर के साथ सोती हो। मेरा गलत मतलब मत निकालना। फिर तुम तफरीह कब करती हो ? अब यह मत कहना कि जब रात में सारे हीरो लोग तुम्हारे बिस्तर में आते हैं तो तुम्हारी हेयर ड्रेसर मुँह फेर लेती है ?'' लिंडा ने जवाब दिया।

आशा रानी ने इस बात को अनसुना कर दिया। अम्मा के आसपास न होने पर उसे खुशी और तसल्ली हो रही थी, और अक्षय को कुछ नए की तलाश में उसने अपनी स्मृति में पीछे धकेल दिया था।

जब वे दोनों ऊपर आशा रानी के सूट में पहुँचीं तो लूसी दुबई में खरीदी नाइटी पहने पहले ही बिस्तर में जा चुकी थी। ''चल फूट, बाहर निकल यहाँ से !'' लिंडा ने उससे कड़ाई से कहा और अपने हैंडबैग से ब्रांडी की एक छोटी बोतल निकाल ली। ''मैडम ?'' लूसी ने आशा रानी की तरफ सवालिया अंदाज में देखते हुए कहा। ''क्या मैडम-वैडम लगा रखी है ! कमरे से निकल जाओ। हम अकेले रहना चाहते हैं।'' लूसी ने कपड़े बदलने चाहे। ''छोड़ो इसे ! तकिया लो और बगल के कमरे में चली जाओ—वहाँ एक सोफा पड़ा है,'' लिंडा ने उसे निर्देश दिया। आशा रानी परेशान तो हुई, लेकिन बीच में नहीं पड़ी।

लूसी के जाते ही लिंडा ने चमड़े की अपनी जैकिट उतार दी, अपने जूते निकाले और बिस्तर पर जा गिरी। ''यहाँ आओ,'' उसने आशा रानी से कहा, ''एक घूँट लो, आओ भी, यार मजे लेते हैं।'' उसने संगीत चला दिया और एक बड़ा-सा घूँट पिया। ''अच्छा लग रहा है, न ? ब्रांडी पीते समय मैं हमेशा अपने पापा को याद करती हूँ। जब मैं बीमार होती थी तो वह मुझे ब्रांडी ही देते थे ! मैं इस फिराक में रहती थी कि कब मुझे जुकाम लगे और कब ब्रांडी पीने को मिले। अजीब बात है, बचपन की कुछ

यादें कभी धुँधली नहीं होतीं। मुझे उनकी महक याद है—चारमीनार, फेनी और किसी सस्ते सेंट की महक आती थी उनके पास से। मुझे यह मिश्रण अच्छा लगता था—और मेरी माँ को उससे उतनी ही चिढ़ थी। उनकी आपस में बनती नहीं थी। मेरी माँ काफी सेक्सी थी यार, बिलकुल तुम्हारी माँ की तरह। मेरा मतलब है, मुझे अम्मा बेहद आकर्षक लगती है। लेकिन तुम्हारी जितनी नहीं।'' इतना कहकर लिंडा ने आशा रानी को पलंग पर गिरा लिया और उसके होंठों को चूमा।

बड़ा अच्छा लगा आशा रानी को इस तरह लिंडा का चूमना। खुरदरे बालों की कोई चुभन नहीं थी इसमें। बस, चिकने-चिकने गालों और मुलायम होंठों की छुअन थी उसके अपने गालों और होंठों पर। उसे मालिश करनेवाली उन थाई लड़कियों की याद हो आई। लिंडा के हाथ आशा रानी के बालों में थे और वह बड़ी महारत से उस क्लिप को खोल रही थी, जिसके सहारे ये उसकी गर्दन के पीछे बँधे हुए थे। वह अपनी उँगलियों से आशा रानी की गर्दन की मालिश करने लगी और यह कहते हुए एक बार फिर उसे चूमने को झुकी, ''अपना मुँह खोलो, जरा तुम्हारी जीभ का स्वाद तो लूँ। मैं उसी दिन से यह सब करना माँग रही थी, जब पहली बार तुमसे मिली थी और घबराहट में तुम्हें अपने होंठों पर जीभ फेरते देखा था। तुम्हारी जीभ इतनी सेक्सी और गुलाबी दिख रही थी—आराम से लेटी रहो बेबी, आराम से ! तुम्हें अच्छा लगे। बस सब कुछ मेरे ऊपर छोड़ दो। मुझ पर भरोसा करो।''

उसके हाथ आशा रानी की गर्दन से छातियों पर पहुँच गए। वह आहिस्ता से उसे चूमती रही और अपनी बेताब जीभ उसके मुँह में फिराती रही। उसने आशा रानी की शर्ट के अंदर हाथ डालकर उसकी ब्रॉ खोल दी। आशा रानी की छातियाँ आजाद होकर बाहर आ गईं तो उसने उन्हें अपने हाथों से ढँकने की कोशिश की और उसका शरीर तन गया। ''मुझे रोको नहीं, बहुत मजा आएगा तुम्हें। इससे पहले तुमने ऐसा मजा नहीं लूटा होगा !'' लिंडा ने बहुत धीरे से कहा। अब वह और भी मस्ती से आशा रानी को चूम रही थी और उसकी उँगलियाँ उसकी तनी हुई घुंडियों पर टिकी थीं। ''देखो, तुम्हें मेरी जरूरत है। तुम्हारा जिस्म झूठ नहीं बोल सकता,'' वह बोली और अपने सिर को नीचे लाते हुए उसने आशा रानी की छातियों पर अपना मुँह लगा दिया।

अब कोई रोक-टोक नहीं रह गई। आशा रानी का पूरा शरीर जैसे तैर रहा था और मन भी आजाद होकर उड़ान भर रहा था। लिंडा ने उसकी जाँघों के बीच अपनी गरम जाँघ घुसेड़ दी और उसका हाथ आशा रानी की टाँगों के बीच पहुँच गया। आशा रानी के हाथ ढीले होकर नीचे झूल गए। ''अपनी आँखें बंद कर लो, आज मैं तुम्हारे साथ वह करने जा रही हूँ जो किसी मर्द ने कभी न किया होगा। आओ, आज मैं तुम्हारी मस्ती का रस इस तरह छुटवाऊँ जैसे पहले कभी नहीं छूटा होगा। अपने आपको ढीला छोड़े रहो, मेरे साथ रहो और तुम मर्दों को भूल जाओगी, अपने पहले के सारे अनुभवों को भूल जाओगी। मेरे हाथ, मेरा मुँह, मेरी जीभ, मेरी जाँघें तुम्हारे बदन में आग लगा देंगी। इसका मजा लो...इसका मजा लो...ओह...कई महीनों से तुम्हारे लिए कितना मरती

रही हूँ मैं ! और अब जाकर तुम्हें पाया है।''

आशा रानी आनंद में सिसकारी भरने लगी। लेकिन लिंडा रुकी नहीं। अब तो वह और भी तेज हो गई थी और उसके हाथ आशा रानी के शरीर को मसल रहे थे, उसके एक-एक इंच हिस्से को टटोल रहे थे। अचानक उसने ब्रांडी की बोतल उठाई और आशा रानी की खुली टाँगों के बीच थोड़ी-सी उँडेल दी। ''ब्रांडी पीने का बस यही एक तरीका है !'' लिंडा ने कहा और अपना मुँह ब्रांडी से भीगे हिस्से पर लगा दिया। उसने आशा रानी के शरीर से टपकती ब्रांडी की एक-एक बूँद को चाट लिया। आशा रानी बेहद उत्तेजित हो उठी। वह उत्तेजना में चीखना-सिसकारना चाहती थी, लेकिन उसे बगल के कमरे में लेटी लूसी की याद आ गई और उसने अपनी आवाज को दबा लिया। ''छोड़ो अपनी मस्ती का रस...छोड़ो...छोड़ो...एक बार नहीं, सौ बार !'' लिंडा ने आशा को उकसाया। उसका मुँह अभी भी आशा रानी की टाँगों के बीच था। ''लेकिन रुको, पहले मैं तुम्हारे ऊपर आ जाऊँ। आओ, मैं तुम्हें दिखाऊँ कि मैं तुम्हें किसी मर्द की तरह भी भोग सकती हूँ।'' और वह आशा रानी के ऊपर चढ़ गई, जिसका सिर अब पलंग से नीचे की ओर झूल रहा था।

''इस तरह अच्छा लग रहा है तुम्हें ?'' लिंडा ने भर्राई आवाज में पूछा। वह आशा रानी के ऊपर चढ़ी उस पर अपने शरीर को चलाती हुई रगड़ रही थी। वे बुरी तरह से काँपने और थरथराने लगीं, और अंत में उन दोनों की मस्ती का रस एक ही साथ छूट गया। वे दोनों ही इतनी जल्दी खलास होने के लिए तैयार नहीं थीं। आशा रानी तो लिंडा को अपने ऊपर लिए-लिए ही ढेर हो गई। कुछ देर तक तो वे दोनों ही एक-दूसरे से कुछ नहीं बोलीं। फिर लिंडा प्यार से आशा रानी को सहलाने लगी और उसकी उँगलियों के पोरों को चूमने लगी। ''प्यार यह होता है, समझीं ? प्यार करना यह होता है, वह नहीं जो वे हरामजादे हमारे जिस्मों के साथ करते हैं।'' लिंडा की उँगलियाँ आशा रानी को थपथपाती रहीं और वह धीरे-धीरे नींद के आगोश में चली गई। हाँ, उसने सोचा, प्यार करने का यही तरीका होना चाहिए, कोमल, सुंदर और उत्तेजना से भरा। जैसा किसी मर्द के साथ नहीं हो सकता।

मुंबई वापस आकर एक शाम वह लिंडा की बाँहों में लेटी हुई थी। उसके चेहरे पर मेकअप की पर्त नहीं थी, उसके मुलायम घुँघराले बाल अपने कुदरती रूप में अनसँवरे बिखरे हुए थे और उसकी साँवली त्वचा चमक रही थी। उसे लगा कि लिंडा की आँखें उसके चेहरे को बींध रही हैं। उसने यूँ ही हँसते हुए कहा, ''तुम तो मुझे नर्वस कर रही हो, यार !'' लिंडा उसे घूरती ही रही। ''जानती हो, अपने चेहरे पर उस लीपा-पोती के बिना तुम बड़ी धाँसू लगती हो,'' अंत में वह बोली, ''कामुक और देसी चीज—जिस तरह के चेहरे के लिए कला फिल्मवाले अपना गोल्डन पीकॉक एवार्ड देकर खुश होते हैं। मेरा मतलब है, क्या कभी किसी ने तुम्हें यह नहीं बताया कि तुम उस बेहद भड़कीले, गँवारू, पंजाबी मेकअप के बिना कितनी जानदार लगती हो ?''

हाँ, अक्षय ने बताया था। अक्सर ही। लेकिन आशा रानी ने लिंडा से ऐसा कुछ

नहीं कहा। अगर उसे अपना संतुलन बनाए रखना है तो अक्षय की कोई याद नहीं लानी होगी। उसने लिंडा को अचानक पलंग पर से लुढ़ककर फोन उठाते हुए देखा।

"किसे फोन कर रही हो ?"

"है सुहास नाम का एक बंदा। कलाकार-बुद्धिजीवी किस्म का आदमी। वह एक फिल्म बना रहा है, और मैं सोचती हूँ कि तुम्हारे लिए समानांतर सिनेमा में घुसने का यही समय है। क्या पता एक-दो एवार्ड ही जीत जाओ तुम।"

उनकी शूटिंग जयपुर में चल रही थी और 'बेचारी बेगम' के सेट्स पर बला की गरमी थी। आशा रानी अपनी पहली कला फिल्म की शूटिंग को लेकर इतनी आश्वस्त नहीं थी। "क्या अपनी प्रतिभा को साबित करने के लिए कष्ट उठाना जरूरी होता है ?" उसने हँसते हुए मेकअप-मैन से पूछा जो उसकी भौंहों पर बर्फ रगड़ रहा था। "याद रखो, अब जो तुम कर रही हो, वह गंभीर सिनेमा है, यह उन कचरा मसाला फिल्मों की तरह नहीं है," मेकअप-मैन ने उसे याद कराया।

आशा रानी को 'मादाम बोवारी' के देसी संस्करण में जब एम्मा की भूमिका मिली तो वह मन ही मन बहुत खुश हुई। अम्मा ने मद्रास से एक गुस्से-भरी चिट्ठी लिखी, "पगली ! तुमने मुझसे पूछे बगैर यह फिल्म क्यों साइन की ? वह बदमाश तुम्हें कुछ भी पैसा नहीं दे रहा है। तुम कोई बेहूदा एवार्ड-शेवार्ड जीतना चाहती हो क्या ? अरे, एक बात समझ लो बेबी, तुम इंडस्ट्री में पैसा कमाने के लिए हो, दो कौड़ी के एवार्ड जीतने के लिए नहीं। बाद की जिंदगी में जब तुम प्रौढ़ा हो जाओगी, तो ये एवार्ड काम नहीं आएँगे। रद्दीवाला भी तुम्हें इनके दो पैसे नहीं देगा। तब तुम्हें अपनी अम्मा की बातें याद आएँगी। अब जाओ जाकर स्टूडियो में मरो। वह तुम्हें सुखाकर रख देगा। तुम्हें काम में पीस देगा। तुम्हारे पास और प्रोड्यूसरों के लिए वक्त ही नहीं बचेगा।"

आशा रानी ने सेठजी को यह खबर दी थी। "तुम्हारे लिए अच्छा है," उन्होंने कहा था, "लेकिन उस हरामी कलाकार सुहास से सँभलकर रहना। इंडस्ट्री की सारी लड़कियाँ बुद्धिजीवी किस्म का मजा लेने के लिए उसके पठान सूट में घुसती हैं। वे सचमुच यही सोचती हैं कि यह औरों से अलग होता है।" आशा रानी हँस दी थी। "क्या वह अपनी टेढ़ी नाक से यह करता है...या उसकी सलवार के अंदर भी कुछ है ?" उसने पूछा था। "रुको, तुम्हें खुद पता चल जाएगा," सेठजी ने पलटकर जवाब दिया था।

अब जबकि 'बेचारी बेगम' के पहले कुछ शूटिंग कार्यक्रम पूरे हो चुके थे, तो उसे अपने प्रति सुहास की दिलचस्पी न देखकर कुछ हैरानी और निराशा भी हो रही थी। काम करने में भूत था वह और अपनी यूनिट को बड़ी बेरहमी से रौंदता था। लेकिन आशा रानी के साथ वह एक बेरुखी-भरा पेशेवर रवैया बनाए हुए था, और उसे यही बात परेशान करने लगी थी।

सुहास में अपना एक अलग किस्म का आकर्षण था। बनने-सँवरने की तरफ से

लापरवाह, खोया-खोया जैसा आकर्षण था वह। वह लंबा तथा दुबला था और उसके चेहरे पर हमेशा एक-दो दिन की दाढ़ी होती थी। आशा रानी को उसकी अधमुँदी आँखें और अलसायापन अच्छा लगता था। उसे कलाकारों जैसी लंबी उँगलियों और बड़े चौकोर नाखूनोंवाले उसके हाथ भी अच्छे लगते थे।

उसकी जैसी पृष्ठभूमिवाली किसी कलाकार के लिए एक ऐसी टीम के साथ काम करना भी एक नया अनुभव था, जिसके हर सदस्य को जैसे यह तमीज थी कि असली फिल्म निर्माण क्या होता है। उसके हाथ में पूरी स्क्रिप्ट थी और अगली शूटिंग के लिए उसे उसके डायलॉग बहुत पहले दे दिए गए थे। सुहास घंटों उसे उसकी भूमिका की जटिलताओं के बारे में समझाता था। उसने उसे 'मादाम बोवारी' की एक कॉपी भी दी थी, जो किसी भी वचनबद्धता से मुक्त रहकर नामांकित की गई थी।

एक शाम पूरी यूनिट के लोग फिल्म के स्टिल फोटोग्राफ देखने एकत्र हुए थे। वह अपनी तसवीरें देखकर दंग रह गई थी—चमगादड़ों जैसी पलकों, रंग-रोगन, नकली बालों और तड़क-भड़कवाले कपड़ों के बिना वह सुंदर दिख रही थी। बिलकुल अलग और सहज। उसने सुहास का हाथ दबाते हुए धीमे से कहा, "क्या कर दिया तुमने ? तुम्हारी फिल्म में मुझे कोई पहचानेगा भी नहीं।" सुहास ने भी धीमे-से ही जवाब दिया, "यही तो मैं चाहता हूँ। मैं नहीं चाहता कि लोग तुम्हें पहचानें। मैं इस फिल्म के साथ तुम्हें नया जन्म देना चाहता हूँ।" आशा रानी तो सुहास की तकनीक के गीतात्मक आकर्षण से सम्मोहित होकर रह गई थी। कैमरा तो जैसे दृश्यों—और उसके चेहरे—की दृश्यात्मक कविता की रचना करते समय तरल ही हो जाता था।

सुहास ने उसके उभारों को न दिखाकर उसके स्पष्ट आकर्षण के मोह से बचने की कोशिश की थी। उसने आशा रानी के टाइट, सॉफ्ट फोकस क्लोज-अप्स को ही कैमरे में उतारा था, और खास ध्यान उसकी आँखों और मुँह पर ही रखा था। इसका नतीजा बड़ा जबरदस्त निकला था। आशा रानी खुश हो गई थी। उसकी कोशिश सार्थक रही थी।

आशा रानी को यूनिट के और सदस्यों के साथ ही खाना पड़ता था। उसके लिए अलग से कोई खाना नहीं आता था। और, वह एक मामूली से कमरे में सोती थी। दूसरे लोग उसे भाव देने की या उसके साथ कुछ अलग ढंग से पेश आने की कोई कोशिश नहीं करते थे। इस तरह के व्यवहार की आदी न होने के कारण आशा रानी को यह बर्ताव घटिया लगा था, और वह इसकी सफाई माँगने की गरज से धड़धड़ाती हुई सुहास के कमरे में पहुँच गई थी। वह अपने पलंग पर आराम से लुंगी में बैठा विलायत ख़ाँ को सुन रहा था। पलंग के पास रखी मेज पर रम की एक बोतल थी और पलंग पर चार्म्स का एक पैकेट रखा था। उसकी नाक पर एक अजीब सा चश्मा धरा हुआ था और कमरे में चारों ओर पुरानी, धूल-भरी किताबों का ढेर लगा था। आशा रानी 'काम के बाद' पहने जाने वाले काले लहराते कफ्तान में थी, और उसके बाल उसकी पीठ पर फैले हुए थे।

"यह क्या बेवकूफी है सुहास जी !" वह चिल्लाकर बोली, "मैं एक स्टार हूँ। मैं इन तमाम कचरा लोगों के साथ बैठकर तुम्हारा कचरा खाना नहीं खा सकती। मेहरबानी करके यूनिट मैनेजर को यह कह दें कि वह मेरे लिए अलग से खाने का इंतजाम करे। और मुझे रहने के लिए सुइट चाहिए, और टेलीफोन भी। उस छोकरे का यह कहने का क्या मतलब हुआ कि मैं हर रोज मुंबई और मद्रास फोन न करूँ ? मेरे कपड़े, जब से शूटिंग शुरू हुई है, धुले नहीं हैं। कल मुझे साफ कपड़े चाहिए, और सेट्स पर एक थर्मस मद्रासी कॉफी भी। मेरी बहन कुछ दिन के लिए यहाँ मेरे पास रहना चाहती है, और मेरी पत्रकार दोस्त लिंडा—वह तुम्हें पब्लिसिटी देगी। मेहरबानी करके उनके लिए हवाई जहाज के टिकट और ठहरने का बंदोबस्त करें।" जब वह साँस लेने के लिए रुकी तो सुहास ने अपनी किताब रख दी और बोला, "कह चुकीं ?" फिर उसने संयत लहजे में कहा, "अगर तुम यहाँ के इंतजामात से संतुष्ट नहीं, तो मेहरबानी करके फिल्म को इसी समय छोड़कर चली जाओ। मैं ऐसे कलाकारों के साथ काम करने का आदी नहीं हूँ जो माँगें रखते हैं और अलग तरह के व्यवहार की बात करते हैं। मेरी यूनिट एक परिवार की तरह काम करती है। यहाँ कोई भेदभाव नहीं चलता। अगर यह तुम्हें रास नहीं आता, तो ठीक है। मैं दूसरी हीरोइन देख लेता हूँ। लेकिन अगर तुम सचमुच एक अभिनेत्री के रूप में अपनी योग्यता को साबित करना चाहती हो, तो मैं तुम्हें यही सलाह दूँगा कि अपनी भूमिका पर ध्यान दो और अपने पुराने नखरे भूल जाओ। मेरे साथ ये नहीं चलनेवाले। मैं तुमसे बस इतना ही कहना चाहता हूँ। गुडनाइट।"

स्वाभाविक ही था, अगले दिन सभी को इस बखेड़े का पता चल गया, क्योंकि यह लकड़ी के फर्श वाला बीस कमरों का छोटा सा होटल था। लेकिन कोई कुछ बोला नहीं। आशा रानी एक घंटे तक रूठी रही और उसने नाश्ता करने से भी इनकार कर दिया। लेकिन कुछ ही देर में भूख इतनी तेज हो गई थी कि उसका ध्यान अपने संवादों में नहीं लग पा रहा था। उसने अपनी हेयर ड्रेसर से कॉफी लाने को कहा...और सुहास को मुसकराते देखा।

जब तक आखिरी दृश्यों को शूट करने का समय आया, वह उन सभी की अभ्यस्त हो चुकी थी, हालाँकि वह अपने आपको इन लोगों के बीच में अब भी अजनबी पा रही थी। ये लोग अलग ही भाषा बोलते थे, ऐसे लतीफे छोड़ते थे जिन्हें वह समझ ही नहीं पाती थी। उन्होंने ऐसी-ऐसी विदेशी फिल्में देख रखी थीं जिनके बारे में उसने कभी सुना भी नहीं था, वे ऐसी-ऐसी किताबें पढ़ते थे जिनके वजूद के बारे में भी उसे पता नहीं था, ये लोग ऐसा संगीत सुनते थे जो उसके लिए बिलकुल अनजाना था, और वे ऐसा खाना खाते थे जो बिलकुल खाने लायक नहीं होता था। वे चरस भी बहुत पीते थे और नहाते भी बहुत कम थे—सिवाय सुहास के, जो धुले-धुलाए सलवार-कुर्ते पहनता था और बड़ी सी पशमीना शॉल डाले रहता था।

आशा रानी यह तो मानती थी कि सुहास का विचारमग्न, बुद्धिजीवी रूप बरबस अपनी ओर खींच लेने वाला है, लेकिन उसकी मौजूदगी में वह अपने आपको हीनभावना

से नहीं बचा पाती थी। अपना 'स्टारडम' छिन जाने पर वह सुहास के सामने खुद को मूर्ख और अज्ञानी महसूस करती थी। ऐसा कोई समान विषय नहीं था उन दोनों के बीच जिस पर वे बात कर सकते। उसे हैरानी तो इस बात पर होती थी कि उसने उसे अपनी हीरोइन चुना, तो क्यों ! क्या वह केवल इसलिए विनम्र हो रहा था कि वह उसके साथ सहयोग करे ? या उसकी दिलचस्पी थी उसमें ? पहले तो उसने उसे अपनी फिल्म में लिया ही क्यों, जबकि वह अपने प्रिय हरम में से किसी भी लड़की को ले सकता था। उन लड़कियों में से जो चटक-मटकवाले घाघरे पहनकर भंगनियों के देसी लिबास में रहतीं थीं और चाँदी के भारी गहने पहने रहती थीं। वे बिलकुल भी मेकअप नहीं करती थीं और उनका साँवला-सलोना रूप जबरदस्त होता था।

वह इस भूमिका के लिए अपनी भूतपूर्व पत्नी सुहैला को भी तो ले सकता था। उन्होंने हाल ही में 'सभ्य तलाक' लिया था, जिसका मतलब यह था कि जब रातों का अकेलापन बर्दाश्त के बाहर हो जाता था तो वे साथ सो लेते थे। लेकिन यूनिट में से किसी ने बताया था कि सुहैला यह रोल करती ही नहीं, क्योंकि वह तो भारत पर बननेवाली एक 'विदेशी' फिल्म में एक छोटा सा रोल करने के लिए फ्रांस गई हुई थी।

आशा रानी को सुहैला और सुहास के साथ सुहैला के संबंध ने प्रभावित किया था। सुहैला एक बार सेट्स पर आई थी, जहाँ बैठकर उसने यूनिट के लोगों के साथ हँसी-मज़ाक किया था, लाइट बॉयज़ से सिगरेटें माँगकर पी थीं और असिस्टेंट डायरेक्टर के साथ हलका-फुलका फ्लर्ट भी किया था। उसने यह जताया था जैसे उसने आशा रानी को देखा ही नहीं। फिर जब किसी ने आशा रानी को बुलाने के लिए आवाज दी थी तो उसने कहा था, "हलो आशा रानी–या तुम्हें आशा रानी जी कहूँ मैं ?–सुहास ने तुम्हारे बारे में मुझे बहुत कुछ बता रखा है। मैंने तुम्हारी तसवीरें भी देखी हैं। बहुत शानदार दिखती हो तुम।" जब आम शोर-शराबा थम गया तो उसने चरस-भरी एक सिगरेट जला ली थी, अपनी कढ़ाई की हुई जूतियों को उतारा था, अपना सिर खूबसूरती से पीछे झटककर बालों को खोला था, और उन लोगों के साथ वूडी ऐलन पर फिर से बातचीत करने में मशगूल हो गई थी।

सुहैला हथकरघे के बने कपड़े पहनती थी, और जब ढेरों आदिवासी जेवरात पहन लेती थी तो उसकी रंगत ही बदल जाती थी। उसकी बिंदियाँ भी अलग-अलग आकार-प्रकार की होती थीं, जिन्हें देखकर कला की परख पर बहस छिड़ जाना आम बात थी। कभी-कभी बिंदियाँ माथे से शुरू होकर उसकी ठोड़ी या गालों की हड्डियों तक चली जाती थीं। आशा रानी को उससे खतरा महसूस होने लगा था। इसलिए उसने लिंडा को एक चिट्ठी लिखी, "मुझे तो लगता है कि सुहैला बिस्तर में सुहास के अंडे चबाती है। कैसी भयंकर आँखें हैं उसकी ! और वह अपने आपमें बेहद तृप्त है।" लिंडा ने इसका विस्तार से जवाब दिया था, "मैंने एक बार उसका इंटरव्यू लिया था। तब उनकी नई-नई शादी हुई थी और वह एक प्यार के मारे पिल्ले की तरह व्यवहार कर रहा था। सारी बातें सुहैला ही करती रही थी कि वे लोग क्या-क्या करने जा रहे हैं, और इंडस्ट्री

के बाकी लोगों का मजाक उड़ाती रही थी—ये लोग हैं क्या ? भडुए और रंडियाँ। क्या जानते हैं वे फिल्म बनाने के बारे में ? ये लोग तो बस पैसा बनाना जानते हैं...और तमाम वही गलत-सलत बकवास। जैसे वह पैसे के बिना रह लेती हो ! दो महीने बाद मुझे पता चला कि उसका एक मंत्री के साथ महाचक्कर चल रहा है। उसे वह पहले से जानती थी। वह काफी रुतबेवाला आदमी था और उसका पूरा दीवाना भी। उसने उन्हें अपनी कार और फ्लैट और न जाने क्या-क्या दे दिया। यही नहीं, उसने सुहास की फिल्म को भी 'फेस्टिवल' में जगह दिलवा दी, जबकि वह रद्द की जा चुकी थी। उसने सुहैला को सरकारी प्रतिनिधि बनाकर पेरिस, नांत, लोकार्नो और न जाने कहाँ-कहाँ भेजा। वह अपनी अजीब बिंदियाँ-शिंदियाँ लगाकर वहाँ खूब चली। लोग उसे देखते तो आकर्षित हुए बिना नहीं रह पाते थे—लेकिन बिस्तर में आकर वह किसी को भी हाँ किए बिना नहीं रह पाती थी ! वह इतने मर्दों के साथ लेट रही थी वहाँ कि उन्होंने उसे बड़ा हिंदुस्तानी आम रास्ता कहना शुरू कर दिया। लेकिन उसने ढेरों संपर्क बना लिए और कुछ छोटी-मोटी फिल्में भी साइन कर लीं।''

कुछ दिन बाद आशा रानी ने सुना, यूनिट का कोई कर्मचारी कैमरामैन से कह रहा था, ''यार, सुहास का बर्थडे है। हमें कुछ करना होगा। दारू-शारू कुछ धमाल-शमाल...''

आशा रानी मन-ही-मन मुसकराई। सुहास तो बहुत खास तोहफे का हकदार है। उनके संबंध भी सुधर चुके थे। अब तो शॉट्स के बीच जब यूनिट के लोग आराम कर रहे होते, तो सुहास उसकी फोटो खींचा करता था। स्वाभाविक था, ये तसवीरें कुछ हटकर और वास्तविकता के बहुत निकट थीं। इनमें आशा रानी मेकअप के बिना होती थी और उसके बालों में कर्लर लगे होते थे; या वह हाथ में पकड़े आईने में अपने अक्स को मुँह चिढ़ा रही होती थी। एक तसवीर में तो आशा रानी अपनी नाक कुरेद रही थी। लेकिन नम्रता की मिसालें भी रहीं, उसके अनपढ़ होने के बारे में दबे-छिपे व्यंग्य; उसके सिंथेटिक कपड़ों के बारे में छोटे-मोटे मजाक; उसे भ्रम में डालने के लिए कुछ का कुछ मतलब देनेवाली बातें—इसी तरह की चीजें।

हेयर ड्रेसर ने चंदे के लिए उससे कहा तो यह भी बता दिया कि पिछली बार की हीरोइन—राधिकाजी—ने स्कॉच (असली माल) का खर्च उठाया था और साथ ही दस हजार रुपए भी दिए थे। आशा रानी उदारता से मुसकरा दी थी। ''मैं हर चीज का खर्च उठाऊँगी। यह एक छोटी सी निशानी है, मैं सुहासजी को यह जताना चाहती हूँ कि इस फिल्म की मेरे लिए कितनी अहमियत है,'' उसने कहा था।

इस मौके के लिए आशा रानी ने बड़े छाँटकर कपड़े पहने थे। उसने कोई मेकअप नहीं किया। बस हलका सा काजल लगा लिया। रेशमी कांजीवरम् की साड़ी पहनी और बालों में फूल लगाए। एक बार तो सुहैला के अंदाज में बड़ी सी बिंदी लगाने का विचार भी किया, लेकिन फिर उसे त्याग दिया।

उसका ब्लाउज लंबा और सँकरी वी-नेक वाला था और कमर पर जाकर उसकी एक गाँठ बन जाती थी। उसमें एक भी बटन नहीं था, इसलिए जब उसके कंधों से उसका पल्लू सरकता था, तो उसकी छातियों के बीच की झिरी चमक जाती थी। उसने थोड़ा इत्र भी लगाया, कानों के पीछे, गले पर, नाभि पर और जाँघों के बीच।

वह जान-बूझकर देरी से पहुँची और हाँफने का नाटक भी करती रही। सुहास ने उसे देखा और अपनी दिलचस्पी को छिपाने की काफी कोशिश की। आशा रानी ने प्यार से मुसकराते हुए लजीला नमस्कारम् किया। "आज रात तुम देवदासी लग रही हो !" सुहास ने कहा। वह मुसकरा दी। उसने लूसी को इशारा किया, जो आरती के लिए चाँदी की थाली लिए वहाँ आई। आशा रानी ने तेल का दीया जलाया और सुहास की ओर मुड़ी। "यह तुम्हारी जिंदगी का बहुत खास दिन है," उसने कहा। "यह क्या नाटक है ?" सुहास ने यूनिट के सदस्यों की ओर भीरु नजरों से देखते हुए कहा। वे उसे घूर रहे थे। "यह तुम्हें सम्मानित करने का मेरा तरीका है, मद्रास में हम ऐसे ही करते हैं," आशा रानी ने कहा। वह दीया धरी थाली को उसके विस्मित चेहरे के आगे धीरे-धीरे घुमा रही थी और गणेश-वंदना करती जा रही थी। अंत में उसने चाँदी की थाली से एक पेड़ा उठाया और सुहास के (आराम से) खुले मुँह में डाल दिया। "भगवान करे तुम्हारा जीवन इस पेड़े के समान सदैव मीठा रहे," उसने कहा तो उसके गालों में खूबसूरत गड्ढे पड़ गए। यूनिट के सारे लोग ताली बजाकर 'वाह, वाह' कह उठे। फिर आशा रानी ने मंगलमयता के साथ सभी की ओर मुसकान बिखेरी, लूसी से कुछ कहा, एक बार फिर सुहास को बधाई दी, और बाहर निकल गई। वह सीधे अपने कमरे में पहुँची, कपड़े उतारे और बिस्तर में घुस गई।

कोई एक घंटे बाद किसी ने हिचकिचाते हुए उसके दरवाजे पर दस्तक दी। "सो गईं क्या ?" सुहास ने नशे में पूछा। उसके हाथ में रम का अद्धा लगा हुआ था। "नहीं, तुम्हारा ही इंतजार कर रही थी," उसने जवाब दिया। सुहास अंदर आ गया और अनिश्चित सा दरवाजे पर खड़ा हो गया। "मेरे पास आओ। यहाँ आइए, मैंने बिस्तर में तुम्हारे लिए एक तोहफा रख रखा है," आशा रानी ने कहा।

सुहास लहराता हुआ उसकी ओर बढ़ा और आशा रानी ने बड़े नाटकीय अंदाज में चादर हटा दी। "सरप्राइज़ !" उसने अपनी नंगी देह उघाड़ते हुए कहा। सुहास ने उसे पकड़ लिया। अपने आपको सुहास के फूहड़ आलिंगन से छुड़ाते हुए उसने कहा, "नहीं, आज यह मेरे तरीके से होगा। मैं चाहती हूँ कि अपना यह जन्मदिन तुम ज़िंदगी-भर याद रखो।"

आशा रानी सुहास को अपने पलंग पर ले गई और उसे नीचे गिराकर कसकर पकड़ लिया। फिर वह उसके कुर्ते के बटन खोलने लगी। उसकी लुंगी तो एक ही झटके में खुल गई—अंदर वह छोटा और मुरझाया हुआ था। उसने अपने आपको ढँकने की कोशिश की। लेकिन आशा रानी ने उसके हाथ झटक दिए, "नहीं, मैं तुम्हें गरम करूँगी।"

यह कहकर आशा रानी ने उसे अपने मुँह में ले लिया और आहिस्ता से उस पर

दाँत मारने लगी। "मुझे दारू चाहिए," सुहास कह रहा था। "बाद में दूँगी," आशा रानी ने वादा किया। अपने अब तक के अनुभव से वह जान गई थी कि सुहास को लाइन पर लाने में दिक्कत आएगी। उसने काम-कला में दक्ष नायिका की तरह अपनी बगल में ठंडे पड़े उस आदमी को उत्तेजित करने के लिए अपनी जीभ, होंठ, उँगलियों और दाँतों का इस्तेमाल कर डाला।

आशा रानी ने अपने पलंग के पास की मेज पर रखे फूलदान से एक गुलाब निकाला और उसे सुहास के पूरे शरीर पर फिराने लगी। उसने अपनी आँखें बंद कर लीं और सिसकारी भरने लगा। "दारू, मुझे और दारू चाहिए !" वह बड़बड़ाता रहा।

"मैं पिलाऊँगी तुम्हें," आशा रानी ने कहा और सुहास की आधी खाली बोतल से अपने मुँह में रम भरकर उसके ऊपर लेट गई। "मुँह खोलो !" उसने सुहास को हुक्म दिया और अपने मुँह को उसके मुँह के पास ले आई। जब उसके होंठ सुहास के मुँह से मिले तो उसने अपने मुँह में भरी रम को उसके मुँह में उगल दिया। "अगला पेग हम बर्फ के साथ लेंगे," उसने सुझाया और बर्फ का एक टुकड़ा अपने दाँतों के बीच पकड़ लिया। उसने दारू की तरह इसे भी सुहास के मुँह में उगल दिया और फिर उसे वापस निकाल लिया। "अब रुकना नहीं !" सुहास चिरौरी करने लगा।

आशा रानी ने अपना हाथ नीचे बढ़ाकर उसे टटोला। वह अब भी सिमटा हुआ था। "अब और दारू नहीं मिलेगी," उसने सख्ती से कहा। लेकिन सुहास की नपुंसकता ने उसे चिड़चिड़ा दिया। अचानक वह खीझ उठा और आशा रानी से पूछने लगा, "क्या तुम यही तरकीबें अपने दूसरे डायरेक्टरों के साथ भी भिड़ाती हो ?" आशा रानी ने मुसकराते हुए जवाब दिया, "केवल उन्हीं डायरेक्टरों के साथ जिनके जन्मदिन यूनिटें मनाती हैं।" "नीच कुत्ती !" वह गुर्राया, "अपनी गंदी उँगलियाँ मेरे जिस्म से हटाओ !" आशा रानी पीछे हटकर बैठ गई और उस पर तरस खाते हुए उसका जायजा लेने लगी, "बेचारे सुहास ! सचमुच कैसे छोटे से लड़के हो तुम !" इस बात पर वह उछलकर खड़ा हो गया और उसने अपनी लुंगी में गाँठ बाँध ली। "मैं तुम्हारी जैसी घटिया कॉल गर्ल्स के साथ सोने का आदी नहीं हूँ," वह अटकते हुए बोला, "बिलकुल नहीं।" आशा रानी ने प्यार से कहा, "घटिया कॉल गर्ल्स भी यह सब मुफ्त में नहीं करतीं। तुम्हारी बीवी जैसी घटिया, दो कौड़ी की कॉल गर्ल्स भी नहीं !"

वह उसके कमरे से लड़खड़ाता हुआ निकला और वह उसे जाता हुआ देखती रही। जाते-जाते वह दरवाजा बंद कर गया। तब उसने बाथरूम में जाकर कुल्ला किया। कितना गंदा स्वाद छोड़ती है रम, वह सोचने लगी।

आशा रानी के 'नए रूप' के प्रचारवाले पोस्टर पॉपुलर फिल्मी पत्रिकाओं के कवर पर तो छपे ही, अधिक 'गंभीर' समाचार पत्रिकाओं के मुखपृष्ठों पर भी छपे, जिन्होंने उसकी सेक्सी तसवीरों के साथ भावपूर्ण लेख भी दिए। जो अभिमानी समीक्षक उसे प्रतिभा-शून्य

सुंदरी मानते थे, उन्होंने न चाहते हुए भी उसे असीम प्रतिभावान कलाकार बताने में कोई कसर नहीं छोड़ी। उसके बाद ही पुरस्कारों की झड़ी लग गई। 'भावनगर फैन क्लब', 'भुवनेश्वर पॉपुलर फिल्म एवाडूर्स सर्किल,' के पुरस्कारों के साथ-साथ दर्जनों 'लायंस क्लब एचीवमेंट एवाडूर्स' भी डाक के जरिए या ज़ाती तौर पर आशा रानी को दिए गए। लेकिन जो उपलब्धि आशा रानी के लिए सचमुच महत्त्वपूर्ण हो सकती थी, वह अब भी उससे दूर ही रही—उसे नेशनल एवार्ड अब भी नहीं मिला—फिर भी इसमें कोई संदेह नहीं था कि आशा रानी ने व्यावसायिक सिनेमा का दाँव जीत लिया था; और यह सब उसने सात साल के अंदर कर दिखाया था, जबकि अभी उसकी बीस फिल्में भी नहीं आई थीं।

अपने मनपसंद सफेद लिबास में आशा रानी 'बेचारी बेगम' के प्रीमियर शो में छा गई। उसका यह बेहद महँगा लिबास इंडस्ट्री की सबसे बेहतरीन डिजाइनर ने तैयार किया था। शायद यह सब अक्षय के फायदे के लिए ही था। उसने आशा रानी के साथ जो बदसलूकी की थी, उसके बावजूद वह उसे फोन करने की कोशिश कर लेती थी। लेकिन वह उसके किसी भी फोन का जवाब नहीं देता था। लिंडा ने उसे अक्षय से दूर रहने की सलाह दी थी। उसने आशा रानी से कहा, ''कुछ तो गरिमा बनाकर रखो, यार ! सेक्स की भूखी कुतिया की तरह उसके पीछे मत पड़ो। और भी मर्द हैं, उनके पास भी वही सब है, अगर तुम्हें उसी की तलाश है तो। मैंने तो सोचा था कि अब तक मैं तुम्हें बदल चुकी हूँगी...''

उसने लिंडा को समझाने की कोशिश की कि उसे अक्षय के साथ की, उसकी अद्‌भुत ढंग से सुसंस्कृत आवाज की, उन पुस्तकों और कैसिटों की, यहाँ तक कि मेकअप के जो छोटे-मोटे सुझाव उसने दिए थे, उनकी भी उसे बहुत याद आती थी। 'बेचारी बेगम' की सफलता और अक्षय की एक छोटी सी सलाह के प्रभाव में इन दिनों उसने अपनी आँखों को सँवारने का ढंग बदल दिया था, जबकि उस समय उसे अक्षय की यही सलाह बुरी लगी थी। और अब उसने अपने होंठों के बाहर लिपस्टिक लगानी भी छोड़ दी थी। 'गोरी' दिखने के चक्कर में वह अपने चेहरे पर जो गुलाबी रंग का भयानक रोगन करती थी, उसे छोड़कर उसने कांसई रंग का वह मेकअप शुरू कर दिया था, जो अक्षय ने दो साल पहले उसे न्यूयॉर्क से लाकर दिया था। ('सारी अश्वेत मॉडल इसी का इस्तेमाल करती हैं—इस्तेमाल करके देखो। बहुत बढ़िया है,' अक्षय ने कहा था)। उससे बहुत फर्क पड़ा था। आशा रानी अब परिष्कृत दिखाई देती थी। अब वह पहले की तरह भूखी, बाजारू औरत नहीं दिखती थी, और यह सब अक्षय की वजह से हुआ था। पर आज उनकी दुनिया अलग-अलग हो चुकी थी।

अक्षय ने ही उसका परिचय गजल और शेरो-शायरी से करवाया था। पहले तो उसकी समझ में एक भी शब्द नहीं आया था। हिंदी तो कठिन थी ही, और अब, यह उर्दू ! जब वह गलत अंग्रेजी बोलती थी या उसका लहजा ठीक नहीं होता था तो वही उसे सुधारता था। अक्षय में एक सतही चमक थी और इंडस्ट्री में इसी को कुलीनता

मान लिया गया था। वह 'बॉर्दो' जैसे शब्दों का उच्चारण कर लेता था और उसने फ्रैंक कैपरा का नाम सुन रखा था।

आशा रानी मन लगाकर सीखती थी। अम्मा ने आधे मन से उसके लिए ट्यूटर लगाने की कोशिश की थी, फिर भी उसे स्कूल न जाने का मलाल होता था। उसे अपनी कमियों के बारे में पता था। मसलन, उसका बोलने का लहजा बड़ा गँवारू था। वह मानती थी कि उसे अपने लहजे को सुधारना चाहिए और उन संभ्रांत महिलाओं की तरह धीमे-धीमे नजाकत के साथ बोलना चाहिए, जिनसे हेल्थ क्लब में उसकी मुलाकात होती थी। और इस मामले में अक्षय ने ही उसकी मदद की थी। उसने आशा रानी का मजाक नहीं उड़ाया था, बल्कि लगातार उसकी मदद की थी, प्यार से उसकी गलतियों को सुधारा था और जब तक वह अपनी गलती को ठीक नहीं कर लेती थी, अक्षय उसका उत्साह बढ़ाता रहता था। अपनी बेबी में ये सारे बदलाव देखकर अम्मा उखड़ गई थी। वह उससे बोली थी, ''तुम अपने आपको क्या समझ रही हो ? बोलती कैसे हो तुम ? ठीक से बोलो ! ठीक से ! यह खुसर-पुसर क्यों कर रही हो? इतनी सारी किताबें, इतना सारा पैसा, इतने सारे ये कैसिट ! तुम यह म्यूजिक क्यों सुनती हो ? क्या इससे तुम्हारे काम में मदद मिलेगी ? नहीं ! यह सब उस आदमी का असर है। पहले तो उसने अपनी बीवी के कैरियर को चौपट कर दिया और अब वह तुम्हारे पीछे पड़ा हुआ है !''

आशा रानी सोच रही थी कि पता नहीं अक्षय प्रीमियर में आएगा या नहीं, और अपने साथ मालिनी को लाएगा कि नहीं। आजकल उसका ध्यान अपनी 'घरेलू आदमी' वाली छवि पर ज्यादा था। अब वह सेट्स पर एक्स्ट्रा लड़कियों के साथ भी फ्लर्ट नहीं करता था और बाहर शूटिंग के समय भी बहुत देखभाल कर ही कोई चक्कर चलाता था। अक्सर तो मालिनी ही बाहर शूटिंग पर उसके साथ जाती थी। ऐसे मौकों पर वह यह तय कर देती थी कि फुर्सत के समय अक्षय उसके साथ ही रहेगा और वे अपने कमरे में साथ-साथ वीडियो देखेंगे। अक्षय के हाल के इंटरव्यू भी पिता होने की खुशी के इजहार से भरे हुए थे। आशा रानी ने अपने आपको यह विश्वास दिलाने की कोशिश की कि ये सारी बातें उसके पक्ष में ही जाती हैं। मालिनी ने उसे आशा रानी से दूर रहने की कसम दिलाई होगी।

लेकिन प्रीमियर शो में उसे देखकर आशा रानी क़ो फिर भी बहुत खुशी होगी। और इससे भी ज्यादा खुशी इस बात पर होगी कि वह उसे देखेगा। क्या वह उसकी उपलब्धियों का लेखा-जोखा रख रहा होगा ? यह तो पक्का है कि उसे 'बेचारी बेगम' तथा उसकी और तमाम हिट फिल्मों की खबर तो जरूर मिली होगी। क्या उसे आशा रानी और अमर के बारे में पता है ? यह तो मूर्खता-भरा सवाल हुआ। पूरी इंडस्ट्री इस बारे में जानती है। क्या वह उसे देखकर मुँह फेर लेगा ? अजनबी की तरह उससे दुआ-सलाम करेगा ? ऐसे जताएगा जैसे उसने उसे देखा ही नहीं ? फिर भी, आशा रानी ने एक छोटा सा प्रेम-पत्र लिखकर अपनी ब्रॉ में खोंस लिया। यह ब्रॉ भी अक्षय ने ही उसे बहुत पहले लाकर दी थी। यह बिना घुंडियोंवाली गुत्थीदार ब्रॉ थी। इसे पहनकर

वह सेक्सी हो उठी। अक्षय ने जब यह ब्रॉ उसे पहनाई थी, उस समय की याद आते ही उसकी घुंडियाँ तन गईं। अक्षय अब भी उसे परेशान कर देता था।

आशा रानी ने लजाते हुए सबको 'नमस्तेजी' कहा और जल्दी से एक नजर दर्शकों पर डाल ली। अक्षय का कोई अता-पता नहीं था। यह उम्मीद करना ही मूर्खतापूर्ण था कि वह यहाँ आएगा। अनायास ही उसे वह पल याद आ गया जब उसने पिछली बार अक्षय को देखा था। वह कितना थका हुआ दिख रहा था। कहीं बीमार तो नहीं था। उसे याद आया, उसने कहीं पढ़ा था कि उसकी सेहत ठीक नहीं चल रही। उस समय उसने इन खबरों पर ज्यादा विश्वास नहीं किया था, लेकिन अब वह सोच रही थी कि कहीं यह खबर सच तो नहीं है। खबरों में उसे जानलेवा कैंसर होने की बात कही गई थी और यह भी कि वह मौत के करीब है। वह पहले से भी दुबला और कम खुश दिख रहा था। अचानक एक अबूझ भय ने उसे जकड़ लिया और वह अपने आपको शांत रखने की कोशिश करने लगी। पुलिस का एक बैंड उसके एल एल के के के गाने की दबी-दबी धुन बजा रहा था। उसने मुसकराकर उनकी तरफ हाथ हिलाया। जरूरत से ज्यादा कपड़े पहने, होंठों पर लिपस्टिक लगाए मोटी पंजाबी खालाएँ आटोग्राफ डायरियाँ लिये उसकी ओर झपटीं। ''प्लीज, इस पर 'बंटी के लिए' लिख दीजिए। शुक्रिया यार !'' वे बोलती चली गईं। आशा रानी ने साँस रोक ली। उसे उनकी 'पंजाबी गंध' (अम्मा यही कहती थी) बर्दाश्त नहीं हुई। इसमें उनके साँस से आनेवाली प्याज-लहसुन की गंध, काँख से उठनेवाली पसीने की बदबू और पूरे जिस्म पर लगे ढेरों परफ्यूम की गंध शामिल थी। जी मिचलाता था इस गंध से आशा रानी का।

लिंडा लगातार आँखों-देखा हाल सुनाए जा रही थी, 'मुझे सुप्रिया दिखाई दे रही है। उफ, क्या दिख रही है वह। पीली सलवार-कमीज में ! और वह वनमानुष किरन उस भूत के साथ ! दारा को देखो—नहीं, अब मत देखो। और चंक हंक ! अपनी माँ के साथ है वह। अंजू और अनीश भी हैं। कितने प्यारे लग रहे हैं ! अपना पेट अंदर करो—साली, तुम प्रेगनेंट-फ्रेगनेंट तो नहीं हो ? वह लंपट तुम्हें घूर रहा है—कन्हैया जी। उसकी तरफ ध्यान मत देना। बिलकुल घटिया आदमी है।' लेकिन आशा रानी का तो पूरा वजूद बस एक आदमी पर केंद्रित था, और वह वहाँ नहीं था।

खुशकिस्मती से, आशा रानी की मुलाकात उस रात अभिजित मेहरा से हो गई। उसने उसके बारे में कभी नहीं सुना था। उसके पिता के बारे में जरूर सुना था। ऐसा कौन हिंदुस्तानी होगा जिसने अमरीश मेहरा का नाम न सुना हो। लोग कहते थे कि वह इतना प्रभावशाली था, जितने प्रधानमंत्री, इतना बेरहम था जितना कोई जल्लाद और इतना पैसेवाला था जितना किसी लैटिन अमरीकी देश का कोई तानाशाह। लोग उसे ए.एम. के नाम से जानते थे। व्यापारियों के बीच वह एक अजीम हस्ती था। भारी मशीनरी से लेकर महीन वस्त्र तक उसका व्यापार हर जगह फैला हुआ था, और अभिजित उसकी एकलौती संतान था—ए.एम. की करोड़ों की जायदाद का वारिस। क्योंकि अमरीश भाई एक भावशून्य पेशेवर मशीन था जिसकी एक ही ज्ञात कमजोरी

थी—उसका बेटा।

अभिजित का पालन-पोषण इस तरीके से किया गया था कि वह मेहरा साम्राज्य का योग्य वंशज बनेगा। जब वह छोटा था तो अमरीश भाई ने उसे पढ़ने के लिए ईटन में भेज दिया, फिर वह अर्थशास्त्र की पढ़ाई के लिए कैंब्रिज गया और वहीं से बिजनेस मैनेजमेंट में पोस्टग्रेजुएट की अनिवार्य डिग्री लेने हार्वर्ड में आ गया। अभिजित स्क्वाश और गोल्फ का बेहतरीन खिलाड़ी होने के अलावा अच्छा तैराक भी था। उसने क्लासिकल बालरूम डांसिंग में भी प्रशिक्षण लिया था। उसे जब भी समय मिलता तो पोलो खेलता और सप्ताह के अंतिम दिनों में विंड सर्फिंग के लिए भी जाता था। वह देखने-भालने में तो कोई खास नहीं था, लेकिन उसका कसरती शरीर इस कमी को पूरी कर देता था। उसने बड़ी मेहनत से अपनी एक मर्दानगी-भरी छवि बनाई थी, और इसके लिए उसने दो जर्मन हमलावर कुत्ते भी रखे हुए थे ! जिंदगी के मजे लेने का उसका अपना तरीका था—वह अपनी दोस्तों को घर लाता और उन पर अपनी जर्मन का रोब मारता था। वैसे जर्मन के नाम पर उसे अपने कुत्तों को जर्मन में हुक्म देना ही आता था। वह लड़की को अपने बेहद आरामदेह 'पैड' में बैठा देता और फिर कुत्तों को हमला करने का हुक्म देता। जब कुत्तों के नंगे दाँत लड़की के गले से कुछ ही सेंटीमीटर दूर रह जाते तो वह कुत्तों को उलटा आदेश देता और वे वहीं के वहीं पीछे हट जाते थे। जैसा कि स्वाभाविक था, उसके घर आनेवाली लड़कियों को उसके जर्मन-ज्ञान को इससे आगे परखने की हिम्मत नहीं होती थी। वैसे कुछ औरतों को यह 'खेल' बड़ा सेक्सी लगता था। वह यह डींग मारा करता था कि इस पल में वे उनके कपड़े फाड़ देते थे और खुद उसके गूत्शी जूतों पर लोटने लगते थे।

वह स्टाइलबाज़ तो था, और क़द-काठी से मजबूत भी। लेकिन अपनी विदेशी डिग्रियों के बावजूद था अक्ल से पैदल ही। शायद उसके पिता ने उसकी इस खामी को पहचान लिया था, इसीलिए वह अपने बेटे के बारे में और भी चौकस हो गए थे और उस पर अपना संरक्षण और ज्यादा बढ़ा दिया था।

अभिजित की माँ ने अपना सब कुछ देने और एक बेटा पैदा कर लेने के बाद सांसारिक जीवन और सुखों से संन्यास ले लिया था। वह अपना सारा समय भारत-भर में फैले विभिन्न तीर्थों की यात्रा करके बिताती थी। जब बकुलबेन मुंबई में होती थीं तो वह अपने डूप्लेक्स मकान (हाँ, 'अपने' डूप्लेक्स मकान) में बने संगमरमर के मंदिर में चली जाती थीं और वहीं घंटों पूजा-प्रार्थना करती रहती थीं। वह बाहर बहुत ही कम दिखाई देती थीं और किसी को उनकी कमी अखरती भी नहीं थी, उनके पति को तो एकदम नहीं। अमरीश मेहरा अपनी कंपनियों के वरिष्ठ वाइस प्रेसिडेंट्स के साथ झुंड बनाकर यात्रा करता था। "हम साथ-साथ फूलते-फलते हैं, साथ-साथ काम करते हैं, साथ-साथ रंडीबाजी करते हैं और साथ-साथ मरते हैं," वह अपने निजी हेल्थ क्लब में रोजाना मालिश करवाते समय कहा करता था। अपने रवैए से वह अपने अमले में अटूट वफादारी भर देता था, और वे उसकी खातिर कुछ भी करने को तैयार रहते थे—हत्या भी।

जिस रात आशा रानी की मुलाकात अभिजित से हुई, वह कार्यक्रम का मुख्य प्रायोजक था। नहीं, राजी तो उसके पिता ही हुए थे इस शो का खर्च उठाने के लिए। लेकिन फिर अमरीश भाई को किसी जरूरी काम से जिनेवा जाना पड़ा था। अभिजित तो बस उन्हीं की नुमाइंदगी कर रहा था। शो में मौजूद बड़ी हस्तियों ने इस पर राहत की साँस ही ली थी। अमरीश भाई बहुत टेढ़ा और मतलबी हरामजादा था। वह अपना हिस्सा जरूर माँगता था। अगर कहीं उसे उस शाम की स्टार भा जाती तो फिर उसे मना करना मुश्किल हो जाता। अभिजित के साथ ऐसी कोई आशंका नहीं थी। वह छोटा भी था और अधिक परिष्कृत भी। लेकिन उन लोगों का आकलन गलत निकला।

अभिजित तो आशा रानी को एक नजर देखकर ही फिसल गया था। उसने कार्यक्रम के एक आयोजक को बुलवाकर उससे कह दिया था कि वह आशा रानी से मिलना चाहता है। और इस बात से सभी लोग परेशान हो गए थे। इस पर सेठजी की क्या प्रतिक्रिया होगी ? और अमरीश भाई की ? या फिर, आशा रानी की ही ? अगर आशा रानी ने इस फरमाइश को और अभिजित को ठुकरा दिया, तब क्या होगा ?

लेकिन ऐसा कुछ नहीं हुआ। आशा रानी बड़े सुंदर ढंग से शो के आखिर में अभिजित को माला पहनाने को राजी हो गई। उसने उसके हलके इतालवी रेशमी सूट के नीचे उसके डील-डौल को देखा। उसने उसकी पोल्का बिंदकियोंवाली टाई और पीछे को खींचकर बनाए गए बालों में लगी जेली का जायजा लिया। बिलकुल किसी गिरोह का सरगना जैसा दिखता है। आकर्षक सरगना। वह सोचने लगी कि बिस्तर में वह कैसा दिखेगा। अजीब बात है, वह जिस किसी भी मर्द को देखती है, उसके बारे में यही सोचने लगती है। जिस किसी भी मर्द को देखती है, उसी के बारे में। जरूरी नहीं कि वह खूबसूरत हो या वह उस मर्द की ओर आकर्षित हो। उसे मर्द होना चाहिए, बस। आशा रानी की एक्स-रे आँखें उसे उसी पल नंगा करके रख देंगी और उसे उसके साथ हम-बिस्तर कर देंगी। वह मर्द उसके साथ क्या करेगा ? या वह उस मर्द के साथ क्या करेगी ?

औरतों के मामले में ऐसा नहीं था। वह केवल उन्हीं औरतों को नंगा करती थी, जिनकी ओर वह आकर्षित होती थी। और ऐसा बहुत कम होता था। आशा रानी औरत जात के मामले में बहुत नाप-तौलकर फैसला करती थी। लेकिन जैसे कि वह हँसती हुई लिंडा से कहा करती थी, '''औरतों के साथ कहीं ज्यादा आराम रहता है। सेक्स का मजा तब आता है जब तुम्हारे साथी को तुम्हारे जिस्म के बारे में उतनी ही अच्छी तरह से पता हो, जितना अपने जिस्म के बारे में। केवल औरत ही दूसरी औरत को सेक्स का सच्चा आनंद दे सकती है। औरत को ही पता होता है कि दूसरी औरत को कहाँ छुए, कब छुए, कैसे छुए...''

अभिजित को माला पहनाते समय उसकी उँगलियाँ उसके कानों के पास से गुजरीं तो उसे एक गोपनीय आनंद का अहसास हुआ। वह चार इंच ऊँची जूतियाँ पहने थी, इसलिए उन दोनों की लंबाई एक जैसी थी और इसीलिए उनकी आँखें आमने-सामने

थीं; और उनके होंठ भी। अभिजित ने माला पहनने के लिए अपना सिर झुकाया, तो उसका मुँह आशा रानी की छातियों के पास आ गया। उसने अपनी गर्दन उठाई तो आशा रानी को अपने गले पर उसकी गरम साँसें महसूस हुईं। उसने अपने हाथ उठाकर नुकीले फूलों को निकाला और एक सरल, सहज अंदाज में वह माला आशा रानी के गले में डाल दी। पर वह वहीं तक सीमित नहीं रहा। उसने आशा रानी के हाथ पकड़कर झुकते हुए उसके दोनों गालों पर प्यार से चूम लिया, और हाल तालियों की गड़गड़ाहट से गूँज उठा। आशा रानी तो एकदम हक्का-बक्का रह गई, उसे रोमांच भी बहुत हुआ, और वह थोड़ा पीछे हटकर उसे आँखें फाड़कर देखने लगी। अभिजित ने उसकी आँखों के सामने चुटकी बजाई और आँख मारते हुए कहा, ''ठीक है, ठीक है। मैं असली हूँ। आज रात तुम क्या कर रही हो ?'' ''आज रात नहीं,'' आशा रानी ने आहिस्ता से जवाब दिया। ''मुझे फोन करना,'' अभिजित ने कहा और अपना बिजनिस कार्ड उसे पकड़ा दिया। ''तब तक,'' उसने स्टेज से उतरने से पहले कहा, ''लव-लव-किस-किस। सेहत के लिए यही अच्छा है !''

अभिजित मेहरा

अभिजित मेहरा से आशा रानी की अगली मुलाकात झावेरी बाजार में एक जौहरी की दुकान पर हुई। वह अपने हाथों में हीरों के कड़े डालकर देख रही थी कि किसी ने अपना बड़ा सा हाथ उसकी पतली कलाई पर रख दिया और कहा, ''चू ! चू ! बेचारी लड़की ! इस खूबसूरत लड़की के लिए कोई कड़ा ही नहीं है। कितने अफसोस की बात है !'' आशा रानी ने तमककर नजर उठाई तो अभिजित को अपनी ओर ताकते पाया। उसकी आँखों में हँसी की चमक थी। ''बहुत अच्छा मजाक है,'' आशा रानी ने कहा और खुद भी हँसने लगी। काँच की बड़ी सी खिड़कियों के बाहर भीड़भाड़ वाली सँकरी गली में आशा रानी के प्रशंसक भरे हुए थे और मोटा दरबान जैसे-तैसे उन्हें दुकान से दूर रखने की कोशिश कर रहा था। आशा रानी को यह नजारा साफ दिखाई दे रहा था। उसे यह भी सुनाई दे रहा था कि भीड़ 'लव-लव, किस-किस' चिल्ला रही है और चूमने की अश्लील आवाजें निकाल रही है। उसने अभिजित को देखा, तो वह बोला, ''उनकी चिंता मत करो। मैं तुम्हें बाहर ले चलूँगा और शायद तुम मेरे घर चलना चाहो।'' उसने देखा अभिजित के साथ एक लड़की भी है। ''मेरी मँगेतर है,'' अभिजित ने बताया, ''निकिता नाम है। लंदन की है।''

आशा रानी ने किशोर वय की इस प्यारी लड़की की ओर देखते हुए 'हलो' कहा। उसके चेहरे पर ताजगी थी। दुरंगे धारीदार बालोंवाली यह लड़की फैशनेबल कपड़े पहने थी। ''तुम्हें तो फिल्म स्टार होना चाहिए,'' आशा रानी ने उससे कहा। लड़की ने रुखाई से उसे देखा और अपने खास लहजे में बोली, ''जी नहीं, शुक्रिया ! मेरे पास करने के लिए इससे भी अच्छे काम हैं।'' अभिजित ने उसकी नाक ऐंठते हुए झिड़ककर कहा, ''शैतान लड़की ! पता नहीं किससे बात कर रही हो तुम ? यह आशा रानी हैं, हिंदुस्तान की नंबर वन हीरोइन।'' लड़की बहुत लज्जित हुई और क्षमा माँगते हुए बोली, ''माफ कीजिएगा। आप जरूर मुझे बदतमीज समझ रही होंगी। देखिए, मैं यहाँ रहती नहीं, और मैंने कोई हिंदुस्तानी फिल्म भी नहीं देखी है। माफ कीजिएगा, मैं आपको पहचान नहीं पाई।'' ''कोई बात नहीं,'' आशा रानी ने कहा, ''लेकिन मैंने अपनी बात गंभीरता से कही थी। तुम्हें फिल्म लाइन में आना चाहिए—तुम बहुत सुंदर हो।'' अभिजित ने बीच

में टोककर कहा, "निकिता बैरिस्टर है। महा-बुद्धिजीवी। इसकी शक्ल-सूरत पर मत जाओ। इसका दिमाग भी बहुत अच्छा है।" निकिता ने विनम्रता से अपना मुँह फेर लिया और फिर बोली, "ये सारे लोग वहाँ बाहर क्या कर रहे हैं ? हे भगवान ! हजार से कम क्या होंगे !" अभिजित मुसकराने लगा और बोला, "अरे वो ? मैंने उन्हें आशा रानी के लिए भाड़े पर बुलाया है ! मैंने सोचा कि अगर झावेरी बाजार में भीड़ ने इसके साथ धक्का-मुक्की नहीं की तो यह अपने आपको बहुत असुरक्षित महसूस करेंगी !" आशा रानी ने प्यार से उसे टहोका दिया। अभिजित ने उसका हाथ पकड़ते हुए कहा, "तो फिर चलें ?"

और वे तीनों मुंबई में अभिजित के मनपसंद रेस्त्राँ 'सी लाउंज' में कॉफी पीने चल दिए। उन्होंने एक ऐसी मेज पर जगह ले ली, जहाँ से गेटवे ऑव इंडिया सामने ही पड़ता था। कुछ देर तक कोई भी कुछ नहीं बोला। वे 'यॉट क्लब' की छोटी-छोटी नौकाओं को लहरों पर हिचकोले खाते देखते रहे। वहीं कुछ जापानी टूरिस्ट कबूतरों को दाना खिला रहे थे। आसमान डूबते सूरज के रंगों से दमक रहा था। दूरी पर बने टापू सुस्त दिखाई दे रहे थे। तभी अचानक तेल निकालने वाले साज-सामान से लदा एक शानदार जहाज तैरता हुआ दिखाई पड़ा। "यहाँ कितना सुंदर है सब कुछ !" निकिता बोली। सभी लोग खामोश बैठे थे। "तो ऐसी जगह में आकर कैसा लगता है, जहाँ हर कोई यही जताता है जैसे वह जानता ही न हो कि आप कौन हैं ?" अंत में अभिजित ही बोला। आशा रानी ने इधर-उधर देखा। अभिजित सही कह रहा था। उस बड़े-से रेस्त्राँ में बाकी सभी लोग जान-बूझकर दूसरी तरफ देख रहे थे। यहाँ तक कि वेटर भी पूरी कोशिश कर रहे थे कि वे आशा रानी के आसपास मँडराते या अपने काम की उपेक्षा करते न दिखाई पड़ें। "सचमुच बड़ी राहत मिल रही है," आशा रानी ने कहा, "नहीं तो हम फिल्मवाले कहीं चैन से जा ही नहीं सकते।" "इससे आपको अच्छा नहीं लगता ?" निकिता ने पूछा। "हाँ, शुरू-शुरू में तो अच्छा लगता था, लेकिन अब नहीं। अब तो सचमुच झंझट ही लगता है।" "यह झंझट क्या होता है ?" निकिता ने पूछा। उसके इस सवाल पर आशा रानी और अभिजित दोनों ही हँस दिए। "यह तो बड़ी मेमसाब है, यार !" अभिजित ने कहा। निकिता ने शरमाते हुए अभिजित की बात का विरोध किया, "देखो, मैं समझ गई हूँ कि तुमने अभी क्या कहा है, पता है। इतनी हिंदी तो मुझे आती ही है। यह मेमसाब होने का सवाल नहीं है। मुझे यहाँ की ठेठ बोली नहीं आती। मैं हिंदुस्तान में रही ही कहाँ हूँ, याद है न ?" आशा रानी ने प्यार से मुसकराते हुए उसे देखा और बोली, "इसकी बात पर ध्यान मत दो। यह तुम्हें छेड़ रहा है। अब मुझे बताओ, शादी कब कर रही हो ?"

अभिजित आराम से बैठ गया और निकिता को बोलने दिया, "दिसंबर में सोच रहे हैं। लोग बताते हैं कि उस समय मौसम अच्छा रहता है। इतनी गरमी तो नहीं होती। गॉड ! मुझे तो हरदम पसीना ही आता रहता है !" "कहाँ करने का इरादा है ?" आशा रानी ने पूछा। "टर्फ क्लब में। आप जरूर आना," निकिता ने कहा। "चिंता मत करो।

तुम्हारे प्रशंसकों और पुलिसवालों का बंदोबस्त मैं कर दूँगा। हमारी शादी में एक टॉप की फिल्म स्टार जरूर आनी चाहिए, नहीं तो लोग कहेंगे कि हमने कुछ भी नहीं किया,'' अभिजित ने हँसते हुए कहा। फिर निकिता की ओर मुड़ते हुए उसने समझाया, ''हिंदुस्तान में फिल्म स्टारों को स्टेटस सिंबल समझा जाता है।'' निकिता ने मुसकराते हुए आशा रानी से कहा, ''तब तो आप जरूर आएँ। और अपने साथ अपनी पसंद के हीरो को भी लाएँ।'' अभिजित ने आँख मारते हुए मेज के नीचे से उसे पाँव से टहोका।

जब वे उतरकर लॉबी में आए तो निकिता ने सकुचाते हुए पूछा, ''लेडीज टॉयलेट किधर है ?'' अभिजित उसे दरवाजे तक ले गया और आशा रानी को उसने आस्तीन पकड़कर रोक लिया। ''तुमसे कुछ बात करनी है,'' उसने धीमे-से कहा। आशा रानी रुक गई और वे दोनों उस सँकरी-सी जगह में बड़े अटपटे ढंग से खड़े रहे। लोग उनके पास से धकियाते हुए निकलते और मुँह फाड़कर आशा रानी को देखते चले जा रहे थे।

''मैं तुमसे कब मिल सकता हूँ ?'' अभिजित ने जल्दी-जल्दी पूछा, ''जबसे हम उस भयंकर शो में मिले हैं, मैं तुम्हारे बारे में ही सोच रहा हूँ।'' आशा रानी ने हैरान होते हुए उसकी ओर देखा। ''मैंने तो सोचा था तुम दिसंबर में उस प्यारी, खूबसूरत बच्ची से शादी करनेवाले हो ?'' वह बोली। ''उसका मेरे-तुम्हारे मिलने से कोई सरोकार नहीं है—वह तो तयशुदा संबंध है,'' अभिजित बोला, ''हमारे खानदानों के बीच बिजनिस के संबंध हैं। मुझे वह अच्छी जरूर लगती है, लेकिन मैं उसे प्यार नहीं करता।'' ''प्यार तो तुम मुझे भी नहीं करते,'' आशा रानी ने कहा। ''क्या पता मैं करता ही होऊँ, मुझे नहीं मालूम,'' अभिजित बोला, ''मैं तो बस इतना जानता हूँ कि उस दिन से मैं तुम्हें बेतहाशा चाहने लगा हूँ। मैंने तुम्हारी सारी फिल्में भी देख ली हैं।'' ''शुक्रिया !'' आशा रानी ने कहा, ''मैं सोचती हूँ इस बात पर तो मुझे फूलकर कुप्पा हो जाना चाहिए कि तुमने इतनी जहमत उठाई। लेकिन मेरी सचमुच कोई दिलचस्पी नहीं है। इसके अलावा, मैं अपनी शूटिंग में भी बहुत व्यस्त हूँ।'' ''हमारे पास वक्त नहीं है, आशा रानी,'' अभिजित बोला, ''वह बस बाहर आती ही होगी। कह दो कि तुम मुझसे मिलोगी। आज रात मुझे अपने पास आने का समय दो। कह दो—हाँ, मेरा इंतजार करना, तुम्हें मुझसे मिलकर पछताना नहीं पड़ेगा। मैं 10.30 बजे पहुँच जाऊँगा।''

तभी निकिता बाहर आई। उसने ताजा लिपस्टिक लगा ली थी और अपने लंबे बालों में कंघी कर ली थी। ''प्यारी लग रही हो !'' अभिजित ने उसका हाथ पकड़ते हुए कहा।

अभिजित जब आशा रानी के यहाँ पहुँचा तो बहुत उत्तेजित था। ''मुझे दारू चाहिए,'' वह बोला। ''जाओ, अपने आप ले लो,'' आशा रानी ने बार की तरफ इशारा करते

हुए जवाब दिया। "मेरा गला सूख रहा है," अपने लिए स्कॉच का एक बड़ा पेग बनाते हुए वह बोला। आशा रानी उसे देखती रही। वह बेहद अभिशप्त, बेहद परेशान दिख रहा था। "क्या हो गया ?" आशा रानी ने प्यार से पूछा। "क्या नहीं हुआ !" उसने जवाब दिया और एक गहरी कुर्सी में ढेर हो गया, "मैं तो तंग आ चुका हूँ। मुझे अपनी जिंदगी से, अपने काम से, अपने घर से, अपने पिता से, निकिता से—हर चीज से नफरत है। मुझे हिंदुस्तान से, व्यापार से, अपने डैड से; हाँ, अपने डैड से मुझे सबसे ज्यादा नफरत है। मुझे नीचा दिखाने के लिए वे कुछ भी कर सकते हैं। आज वे अपने कर्मचारियों के सामने मुझ पर इसलिए चिल्ला पड़े, क्योंकि दो करोड़ का एक ठेका हमारे हाथ से निकल गया। वे हर बात का दोष मेरे ऊपर ही मढ़ देते हैं। मैं उनसे नफरत करता हूँ, भगवान बचाए, मैं उनसे नफरत करता हूँ..."

आशा रानी ने उसके पास जाकर उसकी जॉकिट उतार दी। उसकी कुर्सी के पीछे चुपचाप खड़ी होकर वह उसकी गर्दन की मालिश करने लगी। "अपनी आँखें बंद करो... और अपने आपको ढीला छोड़ दो," उसने अभिजित से कहा। उसने उसकी कमीज के बटन खोल दिए, उसकी टाई उतार दी और उसकी तनावग्रस्त मांसपेशियों की मालिश करने लगी। धीरे-धीरे अभिजित खुलने लगा। उसे अपनी मांसपेशियों का तनाव ढीला होता महसूस हुआ और उसकी आँखें बंद होने लगीं, "अच्छा लग रहा है, बहुऽऽत अच्छा लग रहा है," वह बोला और आशा रानी का अँगूठा उसकी पीठ पर ऊपर से नीचे की ओर मालिश करते-करते उसकी रीढ़ के तनावग्रस्त हिस्सों पर पहुँच गया। "आओ, यहाँ लेट जाओ," उसने उसे पलंग पर ले जाते हुए कहा। अभिजित पलंग पर लेट गया तो वह संजीदगी के साथ उसकी मालिश करने लगी। वह उसके कूल्हों के दोनों ओर पैर करके बैठ गई और अपने हाथों से उसकी जोरदार मालिश करने लगी। दस मिनट बाद, अभिजित गहरी नींद में चला गया था।

वह सुबह तीन बजे सोकर उठा। उसने अपनी कमर पर जल्दी से एक चादर लपेटी और बत्ती जलाने के लिए स्विच टटोलने लगा। लेकिन आशा रानी ने उसे रोक दिया। "श्! श्!, ऐसे ही रहने दो," वह बोली, "तुम मेरे साथ हो। मेरे घर में।" "तुम कौन हो ?" उसने चकराते हुए पूछा, "और मैं हूँ कहाँ ?" आशा रानी पलटकर उसके और नजदीक पहुँच गई। उसने अभिजित के हाथ अपनी छातियों पर रख लिए और उन्हें उसे पकड़ा दिया। "बूझो तो..." वह बोली।

अभिजित अब बिलकुल जाग चुका था। उसने हँसते हुए आशा रानी को अपनी तरफ खींचा और प्यार से उसके मुँह को चूम लिया। "माफ करना, मेरी रानी," वह बोला, "मैं बहुत बुरा सपना देख रहा था। रोज रात को ऐसे ही सपने देखता हूँ मैं, इसीलिए अकेले सोना मुझे अच्छा नहीं लगता। यह कोई नई बात नहीं है। तुम्हें एक छोटा सा राज बताऊँ ? तुम्हारे बिस्तर में सो रहा यह बड़ा सा वयस्क आदमी अँधेरे से डरता है। हाँ, सच कह रहा हूँ मैं। और यह आदमी बहुत रोंदू भी है। नहीं, हँसो नहीं। अगर तुम मुझ पर चिल्ला दो या मेरी भावनाओं को चोट पहुँचाओ, तो मैं तुम्हारे

इस प्यारे से बिस्तर को आँसुओं से भर दूँगा और तुम्हारी चादरें खराब हो जाएँगी। मेरे साथ अच्छी तरह से पेश आना, समझीं ?"

"कितनी अच्छी तरह से ?" आशा रानी ने पूछा, और चादर के अंदर हाथ बढ़ाकर उसे वहाँ से पकड़ लिया। "इतनी अच्छी तरह से ?" और यह कहकर उसने हलके से दबा दिया। "नहीं, और भी अच्छी तरह से..." अभिजित ने सिसकारते हुए कहा। आशा रानी सरकती हुई नीचे आ गई और उसकी जीभ उसके शरीर पर एक गीली लकीर छोड़ती चली गई।

कुछ समय के लिए तो अभिजित की तवज्जो ने आशा रानी का ध्यान बिलकुल बाँट दिया। वह अक्षय के बारे में अब भी अक्सर सोचती थी, लेकिन उस तक पहुँचने की कोशिश कभी नहीं करती थी। अक्सर अक्षय बगल के स्टूडियो में शूटिंग करता होता। वह उसकी गाड़ी को फाटक के अंदर खड़ी देखती और उम्मीद से उसका बदन तन जाता। एक बार तो जब वह एक सेट से निकलकर भागती हुई अगले सेट में जा रही थी, तो अक्षय से उसका आमना-सामना भी हो गया था और उसने देखा था कि अक्षय बहुत पीला पड़ गया है।

काम की तरफ आशा रानी का रवैया भी बदल गया था, और वह हैरान होकर यह सोचती थी कि क्या ऐसा अक्षय की वजह से है। वह अब बेचैन रहने लगी थी, और काम से भी उसका ध्यान हट गया था। उसके डायरेक्टर उसकी उदासीनता के बारे में बातें करने लगे। एक डायरेक्टर ने तो यहाँ तक सुझाव दे दिया कि वह कुछ दिनों की छुट्टी ले ले। सिंगापुर में जाकर ताबड़तोड़ खरीदारी करे। लेकिन यह बात भी उसे नहीं जँची। वह जाएगी किसके साथ ? करेगी क्या ? और कितनी खरीदारी कर पाएगी वह ? उसकी अपने गुदगुदे खिलौनों में भी अब दिलचस्पी नहीं रह गई थी। वह अपने खिलौनों के संग्रह को देखती रहती और बिना बात रोने लगती थी।

अभिजित और निकिता की शादी की खबर हरेक अखबार के मुखपृष्ठ पर छपी। हरेक अखबार और पत्रिका ने उन दोनों की तसवीरें छापीं। आशा रानी ने गौर से निकिता की तसवीर को देखा। वह सचमुच प्यारी लग रही थी। अभिजित भी खूबसूरत दिख रहा था। उसने हाथी दाँत के रंग की शेरवानी पहन रखी थी और सिर पर बड़ा सा फेटा बाँधा हुआ था। अमरीश भाई ने पूरे शहर को न्यौता दिया था, लेकिन आशा रानी ने नहीं जाने का फैसला किया था—वह बहुत उदास और बेचैन हो रही थी। अक्षय वहाँ था, और बाकी सारी लड़कियाँ भी थीं; उसकी दुश्मन। उसने एक तसवीर में अनुश्री को भी देखा। वह हरे रंग के कपड़ों में गजब ढा रही थी। और उसने इंडस्ट्री की सबसे नई स्टार तान्या को भी देखा, जिसने अपनी पहली फिल्म से ही तहलका मचा दिया था। उसने अमीरचंद को भी देखा—वह मुख्यमंत्री के साथ खड़ा था और खादी के चूड़ीदार पाजामे-कुर्ते में पक्का राजनीतिज्ञ ही लग रहा था। दुनिया को उसके गंदे रहस्यों

के बारे में कुछ भी नहीं पता, आशा रानी ने सोचा। नीतेश भी अपनी बीवी के साथ वहाँ मौजूद था, जो जरूरत से ज्यादा सज-धजकर आई थी; और वहाँ रीताजी तो थीं ही। हे भगवान ! यह उसने अपने बालों को क्या कर रखा था ? मालिनी की तसवीर सुहैला के साथ थी—दोनों में जैसे देसी लिबास के मामले में एक-दूसरे को मात देने की होड़ लगी थी। खबरों के मुताबिक, सुहास मीलों पर एक फिल्म की शूटिंग करने बाहर गया हुआ था।

आशा रानी ने आमंत्रित उद्योगपतियों के नाम-भर सुन रखे थे। वह सचमुच उनमें से एक को भी नहीं पहचानती थी, और इस सच्चाई ने उसे अपनी फिल्मी दुनिया के बारे में सोचने को मजबूर कर दिया। ये सारे फिल्मी लोग कितनी अलग-थलग और अवास्तविक दुनिया में रहते हैं। यह मुग़ालतों और रंगीन सपनों पर टिकी दुनिया है। यह दुनिया उन्हीं फिल्मों की तरह बनावटी है, जिनका निर्माण यह करती है। वह फिल्म इंडस्ट्री के बाहर एक भी व्यक्ति को नहीं जानती थी, और न ही उसके पास समय था असली दुनिया को जानने का—फिर यह चाहे जैसी और जहाँ भी हो।

ऐसा बहुत कम होता था कि उसकी मुलाकात किसी गैर-फिल्मी व्यक्ति से हो; और ऐसा जब भी होता था तो उसे पता चलता था कि उसके पास उससे कहने को कुछ है ही नहीं। वे लोग एक अलग ही भाषा बोलते थे। उनके शौक भी बिलकुल अनजाने थे। वे बिलकुल अलग ढंग से सोचते थे। वे 'सामान्य' लोग थे।

ऐसे कितने ही क्षण आते थे जब आशा रानी उन लोगों की तरह ही केवल 'साभान्य' होने को छटपटाती थी। स्टूडियो, पार्टियाँ, फोटो सेशंस—बस यही थी उसकी जिंदगी। गैर-फिल्मी लोगों की मौजूदगी में वह अपनी कमियों को लेकर और भी सचेत हो जाती थी और उनके संपर्क से इसलिए कतराती थी, कि वह मूर्ख नहीं दिखना चाहती थी। वह नहीं चाहती थी कि लोगों को उसकी असलियत का पता चल जाए। वह जानती थी कि वह अज्ञानी है। लेकिन वह यह भी जानती थी कि वह स्मार्ट है। वह उन बाहरी लोगों को यह छूट क्यों दे कि वे केवल इसलिए उसके बारे में राय बनाएँ या उसे मूर्ख कहें, क्योंकि उसकी रुचियाँ उनसे मेल नहीं खातीं ? कभी-कभी तो वह उनकी शत्रुता, उनके उपहास को समझ जाती थी। आर्मी विडोज़ वेलफेयर फंड जैसी कल्याणकारी संस्थाओं के लिए होनेवाले चैरिटी प्रीमियरों में तो ऐसा खासतौर पर होता था। ऐसे मौकों पर औरतें उसके पास आतीं और इस तरह की बातें कहती थीं, "इतने जरा से काम के लिए इतना सारा पैसा कमाना तो अच्छा ही लगता होगा। तुम लड़कियाँ किस्मतवाली हो, कोई जिम्मेदारी नहीं, कोई घर-बार नहीं, कुछ नहीं। बस, गाओ और नाचो और कश्मीर में हीरो के साथ रोमांस करो, और इतनी सी बात के लाखों रुपए ले लो।" "हम सचमुच खुशकिस्मत हैं। भगवान ने हमें कितना कुछ दिया है।" आशा रानी उनसे सहमति जताते हुए कहती, और वे औरतें उस पर हमला बोल देतीं, "इतना पैसा ? अरे—घर-बार के बारे में सोचा ? आदमी के बारे में ? बच्चों के बारे में ? हो सकता है आज तुम्हें इन चीजों की कमी न अखरती हो, लेकिन बाद में जब तुम्हारी सुंदरता

और पूछ कम हो जाएगी तब तुम सोचोगी कि 'मेरी ज़िंदगी कितनी सूनी है और ये औरतें कितनी खुशकिस्मत हैं।''

वे सही कहती हैं, आशा रानी ने एक सिटी मैगज़ीन में छपे निकिता के इंटरव्यू को पढ़ते हुए सोचा, 'मैं दुनिया की सबसे खुशकिस्मत लड़की हूँ।' निकिता ने इस इंटरव्यू में कहा था। हाँ, सचमुच उसे एक शानदार आदमी मिला था। वह एक बेवफा पति तो था, लेकिन मर्दानगी में उसकी बहुत दम था। आशा रानी इस बात पर मुसकरा दी। उसने उससे वादा किया था कि वह हवाई में हनीमून मनाकर लौटते ही उससे मिलेगा।

लौटने पर अभिजित बदल चुका था। या शायद वही बदल गई थी। उसे यह सोचने का कोई हक नहीं था कि उसके साथ धोखा हुआ है। लेकिन कहीं न कहीं वह यह जरूर सोचती थी कि अभिजित की शादी अभिजित के पक्ष में नहीं था। ''मेरी ज़िंदगी तो उन्हीं फिल्मों जैसी होती जा रही है जिनमें मैं काम करती हूँ,'' उसने अभिजित से कहा, ''तुम देवदास जैसे हो, और मैं चंद्रमुखी।'' अभिजित की समझ में नहीं आया कि वह किस बारे में बात कर रही है। उसने इस कहानी के बारे में नहीं सुना था, इसलिए आशा रानी ने उसके लिए वी.सी.आर. चला दिया और बोली, ''देखो ! वह तुम हो और यह मैं।'' वह अपने बाल धोने चली गई और आधा घंटा बाद जब लौटी तो वह रो रहा था। ''तुम मुझे ऐसे क्यों सता रही हो ?'' वह बोला। आशा रानी ने चकित होकर उसे देखा। ''मैं ? तुम्हें सता रही हूँ ?'' उसने कहा, ''यह बात तो मुझे बोलनी चाहिए थी ! तुम एक शादीशुदा आदमी हो। तुम्हारी एक सुंदर सी जवान बीवी है, और तुम फिर भी मेरे पास आते हो। क्यों ? सेक्स के लिए। और किसी चीज के लिए नहीं ! इससे मैं क्या हो गई ? मैं तो चंद्रमुखी भी नहीं हुई—वह तो नगरवधू थी, और मैं तुम्हारी हवस मिटानेवाली एक मशहूर स्टार-भर ! अगर मैं एक मशहूर हीरोइन न होकर कोई मामूली लड़की होती—बड़ी-बड़ी छातियोंवाली कोई आम मद्रासी लड़की—तो मैं तुम्हें उत्तेजित भी नहीं कर पाती। तुम मुझे नहीं भोग रहे हो ! तुम तो मेरी हस्ती को भोग रहे हो—मेरी फिल्मी हस्ती को। यहाँ से चले जाओ, अभिजित ! वापस अपनी बीवी के पास जाओ और आदमी बनो ! हमारे बीच जो भी था, अब खत्म हुआ। मैं तुम्हें फिर कभी नहीं देखना चाहती !''

अभिजित वहाँ से जाना नहीं चाहता था। ''मुझसे गलती हो गई,'' वह रिरियाकर बोला, ''मुझे निकिता से कभी शादी नहीं करनी चाहिए थी। मैं उसे प्यार नहीं करता। वह मुझे उत्तेजित नहीं कर पाती। मुझे अपने हनीमून में शराब, उत्तेजक दवाओं और कोक का सहारा लेना पड़ा, तब मैं उसके साथ सो पाया। जब-जब भी मैं कोशिश करता, मैं तुम्हारे ही बारे में सोचता था, आशा रानी ! मुझे इस तरह से अपनी ज़िंदगी से निकालकर मत फेंको ! मुझे तुम्हारी जरूरत है।'' आशा रानी ने तरस खाकर उसे देखा।

"घर जाओ, अभिजित ! मुझे मेरी जिंदगी जीने दो..." वह बोली।

लेकिन क्या सचमुच वह अपनी जिंदगी जी पाई ? आशा रानी इस बारे में निश्चित नहीं थी। उसे ज्यादा से ज्यादा यह लगने लगा था, जैसे वह किसी और की जिंदगी जी रही हो। जैसे उसका असली रूप हमेशा के लिए किसी गलत फिल्म, किसी गलत भूमिका में कैद होकर रह गया हो।

वह एक मँजे हुए हीरो तुषार के साथ शूटिंग कर रही थी। तुषार फिल्म इंडस्ट्री में पच्चीस साल बिता देने के बाद आज भी जोर-शोर से काम किए जा रहा था। उन्हें एक भावपूर्ण दृश्य करना था। इस दृश्य में आशा रानी को रोना था, लेकिन इस खूबसूरती से कि उसका मेकअप न बिगड़े। तुषार इस फिल्म में डकैतों के सरदार की भूमिका कर रहा था। इस दृश्य में उसे पुलिस (जिसने गाँव को घेर रखा था) से आखिरी मुठभेड़ पर जाना था, और वह आशा रानी को अपनी बाँहों में थामे कह रहा था, "मेरे मरने के बाद रोना नहीं। मेरे बारे में ऐसे ही सोचना जैसे मैं जिंदा हूँ, और मेरे होनेवाले बच्चे का खयाल रखना। वह लड़का ही होगा। मुझे पता है। उसे उसके बाप के बारे में बताना। उसे हमारे प्यार के बारे में बताना।" और यहीं आशा रानी को रो पड़ना था। वह रो भी दी, लेकिन बस रुक नहीं पाई।

डायरेक्टर ने तीन बार 'कट' कहा। अंत में तुषार उसे प्यार से सेट से अलग ले गया। डायरेक्टर ने उसके लिए ठंडा मँगवाया, जबकि यूनिट के लोग कंधे उचकाकर रह गए। उन्होंने बत्तियाँ बुझा दीं और सिगरेटें सुलगाकर इंतजार करने लगे।

तुषार ने सभी को वहाँ से हटा दिया और आशा रानी को रोने दिया। "घबराओ नहीं," उसने कहा, "कभी न कभी यह सभी के साथ होता है—यह धंधा है ही ऐसा। जितना समय लेना चाहती हो, लो। यूनिट इंतजार कर सकती है। तुम बहुत ज्यादा मेहनत कर रही हो। थोड़ा आराम करो। कुछ दिन के लिए छुट्टी कर लो।"

आशा रानी ने विनम्र होकर उससे कहा, "यह बात नहीं है। अब मैं इतनी ज्यादा मेहनत नहीं करती। अब मैं तीसरी शिफ्ट भी तभी करती हूँ जब बहुत जरूरी होता है। मैं इतवार को भी काम नहीं करती। यह काम की वजह से नहीं है, और यह छुट्टी की बात भी नहीं है—अभी-अभी तो मद्रास में छुट्टी मनाकर आई हूँ मैं। मुझे नहीं पता कि इसकी क्या वजह है। मैं हर समय उदास ही रहती हूँ। मेरा दिल शूटिंग में नहीं लगता। मैं तो कठपुतली की तरह सेट पर चली आती हूँ, क्योंकि मैंने डेट्स दे रखी हैं। और फिर, अगर मैं शूटिंग नहीं करूँगी तो करूँगी क्या ? मेरे पास कोई दोस्त नहीं है। मुझे लगता है कि मेरा रोग बस अकेलेपन का है। मुझे मद्रास की याद आती है।"

तुषार ने प्यार से उसका हाथ पकड़ लिया। "कई साल पहले मुझे भी ऐसा ही लगता था," वह बोला, " मैं पंजाब में अपने गाँव जाने के लिए रोया करता था। मुझे हरे-भरे खेतों, घर के खाने, अपने लोगों की याद आती थी। लेकिन पाँच साल बाद, मैं इंडस्ट्री का आदी हो गया। मुंबई का आदी हो गया। यह शहर है ही ऐसा—यह

हिंदुस्तान के और तमाम शहरों से अलग है।

" लोग अपनी ही जिंदगियों में उलझे हुए हैं। किसी के भी पास तुम्हारे लिए वक्त नहीं है। लोग फुटपाथ पर मर जाते हैं और कोई रुककर उनकी तरफ थूकता भी नहीं। हम दूसरे सूबों से आनेवाले लोगों को यह सब देखकर धक्का लगता है। मुंबई बेरहम शहर है। यहाँ बस मतलब की बात होती है। तुम क्या सोचती हो, यहाँ पच्चीस साल रहकर मैंने कोई दोस्त बनाया है ? तुम क्या सोचती हो, यहाँ एक आदमी भी ऐसा है जिस पर मैं भरोसा करता हूँ ? नहीं। मैं मुंबई में कभी आराम से नहीं रह सकता। किसी से अपने मन की बात नहीं कह सकता। यहाँ कोई परवाह नहीं करता। उन्हें तो बस इस बात में दिलचस्पी रहती है कि वे तुमसे क्या निकलवा सकते हैं। जिस मिनट तुम्हारा इस्तेमाल खत्म होता है, तुम भी खत्म हो जाते हो। जब तक तुम कामयाब हो—चोटी पर हो—लोग तुम्हारे आस-पास जमा रहेंगे। उसके बाद—खलास !

" यह जगह औरतों के लिए नहीं है। मैं कई हीरोइनों को जानता हूँ जो दस साल पहले मेरे साथ काम करती थीं। आज कहाँ हैं वे ? उनके पास कोई रोल नहीं है, कोई दोस्त नहीं है, कोई पैसा नहीं है। किस्मतवाली वे हैं जो समय रहते निकल गईं, जिन्होंने शादी कर ली, इस अभागी इंडस्ट्री को छोड़ दिया और फिर कभी इसकी तरफ मुड़कर नहीं देखा। तुम्हें भी यही करना चाहिए। कोई अच्छा सा आदमी देख लो और घर बसा लो। बच्चे बनाओ, और यह सब भूल जाओ। कब तक चलेगा यह सब ? और दो साल ? तीन साल ? और तब तुम कहाँ जाओगी ? पैसा बनाओ और शान से यहाँ से निकलो। लेकिन एक सलाह मैं तुम्हें जरूर दूँगा—तुम्हारा समय अभी है। अगर इस समय तुमने अपने कैरियर को नहीं सँभाला तो तुम बाहर हो जाओगी। उसके बाद कोई उम्मीद नहीं रह जाएगी। दर्जनों खूबसूरत लड़कियाँ तुम्हारी जगह लेने को बैठी हैं, जो तुमसे ज्यादा कमसिन, सुंदर और महत्त्वाकांक्षी हैं। अगर तुमने सेट्स पर नखरा दिखाना शुरू किया। प्रोड्यूसरों को इंतजार करवाया, समय से शूटिंग पर हाजिर नहीं हुईं, तो भूल जाओ, तुम बाहर हो जाओगी। और अगर तुम्हारी फिल्में फ्लॉप होती हैं—तब भी तुम बाहर हो जाओगी ! इंडस्ट्री का नियम याद रखो—तुम अपनी आखिरी फिल्म तक ही अच्छी हो।

" यहाँ इस बात की कोई परवाह नहीं करता कि पहले तुम्हारी दस फिल्में सिल्वर जुबली कर चुकी हैं। कोई परवाह नहीं करता कि तुम्हारी हिट फिल्मों की बदौलत प्रोड्यूसर लखपति हो गए हैं। इंडस्ट्री भी तेजी से बदल रही है। अब वह हमारे जमाने की-सी बात नहीं रह गई। वीडियो—हमारा सबसे बड़ा दुश्मन यही है। देख लेना इस धंधे में बड़ी गिरावट आनेवाली है। हम सभी को अपनी कीमत घटानी होगी। छोटे बजट की फिल्मों में काम करना होगा, समझौता करना होगा। नहीं तो, हम बाहर कर दिए जाएँगे। ऐसी नौबत आने से पहले, तुम्हें अपने एसाइनमेंट पूरे कर लेने चाहिए और दूसरी जिंदगी बनानी चाहिए।

" तुम अभी कमसिन हो, सुंदर हो, कामयाब हो। अभी इन सबको भुना लो।

तुम्हारी साख भी अच्छी है। कोई भी मर्द तुमसे शादी करके गर्व का अनुभव करेगा। लेकिन दो साल बाद, तुम्हें इस बात पर पछताना पड़ेगा कि तुमने एक सयाने बुजुर्ग ऐक्टर की बात नहीं सुनी। मैं तुमसे यह सब इसलिए कह रहा हूँ, क्योंकि तुम मेरी बेटी समान हो। तुम्हें पता है, मेरा बेटा उम्र में तुमसे बड़ा है ? और देखो, कैसा मजाक है, इस फिल्म में मैं तुम्हारे आशिक का रोल कर रहा हूँ। यह इंडस्ट्री ऐसी ही बनावटी, उथली और बेकार की जगह है। चलो, सीन खत्म करें। सब लोग इंतजार कर रहे हैं–खेल रुकना नहीं चाहिए।''

आशा रानी

आशा रानी को मुंबई के मानसून से बहुत चिढ़ थी। इस समय वह यह शहर छोड़कर मद्रास चले जाने के बारे में संजीदगी से सोचती थी। उसे इस बात से बहुत चिढ़ होती थी कि आप सुबह उठें तो बाहर धुँधलका हो और खिड़कियों पर टपाटप बारिश पड़ रही हो। उसे आततायी नमी से नफरत थी। मुंबई की कोई भी इमारत, चाहे वह कितनी भी शानदार क्यों न हो, मानसून के असर से अछूती नहीं थी। मकानों के ऊपर जगह-जगह फफूँद होती थी, और पानी से भीगे गलीचों से बदबू उठती थी। दीवारें रोती थीं, खिड़कियाँ चूती थीं और बारिश हर चीज में जैसे घुसी पड़ती थी—उसके दिमाग में भी।

मानसून में सब कुछ उलटा-पुलटा हो जाता था। बाहर की रोशनी से वह यह अंदाजा भी नहीं लगा पाती थी कि दोपहर शुरू हुई है या शाम बीतने वाली है। घर में सारा दिन बत्ती जलाकर रखना भी उसे अच्छा नहीं लगता था। बाहर पड़ती बारिश में ऐसा कुछ भी रूमानी नहीं होता था और वह चाहे जितना भी मूड म्यूजिक सुन ले, उसके ऊपर मँडराते काले, उदासी-भरे बादल छँटते नहीं थे। सबसे ज्यादा चिढ़ तो आशा रानी को अपने घर से बाहर पानी-भरे चहबच्चों में निकलने से होती थी।

दूर-दूर बने स्टूडियो का सफर आशा रानी के लिए और भी लंबा हो जाता था, क्योंकि उसकी गाड़ी हर कुछ मीटर पर रुक जाती थी। हर जगह ट्रैफिक जाम होता। चीख-पुकार और आपा खोते लोगों के साथ झुँझलाए और गाड़ियों को आगे बढ़ाने की नाकाम कोशिश में हॉर्न पर हॉर्न बजाते ड्राइवर। जैसे खाली आवाजें ही जाम नालियों को खोल देंगी और सड़कों पर लगे कूड़े के ढेरों को साफ कर देंगी। बारिश के दिनों में मुंबई सड़ाँध मारती थी। मानसून के तीन महीने कभी न खत्म होनेवाले लगते थे।

प्रोड्यूसर लोग ऐसे मौसम का फायदा उठाते थे और स्टार कलाकारों को इनडोर शूटिंग के लिए और भी ज्यादा समय तक रोके रहते थे। शूटिंग की गतिविधियाँ अब उपनगरीय स्टूडियो से हटकर उपनगरीय बँगलों में आ गई थीं। इन बड़े-बड़े मकानों के व्यापारिक मालिकों ने पैसा कमाने का नया रास्ता खोज लिया था—फिल्मों की शूटिंग। एक दिन के दस हजार रुपए से भी ज्यादा लेते थे वे यूनिटों से अपने घरों में चौबीसों

घंटे शूटिंग कराने के। आशा रानी को ये स्टूडियो ज्यादा अच्छे लगते थे—कम-से-कम यहाँ साफ टॉयलेट तो होते थे। आम स्टूडियो के गंधाते बाथरूम में या आउटडोर शूटिंग के दौरान चट्टानों और पेड़ों के पीछे जानेवाली हालत तो नहीं होती थी यहाँ !

ऐसे ही एक मौके पर उसकी कार बांद्रा के चौराहे पर फँस गई थी, जब उसने अक्षय की मर्सडीज को ठीक अपनी बगल में खड़े देखा था। वह पिछली सीट पर अकेला बैठा 'इंडिया टुडे' पढ़ रहा था। अक्षय की तरफ वह कोई पाँच मिनट तक चाहत और उदासी से देखती रही। आजकल वह स्वस्थ नहीं चल रहा था, यह उसके चेहरे से ही जाहिर था। अक्षय ने उसे अपनी जिंदगी से इस बुरी तरह क्यों काट दिया ? क्या अक्षय का कैरियर उसके लिए इतनी अहमियत रखता था ? क्या केवल रीता और मालिनी की धमकियों ने यंह सब किया था ? या वह उससे ऊब चुका था ? उसे यह पता करना था।

उसने अपनी खिड़की गिराई और अक्षय का ध्यान खींचने की कोशिश करने लगी। पल-भर में ही उसकी आस्तीन भीग गई। धत् ! अक्षय से पहले उसके ड्राइवर ने आशा रानी को देख लिया और उसे बताने के लिए मुड़ा। अक्षय ने पत्रिका से नजर उठाई और फौरन दूसरी ओर देखने लगा। आशा रानी का दिल टूट गया। क्यों ? उसने अक्षय का क्या बिगाड़ा है ? यह ठीक नहीं है !

अचानक मूसलाधार बारिश में उसने कार का दरवाजा खोला और कूद गई। इससे पहले कि अक्षय कुछ समझ पाता, वह उसकी बगल में जाकर बैठ चुकी थी। "तुम्हारे कपड़ों से पानी टपक रहा है और मेरी कार खराब हो रही है," अक्षय ने रुखाई से कहा। "अक्षय, प्लीज, इसके सामने नहीं—" उसने ड्राइवर की ओर इशारा किया। आशा रानी का ड्राइवर मुँह फाड़े यह तमाशा देख रहा था।

बत्ती हरी हो चुकी थी। अक्षय के ड्राइवर को आगे बढ़ना था, लेकिन उसके पास कोई साफ निर्देश नहीं था कि हमेशा की तरह स्टूडियो जाना है, या...? पीछे कारें हॉर्न पर हॉर्न दिए जा रही थीं। उनके कान-फोड़ शोर ने तो अफरा-तफरी मचा ही रखी थी, उस पर न जाने कहाँ से अधनंगे छोकरों के एक हुजूम ने आकर अक्षय की कार को घेर लिया। "अबे हीरो, लव-लव, किस-किस !" वे खिड़कियों को थपथपाते और सामनेवाले शीशे के आगे अड़ते हुए चिल्लाने लगे।

"तुम्हें इस तरह पेश आने का कोई हक नहीं है," अक्षय ने कहा। उसके नथुने गुस्से में फड़क रहे थे। आशा रानी ने चिरौरी की, "प्लीज, मैं तुम्हारे वक्त में से बस एक घंटा चाहती हूँ। मुझे मत ठुकराओ। तमाशा मत करो, कम-से-कम यहाँ तो मत करो।" अक्षय ने घूरकर उसे देखा और बोला, "तमाशा मैं नहीं कर रहा—तुम कर रही हो। मैं अपने ड्राइवर से कहूँगा कि वह चौराहे के बाद गाड़ी रोक दे और मुझ पर तुम्हारा बड़ा अहसान होगा अगर तुम अपनी कार में चली जाओ। मुझे तुमसे कुछ भी नहीं कहना।" आशा रानी ने उसका हाथ पकड़ने की कोशिश की। छोकरे खुश होकर चीख पड़े और चिल्लाने लगे, "चुम्मा-चुम्मा !" उसने अपना हाथ छुड़ा लिया और ड्राइवर से

तीखी आवाज में कहा, "चलो।"

आशा रानी जानती थी कि उसके हाथ से समय निकला जा रहा है। जब कुछ भी न बन पड़ा तो उसने झुककर अक्षय के पैर छू लिए, "मैं तुमसे भीख माँगती हूँ, मेरे साथ ऐसा मत करो," वह बोली, "तुम मुझे बहुत शर्मिंदा कर चुके हो। मैं तो बस इस सबकी वजह जानना चाहती हूँ। मुझे बस इतना बता दो कि तुमने मुझसे मिलना और मुझे चाहना क्यों छोड़ दिया, और मैं तुम्हें फिर कभी तंग नहीं करूँगी।" अक्षय ने उसकी आँखों में देखा और उनमें उमड़ते भावों को देखकर उसे अपना मन बदलना पड़ा। उसने ड्राइवर से कहा कि वह कार को मोड़े और होली डे-इन चले।

उस जाने-पहचाने कमरे और उससे भी ज्यादा जाने-पहचाने बिस्तर में एक बार फिर पहुँचकर उसे बहुत अच्छा लगा। आशा रानी तो अक्षय से चिपट गई। वह उससे यह पूछने के लिए मरी जा रही थी कि उसने उसे अपनी जिंदगी से क्यों काट दिया है। लेकिन वह इसका जवाब खुद बेहतर जानती थी। इस बार उनका मिलना भी पहले जैसा नहीं रहा। कोई काटना-पीटना, नाखून गड़ाना या तूफानी सेक्स नहीं हुआ। अक्षय ने बड़ी कोमलता से काम लिया और उसके सेक्स में वह प्रचंडता नहीं थी। आशा रानी भी शेरनी की तरह पेश नहीं आई। वे बोले भी बहुत कम। लेकिन यह बात दोनों ही जान गए कि उनका चक्कर एक बार फिर शुरू हो गया है। यह भी जान गए थे कि उन्होंने अपनी तरफ से जो पाबंदी लगाई थी, वह अब टूट चुकी है।

इस रोमांस के सहारे आशा रानी के मानसूनी दिन आराम से कट गए। उसने अपनी शूटिंग के कार्यक्रम रद्द कर दिए और हर पल को अक्षय के साथ उसके होटलवाले कमरे में बिताती रही। उसके हाथ में बहुत फिल्में नहीं थीं। आशा रानी ने गौर किया कि अक्षय की आँखों के नीचे काले घेरे बन गए हैं और उसमें जीने का वह उत्साह, वह उमंग अब नहीं रह गई थी, जिसके लिए वह उससे ईर्ष्या करती थी। वे एक-दूसरे की बाँहों में लेटे हुए, संगीत सुनते हुए, खाते-पीते हुए और पत्रिकाएँ पढ़ते हुए अपना समय बिताते। एक बार फिर गपशपवाले कॉलम उनके 'चक्कर' के बारे में चटखारेदार बातों से भरने लगे और लिंडा ने यह स्पष्ट कर दिया कि वह इस सबसे खुश नहीं है। आशा रानी ने इसकी कोई परवाह नहीं की। वह अक्षय के साथ थी और इसके अलावा कोई भी बात उसके लिए अहमियत नहीं रखती थी। वे दोनों रीता या मालिनी के बारे में भी बात नहीं करते थे। इसकी अब इतनी अहमियत रह भी नहीं गई थी।

लेकिन आशा रानी के प्रोड्यूसरों ने इतनी हमदर्दी या समझ नहीं दिखाई। उसके पास उनके गुस्से भरे फोन आने लगे। ऐसा ही एक फोन गोपाल का आया। उसने तो बड़े ठेठ तरीके से कह दिया, "देखो जानेमन, यह तो हम सभी जानते हैं कि अक्षय के साथ तुम्हारा चक्कर फिर से शुरू हो गया है। चलो ठीक है। अगर तुम किसी का बिस्तर

गरम करना चाहती हो तो तुम्हें इसकी पूरी आजादी है। लेकिन हमारे समय में कटौती करके नहीं। तुम्हें मजे लूटने के लिए पैसे तो हम ही देते हैं, यह याद रखो। अगर तुमने हमें धोखा दिया तो तुम कहीं की नहीं रहोगी। जब-जब तुम शूटिंग से गायब होती हो, हमें लाखों का चूना लग जाता है। तुम्हें तीन बड़े प्रोडक्शनों से पहले ही बाहर किया जा चुका है। तुम्हारी इज्जत धूल में मिल चुकी है। तुम्हारी जगह लेने को हजार लड़कियाँ खड़ी हैं। अब मेरी बात सुनो, अगर तुम्हें अपनी और उस लफंगे की जरा भी परवाह है तो जो डेट्स तुमने हमें दी हैं, उन पर शूटिंग में आओ। हमारा बहुत पैसा फँसा हुआ है। अगर तुम डेट्स पर नहीं आईं, तो हमें तुमसे निटपने के तरीके भी आते हैं। तब तुम्हें सेठजी भी नहीं बचा पाएँगे। मुझे बस फोन उठाकर अमरीश भाई को उनके प्यारे बेटे के साथ तुम्हारे लफड़े के बारे में बताना होगा। फिर तो खत्म।''

आशा रानी ने गोपाल की बातों को स्तब्ध होकर चुपचाप सुना। इससे उसकी अक्ल खुल गई, लेकिन पूरे तौर पर नहीं। वह जानती थी कि गोपाल और अन्य लोग काम के बारे में गंभीर थे। उसने स्टूडियो में भी लोगों को बातें करते सुना था। लेकिन उस समय उसके लिए और कोई भी बात अहमियत नहीं रखती थी। उसे तो बस अक्षय चाहिए था, केवल अक्षय। पूरा का पूरा। हर समय।

यह आशा रानी का सौभाग्य ही रहा कि उसकी अगली दो फिल्में हिट हो गईं, क्योंकि इंडस्ट्री में और कोई भी बात मायने नहीं रखती, वह यह भी जानती थी। उसने इस स्थिति का फायदा उठाते हुए काम से और भी ज्यादा गोल रहना शुरू कर दिया। वह शूटिंग के लिए देर-देर से पहुँचने लगी। उसे सबसे ज्यादा गैर-जिम्मेदार स्टार करार दे दिया गया। उसे यह चेतावनी भी दे दी गई कि अगर उसने अपने आपको नहीं सुधारा तो इंडस्ट्री से उसका बायकॉट कर दिया जाएगा।

आखिरी फैसला हुआ राजीव बहल के सेट्स पर। आशा रानी उसकी फिल्म में डबल रोल कर रही थी। यह वही आम कहानी थी, जिसमें दो जुड़वाँ बच्चे जन्म के समय एक-दूसरे से बिछड़ जाते हैं। आशा रानी से उम्मीद की जा रही थी कि वह 'हम दोनों, अलग' के साथ दोहरी कामयाबी हासिल करेगी। लेकिन उसका दिमाग तो रत्ती-भर भी इस फिल्म में नहीं था। फिल्म के क्लाइमेक्स के लिए एक भव्य हवेली खड़ी की गई थी, जिसमें अमीर और गरीब बहन का आमना-सामना होता है। इस दृश्य की शूटिंग के लिए कैमरे की बारीकी की जरूरत थी। सभी लोग तनाव में थे। उनमें फिल्म का जवान प्रोड्यूसर-डायरेक्टर भी था, जिसकी यह पहली फिल्म थी।

जब आशा रानी पहली बार शूटिंग पर नहीं आई तो वह गुस्सा तो बहुत हुआ, लेकिन दो दिन बाद उसके आ जाने पर चुप लगा गया। दूसरी बार जब यही हुआ तो उसने आशा रानी से कड़ाई से इस बारे में बोल दिया, लेकिन उसकी आवाज में तल्खी नहीं थी। तीसरी बार वह बुरी तरह से उखड़ गया और आशा रानी ने भी उसे पलटकर वैसा ही जवाब दिया। चौथी बार जब यही कहानी दोहराई गई तो उसने आशा रानी को निकाल बाहर कर दिया। लेकिन आशा रानी तो इतनी खुश थी कि उसने इसकी

परवाह ही नहीं की। जब लिंडा ने उसे बताया कि हीरो लोग ऐसी किसी भी फिल्म को साइन करने से इनकार कर रहे हैं, जिसमें वह हीरोइन हो, तो उसने हँसी में उड़ाते हुए कहा था, ''भाड़ में गईं फिल्में, यार !'' अम्मा को वापस आकर अपनी बेटी के कैरियर और जिंदगी को एक बार फिर अपने हाथ में लेने के लिए इसी इशारे की तो जरूरत थी।

अम्मा जब बिन बताए मद्रास से मुंबई पहुँच गई तो आशा रानी को उससे खुशी ही हुई। ''जरा घर की हालत तो देखो, सुअरों का बाड़ा बना रखा है !'' अम्मा ने घर में घुसते ही तमककर कहा। आशा रानी ने उसे सीने से लगाते हुए कहा, ''मैं बहुत खुश हूँ कि तुम वापस आ गईं। मुझे तुम्हारी जरूरत है।'' अम्मा ने उसकी बात अनसुनी कर दी और किचन में घुस गई। ''छिः, यह तो गटर हो रहा है,'' वह बोली, ''और नए नौकर—वे तो लोफर हैं। इन सबको तुम कहाँ से पकड़ लाईं—पड़ोस की झुग्गी बस्ती से ?'' ''ठीक पहचाना तुमने,'' आशा रानी ने स्वीकार किया। ''भगवान जाने तुम कभी अपना घर चला भी पाओगी या नहीं। तुम फूहड़, नालायक और लापरवाह हो। तुमने इतने दिन अपना काम कैसे चलाया ? खाया क्या ? किचन की शेल्फों में तो कुछ भी नहीं है। फ्रिज भी खाली पड़ा है। सारा किचन सड़ रहा है। हर तरफ बासी खाना पड़ा है। टोकरियों में सब्जियाँ सड़ रही हैं। तुमने मुझसे कुछ नहीं सीखा ? और तुम्हारा काम—यह सब क्या बकवास सुन रही हूँ मैं ? तुम शूटिंग पर नहीं जातीं ? प्रोड्यूसरों को इंतजार करवाती हो ? राजीव बहल ने अपनी फिल्म में तुम्हारी जगह किसी और को ले लिया है। तुम्हारा सेक्रेटरी हिजड़ा है क्या ? तुम उसे तनख्वाह किस बात की देती हो ? क्या यही तरीका है तुम्हारा काम-धंधा सँभालने का ? तुम्हारा पैसा क्या हुआ ? तुम्हें कुछ पता भी है ? उसने सब कुछ हड़प लिया होगा। और तुम्हारा टैक्स ? क्या तुम्हें साइनिंग एमाउंट मिल रही है ? उन्हें कौन लेता है, तुम या वह ? गैर-जिम्मेदार लड़की ! तुम अपने ही लोगों के साथ दिखावा कर रही हो। अपनी ही अम्मा से लड़ रही हो। अप्पा की बीमारी में उन्हें देखने की जरूरत भी नहीं समझी तुमने। और एक डूबते ऐक्टर के साथ अपना समय बरबाद कर रही हो तुम। वह क्या कर सकता है तुम्हारे लिए ? कुछ भी नहीं !''

आशा रानी ने अम्मा की पूरी बात सुनी और फिर कहा, ''अब तुम आ गई हो न, तो सब कुछ ठीक हो जाएगा। बताओ, अप्पा कैसे हैं ? मैंने सुना है कि अब वह पहले से ठीक हैं। घर वापस आ गए न, क्यों ? और सुधा ? वह कैसी है ?'' अम्मा ने उसे देखा और कहा, ''हाँ, अप्पा बच गए। यह चमत्कार ही है, और कुछ नहीं। मुझे पता है ऐसा कैसे हुआ—सब श्री वेंकटेश्वर का आशीर्वाद है। मैंने उनके ठीक होने के लिए दिन-रात प्रार्थना की। मैंने यज्ञ कराने की प्रतिज्ञा की थी। यह विश्वास की बात है, मेरी बेटी ! और हाँ, सुधा बहुत अच्छी तरह से है। उसे भी मद्रास में ऑफर मिल रहे हैं। लेकिन मैं नहीं जानती कि मैं उसे इस गंदे धंधे में आने देना चाहती हूँ या नहीं। इसके लिए एक ही बेटी काफी है। सुधा डांसर हो सकती है—बड़ी डांसर। उसके नाच

की बड़ी तारीफें हुई हैं। या फिर वह शादी कर सकती है। मैंने उस लड़की को बचाकर रखा है। वह अछूती है। कोई भी अच्छा आयंगर लड़का उससे शादी करके गर्व का अनुभव करेगा।''

आशा रानी अम्मा की सारी बातें सुनती रही, लेकिन उसने यह जाहिर नहीं होने दिया कि उसे कैसा लग रहा है। चलो, कम-से-कम अम्मा सत्यवादी तो हो रही है। वह भी सुधा का भला चाह रही थी। लेकिन क्या अम्मा ने एक मिनट रुककर यह भी सोचा कि उसकी बातों से आशा रानी को कितनी चोट पहुँचेगी ? क्या उसे यह स्वीकार करते हुए जरा भी शर्म नहीं आई कि उसी ने आशा रानी की जिंदगी बरबाद कर दी ? नहीं। शायद अम्मा ने पहले से यह सब सोच-समझ रखा था कि इस बारे में उसे क्या सफाई पेश करनी है। बहरहाल, बीती बातों के बारे में मातम करने का वक्त बीत चुका था। आशा रानी को अपनी आगे की जिंदगी को तरतीब देने के लिए अम्मा की जरूरत थी।

जो कुछ हो रहा था, उससे अमीरचंद को भी खुशी नहीं थी। अमीरचंद ने कोई तीन महीने बाद आशा रानी को बुलवाया। वह जानती थी कि उसे क्यों बुलाया गया है। अमीरचंद के कुछ कहने से पहले ही वह उनके पैरों पर गिर पड़ी और बोली, ''मुझे माफ कर दीजिए। मुझे अपनी गलती का अहसास हो गया है।'' अमीरचंद ने प्यार से उसे उठाया और सेटी पर बैठा दिया। ''देखो, मुझे न जाने क्या-क्या सुनने को मिल रहा है, मेरे पास शिकायतें आ रही हैं। यह सब अच्छा नहीं है। तुम्हें यह फैसला तो करना ही होगा कि आखिर तुम अपनी जिंदगी का करना क्या चाहती हो। इस समय तो तुम उसे बरबाद ही कर रही हो। तुम्हारा कैरियर चौपट हो रहा है। प्रोड्यूसर, डायरेक्टर, फाइनेंसर, यहाँ तक कि हीरो लोग भी मेरे पास आए हैं। मैंने तो उनसे कह दिया, 'भाई, वह मेरी जरखरीद लौंडी तो है नहीं। उसकी जिंदगी उसकी अपनी जिंदगी है। मुझसे शिकायत क्यों करते हो ?' लेकिन वे बोले, 'सेठजी, बस आप ही हमें बचा सकते हैं। बस आप ही उसकी अक्ल खोल सकते हैं। अगर वह शूटिंग कैंसिल करती है तो हमें नुकसान होता है। अभी तो उसकी फिल्में फिर भी चल रही हैं, लेकिन हम उसकी आनेवाली फिल्मों में अपना पैसा दाँव पर लगा रहे हैं। पब्लिक का कोई भरोसा नहीं है। कल क्या पता वह किसी और की दीवानी हो जाए, कोई और हीरोइन उनकी आँखों में चढ़ जाए। हम तो उसकी न बिकनेवाली फिल्मों को रखकर मारे जाएँगे, क्योंकि उसकी बेवकूफी की वजह से उन फिल्मों में बजट से ज्यादा पैसा लग गया है। उसको लाइन में लगा दो।' तो अब तुम मुझे बताओ कि तुम क्या करने की सोच रही हो ? मुझे सीधे-सीधे जवाब दो। बकवास नहीं चलेगी।'' और उसने सेठजी को बता दिया कि वह क्या करने की सोच रही है, ''मैंने और अक्षय ने शादी करने का फैसला कर लिया है।''

सेठजी ने अविश्वास से उसकी ओर देखा। उनकी आँखें हैरत के मारे फटी जा

रही थीं। "तू बिलकुल पागल हो गई है क्या ?" वह बोले, "शादी ? वह कैसे ? वह तो पहले ही शादीशुदा है। उसकी वह बीवी तो कभी तलाक के लिए राजी नहीं होगी। अगर वह राजी हो भी गई तो इसमें बरसों लग जाएँगे। और तब तक तुम खूसट बुढ़िया हो चुकी होगी। तुम्हारा दिमाग खराब हो गया है। इस झंझट को छोड़ो। अपने काम में ध्यान लगाओ। कोई सही आदमी देख लो अपने लिए। अगर तुमसे नहीं होता, तो मैं ही यह काम कर दूँगा। तुम्हारे लिए इतना तो मैं कर ही सकता हूँ। लेकिन उस नालायक के पीछे अपना वक्त बरबाद मत करो। वह तो तुम्हें बिस्तर में भी खुश नहीं कर सकता। मैंने सुना है वह बहुत बीमार है।"

आशा रानी अनायास ही अपनी पुरानी आदत के मुताबिक सेठजी के पाँव दबाने लगी, "आप नहीं समझते, सेठजी ! मैं उस आदमी से प्यार करती हूँ। मैं उसे सचमुच प्यार करती हूँ। मैं उससे शादी करना चाहती हूँ। उसके बच्चे की माँ बनना चाहती हूँ। हमने एक तरकीब सोच ली है, लेकिन मुझसे यह मत पूछना कि वह क्या है। मैं आपको बता नहीं पाऊँगी। जैसे ही शादी की रस्म पूरी हो जाएगी, सबसे पहले आपका ही मुँह मीठा करूँगी मैं। लेकिन मेहरबानी करके मुझे रोकने की कोशिश न करें। इसकी मेरे लिए सबसे ज्यादा अहमियत है, सबसे ज्यादा।"

"तुम सारी औरतें एक जैसी होती हो–निरी बेवकूफ ! तुम अपनी माँ से अलग कैसे हो सकती हो ? उसने तुम्हारी जिंदगी तबाह कर दी। अब तुम अपने बच्चे की जिंदगी तबाह करोगी। तुम गलतियों से कोई सबक नहीं लेतीं क्या ? तुम्हारे उस बाप ने तुममें से किसी के लिए भी क्या किया ? उसने तो तुम्हें अपना नाम भी नहीं दिया। अक्षय क्या करेगा, क्या वह तुम्हारी हराम की औलाद को अपना मानेगा ? तुम एक मासूम जान के साथ क्रूर हो रही हो। अपनी खुदगर्जी में तुम एक ऐसे बच्चे को पैदा करोगी, जिसका बाप ही उसे अपना मानने से इनकार करेगा–मेरी बातों पर गौर करना। कैसे वह बच्चा बड़ा होगा और स्कूल जाएगा ? क्या तुमने इन सब बातों पर गौर किया है ?"

आशा रानी रोने लगी, "सेठजी, आप तो जानते ही हैं कि मैंने अक्षय को अपनी जिंदगी से निकालने की कितनी कोशिश की है। इस बीच मैंने उससे मिलना भी बंद कर दिया था। मैंने दूसरे मर्दों का साथ पकड़ा कि शायद मैं उसे भूल जाऊँ। लेकिन इससे भी कोई बात नहीं बनी। मैं सब कुछ छोड़ने को तैयार हूँ। अपना कैरियर, अपना पैसा, शोहरत, सब कुछ। मुझे तो बस आपका आशीर्वाद चाहिए। दुनिया में और कोई भी ऐसा नहीं है जिस पर मैं भरोसा कर सकूँ। अम्मा भी नहीं। अगर उसे पता चल गया कि मैं क्या करने जा रही हूँ, तो वह मुझे मार ही डालेगी। वह यह शादी रुकवाने के लिए कुछ भी कर सकती है। सेठजी, मैं आपसे भीख माँगती हूँ, मैं जो कर रही हूँ उसकी वजह से मुझसे नफरत मत कीजिए। और आप मेरे तमाम प्रोड्यूसरों को यह भरोसा दिला सकते हैं कि मैं उनके एसाइनमेंट समय पर पूरे कर दूँगी। अब जबकि मुझे यह पता हो गया है कि मेरी जिंदगी क्या मोड़ लेने जा रही है, तो मैं शांति का

अनुभव कर रही हूँ। मैं अपने आपको सुरक्षित महसूस कर रही हूँ। मैं किसी के भी साथ धोखा नहीं करूँगी। मैं शूटिंग के लिए हाजिर हूँगी, लेकिन अब मैं और फिल्में साइन नहीं करूँगी।''

इसके आगे उसने एक भी शब्द नहीं कहा और झुककर सेठजी के पाँव छू लिए। फिर उसने अपना बैग उठाया और दौड़ती हुई बाहर निकल गई। उसकी आँखों से आँसू बह रहे थे।

आशा रानी के फिल्मों से संन्यास की खबर तेजी से फैल गई। सबसे पहला फोन लिंडा का आया। ''क्या यह सही है ?'' उसने पूछा। ''हाँ,'' आशा रानी ने रोमांच-भरे स्वर में कहा। ''क्यों ?'' लिंडा ने जानना चाहा। ''यह सवाल तुम दोस्त की हैसियत से कर रही हो या पत्रकार की हैसियत से ?'' आशा रानी ने पूछा। ''अब तक तुम्हें पता नहीं चला क्या—पत्रकारों और फिल्म स्टारों के बीच 'दोस्ती' जैसी कोई चीज नहीं होती ? स्कूप (खास खबर) तो स्कूप ही होता है। यह हमारे लिए पहले है—हर चीज से पहले। तुम्हें तुम्हारे सवाल का जवाब मिल गया न ?'' आशा रानी ने मौज में कह दिया, ''लंच यहीं आकर कर लो। हम इस बारे में बात करेंगे।'' लिंडा ने थोड़ा रुककर कहा, ''मैं एक फोटोग्राफर को साथ लेकर आऊँगी। मेकअप कर लेना और कोई फैशनेबल लिबास पहन लेना।'' आशा रानी ने उलाहना दिया, ''सुनो, क्या तुम कभी काम बंद नहीं करतीं ? आज मेरा मेकअप करने का मन नहीं हो रहा। मैं तो बस आराम से बैठकर बातें करना चाहती हूँ, गपशप करना चाहती हूँ।'' ''फिर तो भूल जाओ। मुझे बहुत सारा लिखना है। तुम्हें पता है इस समय हम अपने वार्षिक विशेषांक पर काम कर रहे हैं। मैं तुम्हारी तरह आरामतलब महिला नहीं हूँ। मैं रोजी-रोटी के लिए काम करती हूँ। मैं तुम्हारे साथ इडलियाँ भकोसने और एक हिजड़े के बारे में तुम्हारी दीवानगी-भरी बातें सुनने में अपना वक्त बरबाद नहीं कर सकती, जब तक कि मुझे तुम्हारी बातों को छापने की इजाजत न हो !'' लिंडा ने तुनककर कहा। आशा रानी इतने अच्छे मूड में थी कि उससे मना करते नहीं बना। ''चलो ठीक है, तो एक घंटे में मिलते हैं,'' उसने कहा।

अम्मा को शक हो गया। ''फोन पर किससे बातें हो रही थीं ?'' उसने जानना चाहा। ''लिंडा ही तो थी,'' आशा रानी ने धड़ल्ले से जवाब दिया, ''लिंडा ही तो थी,'' अम्मा ने उसकी नकल उतारी, ''हुँह ! वह लड़की बिलकुल अच्छी नहीं है। मैं तुमसे पहले भी कह चुकी हूँ। वह तुम्हारा भला चाहने वालों में से नहीं है। वह तो परेशानी खड़ी करनेवाली है। तुम ऐसे लोगों के साथ अपना समय क्यों बरबाद करती हो ?'' आशा रानी मुसकराकर रह गई और कुछ बोली नहीं। उसकी मुसकान रहस्यमयी थी।

अम्मा को शादी के बारे में नहीं बताया गया था। जब उसने आशा रानी को फोन पर एक प्रोड्यूसर से यह कहते सुना कि वह उसकी आनेवाली फिल्म का साइनिंग एमाउंट लौटा रही है, तो वह बहुत गुस्सा हुई। ''तुम पागल तो नहीं हो गई हो ? तुम

ऐसा क्यों कर रही हो ?'' उसने आशा रानी से सवाल किया। ''मैं कुछ समय के लिए काम से छुट्टी लेना चाहती हूँ। मैं थक गई हूँ, अम्मा, मुझे छुट्टी चाहिए,'' आशा रानी ने बेपरवाही से कहा। ''क्या बकवास कर रही हो। तुम्हारी उम्र में–थकान ? तुम तो अच्छी-खासी दिखती हो। तुम बिलकुल ठीक-ठाक हो। यही तो समय है पैसा बनाने का,'' अम्मा ने हिकारत से कहा।

''पैसा, पैसा, पैसा ! तुम तो बस यही सोचती रहती हो। देखो, मैं तुम्हारी पैसा पैदा करने की मशीन बन-बनकर तंग आ चुकी हूँ। मैं सबके लिए बहुत कुछ कर चुकी हूँ–तुम्हारे, सुधा के और दूसरे लोगों के लिए–अब, मैं अपने लिए जीना चाहती हूँ, और ज़िंदगी का लुत्फ़ उठाना चाहती हूँ।'' अम्मा उसे घूरने लगी, उसकी आँखें अंगारा हो रही थीं। वह फट पड़ी, ''अहसानफरामोश लड़की ! मैंने इतना कुछ कुर्बान कर दिया–अपनी जवानी, अपना समय, अपनी ताकत। किसलिए ? इसीलिए कि मैं तुम्हें स्टार बना सकूँ। और तुम इस तरह का बर्ताव करती हो अपने घरवालों से ? तुम किसी बेवकूफी-भरी सनक के पीछे, किसी बेवकूफ आदमी के पीछे अपना सब कुछ गँवा देना चाहती हो ? मुझे बताओ, बेबी, क्या वह फ्लॉप ऐक्टर तुम्हारे बुढ़ापे में तुम्हारी देखभाल करेगा ? क्या वह तुम्हारी अम्मा या तुम्हारी बहनों का खयाल रखेगा ? हमें खुद अपने आपको देखना-भालना होगा। कल तुम्हें कोई देखना नहीं चाहेगा। आज तुम मशहूर हो, कामयाब हो। पूरा हिंदुस्तान तुम्हारे कदमों में है। लेकिन लोगों की याददाश्त बहुत कमजोर होती है। अगर तुम फिल्मों से बाहर निकल जाओगी तो दूसरी लड़कियाँ तुम्हारी जगह ले लेंगी और जो प्रशंसक आज तुम्हारे पीछे भागते हैं, वही उन लड़कियों के पीछे भागने लग जाएँगे। दुनिया की यही रीति है। तुम्हारी हेकड़ी से काम नहीं चलेगा। अपनी अम्मा की बात सुनो। और कौन तुम्हें सच्चाई बता सकता है ? और सुनो, अपने मन की बात उस चुड़ैल से कभी मत कहना। इन पत्रकारों का विश्वास कभी मत करना। ये साँप होते हैं–खतरनाक और जहरीले। वह तुम्हें डँसते हुए एक बार भी नहीं सोचेगी !''

''चलो अपनी कार में शहर का चक्कर लगाते हैं या चिड़ियाघर चलते हैं। या गेटवे ऑव इंडिया से लांच-बोट लेकर एलीफैंटा केव्ज देखने चलते हैं। मैं मुंबई में इतने बरस से हूँ, लेकिन मैंने कुछ भी नहीं देखा। बस स्टूडियो और फाइव स्टार होटलों के अंदर ही रही। मैं बाजारों में घूमना चाहती हूँ। कला निकेतन में खरीदारी करना चाहती हूँ। चोर बाजार से कुछ लेना चाहती हूँ–क्या तुम कभी वहाँ गई हो ? अक्षय ने मुझे इस बाजार के बारे में बहुत कुछ बताया है। चलो किसी छोटे से, प्यारे से उडुपी रेस्त्राँ में लंच लेते हैं। चलो तुम्हारे लिए कला निकेतन से साड़ी खरीदते हैं। क्यों न ओबेराय शॉपिंग आर्केड में सैंडिलें देखी जाएँ–कुछ अलग और मजेदार करते हैं आज !'' लिंडा के आते ही आशा रानी ने एक साँस में सब कुछ कह डाला।

लिंडा ने उसे ऐसे देखा, जैसे वह पागल हो। "इसे मजेदार कहती हो तुम ? मेरी जान, ये सब तो हम अपनी जिंदगी में आए दिन करते हैं। एलीफैंटा ! तुम्हें पता है वहाँ आने-जाने में पाँच घंटे से कम नहीं लगनेवाले ? विदेशी लोग भी नाव में बैठने से पहले दो बार सोचते हैं। और तुमने उस भीड़ के बारे में भी सोचा है जो हर जगह तुम्हें घेरेगी ?"

"मैं मेकअप नहीं करूँगी, या मैं बुर्का पहन लूँगी। एक बुर्का मैंने यहीं कहीं रखा हुआ है। इसे मैं अपने शुरू-शुरू के दिनों में पहना करती थी, जब मैं आम लोगों के साथ अपनी फिल्में देखने सिनेमाघरों में जाती थी। फिल्म के बारे में उनकी टिप्पणियाँ सुनने में, उनकी प्रतिक्रिया देखने में बड़ा मजा आता था। कई साल से मैंने ऐसा कुछ नहीं किया है। चलो न !"

"ठीक है," लिंडा ने बेदिली से कहा, "लेकिन पहले, मेरी एक शर्त है। तुम मुझे खास इंटरव्यू दोगी कि तुम फिल्में क्यों छोड़ रही हो और फिर मैं तुम्हारे साथ गली-कूचों में मटरगश्ती करने चलूँगी।"

"शर्त रही," आशा रानी ने विश्वास के साथ कहा।

अक्षय शादी की बात को लेकर बिलकुल भी आश्वस्त नहीं था। "अजय मुझे मार डालेगा," उसने आशा रानी से कहा। "अजय कौन होता है ? तुम्हारा रखवाला ? क्या तुमने उसके लिए काफी कुछ नहीं किया ? अगर तुम यह कहते कि मालिनी परेशान हो जाएगी, तब तो मेरी समझ में भी आता। लेकिन इस समय मैं किसी के बारे में नहीं सोचना चाहती, न उनके बारे में, न अम्मा के बारे में, न प्रोड्यूसरों के बारे में—किसी के भी बारे में नहीं। मैं तो सारा ध्यान बस तुम्हारे और अपने ऊपर लगाना चाहती हूँ, और अपन दोनों की जिंदगी के बारे में !"

"तुमने यह भी सोचा है कि इसके नतीजे क्या होंगे ? हिंदुस्तान में एक बीवी के रहते दूसरी शादी के खिलाफ कानून हैं। हमें कुछ बड़े वकीलों से सलाह-मशविरा करना होगा। लेकिन मैं अपने वकील से बात नहीं कर सकता। वह मालिनी और अजय को बता देगा। वह तमाम मामलों में हमें सलाह देता है। बच्चों के ट्रस्ट की भी वही देखभाल करता है," अक्षय ने अपनी सीट में पहलू बदलते हुए कहा। "मैं सब सँभाल लूँगी। मैं किसी से बात करूँगी। हम कोई-न-कोई हल निकाल लेंगे। तुम बस देखते जाओ," आशा रानी ने कहा।

वह दो दिन बाद आई तो बहुत खुश थी। "अक्षय—मुझे जवाब मिल गया ! हम शादी कर सकते हैं और पूरी दुनिया इसे मानेगी भी !" वह रुककर देखने लगी कि अक्षय पर इसका क्या असर हुआ। अक्षय की आँखों में बचाव का भाव था। "अरे—तुम मुझसे पूछोगे नहीं कि मैंने क्या पता किया है ?" वह हँसते हुए बोली। "बताओ," उसने पूछा। "मुसलमान," वह बोली, "हम दोनों ही मुसलमान बन सकते हैं। बहुत आसान

है। पहले हम किसी काजी के सामने इसलाम कबूल कर लेंगे, अपने नाम बदल लेंगे, और फिर निकाह कर लेंगे—बस इतना ही तो होना है। इस तरीके से, न तो तलाक की जरूरत होगी, न और किसी चीज की। मैं तुम्हारी दूसरी जायज बीवी हो जाऊँगी। मुसलमान तो चार-चार शादियाँ कर सकते हैं, लेकिन तुम तो मेरे बाद तौबा ही कर लेना।''

''मैं जानता था तुम यही सुझाव लेकर आओगी—यह तरकीब पहले भी आजमाई जा चुकी है, तुम्हें पता है। यह तरीका सोचनेवाले हम पहले फिल्मी लोग नहीं हैं,'' अक्षय ने उससे नजरें चुराते हुए कहा। ''अगर दूसरे भी ऐसा कर चुके हैं,'' आशा रानी ने तर्क दिया, ''तब तो यह और भी अच्छा है। हमारी शादी की खबर सुनकर कोई भी ऐतराज नहीं करेगा।''

''तुम बहुत जिद्दी हो। बहुत बेवकूफ भी। क्या तुम सचमुच यही सोचती हो कि यह इतना आसान है ? और क्या लोग इसे इतनी आसानी से स्वीकार कर लेंगे। कहीं कोई हलचल नहीं होगी ! भूल जाओ इसे। और फिर मैं मुसलमान नहीं बन सकता। मेरी आस्था मेरे धर्म में है। मैं अपना धर्म नहीं छोड़ सकता। मैं हिंदू पैदा हुआ था, हिंदू ही मरना चाहता हूँ। मैं अपनी मृत देह अग्नि के हवाले करना चाहता हूँ, मिट्टी के नहीं। मैं अपना नाम बदलकर असलम ख़ान या और कुछ नहीं रखना चाहता। तुमने यह सोच भी कैसे लिया कि इस तरह की कोई बेहूदी तरकीब कामयाब भी होगी ?''

''मैंने सोचा कि यह कामयाब हो जाएगी, क्योंकि मैं इसे कामयाब करना चाहती थी। लेकिन तुम, तुमको तो कोई परवाह ही नहीं है ! तुमने अभी फिर से मुझे इसलिए अपना लिया था क्योंकि तुम्हारा कैरियर डाँवाडोल हो रहा है, और तुम अपनी बीवी से डरते हो। थू है तुम पर, थू है तुम पर...'' यह कहते हुए आशा रानी सोफे पर ढेर हो गई और बेसाख्ता रोने लगी।

जब अम्मा आखिर में चौकीदार से दरवाजा तुड़वाने में कामयाब हुई, तो उसने देखा कि आशा रानी पलंग पर पसरी हुई है। अम्मा ने सबसे पहले दौड़कर उसकी नंगी टाँगों को ढका, क्योंकि वह जानती थी कि चौकीदार इस नजारे को आँखें फाड़-फाड़कर देखेगा। उसने दवाई की खाली बोतल और पानी का अधपिया गिलास अपने कब्जे में ले लिया। उसके पास बरबाद करने के लिए वक्त नहीं था। किसे बुलाया जाए ? वह सोचने लगी, और उसके दिमाग में पहला नाम जो आया, वह था किशनभाई का।

किशनभाई आधे घंटे के अंदर वहाँ पहुँच गया। ''यह पुलिस केस बन सकता है,'' वह आशा रानी की नाड़ी देखने के बाद बोला, ''हम पहले ही इतना वक्त बरबाद कर चुके हैं—चलो इसे पास के प्राइवेट नर्सिंग होम में ले चलते हैं। किसी को खबर मत करना। यह बात प्रेस में नहीं जानी चाहिए। इसका कैरियर इस समय वैसे ही डाँवाडोल है। बदनामी होने पर तो काम ही तमाम हो जाएगा। क्या तुम किसी अच्छे डॉक्टर को

जानती हो ? या मैं अपने फैमिली डॉक्टर से बात करूँ ? कम-से-कम वह बाहर तो इस बारे में किसी को नहीं बताएगा ! कितनी गोलियाँ खाई हैं इसने ? तुम इस तरह की चीजें घर में रखती ही क्यों हो ?''

अम्मा अपने हाथों को मसलते हुए बोली, ''बाबा, मुझे क्या पता था कि यह बेवकूफ लड़की ऐसा कुछ कर लेगी ? मैंने कुछ गोलियाँ अपने ही लिए रख रखी थीं, मुझे रात में आसानी से नींद नहीं आती। हाय भगवान ! किसे पता था यह बेवकूफ लड़की ऐसा करेगी ? ऐम्बुलेंस बुलाऊँ क्या ?''

किशनभाई ने जल्दी से कहा, ''नहीं, नहीं। हम इसे वैन में ले जाएँगे। ड्राइवर को उठाओ। हम ही दोनों को उसे ले जाना होगा। अच्छा यही होगा कि सब कुछ हम खुद ही सँभालें। जिस पल लोगों को इस बात का पता चल गया, आशा रानी का कैरियर खत्म हो जाएगा—यह मुझसे लिखवा लो।''

'आशा रानी ने आत्महत्या की कोशिश की,' यह खबर शाम के एक अखबार में सुर्खियों में थी। इसके नीचे बड़े-बड़े अक्षरों में लिंडा का नाम छपा था। वह इस सनसनीखेज खबर को अपनी पत्रिका में छापने के लिए एक महीना इंतजार नहीं करना चाहती थी, इसलिए उसने उसे अखबार को इस शर्त पर बेच दिया था कि वे इसे पहले पन्ने पर छापेंगे और उसका नाम बड़े अक्षरों में देंगे। इस खबर में आशा रानी की कही ऐसी बातें भरी हुई थीं, जो उसने लिंडा पर भरोसा रखकर उसे बताई थीं। इस खबर में उन तमाम भावनाओं और विचारों का उल्लेख था, जिनको आशा रानी जब-तब लिंडा के सामने अनजाने में ही व्यक्त करती रही थी। उसने तमाम विषयों पर आशा रानी की कही बातों को इस खबर में छाप दिया था। जैसे, फिल्म इंडस्ट्री से उसका मोह टूट जाना, फिल्मों से संन्यास लेने का फैसला, अक्षय से शादी और उसके बच्चे की माँ बनने का फैसला। यह आखिरी बात तो अंतिम चोट थी।

किशनभाई और अम्मा तो अखबार को ताकते ही रह गए। उन्हें विश्वास ही नहीं हो रहा था। ''क्या यह सच है ?'' किशनभाई ने पूछा। अम्मा ने सिर हिला दिया। ''आशा रानी का दिमाग खराब हो गया है,'' वह बोली, ''वह पागल हो गई है। नहीं, मैं सोचती हूँ यह सच नहीं है। उसने मुझसे तो ऐसा कभी नहीं कहा। लेकिन पिछले कुछ दिनों में वह सब कुछ छिपाने लगी थी। वह मुझे कुछ भी नहीं बताती थी। मुझे पक्का विश्वास है कि उस चुड़ैल लिंडा ने ही अपनी खबर को सनसनीखेज बनाने के लिए यह सारी कहानी गढ़ी है। आशा रानी ऐसा कोई कदम नहीं उठानेवाली थी, मैं अपनी बेबी को जानती हूँ। वह नीच औरत ! मैंने बेबी को उसकी तरफ से आगाह किया था। अब आखिर उसकी आँखें खुल जाएँगी। ये सारे पत्रकार एक जैसे होते हैं। उससे तो मैं बाद में निपटूँगी—लिंडा की बच्ची ! बेचारी, बेचारी बेबी !''

भाग : दो

- आशा रानी
- जैमी (जे) फिलिप्स
- सुधा रानी
- अप्पा
- जोजो
- गोपालकृष्णन
- शोनाली
- साशा

आशा रानी

आशा रानी को नीमबेहोशी की हालत से निकलने में दो दिन लग गए। जब वह होश में आई तो उसे कुछ भी नहीं सूझ रहा था कि वह कहाँ है और कैसे है। लेकिन जैसे ही उसका दिमागी धुँधलका छँटा, उसने छूटते ही अक्षय के बारे में पूछा, ''वह ठीक तो है ?''

अम्मा और किशनभाई ने आशा रानी के इस सवाल पर एक-दूसरे को देखा। तभी आशा रानी का ध्यान एक कोने में मँडराते किशनभाई की ओर गया। ''यह यहाँ क्या कर रहा है ? इसे अंदर किसने आने दिया ?'' आशा रानी ने कहना शुरू किया तो किशनभाई ने उसके हाथ पर अपना हाथ रखकर उसे चुप कराते हुए कहा, ''अपने आप पर जोर मत दो। आराम करने की कोशिश करो। थोड़ा तनाव से बाहर निकलो। सब कुछ ठीक है। सब लोग ठीक हैं।'' आशा रानी ने उठने की कोशिश की, लेकिन उठ नहीं पाई। ''मैं इस भयंकर कमरे में क्यों हूँ ?'' वह बोली, ''मैं घर जाना चाहती हूँ ! मुझे फौरन घर ले चलो। मैं यहाँ नहीं रुकूँगी !''

अम्मा ने उसे अपनी बाँहों में ले लिया। ''तुम्हें यहाँ कुछ दिन और रहना होगा,'' वह बोली, ''मैं भी यहाँ रहूँगी। तुम चाहोगी तो मैं मद्रास से सुधा को बुला लूँगी। तुम किसी बात की चिंता मत करना। किशनभाई अब यहीं है।''

''मैं इससे नफरत करती हूँ,'' आशा रानी ने सिसकते हुए कहा, ''मैं इससे नफरत करती हूँ कि इसने मुझे इंडस्ट्री में धकेला, मेरी जिंदगी तबाह की। मैं इसे कभी माफ नहीं करूँगी, कभी नहीं। अब मुझे घर ले चलो। मैं घर जाना चाहती हूँ !''

आशा रानी पंद्रह दिन बाद ही लिंडा की वह खास खबर पढ़ पाई। घर का फोन लगातार घनघना रहा था। अखबारवाले इस हादसे का पूरा ब्यौरा जानने को उतावले थे। लेकिन अम्मा पत्रकारों को मूर्ख बनाकर टालती रही। कई पत्र-पत्रिकावाले तो पहले ही आत्महत्या के बारे में अपने ढंग से कहानियाँ छाप चुके थे। सभी प्रमुख फिल्मी पत्रिकाओं के मुखपृष्ठ पर उसकी तसवीरें छप चुकी थीं और एक राजनीतिक साप्ताहिक ने 'सुर्खियों में' वाले कॉलम में उसके बारे में छापा था। उसके आत्महत्या के प्रयास में अक्षय की भूमिका को तो अखबारवालों ने बड़ा चटपटा बनाकर और बढ़ा-चढ़ाकर पेश

किया था। और इनमें मालिनी के भी कई बॉक्स इंटरव्यू छपे थे, जिनमें उसने यही नजरिया रखा था कि 'हमारा इससे कुछ भी लेना-देना नहीं है।' इस तरह के इंटरव्यू में उसने 'हम' का इस्तेमाल जान-बूझकर किया था—'हम', यानी वह खुद और अक्षय।

इनमें से कुछ खबरें बिलकुल बकवास थीं, तो कुछ कलुषता से भरीं। इनमें अक्षय और आशा रानी को आधुनिक युग की सलीम-अनारकली की जोड़ी बताया गया था, और एकतरफा प्यार के बारे में कुछ बेसिर-पैर की तीखी बातें भी कही गई थीं।

आशा रानी के पास अभी तक लोगों के खत और फूलों के गुच्छे आ रहे थे। इनमें से फूलों का एक गुच्छा और कार्ड लिंडा का भी था। अम्मा ने इसे देखा तो इस तरह काँप गई, जैसे इसमें कोई बहुत छूतवाली और गंदी चीज हो। उसने चुपचाप गुलाबों को मसल दिया और कार्ड को फाड़ डाला। "गुस्ताख औरत," आशा रानी ने उसे किशनभाई से कहते सुना, "मैं बताऊँगी उसे तो। मान-हानि का मुकदमा तो बहुत महँगा पड़ेगा और आखिर में उससे हमारी बेबी को ही नुकसान होगा। लेकिन मैं अमीरचंद से बात करूँगी। वही इस चुड़ैल का दिमाग ठिकाने लगाएँगे।"

अखबारवालों को दिए अपने बयानों में मालिनी ने इस बात पर खास जोर दिया था कि खुद आशा रानी ही हमेशा उसके पति के पीछे पड़ी रहती थी, जबकि वह साफ-साफ कह चुके थे कि उनकी उसमें कोई दिलचस्पी नहीं है। अजय को भी इन खबरों में यह कहते हुए बताया गया था, "मेरे भाई से तो न जाने कितनी औरतें प्यार करती हैं। तो क्या उसे जिम्मेदार ठहराया जाएगा, अगर उनमें से कोई औरत हताश होकर आत्महत्या की कोशिश करती है ?"

केवल अक्षय ही ऐसा था जिसने कोई इंटरव्यू नहीं दिया था। वह रूखा और दुर्लभ हो गया था। उसने अपने आपको एक अशुभ चुप्पी में समेट लिया था। आशा रानी को उसकी इस उदासीनता ने तोड़कर रख दिया। न तो वह किसी अफ़वाह की पुष्टि ही कर रहा था और न ही किसी अफवाह को गलत बता रहा था। उसे इस बात से तो और भी दुख पहुँचा था कि उसने उन दोनों के संबंधों को भी मानने से इनकार कर दिया था। उसे मलाल इस बात का था कि अक्षय ने उसका कहीं नाम तक नहीं लिया था। मानो, उसके लिए, आत्महत्या की कोशिश कामयाब हो गई थी, और आशा रानी का वजूद मिट गया था। लेकिन आशा रानी अब भी उससे मिलने को तड़पती थी। उसकी छुअन की अब भी भूखी थी वह। वह अब भी अपने पास आनेवाले फूलों के गुच्छों और कार्डों को टटोलती थी कि कहीं किसी में उसकी जानी-पहचानी लिखावट दिखाई दे जाए। उसका लिखा एक शब्द, एक निशान दिखाई दे जाए। वह एक दिन में कोई छह बार अम्मा से यह पूछ लेती थी कि अक्षय का कोई संदेश तो नहीं आया, और अम्मा यह बहाना कर देती थी कि उसने नहीं सुना और तकियों को पीटने लगती थी।

एक अजीब बात यह हुई कि आशा रानी की आत्महत्या की कोशिश ने अक्षय के कैरियर को थोड़ी और गति दे दी। किशनभाई ने इसे इस तरह समझाया, "आशा रानी ने उसे एक बार फिर हीरो बना दिया है। आशा रानी उसके लिए मरने तक को तैयार हो गई, इसी बात ने उसे लोगों की नजर में सुपर स्टार बना दिया है। वे तो यही सोचते हैं न कि उसमें कोई तो ऐसी बात जरूर होगी जो आशा रानी जैसी हीरोइन उससे—इस हद तक प्यार करती है। चलो, उठा लेने दो अक्षय को फायदा। यह उसका नसीब ही है। हमें तो अपनी लड़की की चिंता करनी है। इसे एक महीने के अंदर फिर से शूटिंग शुरू कर देनी होगी, नहीं तो उसकी जो फिल्में इस समय शूटिंग में चल रही हैं, वे भी उसके हाथों से निकल जाएँगी।"

किशनभाई ने अम्मा को यह हिदायत दी कि वह आशा रानी को सही खुराक देना न भूले। उसे काफी मात्रा में फलों का रस, दही और छिले हुए मेवे दिए जाएँ, जिससे उसके चेहरे की रंगत लौट आए।

लेकिन आशा रानी उनका साथ देने के मूड में नहीं थी। वह बेचैन और दुखी थी और हर वक्त अक्षय के ही लिए परेशान रहती थी। उसने नई स्क्रिप्टों को देखने से भी इनकार कर दिया और एक प्रतिष्ठित टी.वी. धारावाहिक के लिए आए प्रस्ताव पर विचार करने से भी मना कर दिया। "काम करने से ही तुम्हारे घाव भरेंगे," अम्मा ने कहा, "तुम्हें फिर से स्टूडियो जाना शुरू करना चाहिए। सब कुछ भुलाने का यही एक तरीका है। क्या पता, तुम्हारे सितारे सही हुए तो तुम्हें सही मर्द भी मिल सकता है। यह मत सोचना कि मैं अपने भले के लिए यह सब कह रही हूँ। मैं चाहती हूँ कि तुम शादी कर लो। चाहती हूँ कि तुम्हारा घर बस जाए। लेकिन उससे पहले तुम्हें अपनी जिंदगी को तरतीब देनी होगी। उस हरामी का मन बदलने की आस में मत बैठी रहो। सारे मर्द एक जैसे होते हैं। वह अपनी बीवी को कभी नहीं छोड़ेगा। अब तो तुम्हारी बदौलत उसका कैरियर भी चमक रहा है। अब उसे तुम्हारी जरूरत नहीं रह गई है। तुम्हारा यह जुनून फिजूल है, इस बात को तुम जितनी जल्दी समझ लो, तुम्हारे लिए उतना ही अच्छा रहेगा।"

आशा रानी जानती थी कि अम्मा सही कह रही है, लेकिन अक्षय की याद रात-दिन उसे सताती रहती थी। दिन का एक भी पल ऐसा नहीं जाता होगा, जब वह अक्षय के बारे में और उसके साथ बिताए वक्त के बारे में न सोचती हो। वह भावावेग में टूटकर रो पड़ी और बोली, "इसका कोई फायदा नहीं होगा, अम्मा ! मैं उसे नहीं भूल सकती। मेरे सामने उसे भला-बुरा मत कहो। वह मेरा देवता है। मैं उसकी पूजा करती हूँ। अगर वह अपने में सिमटा हुआ है, तो उसके अपने कारण होंगे। मैं उसके फैसले को सही मानती हूँ।"

जहाँ तक अक्षय की बात है, तो उसने फैसला करने का काम अजय पर छोड़ दिया और

इस बार भी अपने भाई की सलाह को माना। "उस औरत को भूल जाओ," अजय ने अक्षय से कहा, "वह तुम्हारे लायक नहीं है। वह तो एक घटिया, गिरोहबाज औरत है। मैं तुम्हें उससे भी अच्छी लड़कियाँ दूँगा—उससे कमसिन, उससे ज्यादा खूबसूरत। मैं यह नहीं कह रहा कि तुम अपनी बीवी के प्रति वफादार रहो। हिंदुस्तान का सबसे बड़ा, दमदार मर्द होने के नाते यह तुम्हारा फर्ज बनता है कि तुम दुनिया की सबसे खूबसूरत औरतों का मजा लूटो। लेकिन बस उस मर्दखोर औरत को छोड़ दो।"

लेकिन अजय और मालिनी बस एक बात का जवाब नहीं ढूँढ़ पाए। वह था अपराध और नुकसान का मिला-जुला बोध, जो अक्षय की जिंदगी को अंदर ही अंदर खाए जा रहा था। अक्षय ने सितार सीखना शुरू कर दिया था और इस बहाने वह अपने कमरे में कई-कई घंटे बंद रहता था। जब मालिनी उससे पूछती कि वह अकेले क्या कर रहा था, तो उसका एक ही जवाब होता 'रियाज'। वह अक्सर ही मूडी, अलग-अलग और हाँफा-सा रहता था, और अब न उसके पास वह खूबसूरती रह गई थी, न वह व्यक्तित्व। वह मरियल-सा हो गया था और उसकी आँखें धँस गई थीं। वह एक बरबाद, अभिशप्त आदमी दिखाई देता था।

एक दिन रीता यह देखने वहाँ आई कि आखिर माजरा क्या है। अक्षय की दो फिल्मों में रीता के पति का पैसा लगा था। मालिनी ने उसे अंदर बुला लिया और खाने-पीने में उसका ध्यान लगाने की कोशिश करने लगी, "एक और समोसा लो न ! थोड़ी कोल्ड कॉफी तो चलेगी ?—मुंबई की सबसे बढ़िया कॉफी है, जी !" रीता एक के बाद एक चीज गड़प करती गई और उसका मुँह लगातार चलता रहा, लेकिन उसकी आँखें अपलक अक्षय के दरवाजे पर ही लगी रहीं। आखिर में उसने कह ही दिया, "अब मैं मतलब की बात पर आ ही जाऊँ। मालिनी जी, मैं अक्षय जी के बारे में पता करने आई हूँ। क्या हुआ है उन्हें ? तुम जानती हो कि तुम मुझ पर भरोसा कर सकती हो। नर्वस ब्रेकडाउन है या...?"

मालिनी हँस दी। उस हँसी में तनाव था। उसने कहा, "ऐसी कोई बात नहीं है। अक्षय ठीक है। वह कुछ ज्यादा ही मेहनत कर रहा है, लेकिन पंद्रह दिन आराम कर लेने के बाद वह तरोताजा होकर फिर से स्टूडियो जाने लगेगा।" रीता ने एक गुलाब जामुन उठाकर मुँह में रखते हुए कहा, "तुम मुझसे कुछ छिपा तो नहीं रही न ? मैं तो पता नहीं क्या-क्या किस्से सुन रही हूँ।"

"सब बकवास है, रीताजी," मालिनी ने रीता की प्लेट में एक और गुलाब जामुन रखते हुए कहा, "अफवाहें हैं बस, और कुछ नहीं। लोग जलते जो हैं। उसके प्रतिद्वंद्वी हीरो लोग यह सब बकवास फैला रहे हैं। यह सही नहीं है। अक्षय थोड़ा थका हुआ है, बस। मैंने तुम्हें अपने नए जापानी मोती तो दिखाए थे न ?"

लेकिन वह रीता का ध्यान नहीं हटा पाई। "क्या इसका ताल्लुक आशा रानी के लफड़े से है ? मैंने सुना है वह सब अक्षय की वजह से हुआ था।"

"बकवास ! अक्षय का उस औरत से क्या लेना-देना। इस घर में तो हम उसका

नाम भी नहीं लेते। यह सब उसकी हवाई कल्पना है। बेचारा अक्षय क्या कर सकता है ? उसने उस औरत से हजारों बार कह दिया, 'सपने देखना बंद कर दो।' लेकिन फिर उसने यह कहना भी छोड़ दिया, कि कहीं उसे इसी से बढ़ावा न मिले। वह औरत तो पागल है। मेरा खयाल है—हमारा खयाल है—उसे दिमागी इलाज की जरूरत है। वह कुछ पागल-सी हो गई है, उसे मदद की जरूरत है। वह पागल हो गई है," मालिनी ने कहा। उसका इरादा इतना तल्ख होने का नहीं था।

"वह उससे शादी करने को राजी हो गया था, तुम्हें पता है ? बहुत भरोसे के लोगों ने मुझे यह जानकारी दी है," रीता ने चिकने छेने के लड्डुओं की प्लेट की तरफ गौर करते हुए कहा। मालिनी ने कुछ समय प्याली में चाय उँडेलने में लगा दिया और फिर जान-बूझकर बोली, "वह औरत तो अक्षय को नुकसान पहुँचाने और हमारा घर-बार उजाड़ने के लिए कुछ भी कर सकती है। जब उसने देखा कि वह कहीं की नहीं रही, तो अक्षय के साथ अपनी शादी के बारे में ये बेहूदा किस्से फैलाने शुरू कर दिए। कैसी शादी ? क्या हमारा तलाक हो गया ? अक्षय ने तो यह गंदा शब्द इस घर में अपनी जबान से भी नहीं निकाला। बेचारी हताश औरत ! मुझे उस पर तरस आता है। वह अपनी ही दुनिया में रहती है। शादी ! ओह ! जैसे मेरा पति बिलकुल पागल हो गया है।"

फिर वह हुआ जिसकी उम्मीद नहीं थी। रीता मुलायम पड़ गई और उसने मालिनी का हाथ पकड़ लिया। वह बोली, "गरम मत हो, यार ! शादीशुदा औरतों की जिंदगी में ये बातें तो होती ही रहती हैं। कभी-न-कभी हम सभी इन्हीं हालात से गुजरी हैं। इसमें अपना आपा खोने से कोई फायदा नहीं है। हम पहले भी इस तरह की बातचीत कर चुके हैं। लेकिन एक बात तो मैं तुमसे फिर कहूँगी। अगर तुम अपने पति को वापस पाना चाहती हो—मेरा मतलब है सचमुच वापस, केवल शरीर से ही नहीं—तो उसके साथ अच्छा बरताव करो। उसके साथ प्यार से पेश आओ। उसे इसकी जरूरत है। वह अकेला और हारा हुआ लगता है।

"देखो यार, तुम यह कह सकती हो कि इस सबसे मेरा कुछ लेना-देना नहीं है, और तुम मुझे भला-बुरा कह सकती हो। लेकिन उसका फायदा क्या होगा ? मैं तुम्हारी दोस्त हूँ—मैं पूरी इंडस्ट्री की दोस्त हूँ। मैं चाहती हूँ कि हम सभी अच्छे रहें, अच्छी तरह से रहें, खुश रहें। कारोबार में तो, मैं मानती हूँ, मैं अपना मतलब देखती हूँ, लेकिन उससे अलग मैं एक बड़ी दीदी की हैसियत से तुम दोनों के बारे में चिंतित हूँ, क्योंकि मैंने दुनिया देखी है।

"ये आदमी, हमारे फिल्मी आदमी, बहुत असुरक्षित हैं, चाहे वे कितने ही कामयाब क्यों न हों। सच तो यह है कि वे जितने अधिक कामयाब होते हैं, उतने ही बदतर अपने आपको महसूस करते हैं। मेरे पति को ही ले लो। हरेक हिट फिल्म के साथ वह और भी दुखी हो जाते हैं। एक फिल्म चली नहीं कि तुरंत अगली फिल्म पर उनका ध्यान जाता है—'उस फिल्म में मैं पैसा कमाऊँगा या सब कुछ गँवा दूँगा ?' तुम्हारे पति के

साथ भी यही है। 'क्या मेरी अगली फिल्म पिट जाएगी ? या हिट हो जाएगी ?' 'क्या प्रोड्यूसर लोग इसके बाद भी मेरे दरवाजे पर भीड़ लगाएँगे ?' 'क्या मेरे प्रशंसक मुझे छोड़ जाएँगे ?' ऐसे ही मौकों पर आदमी को एक समझदार औरत की जरूरत होती है।

"हम औरतों की परेशानी यह है कि हम लालची हो गई हैं। बहुत ज्यादा लालची हो गई हैं। और हम अपनी शादी के बाद की जिंदगी से कुछ बड़ी चीजों की उम्मीद करती हैं। मुझे ही देख लो। इस आदमी के साथ रहते हुए मुझे बीस साल से भी ज्यादा हो गए और फिर मैं उससे यह उम्मीद करती हूँ कि वह मेरा जन्मदिन याद रखे, हमारी शादी की वर्षगाँठ याद रखे। तोहफे दे। दावत करे। क्या बेवकूफी है ! मैं अपने मन में कहती हूँ, 'बेवकूफ मत बनो, यार !' आदमी शुरू के दो या तीन सालों के बाद ये बातें भूल जाते हैं। हम औरतें फिल्मों में जैसा रोमांस देखती हैं, वैसा ही अपनी जिंदगी में भी चाहती हैं। हम चाहती हैं कि हमारे पति हमारे कदमों पर बैठें और हम गाने गाएँ और उन्हें अंगूर खिलाएँ। हम उन्हें गुलाम बनाकर रखना चाहती हैं और चाहती हैं कि वे हमारी हरेक बात को सुनें। और हम उनसे बात क्या करती हैं ? 'आज नौकरानी नहीं आई' या, 'सुनो जी, जौहरी का पैसा देना है।' हम हवाई कल्पनाएँ करती हैं। हम उनसे माँग यह करती हैं कि हमारे साथ बातचीत रखी जाए, हमें तवज्जो दी जाए, हमारी बड़ाई की जाए। अरे बाबा, भूल जाओ इसे। हमें तो इस बात पर खुश होना चाहिए कि वे हमें पीटते नहीं, जलाते नहीं, सताते नहीं, हमारी बेइज्जती नहीं करते, हमें धक्के देकर निकालते नहीं। बस।"

जब रीता ने अपनी बात खत्म की तब तक मालिनी का ध्यान पूरी तरह से उसकी तरफ हो चुका था। रीता ने प्यार से एक बाँह मालिनी के गले में डाल दी और कहा, "चलो, चलकर अक्षय से मिलते हैं। शायद वह अकेला महसूस कर रहा हो।"

अम्मा की देखरेख में, आशा रानी की सेहत सुधर रही थी। लेकिन वह बिलकुल बुझी-बुझी लगती थी और किसी से बातचीत करने की इच्छुक भी नहीं दिखती थी। "अम्मा, मुझे मद्रास ले चलो," वह यही फरियाद करती रहती थी, "मैं तिरुपति जाना चाहती हूँ। मैं भगवान से वह चीज माँगना चाहती हूँ जिसके लिए मैं अपनी जिंदगी तक देने को तैयार थी। तुम्हें मुझको नहीं बचाना चाहिए था, अम्मा ! तुम्हें मुझको मर जाने देना चाहिए था।"

अम्मा की चिंता अनुचित नहीं थी। उसने अकेले में किशनभाई से कहा भी, "वह कमजोरी महसूस कर रही है, बस। मैं इस समय उसे कैसे ले जा सकती हूँ ? उसके प्रोड्यूसर वैसे ही चिल्ला रहे हैं। उनकी तरफ भी आशा रानी की कोई जिम्मेदारी बनती है।"

किशनभाई ने अम्मा का दिमाग पलटने की बहुत कोशिश की। "मद्रास जाकर उसे फायदा होगा," उसने कहा, "उसे घर का बना खाना मिलेगा। वह अपने लोगों के बीच

रहेगी। उसे थोड़ी छुट्टी कर लेने दो। और फिर वह इस सारे लफड़े से भी दूर रहेगी—अक्षय से, अभिजित से।'' लेकिन अम्मा ने उसकी एक न सुनी। दस दिन के अंदर ही उसने आशा रानी को एक बार फिर स्टूडियो भेजना शुरू कर दिया, ''काम करो, मेरी बच्ची, काम करो। हर चीज का सबसे बढ़िया इलाज है यह।''

आशा रानी को रोज सुबह भीड़-भाड़वाली सड़कों और तंग गलियों में होकर एक अंतहीन यात्रा पर निकलने से डर लगता था। उसे डर लगता था गर्म लाइटों और उन लोगों के ठंडे तेवरों को झेलने जाने से, जो उसे बिलकुल नहीं समझते थे। इस पूरे सफर में उसे बस एक टुकड़ा अच्छा लगता था। वह था छोटी सी महिम खाड़ी के आसपास का इलाका, जहाँ सड़क एयरपोर्ट के लिए मुड़ जाती थी। उसे याद है कि जब वह पहली बार मुंबई आई थी, तो वहाँ मछुआरों का गाँव और सूर्यास्त के समय लहराते पालों को देखकर कितनी मुग्ध हो गई थी। मछुआरे लोग कितने सुखी दिख रहे थे, और कितने मेहनती भी। वे अपनी नावों से परे की दुनिया की तरफ से कितने बेपरवाह दिख रहे थे। वहाँ से कुछ ही मीटर की दूरी पर शहर की मुख्य सड़क थी, जहाँ रात-दिन कारों का ताँता लगा रहता था। अगर उन्हें चौराहे पर हरी बत्ती के इंतजार में खड़ी ट्रकों, टैक्सियों और कारों के लगातार बजते भोंपुओं की आवाजें सुनाई देती भी होंगी, तो उनके हाव-भाव से ऐसा कुछ दिखाई नहीं देता था। उनके चेहरों पर तो पूरी तल्लीनता का ही भाव होता था। औरतें सीधे मुख्य सड़क के गर्म कोलतार पर झिंगा मछलियों को सुखाती होती थीं, और उनके नंग-धड़ंग बच्चे अपने बिलकुल पास से गुजरते बड़े-बड़े ट्रकों से बेखबर धड़ल्ले से वहीं खेलते होते थे। क्या ये औरतें अपने भविष्य के बारे में कभी चिंता करती हैं ? आशा रानी अक्सर सोचा करती थी। खासतौर पर यह सवाल उसके मन में तब आता था जब वह इन औरतों को बारिश से बचने के लिए रेत पर खड़ी नावों के अंदर जमा देखती थी।

एक बार उसे मौज आई कि वह महिम चर्च पर रुकेगी। उस समय उसके पास गोवा की एक नौकरानी थी, जिसने अपने इंटरव्यू के समय ही एक बात साफ कर दी थी, ''मैडम, मुझे हर बुधवार की शाम को दो घंटे की छुट्टी चाहिए होगी।'' आशा रानी ने जब पूछा कि क्यों, तो उसने जवाब दिया था, ''नोवेना।'' जब आशा रानी ने नोवेना के बारे में पूछा तो वह बोली थी, ''मैडम, आपको 'नोवेना' के बारे में नहीं पता ? हम महिम चर्च में कुँआरी मरियम के पास जाते हैं और उससे कुछ माँगते हैं। हम केवल बुधवार को मिलती हैं। हम उससे मन्नत माँगते हैं और जब हमारी मन्नत पूरी हो जाती है तो हम उसे भेंट चढ़ाते हैं—इक्कीस बुधवारों के बाद। मैडम, वहाँ हर तरह के लोग आते हैं, केवल कैथोलिक ही नहीं। माँ बहुत दयालु है। वह सभी को देती है।'' आशा रानी अपनी नौकरानी की स्पष्ट निष्ठा और विश्वास से बहुत प्रभावित हुई और उसने अगले बुधवार को चर्च जाने का इंतजाम कर दिया। चर्च में घुसने पर वह अभिभूत हो गई थी और लोगों की भारी भीड़ देखकर उसमें आश्चर्यजनक रूप से विनम्रता का भाव आ गया था। लोग प्लास्टिक के हाथ-पाँव, मोम के शिशु, खिलौना, मकान, मोमबत्तियाँ

और मालाएँ लिए हुए थे। वह लोगों की भीड़ के साथ चर्च के अंदर पहुँच गई थी। यह बहुत ही बड़ी जगह थी और जब उसने मुख्य वेदी को देखा तो चकित रह गई। वह बेहद खूबसूरत होते हुए भी बेहद सादा थी। भीड़ पूरी तरह से अनुशासन में थी। हर व्यक्ति अपनी आस्था में लीन था। हर कोई पूरी भावना के साथ मन्नत माँग रहा था, आस बाँध रहा था, प्रार्थना कर रहा था कि उदास आँखोंवाली कुँआरी मरियम उनकी मनोकामना पूरी करेंगी। इसे देखकर उसे तिरुपति की याद हो आई थी, बल्कि अम्मा ने तिरुपति के बारे में जो कुछ बताया था, उसकी याद हो आई थी। उस शाम उसने कुछ नहीं माँगा था। बस सादा-सा नमस्कार किया था और घर आ गई थी।

लेकिन आज, वह अपनी जिंदगी के लिए, अक्षय के लिए भीख माँगने आई थी। उसे यह महसूस करके बहुत निराशा हुई कि उसने माँ के माथे पर अपने लिए सहानुभूतिहीनता की शिकन देखी है।

अभिजित आत्महत्या की खबर सुनकर आशा रानी के घर पहुँचा था, लेकिन चौकीदार ने उसे अंदर नहीं जाने दिया था। उस दिन से वह रोज आशा रानी को फूल और चिट्ठियाँ भेज रहा था। अम्मा इस मामले में किशनभाई की सलाह पर चल रही थी। ''अभिजित अभी तक बच्चा है,'' उसने अम्मा से कहा था, ''उसका बाप पूरा दादा है। अगर उसे इस लफड़े के बारे में पता चल गया तो वह हमें कहीं का भी नहीं छोड़ेगा। मैंने सुना है कि अमरीश भाई की बहू को पहला बच्चा होने को है। उस नए बकरे को यहाँ मत आने देना !''

आखिर उसकी मुलाकात आशा रानी से हो ही गई। वह उसे फिल्म सिटी स्टूडियोज में मिली, जहाँ वह तुषार के राम की सीता बनी हुई थी। जब आशा रानी की नजर अभिजित पर पड़ी, वह वहाँ खड़ा अपनी कार की चाबियों को घुमा रहा था। उसे देखकर आशा रानी की आँखें थोड़ी देर को चमक उठीं। इस समय वह बेहद अकेला महसूस कर रही थी, क्योंकि लिंडा भी उसे उसके हाल पर छोड़कर उसकी जिंदगी से किनारा कर गई थी। लिंडा, जो मुंबई में और मुंबई के साथ उसका एक बड़ा संपर्क सूत्र थी, उसकी जिंदगी से जा चुकी थी; और फिल्म इंडस्ट्री के साथ उसका अकेला संपर्क सूत्र–अक्षय–और इंडस्ट्री में जमे रहने का अकेला प्रेरणा स्रोत–अक्षय–भी जा चुके थे।

उसके मन में फौरन यह बात आई कि अभिजित काफी अच्छा लग रहा था। शादी सचमुच उसे रास आई थी। उसने उसके पास आकर गर्मजोशी के साथ कहा, ''तुम्हें देखकर बहुत अच्छा लगा। तुम अच्छी लग रही हो। लाख डॉलरों जैसी, सच ! मैंने उस समय तुमसे मिलने की कई बार कोशिश की जब तुम...मेरा मतलब है, जब तुम बहुत अच्छी नहीं थी। लेकिन...'' ''शादी तुम्हें रास आई है,'' आशा रानी ने बातचीत का विषय बदलने की गरज से चहकते हुए कहा। ''शादी नहीं,'' उसने आशा रानी को सुधारते हुए कहा, ''स्विट्जरलैंड। मैं दो महीने बाहर ही रहा। अभी-अभी लौटा हूँ।

तुमसे मिले बिना रहा नहीं गया। क्या तुम खाली हो, मेरा मतलब है, इन सबसे फुर्सत पा ली ? सीता, हुँह ! बुरा नहीं है। इस फिल्म के बाद सारा हिंदुस्तान तुम्हारे कदमों पर दंडवत करेगा। असली देवी लगोगी तुम !''

''यह पुरानी सीतावाली कहानी नहीं है। हमने सीता को औरतों की आजादी का खयाल रखनेवाली नए जमाने की औरत के रूप में पेश किया है। लेकिन जो भी हो, मुझे यह रोल करने में मजा आ रहा है,'' आशा रानी ने हँसते हुए कहा। ''अग्नि-परीक्षा भी ?'' उसने पूछा। ''अभी तक तो-नहीं,'' आशा रानी ने जवाब दिया, ''शायद हम कोई नई बात लेकर आएँ। तो ठीक है, इस शिफ्ट के बाद मिलते हैं।''

अभिजित खुश दिखने लगा। ''मुझे यकीन नहीं हो रहा है। मैं सही सुन रहा हूँ ?'' वह बोला, ''मैं तो यही सोचकर आया था कि तुम मुझे भगा दोगी। मैं तुम्हें बताऊँगा नहीं कि मैंने तुम्हारे गुरखा को कितनी घूस दी, तब जाकर उसने मुझे सेट्स पर आने दिया। यहाँ तो अच्छी-खासी सिक्योरिटी लगी हुई है। शायद उसने सोचा होगा कि मैं किसी मुखालिफ प्रोड्यूसर के खेमे का जासूस हूँ। तो, मैं यहाँ इंतजार करूँ या बाद में आ जाऊँ ? वैसे, यहाँ आसपास खोजी रिपोर्टर तो मौजूद नहीं हैं ? मुझे उनसे बहुत डर लगता है। मैं नहीं चाहता कि बुढ़ऊ को इस बात का पता चले। वह तो यही सोचे बैठे हैं कि मैं उस फैक्ट्री का मुआयना करने गया हूँ, जिसे वह लेने की सोच रहे हैं। मुझे ड्राइवर से भी छुटकारा पाने के लिए तिकड़म करनी पड़ी है। वह साला पक्का जासूस है। बुढ़ऊ ने उसे केवल इसीलिए नौकरी पर रखा है कि वह मेरी और मेरे कारनामों की जासूसी करेगा। या शायद वह निकिता का तनख्वाहदार है। पता नहीं क्या है। मेरे लिए तो पक्का सिरदर्द है !''

आशा रानी पूरी तन्मयता से मुसकराई। ''दो घंटे में मिलती हूँ तुमसे,'' उसने कहा, ''तब तक कार में आसपास घूम क्यों नहीं लेते ? काफी खुशगवार माहौल है यहाँ का, अब बारिश हो जाने के बाद तो खासतौर पर। सब कुछ इतना हरा-भरा और प्यारा है।''

''नहीं, शुक्रिया ! मैं सोचता हूँ मैं लीला केंपिंस्की में तुम्हारा इंतजार करूँगा। मुझे वहाँ का वाटरफॉल कैफे अच्छा लगता है। तुम्हें बताऊँ, मैं एक कमरा ले लूँगा और तुम मुझे वहीं मिलना। क्या खयाल है ?'' अभिजित ने कहा। आशा रानी हिचकिचाई। ''अम्मा आजकल मेरे साथ है,'' वह बोली, ''अगर मैं घर नहीं पहुँची तो वह पुलिस भेज देगी। वह तो बॉडीगार्ड से भी बढ़कर है। बाबा–तुम्हारा ड्राइवर तो अम्मा के मुकाबले कुछ भी नहीं है।''

''तुम अम्मा को सँभालो, और मैं तुम्हें और खुद को सँभालूँगा ! जल्दी मिलते हैं। तुम सुंदर लग रही हो, और सेक्सी भी। मैं तो अब तुम्हारे कपड़े उतारने को बेताब हूँ।''

अभिजित ने आशा रानी का दिमाग अक्षय की तरफ से हटा दिया। जब वह उसके कमरे में आई तो अभिजित यह जिद पकड़ बैठा कि वह उसके साथ शराब पिए। ''आओ

जश्न मनाते हैं," वह शैम्पेन की बोतल खोलते हुए बोला। आशा रानी ने पहले तो ना-नुकुर की, लेकिन जब देखा कि अभिजित के लिए यह कितना बड़ा मौका है तो आखिर में राजी हो गई। उसे यह शराब बिलकुल भी अच्छी नहीं लगी। उसने शैम्पेन पहली बार नहीं चखी थी, लेकिन जब-जब भी उसने शैम्पेन का गिलास गले से उतारा था, उसकी प्रतिक्रिया यही रही थी, 'लोग ऐसी खट्टी चीज क्यों पीते हैं ?' शैम्पेन पीकर उसका सिर चकराने लगता था। अभिजित ने उससे कहा, "तुम फिल्मवाले जानते ही नहीं कि शैम्पेन को कैसे पीते हैं। यह ठर्रा नहीं है कि गटागट चढ़ा लिया। यह नाजुक और नफीस चीज है। शैम्पेन महज शराब नहीं है, यह तो एक मनोदशा है। मैं तुम्हें सिखाऊँगा कि शैम्पेन को किस तरह सराहा जाए, कैसे चाहा जाए। शैम्पेन तो जश्न है। यह कई तरह की होती है। चलो मैं तुम्हें शैम्पेन का पहला पाठ पढ़ाता हूँ। मसलन—इस गिलास को ही लो। यह सही नहीं है। शैम्पेन को खड़ी नालियोंवाले गिलास में पीना चाहिए, जिससे उसके बुलबुले अंदर ही रहें। इस बोतल को देखो और यह भी देखो कि इसे किस तरीके से ठंडा किया गया है। यह भी गलत है। विंटिज भी गलत है। लेकिन छोड़ो यह सब। हम इस बारे में बाद में बात करेंगे। ये सब बारीक बातें हैं। तुम बस इतना जान लो कि शैम्पेन के साथ तुम कभी अकेली नहीं होतीं—तुम्हारे साथ ये सारे लाखों बुलबुले होते हैं। अब, जरा अच्छी लड़की बनो और संभ्रांत महिला बनो और एक घूँट भरो। लेकिन गिलास को बहुत झुकाना नहीं। अब शैम्पेन को अपने मुँह के अंदर जीभ से घुमाओ, देखो, इस तरह। और जो मैं दे रहा हूँ, उसका एक कतरा खाओ। क्या तुमने पहले कभी कैवीआर खाया है ? कभी नहीं ? हे भगवान ! कैसी जंगली औरत हो तुम ? नहीं, ये पपीते के बीज नहीं हैं। मैं तुम्हें कैवीआर का स्वाद लेना भी सिखाऊँगा। यह मत पूछना कि यह क्या है। अगर मैं तुम्हें बता दूँगा तो तुम शायद यहीं उलट दोगी। मेरी शैम्पेन भी बेकार जाएगी और गलीचा भी खराब हो जाएगा।

"बाहर एक बहुत, बहुत बड़ी दुनिया है जिसके बारे में तुम्हें कुछ भी पता नहीं है। और मैं तुम्हारे साथ यह दुनिया देखने को मरा जा रहा हूँ। मेरे साथ चलो, किसी ऐसी जगह जहाँ हमें जाननेवाला कोई न हो। जहाँ न अखबारवाले हों, न प्रशंसक, न ही डैडी के गुर्गे। जहाँ मैं एक टब में शैम्पेन भरकर उसमें तुम्हें नहला सकूँ। जहाँ हम सुबह साथ-साथ सोकर उठें और इसी से कुल्ला करें। जहाँ मैं तुम्हारे बालों को शैम्पेन से धो सकूँ। देखते हैं—कहाँ ? नहीं, लंदन नहीं—वहाँ तो बहुत सारे हिंदुस्तानी हैं, और फिर निकिता के लोग भी होंगे वहाँ। न्यूयॉर्क भी नहीं—वहाँ भी ताक-झाँक करनेवाले हिंदुस्तानी भरे पड़े हैं। पेरिस भी नहीं—मुझे ज्यादा फ्रांसीसी बोलनी नहीं आती। कहाँ ? मैं बताता हूँ ! वहाँ के बारे में तो बुढ़ऊ को भी कोई शक नहीं होगा। न्यूजीलैंड—वहीं जाएँगे हम ! चलो ऑकलैंड चलते हैं। वहाँ भेड़ें ही भेड़ें होंगी—बस। इस बात की भी कोई संभावना नहीं है कि वहाँ किसी ने तुम्हारी फिल्में देखी होंगी—अगर किसी ने देखी भी हो तो तुम भी 'में में' तो कर ही सकती हो। और फिर, डैड के पास एक अस्पष्ट

से प्रोजेक्ट के बारे में एक प्रस्ताव आया हुआ है। मुझे उसके बारे में और पता करना पड़ेगा, वह भेड़ पालने की आधुनिक तरकीब से संबंधित कोई चीज है। मैं डैड से कह दूँगा कि मैं उसके बारे में ठीक से पता करना चाहता हूँ। वह मेरा विश्वास कर लेंगे। जहाँ तक तुम्हारी अम्मा का सवाल है—उससे तुम निपटना।

आशा रानी को कुछ पता नहीं था कि यह न्यूजीलैंड है कहाँ। अभिजित के साथ जब अगली बार उसकी मुलाकात हुई तो उसने उस शाम आशा रानी को दुनिया का एक एटलस दिया और उससे कहा कि उसमें न्यूजीलैंड ढूँढ़े। उसने तब पहली बार किसी नक्शे को गंभीरता से देखा था। यह जानकर उसे परेशानी हुई कि उसे यह भी नहीं पता कि नक्शे पर अपनी उँगली कहाँ रखे। वह बस इतना जानती थी कि हिंदुस्तान के क्रिकेट खिलाड़ी वहाँ मैच खेलने जाते हैं, और उसकी यह जानकारी भी केवल इस कारण थी कि एक बार थोड़ी देर के लिए एक तेज गेंदबाज से उसका पाला पड़ा था।

उसे वह समय याद आया जब वह अपने बाँके खिलाड़ी यार रमेश के साथ एक वन-डे मैच के लिए दुबई गई थी। यह संबंध ज्यादा लंबा नहीं चला था। ज्यादा से ज्यादा एकाध महीने ही उन दोनों का साथ रहा था। लेकिन पूरी दुनिया में उन दोनों के बारे में सुर्खियों में छपा था। तब तो खासतौर पर अखबारों में उनके बारे में छपा था, जब वह मैच में मिनी-स्कर्ट पहनकर चली गई थी। स्थानीय अखबारों ने इसे 'इस्लाम के खिलाफ और नाजायज' बताकर उसकी आलोचना की थी। और उनका यह संबंध इसलिए भी यादगार बन गया था, क्योंकि आशा रानी को आज तक रमेश जैसा कोई मर्द नहीं मिला।

अफवाह तो यह थी कि वह तीन-तीन घंटे लगे रहने के लिए खास दवाएँ लेता है, लेकिन आशा रानी को जल्दी ही पता लग गया कि वह महज उसकी टीम के खिलाड़ियों के बीच चलनेवाला लतीफा है। आशा रानी को तो वह बहुत खयाल रखनेवाला और संवेदनशील साथी लगा। उसे तो रमेश से अच्छा साथी कोई मिला ही नहीं। वह उसे उत्तेजित करने में काफी समय लगाता था और यही नहीं, वह उसके साथ प्यार-भरी बातें भी करता था। उस ठेठ, हाँफा-हाँफी वाले सहवास से तो यह बहुत अलग था, जिसकी वह आदी हो चुकी थी।

रमेश सचमुच बड़ी अदा से सब कुछ करता था। अक्सर ही वह इसकी शुरुआत बुलबुला-स्नान से करता था। इसमें वह उसके सारे बदन पर साबुन लगा देता था और फिर धीरे-धीरे उसकी गुद्दी, उसके पैरों की उँगलियों-पिंडलियों और उसके घुटनों के अंदरूनी हिस्सों की देर तक मालिश करता रहता था। वह उसके बालों को बड़ी महारत के साथ शैंपू और कंडीशनिंग करने वाला भी अकेला प्रेमी था। उसे एक खास रात की याद आई। उस रात मूड भी सही था और संगीत भी। उस रात टब के पास शैम्पेन और खाने के लिए मुलायम कैनपे (मछली-पुआ) रखे हुए थे। उसने एक बड़े रोएँदार

तौलिए से उसके बदन को सुखाया, उसे कसकर रगड़ा, उसके कानों के पीछे सफाई की, टाँगों के बीच थपथपाया, और अंत में बड़ी शान से एक ड्रेसिंग गाउन पहनाकर पलंग तक ले गया।

बिस्तर में भी उसने बड़े सलीके से सब कुछ किया। उसका ड्रेसिंग गाउन खोलकर उसने उस पर बच्चों की तरह पाउडर थोप दिया और उसे अपनी सेवा का मजा लेते देखता रहा। उसने उसकी नाड़ियों पर जगह-जगह परफ्यूम लगाई थी और उसके पूरे बदन में खुशबू फैल जाने का इंतजार किया था। "कुछ अलग ढंग से करना चाहोगी ?" उसने उससे पूछा था। आशा रानी खिलखिलाकर हँस दी थी—कुछ भी चलेगा। वह जाकर आलमारी से तीन-चार रेशमी रूमाल निकाल लाया था। "छाँटो," उसने आशा रानी से कहा था। "इनका तुम क्या करोगे ?" उसने पूछा था। "श्...अभी पता चल जाएगा। मुझे रोकना मत, बस," यह कहकर उसने आशा रानी के हाथों को सिर के ऊपर ले जाकर पलंग के सिरहाने ढिलाई से बाँध दिया था। आशा रानी और भी खिलखिलाने लगी थी। "तुम मुझे बाँध क्यों रहे हो ?" उसने पूछा था। "ऐसे ज्यादा मजा आता है, मेरा विश्वास करो। तुम्हें अच्छा लगेगा," उसने जवाब दिया था और झुककर आशा रानी के टखनों को बाँध दिया था। "तुम्हें आँखें बंद करके यह सब करना अच्छा लगता है या आँखें खोलकर ?" उसने आशा रानी के पूरे जिस्म को कोमलता से चूमते हुए पूछा था। "दोनों तरीके से करके देखते हैं," आशा रानी ने अपने आपको पूरे तौर पर रमेश के हवाले करते हुए कहा था।

जब तक वह कुछ समझ पाती, रमेश ने उसकी आँखों पर एक रूमाल बाँध दिया था और धीमे से बोला था, "अपने आपको ढीला छोड़ दो, मैं तुम्हें कुछ नया, कुछ रोमांचक अनुभव कराऊँगा। तुम्हें दर्द नहीं होगा, मेरा विश्वास करो।" और उसने आशा रानी पर दो रूमालों को गूँथकर बनाया गया कोड़ा फटकारना शुरू कर दिया था। पहले तो नंगे बदन पर रेशम की मार उसे अजीब-सी लगी थी, लेकिन जल्दी ही एक नए अहसास ने उसे घेर लिया था।

अपनी आँखों पर बँधी पट्टी के सहारे आशा रानी एक ऐसी नई दुनिया में पहुँच गई थी, जहाँ शरीफ लोगों का प्रवेश वर्जित था। रमेश प्यार और इच्छा के कामोत्तेजक गीत गाने लगा था और उसके कोड़े की फटकार और भी तेज और लगातार होती जा रही थी। आशा रानी के जिस्म में बड़ी मजेदार झनझनाहट होने लगी थी। रमेश का जिस्म उसके ऊपर बड़ी कुशलता से हरकत कर रहा था और वह उसे खूब महसूस कर रही थी। साथ ही वह उसके बदन पर रेशमी कोड़े भी बरसाता जा रहा था। यह इतना मीठा दर्द था कि आशा रानी मस्त होकर सिसकारियाँ भरने लगी थी। तभी अचानक रमेश ने अपना हाथ रोक दिया था। उसे रमेश का हाँफना सुनाई दे रहा था। उसने सुना, वह कह रही थी, "और करो, रुको नहीं !"

उसका खयाल तब टूटा जब अभिजित ने उसका हाथ पकड़ा और उसकी अँगूठे के पासवाली उँगली न्यूजीलैंड पर रख दी। उसने अपनी उँगली न्यूजीलैंड के नक्शे की

बाहरी परिधि पर फेरी। कितने छोटे-छोटे टापू हैं, उसने सोचा, लोग वहाँ क्या करते होंगे ? इनके मुकाबले तो मद्रास बड़ा लगता है और हिंदुस्तान तो बहुत विराट था। "यह तो इतना छोटा है ! हम इसे एक ही निवाले में गड़प कर सकते हैं, इडली की तरह," उसने अभिजित से कहा।

अमरीशभाई को अपने बेटे के भागने की खबर तब मिली, जब वह आशा रानी के साथ हवाई जहाज में बैठकर सुरक्षित उड़ान भर चुका था। और उसे यह खबर मालिनी ने दी। बेशक, सीधे-सीधे नहीं, बल्कि एक साझा स्रोत के माध्यम से। "आपके बेटे की जिंदगी तबाह होने जा रही है," कपाल सिंह ने अमरीशभाई को यह खबर दक्षिण मुंबई की एक गगनचुंबी इमारत में उसके बड़े से दफ्तर में दी, "वह उस घटिया ऐक्ट्रेस, उस रंडी, आशा रानी के चक्कर में है। वह पहले ही कितने आदमियों और कितनी गृहस्थियों को बरबाद कर चुकी है। अब उसकी नजर आपके बेटे पर है। आपको दखल देकर इस मामले को फौरन रोकना होगा। अगर कहीं भाभी जी को पता चल गया...वह भी, इस हालत में।"

अमरीशभाई यह खबर सुनकर आगबबूला हो उठा। वह अपनी कमसिन बहू से बहुत लाड़ करने लगा था और उसने यह हिदायत दे रखी थी कि इस नाजुक हालत में उसकी हर इच्छा को पूरा किया जाए। "हमारे खानदान में एक वारिस आनेवाला है," उसने बोर्ड की एक बैठक में कहा था, जिसमें अभिजित भी मौजूद था। जब अभिजित के पिता ने यह ऐलान किया तो उसने शरमाकर अपनी नजरें झुकाते हुए बधाइयाँ स्वीकार की थीं। उसे निकिता के लिए खुशी थी, लेकिन बच्चे की खबर से उसे कोई ज्यादा फर्क नहीं पड़ा था, बल्कि एक तरह से उसने राहत ही महसूस की थी। "भगवान का शुक्र है, यार ! अब कम-से-कम वह मेरे गले तो नहीं पड़ेगी। उसे कुछ करने को तो मिल जाएगा," उसने अपने स्क्वाश के साथी से कहा था।

कपाल सिंह के जाने के बाद अमरीशभाई देर तक अपने दफ्तर में बैठा रहा। अब सबकुछ उसकी समझ में आने लगा था—रातों को उसके बेटे का घर से गायब रहना, जब उसे अपनी पत्नी के साथ होना चाहिए था; निकिता का उस पर निर्भर होना, जब उसे सहारे के लिए अपने पति की ओर देखना चाहिए था; और उसके बेटे का जल्दी ही बाप बनने की खबर को अधिक गंभीरता से न लेना। अमरीशभाई की भौंहें गुस्से में तन गईं। उसका बेटा अपनी पत्नी के साथ ऐसा कैसे कर पाया ? वह उसे इस हालत में धोखा कैसे दे पाया और उस नीच औरत के चक्कर में फँस गया, जो अच्छे पैसे के लिए किसी के भी साथ सोने को तैयार रहती है ? अब अगर उसे अपने खानदान की इज्जत बचानी है और इस बदनामी को फैलने से रोकना है तो उसे कोई-न-कोई तरकीब सोचनी होगी। लेकिन सबसे बड़ी बात, उसे पता था कि केवल वही अपनी कमसिन, असुरक्षित बहू को बचा सकता है और कोई नहीं। उसने सेक्रेटरी को हिदायत

दी कि वह उसे कोई फोन न दे। किसी को भी उसके पास न भेजे, उसे डिस्टर्ब न करे। फैसला करने में अमरीशभाई को तीन घंटे लग गए। आधी रात के करीब उसने अपने ट्रैवल एजेंट को खुद फोन किया। वह अमरीशभाई की आवाज सुनकर चौंक गया। "मुझे न्यूजीलैंड के लिए अगली फ्लाइट लेनी है—किसी भी रास्ते, किसी भी एयरलाइन, किसी भी क्लास में। यह बेहद जरूरी है," अमरीशभाई ने ट्रैवल एजेंट से कहा।

जब अभिजित और आशा रानी ऑकलैंड के एयरपोर्ट पर उतरे तो अमरीशभाई पहले ही वहाँ उनका इंतजार कर रहे थे। इससे पहले वे ढेर सारी खरीदारी करने सिंगापुर में उतरे थे। पहले अभिजित ने ही अपने पिता को लाउंज में खड़े देखा। "हे भगवान !" उसने आशा रानी का हाथ जकड़ते हुए कहा, "वह यहाँ आ गए !" "कौन ?" आशा रानी ने बेपरवाही से पूछा। "डैड ! वही हैं। क्या मुसीबत है ! उन्हें कैसे पता चला ? हे भगवान, कहीं निकिता या बच्चे को तो कुछ नहीं हो गया। नहीं तो ये यहाँ क्यों आते ?" अगर अभिजित का बस चलता तो वह वहाँ से भाग खड़ा होता। लेकिन यह संभव नहीं था। आशा रानी भी घबरा गई थी, लेकिन दिखाना नहीं चाहती थी। उसने अभिजित के हाथ में हाथ डालने की कोशिश की, लेकिन वह उसका हाथ झटकते हुए गुर्राया, "पागल तो नहीं हो गई हो ? अपने हाथ हटाओ। वो देख रहे हैं।" उसने सकपकाते हुए दोनों का सामान लिया और छोटे-छोटे कदमों से अपने पिता से मिलने चल दिया।

अमरीशभाई ने आशा रानी को बिलकुल अनदेखा कर दिया। लेकिन अभिजित का उसने बड़े प्यार से स्वागत किया। "चिंता मत करो—कोई नहीं मरा। आओ, चलें। किस होटल में कमरा बुक किया हुआ है तुमने ?" उसने अपने बेटे से कहा। अभिजित ने बेबस होकर आशा रानी की तरफ देखा और अटकते हुए बोला, "देखिए डैड, मैं आपको समझाता हूँ..." मजे की बात तो यह थी कि आशा रानी उसकी परेशानी का मजा ले रही थी। अब हट्टे-कट्टे अमरीशभाई ने अपने बेटे के कंधे पर हाथ रखा, तो वह जैसे गिरते-गिरते रह गया, और फिर वह उसे बच्चे की तरह लिवा ले गया। इस दौरान आशा रानी को लगा जैसे उसे इस पूरे दृश्य से ही काट दिया गया हो।

छह घंटे बाद अभिजित होटल के कमरे में आया। "सब खत्म हो गया, डार्लिंग," उसने दबी-दबी, टूटी आवाज में कहा, "अब कहने या समझाने को कुछ भी नहीं रह गया है। डैड ने सब कह दिया है। मैं पस्त हो गया हूँ। मेहरबानी करके मुझसे कोई सवाल मत पूछना। मैं होटल छोड़ रहा हूँ। डैड चाहते हैं कि तुम जब तक चाहो, यहाँ रहो। उन्होंने हिदायत दे दी है कि तुम्हारे सारे बिलों का भुगतान हो जाए। उन्होंने तुम्हारे लिए सफर और खरीदारी के वास्ते भी पैसा छोड़ दिया है। तुम जब मुंबई लौटोगी तो तुम्हें और भी पैसा मिलेगा। उनके आदमी तुम्हारे संपर्क में रहेंगे। अब यह कहने की जरूरत नहीं रह जाती कि यह हमारी आखिरी मुलाकात है।"

आशा रानी चुपचाप उसे देखती रही। उसे अपने सामने खड़े इस निरीह, भयभीत आदमी के लिए बेहद अफसोस हुआ। वह अभिजित की जिंदगी से बाहर रहने का कोई

पैसा नहीं लेती, लेकिन जब यह एकमुश्त तोहफा उसे जबरन दिया जा रहा था, तो उसे ठुकराना उसकी मूर्खता ही होती। उसने बेरुखी से अपना हाथ फैला दिया। "किस्मत तुम्हारे साथ हो," उसने कहा, "और अपने पिता को इस उदार भेंट के लिए शुक्रिया कहना और उनसे कहना कि मैंने इसे कबूल कर लिया है।"

होटल के रेस्त्राँ में जब उसकी मुलाकात एक आदमी से हुई और उसने वेलिंगटन जाने का सुझाव दिया, तो उसने सोचा, क्यों नहीं ! "लेकिन मैं वहाँ करूँगी क्या ?" उसने उस आदमी से पूछा। "देखो, तुम वहाँ लंबी-लंबी दूरी तक टहल सकती हो, दूर-दूर तक फैले खेतों को देख सकती हो, दूध पी सकती हो, पनीर खा सकती हो और भेड़ों की गिनती कर सकती हो। और किवी लोग क्या करते हैं ?"

आशा रानी वेलिंगटन में दस दिन रही। ये दस दिन पूरी तरह से उसके अपने थे। वह पहले कभी अकेली नहीं रही थी। पूरे तौर पर अकेली—जैसे कि वह अब थी। पहले तो उसे बड़ा अजीब लगा। उसे लगता, हर कोई उसी को घूर रहा है। यह सच भी था, लेकिन इसकी वजह उसके कपड़े थे। उसने तय किया कि अमरीशभाई के दिए पैसों में से थोड़ी रकम वह नए कपड़े खरीदने में उड़ाएगी। उसने अपनी सारी सलवार-कमीजें साड़ियाँ और धोती, पैंटें निकालकर फेंक दीं और चुस्त, सलीकेदार शर्ट, स्कर्ट और बाकी लिबास खरीदने निकल गई। उसने अपनी हेयर स्टाइल और मेकअप को भी बदलने का फैसला कर लिया।

होटल में जो सैलून था, वह वेलिंगटन का सबसे बढ़िया सैलून भले ही न रहा हो, लेकिन वहाँ जो कमसिन लड़की थी, वह बहुत दोस्ताना ढंग से पेश आनेवाली और मददगार थी। वह आशा रानी की लंबी लटों को उठाकर अफसोस जताने लगी, "दो-मुँहे और गलत इस्तेमाल के शिकार हैं ! तुम्हें कंडीशनिंग की जरूरत है, डियर ! और इनका हुलिया भी बदलना होगा। सब मुझ पर छोड़ दो।" यह कहकर उसने कतर, कतर, कतर उसके बालों में सैकिंडों में कैंची मार दी। आशा रानी ने फर्श पर पड़े अपने कटे बाल देखे तो उसका रोने को मन हो आया।

"मुझे इतने लंबे बाल करने में दस साल लगे थे," उसने उलाहना दिया, "मेरे प्रोड्यूसर मुझे मार डालेंगे। मेरे दृश्यों की निरंतरता का क्या होगा, हे भगवान ! मेरी हेयरड्रेसर तो मुझे देखकर दम ही तोड़ देगी।"

"तुम तो किसी उभरती फिल्म स्टार की तरह बात कर रही हो," वह कमसिन लड़की हँसती हुई बोली, और तभी आशा रानी को यह बात समझ में आई कि इस देश में सचमुच उसका कोई वजूद नहीं है। उस कमसिन लड़की की परिहास में कही गई बात ने उसे असलियत बता दी थी।

यहाँ उसे कोई नहीं जानता। और किसी को यह परवाह भी नहीं कि वह कौन है। इस सच्चाई ने उसे बेहद आनंदित कर दिया। वह अपने आपको कुछ भी बता सकती

है ! उसने खुश होकर हेयरड्रेसर लड़की का हाथ दबा दिया, ''बहुत अच्छी हेयर स्टाइल है। मुझे बहुत अच्छी लगी।'' ''अरे, जरा सँभालकर, डियर–अभी तुम्हें कैंची लगती।'' ''कोई बात नहीं, चालू रहो, इनमें धारियाँ डालो, इन्हें फ्रास्ट करो, इनका रंग उड़ा दो। तुम्हें जो भी अच्छा लगे, वही करो, मैं मजे करूँगी,'' आशा रानी की आँखों में नटखट चमक थी।

''तुम्हारा बॉयफ्रेंड तुम्हें नहीं पहचान पाएगा,'' हेयरड्रेसर चिंतित होती हुई बोली। ''यही तो मैं चाहती थी,'' आशा रानी ने कहा और हँस पड़ी।

जैमी (जे) फिलिप्स

जैमी (जे) फिलिप्स से जब आशा रानी की मुलाकात हुई, तो वेलिंगटन में यह उसका छठा दिन था। शुक्रवार की रात थी और वहाँ के डिस्को में काफी भीड़भाड़ थी। आशा रानी कोने की एक मेज पर बैठी थी। उसके साथ उसके होटल के ही कुछ नए दोस्त थे। डिस्को जॉकी कई तरह के संगीत को मिलाकर पेश कर रहा था। वह पुराने लोकप्रिय गानों को नए हिट गानों के साथ बजा रहा था और लोगों को रूमाल के आकार के डांस फ्लोर पर आने के लिए उत्साहित कर रहा था।

आशा रानी पूरा लुत्फ ले रही थी। वह खूब हँस रही थी और बीयर पीती जा रही थी। वह सिगार भी पी रही थी, लेकिन यह उसके सलमा-सितारे जड़े-सुर्ख गुलाबी लिबास का साथ देने के लिए था, और कुछ नहीं। पिछले कोई एक घंटे से वह गौर कर रही थी कि एक लंबा, छरहरा आदमी उसे ध्यान से देख रहा है, लेकिन उसने उसकी ओर ज्यादा ध्यान नहीं दिया था; वह इस तरह से घूरे जाने की आदी हो चुकी थी। लोग उसके पास आते थे और उससे हर तरह के सवाल करते थे। अपनी नई हेयर स्टाइल और बेढंगे कपड़ों में वह टीना टर्नर की बेढब नकल लगती थी। फिर, जब संगीत कुछ देर के लिए रुका, तो वह अजनबी उसके पास ही आ गया। ''सुनिए, यह बात बिलकुल अजीब और फालतू लग सकती है,'' वह बोला, ''लेकिन क्या आप हिंदुस्तान की फिल्म-स्टार आशा रानी नहीं हैं ?''

उस अजनबी की बात सुनकर आशा रानी का अधपिया सिगार उसके हाथों से छूटकर गिर गया। ''आपको कैसे पता ?'' उसने अविश्वास में भरकर पूछा। ''पहले मुझे आपके लिए एक और सिगार खरीदने दें, फिर मैं आपको बताऊँगा,'' उसने अपरिचित-से लहजे में कहा।

वह अपने दोस्तों को छोड़कर उस अजनबी के साथ काँच की एक छोटी सी मेज पर जाकर जम गई। वहाँ उसने अपना परिचय दिया और यह कबूल किया कि वह हिंदी फिल्मों का दीवाना है। असल में तो वह कई सालों से हिंदी फिल्में देख रहा है। आशा रानी की समझ में फिर भी कुछ नहीं आया। इस आदमी को भला हिंदी फिल्में कहाँ से देखने को मिल गईं ? वह उन्हें समझता कैसे होगा ?

"अरे, यह एक लंबी कहानी है," उसने जवाब दिया, "लेकिन यहाँ यह कहानी सुनाने लगा तो मुझे बहुत जोर से बोलना पड़ेगा और मेरा गला फट जाएगा। किसी और जगह चलते हैं। क्यों, चलें ?" आशा रानी ने अपने दोस्तों के पास वापस पहुँचकर आँख मारते हुए कहा, "मुझे एक प्रशंसक मिल गया है—वह भी यहाँ !" वे यह मजाक सच में नहीं समझ पाए, लेकिन फिर भी हँस दिए और हाथ हिलाकर उसे विदा किया।

एक छोटे से गार्डन रेस्त्राँ में जे ने उसे अपनी कहानी सुनाई। हिंदुस्तान से उसका नाता उसके दादा की मार्फत था। वह एक आर्मी जनरल थे और जंग के समय उन्होंने चार साल इंफाल में सेना की कमान सँभाली थी। उसके बाद वह अपने परिवार को लेकर बराबर हिंदुस्तान आते थे। हिंदुस्तान के साथ यह नाता यहीं नहीं टूट गया था। जब जे इंग्लैंड में यूनिवर्सिटी में पढ़ रहा था, तब उसकी मुलाकात एयर इंडिया की एक परिचारिका से हुई थी, जिसके साथ थोड़े समय के लिए उसका प्रेम संबंध भी चला था। वे एक-दूसरे के संपर्क में रहे थे—लेकिन इसका कारण उनकी जिंदादिल दोस्ती थी, और कुछ नहीं। जब उसकी पोस्टिंग लंदन में हो गई, तो वह उसके साथ रहने लगा था। उसी दौरान उसका परिचय हिंदी फिल्मों की तड़क-भड़कवाली दुनिया से हुआ था। समीरा यही फिल्में देखती रहती थी। पढ़ने के नाम पर वह बस रद्दी फिल्मी पत्रिकाएँ देखती थी और घर पर बेहतरीन ढंग से शाम बिताने का उसका तरीका भी यही होता था—वह एक वी.सी.आर. के आगे जम जाती थी और अपने मनपसंद कलाकारों को ताजातरीन फिल्म में नाचते-गाते और भौंडा अभिनय करते देखती रहती थी। उसकी कभी-कभार की संगत में जे को भी यह लत लग गई थी। उसने फिल्मों और फिल्मी सितारों के बारे में अपनी जानकारी से आशा रानी को अचंभे में डाल दिया। हिंदी फिल्मों के डायलॉग और गाने सुनाकर तो उसने उसे हैरान ही कर दिया। जब उसने उसी की नकल की और अक्षय का खाका खींचा तो वह हँस-हँसकर दोहरी हो गई। "तुमने उससे शादी कर ली थी न ?" उसने पूछा।

उसके इस सवाल पर आशा रानी ने उदास होकर इनकार में सिर हिला दिया। "वह मुकर गया," वह बोली। "अभी भी अकेली हो ?" उसने यूँ ही पूछ लिया। "दुर्भाग्य से," आशा रानी ने जवाब दिया। "तब तो, देवी जी..." जे ने बड़ी अदा से ऐलान किया, "क्या आप मुझसे शादी करके मेरा सम्मान बढ़ाएँगी ? मैं आपका हूँ; कुँआरा, एड्स से मुक्त और काफी संपन्न भी। मैं बरसों से तुम्हें प्यार करता हूँ, और लगता है मेरा सपना सच होने जा रहा है। क्या तुम मुझे खुश करोगी और मेरी पत्नी बनोगी।"

आशा रानी तो यह सुनकर सकते में आ गई। जिस देश की शोहरत का दावा केवल उसकी भेड़ों पर टिका दिखता हो, वहाँ के लोग सचमुच बहुत तेजी से काम करते हैं। "यह तो बिलकुल अचानक हुआ। इसकी तो मुझे उम्मीद ही नहीं थी," आशा रानी ने कहा।

"तुम यहाँ कितने दिन रहोगी ?" जे ने पूछा।

"दो-तीन दिन और," उसने जवाब दिया।

"ठीक है, तो फिर बृहस्पतिवार की शाम चार बजे तक मुझे अपना जवाब दे सको, तो ?"

"वादा रहा," आशा रानी ने कहा।

जे एक पुरजोश और कल्पनाशील पति साबित हुआ। आशा रानी को उसकी संगत में इतना इत्मीनान और निडरता महसूस होती थी कि उसने उसे अपने खुद के एक-दो नुस्खे सिखा दिए। वह कुछ भी करने को तैयार रहता था और उसने आशा रानी के नुस्खों को 'पूरबी काम क्रीड़ाएँ' नाम दे दिया था।

"तुम्हारी वह समीरा किस किस्म की गर्लफ्रेंड थी ? उसने तुम्हें कुछ भी नहीं सिखाया," आशा रानी उसे छेड़ती। जे उसकी बातों को हँसी में उड़ा देता और उसे संतुष्टि देने में अपना ध्यान लगाए रहता। एक बार आशा रानी ने उससे थोड़ा मजाक में कह दिया, "सच में तो अगर तुम जानना ही चाहते हो, तो मुझे लड़कियाँ ज्यादा अच्छी लगती हैं। वे इतनी संवेदनशील और नरम होती हैं। इस बात को केवल दूसरी औरत ही जान सकती है कि किसी औरत को कैसे उत्तेजित किया जाए। क्या तुम मेरे लिए यहाँ कोई सेक्सी गर्लफ्रेंड नहीं ढूँढ़ सकते ?" जे ने एक मिनट सोचकर जवाब दिया, "देखो, मुझे सेक्स में तुम्हारा साथ देने के लिए किसी लड़की का तो पता नहीं। लेकिन तुम चाहो तो भेड़—या कुत्ते या किसी और से काम चला सकती हो। सेक्स की तुम्हारी भूख और कभी न बुझनेवाली प्यास को देखते हुए तो यही कहा जा सकता है कि हो न हो, तुम्हें इस अनुभव में जरूर मजा आएगा।" आशा रानी ने ऐसे जताया जैसे वह इस पेशकश पर गौर कर रही हो, और फिर बोली, "नहीं, मेरे साथ नहीं चलेगा। बहुत बदबू आती है !" "पहले आजमाकर तो देखो, उसके बाद इससे इनकार करना," जे ने हँसी में उसकी नाक मरोड़ते हुए कहा।

शादी के पाँच महीने के बाद ही आशा रानी को अपने गर्भवती होने की बात पता चल गई। जब उसने जे को यह खबर दी तो वह खुशी से चिल्ला उठा। उसने आशा रानी को उठाकर खुशी में घुमा दिया। "बहुत बढ़िया, बहुत बढ़िया, बहुत बढ़िया !" वह बोला। तुम बच्चे को कहाँ जन्म देना चाहती हो ? हमें क्या करना होगा ? तुमने क्या-क्या नाम सोच रखे हैं ?" क्या मैं तुम्हारी माँ को फोन करके बताऊँ ? क्या तुम उसे बुलाना चाहती हो ? या हम हिंदुस्तान चलें ?"

आशा रानी उसके शांत होने का इंतजार करती रही। फिर उसने कहा, "मैं मजबूत लड़की हूँ। मेरी माँ को अपने गर्भ और बच्चा जनने में कोई परेशानी नहीं हुई थी। मैं सोचती हूँ मुझे भी नहीं होगी। नहीं, मैं हिंदुस्तान वापस नहीं जाना चाहती। सच पूछो तो मैं वहाँ कभी भी नहीं लौटना चाहती। हम बच्चे को यहीं जन्म देंगे। यह लड़की ही होगी। मैं जानती हूँ। हम उसका नाम साशा रखेंगे। मुझे यह नाम पसंद है, यह इतना छोटा-सा, प्यारा-सा नाम है—जैसी वह खुद होगी।"

फार्म पर बच्चा जनने के आशा रानी के फैसले से बहुत खुश नहीं था जे। "कम-से-कम मुझे अपनी माँ या किसी बहन को तो बुला लेने दो," उसने सुझाव दिया। "बिलकुल नहीं !" आशा रानी अड़ गई, "इससे मैं तनाव और परेशानी में पड़ जाऊँगी। तुमने देखा नहीं, शादी में उनका बरताव कैसा था ? मैं उन्हें अजीब लगती हूँ—मुझे पता है। वे सोचती हैं कि मैं कोई जंगली हूँ जिसे तुम उठा लाए हो। एक काली लड़की हूँ मैं, जो छुरी-काँटे से खाना नहीं खाती, जो बड़े अजीब लहजे में अंग्रेजी बोलती है, जो अजीबोगरीब कपड़े पहनती है, और ऐक्ट्रेस है ! बाप रे बाप—इससे खराब और क्या औरत हो सकती है ! मैं उन्हें फूटी आँखों नहीं सुहाती। उन्होंने मुझे स्वीकार ही नहीं किया है—लेकिन मैं मानती हूँ कि मैं सचमुच उन्हें दोषी नहीं ठहरा सकती। अगर वे यहाँ आती हैं तो मुझे उनकी देखभाल करनी होगी और स्वागत-सत्कार करना पड़ेगा—या कम-से-कम इसका दिखावा तो करना ही पड़ेगा। नहीं जी, नहीं। इससे अच्छा तो मैं अकेले ही निपट लूँगी। हम एक-दूसरे के साथ हैं तो, और हमें क्या चाहिए ? हमारी तरह के तुम्हारे इस देश में सैकड़ों और पति-पत्नी होंगे, जिनके पास उनके परिवार का कोई भी सदस्य नहीं होगा। हम जैसे-तैसे कर लेंगे। और भगवान के लिए, अम्मा को मत बताना। उसने मुझे माफ नहीं किया और न कभी करेगी। तुम खुद देख लो—एक भी चिट्ठी, कार्ड या तार तो नहीं आया न उसका—कुछ भी नहीं। मैं कितनी चिट्ठियाँ लिख चुकी हूँ। तुमने भी लिखा—हमने फोटो भी भेजे, हमने सब कुछ करके देख लिया। वह मुझसे कोई संपर्क नहीं रखना चाहती। मुझे पता है। इसलिए उसे जाने दो। मैं भी परवाह नहीं करती। सारी जिंदगी वह मेरा इस्तेमाल करती रही, मेरा फायदा उठाती रही। मुझे तो उसने रूखा व्यवहार और दंड ही दिया है। इसके अलावा उसने मुझे दिया ही क्या है। आज, उसे मेरी जरूरत नहीं रह गई है। उसे क्या जरूरत है परवाह करने की कि मैं जिंदा हूँ या मर गई ? प्लीज जे, मुझे यह काम अपने तरीके से करने दो, प्लीज !"

जे ने आशा रानी की और सनकों की तरह इसे भी मान लिया। जैसे-जैसे महीने चढ़ रहे थे, वह खिलती जा रही थी और पहले से भी ज्यादा सुंदर दिखने लगी थी। वह इस सच्चाई को नजरअंदाज नहीं कर पाया कि वह जल्दी ही माँ बनने जा रही है। वह भारी कदमों से धीरे-धीरे बगीचे में घूमती या घर में ही चक्कर काटती तो वह उसके सैकड़ों फोटो खींच लेता था। उसने अपनी वीडियो फिल्म भी तैयार की और हर महीने की तरक्की का हिसाब रखा। उसने आशा रानी के फूलते शरीर में होनेवाले एक-एक बदलाव का ब्यौरा रखा।

जब पहली बार बच्चे ने पेट में हरकत की तो जे की खुशी के मारे साँस ही थम गई। "हे भगवान ! यह नन्ही राजकुमारी कर क्या रही है ?" उसने आशा रानी के पेट पर अपना हाथ रखकर पूछा। "तुम एक अच्छे आदमी हो, जे। मैं तुम्हारे लिए अच्छी पत्नी साबित होना चाहती हूँ। और मैं तुमसे वादा करती हूँ, मैं साशा के लिए अच्छी माँ साबित हूँगी," आशा रानी ने कहा और मुसकराते हुए प्यार से उसे चूम लिया।

वसंत की एक सुहानी भोर को साशा का जन्म हुआ। जे प्रसव के समय आशा रानी का हाथ पकड़े हुए था। "बहुत प्यारी है ! बिलकुल पीतसेवती (प्रिमरोज) के नन्हे से फूल जैसी," उसने बड़ी कोमलता से आशा रानी के बालों को सहलाते हुए कहा, "बिलकुल तुम्हारी तरह है, डार्लिंग," वह आगे बोला, "इस दौरान तुमने बड़ी हिम्मत से काम लिया। मुझे तुम पर गर्व है। काश, मेरे माता-पिता–और तुम्हारे भी–यहाँ होते।"

आशा रानी इतनी पस्त थी कि जे की बात का कोई जवाब नहीं दे पाई। उसने अपनी छाती पर चिपटी पड़ी नन्ही सी जान को देखा और उसके ऐंठे हुए चेहरे को चूम लिया। "मैं थक गई हूँ," उसने जे से कहा, "थोड़ा सोना चाहती हूँ।" जे पूरा दिन उसके पलंग के पास बैठा रहा और जब-तब बच्ची को झुलाते हुए उसे बरसों की भूली लोरियाँ सुनाता रहा। वह अपनी बीवी को सोते हुए देखता रहा और यह सोचकर हैरान होता रहा कि किस तरह वे मिले, कैसे उन्होंने शादी की, और अब माता-पिता भी बन गए ! 'यह सब ऊपर से तय था,' उसने मन में कहा, 'नहीं तो वे जिस तरह से मिले उसे कोई कैसे समझा सकता है ? क्या पता पिछले जन्म में वह हिंदू रहा हो !' उसके मन में अपने छोटे से परिवार को लेकर वापस हिंदुस्तान जाने की हुड़क उठी।

अगले दिन उसने आशा रानी के आगे यह सुझाव रखा। आशा रानी के चेहरे पर परेशानी के भाव आए और वह तुनककर बोली, "कोई सवाल ही नहीं है। मैं वहाँ कभी वापस नहीं जाना चाहती, और मेहरबानी करके अम्मा को यह खबर मत देना। मैं साशा को उससे बचाकर रखना चाहती हूँ। मैं इसे भरपूर प्यार देकर पालना चाहती हूँ। मैं कभी नहीं चाहूँगी कि यह अपनी नानी से मिले। कभी नहीं।"

जे को आशा रानी की आवाज के तीखेपन पर आश्चर्य हुआ। वह यह सोचकर चुप रह गया कि शायद यह प्रसव के बाद का अवसाद है। लेकिन बच्चे के साथ रम जाने के बाद भी आशा रानी के रवैए में कोई बदलाव नहीं हुआ। उसके लिए अपनी नन्ही बेटी के अलावा और कोई भी चीज अहम नहीं रह गई। उसने जे को बताया, "हिंदुस्तान में होते तो सब कुछ बिलकुल अलग होता। साशा को एक के बाद एक कितनी ही आयाओं ने गोद में उठाया होता। मैं तो इसे देख भी नहीं पाती। अम्मा मुझे उस समय चल रहे किसी भी रोल को करने के लिए वापस स्टूडियो में धकेल देती। तीस की होने से पहले ही मैं चालीस बरस के बूढ़े हीरो-हीरोइनों की माँ का रोल कर रही होती। और फिर आगे चलकर मुझे उन्हीं सबकी दादी-नानी का रोल करना पड़ता। नहीं जी, शुक्रिया ! मैं यहीं ठीक हूँ। मैं सुखी हूँ, तनावों से मुक्त हूँ और..." "बोर हो चुकी हूँ," जे ने उसकी बात को पूरा किया। वह इस पर मुसकरा दी, "हाँ, थोड़ी सी बोर तो होती हूँ, लेकिन ऐसा कभी-कभी ही होता है, और उससे निपटा भी जा सकता है।"

"क्या तुम्हें अपनी पुरानी जिंदगी की याद नहीं आती ? अपने पुराने दोस्तों की ? अक्षय की ?" जे ने प्यार से पूछा। आशा रानी ने थोड़ा सोचकर जवाब दिया, "हाँ भी

और नहीं भी। मेरा असल में कोई दोस्त नहीं रहा। एक दोस्त जरूर थी, लेकिन वह तो दुश्मन से भी खराब निकली। बाकी लोग ? रुको देखती हूँ—हाँ, मैं कभी-कभी अमर के बारे में सोचती हूँ। मैं जानती थी कि वह मेरा इस्तेमाल कर रहा है, फिर भी था प्यारा। मैं रमेश के बारे में भी सोचती हूँ—वह मेरा एक ऐसा संबंध था जिसमें किसी तरह का बंधन नहीं था। जब तक यह संबंध चला, लाजवाब रहा। अभिजित, उसके लिए तो मुझे अफसोस होता है, बस। मैं उसकी भलाई चाहती हूँ। और निकिता की भी। मुझे लगता है, हम भी एक-दूसरे का इस्तेमाल ही कर रहे थे—अभिजित अपने कारणों से और मैं अपने कारणों से। और वह बूढ़ा लंपट, सेठजी। मैं अक्सर उसके बारे में भी सोचती हूँ। उसने मुझे कोई नुकसान नहीं पहुँचाया। मैं सोचती हूँ मैं उसे सचमुच बहुत पसंद थी। और अक्षय—हाँ, मैं उसके बारे में बिलकुल सोचती हूँ। और मुझे उसकी याद भी बहुत आती है। मुझे उस आदमी के लिए अपने जुनून का राज कभी समझ में नहीं आया। या यह कि मुझ पर उसका इतना जबरदस्त असर कैसे था ? शायद पहले-पहल उसकी छवि ने ही मुझे चारों खाने चित्त कर दिया था। मैं तो यही सोचकर सकते में आ गई थी कि उस जैसा बड़ा हीरो मुझ जैसी किसी नाचीज पर गौर भी कर सकता है। जब उसकी फिल्में पिटने लगीं और मेरी हिट होने लगीं, तब भी मैं उसे नहीं भूल सकी। दूसरों के मुकाबले वह बेहद शिष्ट और सभ्य था। वह कविताएँ बोलता था। किताबें पढ़ता था। अजीब-अजीब तरह का खाना खाता था। सलीके के कपड़े पहनता था। उसके सामने तो मैं गँवार लगती थी। यह बात भी नहीं कि उसके सेक्स में कोई बहुत ज्यादा दम-खम था, लेकिन फिर भी हमारे बीच कुछ था—कुछ है। मैं तुमसे झूठ क्यों बोलूँ ? मैं अक्सर ही सोचती हूँ कि वह क्या कर रहा होगा, कहाँ होगा, उसकी फिल्में कैसी चल रही होंगी ? उसकी सेहत जवाब देने लगी थी—बेचारा ! उसे किसी समझदार, प्यार करनेवाली औरत की जरूरत थी। लेकिन, उसके पल्ले तो वह कुतिया है, जो उसके साथ इतनी रुखाई से पेश आती थी। मैं उससे नफरत करती हूँ। मैं मरते दम तक उससे नफरत करती रहूँगी। मैंने अक्षय से कितना कुछ सीखा। पता नहीं उसे पता भी है या नहीं कि मैं उसका कितना अहसान मानती हूँ। तुम्हें बुरा तो नहीं लग रहा कि मैं उसके बारे में बात कर रही हूँ, क्यों ?''

जे उसके एकल संवाद को चुपचाप सुन रहा था। उसने सिर हिलाकर कहा, ''बोलती रहो। तुम्हारा जी हलका हो जाएगा,'' लेकिन आशा रानी ने अपना मन बदल दिया, मानो बीती बातों से अघा गई हो वह।

''सॉरी ! चलो तुम्हारे बारे में बात करते हैं,'' उसने फिर से कहना शुरू किया, ''सच पूछो तो इतने महीने बीत जाने के बाद भी मैं तुम्हारे बारे में ज्यादा नहीं जानती। तुमने उस एयर होस्टेस को छोड़ अपनी और किसी प्रेमिका के बारे में बताया ही नहीं। गोरी लड़कियों के साथ तुम्हारे कैसे संबंध रहे ? तुम्हारी तो कई गर्लफ्रेंड रही होंगी यहाँ ? जे ने सिर हिला दिया और बोला, ''मेरा तो इधर से उधर आने-जाने में ही इतना ज्यादा समय निकल जाता था कि मैं यहाँ किसी लड़की से संजीदगी से प्यार ही नहीं कर सका।

और फिर, तुम्हें यह बात सुनने में अजीब लग सकती है–ज्यादातर पूरबियों को लगती है–हम गोरे लोग सचमुच सेक्स के पीछे पागल नहीं होते। और सारी गोरी लड़कियाँ भी सेक्स की दीवानी नहीं होतीं। हमें इतना बदनाम क्यों कर दिया गया है ? यह मेरे साथ हिंदुस्तान, बैंकाक, हाँगकाँग, चीन तक में होता था। औरतें मुझसे खबरदार रहती थीं और सभी यह सोचती थीं कि मैं उनके साथ फटाफट सेक्स का इच्छुक हूँ। मेरी अपनी पसंद है। मेरा अपना मूड होता है। मैं खाली सेक्स के लिए सेक्स में नहीं कूदता। और जहाँ तक प्यार का सवाल है, तो मुझे इतनी जल्दी किसी से प्यार नहीं होता। लेकिन तुम्हें जिस पल मैंने उस बदहाल से डिस्को में देखा, तभी मुझे लग गया था कि तुम्हीं वह लड़की हो। मैं तुम्हें चाहता था–केवल ऊपरी या शारीरिक तौर पर नहीं, बल्कि अपनी बीवी बनाना चाहता था। मैं अपनी बाकी जिंदगी तुम्हारे साथ बिताना चाहता था। क्या तुम्हें यह कोरी भावुकता लग रही है ? और मुझे कितना विश्वास था कि यह कारगर रहेगा। और यह रहा भी, क्यों, रहा है न ? हमने यह कर दिखाया है। क्यों, मैं सही कह रहा हूँ न ?''

आशा रानी की आँखों में आँसू भर आए। ''रोओ नहीं,'' जे ने कहा, ''तुम गजब की बीवी और माँ हो। मैं धन्य हो गया हूँ। मुझे बस इस बात का अफसोस है कि हमारे घरवालों को यह नहीं पता कि हम कितने खुश हैं। मुझे विश्वास है कि मेरे पिता हमारी साशा को देखकर खुशी से भर जाएँगे। शायद किसी दिन वे लोग हमारे फैसले को सही मान लेंगे।''

आशा रानी की आँखों में कठोरता थी। ''मैं बिलकुल परवाह नहीं करती,'' वह बोली, ''यह मेरी जिंदगी है–हमारी जिंदगी है–और मैं पहली बार उस तरीके से जी रही हूँ जिस तरीके से मैं जीना चाहती हूँ। मुझे सही में अम्मा की कोई याद नहीं आती। जहाँ तक सुधा का सवाल है, अम्मा ने एकाध रोल दिलवाने के चक्कर में अब तक उसे भी कितने ही प्रोड्यूसरों के बिस्तर में धकेल दिया होगा। वह सब खत्म हो चुका। मेरे लिए ये सब बीती बातें हैं। मेरी जिंदगी साशा की है, उसे अच्छी से अच्छी नेमतें मिलेंगी। मैं इसका इंतजाम करूँगी।''

चार वर्ष की उम्र में साशा असाधारण रूप से प्यारी बच्ची थी। आशा रानी को इसमें कोई आश्चर्य नहीं होता था। वह जे से कहती भी थी कि मिली-जुली नस्ल के माँ-बापों के लगभग सारे ही बच्चे असाधारण रूप से खूबसूरत होते हैं। लेकिन उसकी नन्ही बेटी कुछ अलग ही थी। उसे जे की भूरी-हरी आँखें मिली थीं, आशा रानी के नैन-नक्श, और रंग उन दोनों का मिला-जुला। उसकी चमड़ी दूधिया कोका की तरह चमकती थी; उसके बाल चमकाए हुए ताँबे के रंग के थे।

अपनी उम्र के हिसाब से साशा जल्दी ही बड़ी हो गई थी, लेकिन इसका कारण यह था कि उसके साथ खेलनेवाला कोई नहीं था। उसके 'दोस्त' फार्म के जानवर और

उसका मनपसंद टट्टू ट्रिक्सी था। हफ्ते के आखिरी दिनों में जे और आशा रानी नियम से उसे बाहर घुमाने ले जाते थे, लेकिन बच्चे के जीवंत और जिज्ञासु मन को शांत करने के लिहाज से ये मौके काफी नहीं होते थे।

आशा रानी थोड़ी मोटी हो गई थी। बहुत ज्यादा नहीं। लेकिन अब उसमें वह पहले जैसी कोमलता और कसाव नहीं रह गया था, और साशा का दूध छुड़ाने के एक साल बाद भी उसकी छातियों से फालतू चर्बी नहीं छँट पाई थी। जे व्यायाम के नए से नए तरीके सिखानेवाले टेप घर लेकर आया और उसने आशा रानी से यह भी कहा कि वह कोई खेल खेलना शुरू कर दे—घुड़सवारी या तैराकी करने जाए। लेकिन बाहर जाने को वह राजी नहीं थी, और अपना सारा समय साशा के साथ खेलने और टी.वी. सीरियल देखने में बिताना पसंद करती थी। जे को यह बात बड़ी अस्वाभाविक लगती थी कि वह अपनी बीती जिंदगी के बारे में इतनी उदासीन है। वह न तो हिंदी फिल्में देखती थी, न हिंदुस्तानी पत्रिकाएँ पढ़ती थी और न ही हिंदुस्तानी कपड़े पहनती थी, न हिंदुस्तानी खाना खाती थी। अपने रंग उतरे, लहरिया डले बालों, विलक्षण कपड़ों और अनिश्चित लहजे में वह बिलकुल पहचान में ही नहीं आती थी। जे यह मजाक करके उसकी सुस्ती तोड़ने की कोशिश करता, ''चलो भी, मैंने फार्म में काम करने वाली किसी छम्मकछल्लो से शादी नहीं की। मेरी दुल्हन तो एक विदेशी, पूरबी सुंदरी है। गजब की खूबसूरत। आज मेरी खातिर साड़ी पहन लो तो कैसा रहे ? क्या पता तुम्हें साड़ी में देखकर मुझे ऐसी मस्ती चढ़ आए कि मैं साशा के लिए एक भाई भी बना दूँ ?'' आशा रानी ऐसे जताती, जैसे उसने जे की बात सुनी ही न हो, और टी.वी. चला देती।

जे हिंदुस्तान की बातों में जिस तरह मशगूल रहता था और उसने अपने मन में हिंदुस्तान की जैसी आदर्श छवि बना रखी थी, उसे आशा रानी गले से नीचे नहीं उतार पाती थी। यह बात साफ थी कि वह एक लंबे अरसे से वहाँ नहीं गया था। हिंदुस्तान की भीड़-भाड़ बहुत बढ़ चुकी थी और प्रदूषण का तो और भी बुरा हाल था। और मुंबई की फिल्मी दुनिया—अगर एक बार भी उसका इससे साबिका पड़ गया तो वह फिर कभी हिंदुस्तान के बारे में बात करने लायक नहीं रहेगा !

जे सही समय के इंतजार में रहा। एक दिन जब आशा रानी खासतौर पर अच्छे मूड में थी तो उसने हिंदुस्तान की बात एक बार फिर छेड़ दी, ''हिंदुस्तान चलने का मन है ? या लंदन ? या दोनों जगह ?'' पहले तो वह कुछ भी नहीं बोली और लंच के लिए तैयार किए सलाद को अंतिम रूप देने में लगी रही। जे ने और आगे जोर नहीं दिया और साशा के साथ खेलने लगा। पाँच मिनट बाद आशा रानी जैसे अपने आप से ही बोली, ''अगर हम अगले महीने जाते हैं तो होली के मौके पर वहाँ पहुँच जाएँगे। साशा को अच्छा लगेगा। बचपन में मुझे होली में बहुत मजा आता था।''

जे खुश हो गया। उसने जाकर आशा रानी को चूम लिया और बोला, ''यह हुई न बात ! मैं अपने ट्रेवल एजेंट से बात करूँगा। लेकिन यह तो बताओ—लंदन चलेंगे या मुंबई ?''

आशा रानी ने जे की नाक पर थोड़ा सलाद लगाते हुए कहा, "हम इसे टुकड़ों में करेंगे। पहले लंदन में रुकें, फिर मुंबई में और फिर चाहें तो मद्रास में !"

लंदन गए हुए आशा रानी को कोई पाँच साल हो चुके थे और अब वह घबरा रही थी। उसने वहाँ की अपनी पिछली यात्रा को याद किया तो न चाहते हुए भी काँप गई। वह किसी अच्छे काम के लिए पैसा जुटाने एक मनोरंजन टोली के साथ वहाँ आई थी। कार्यक्रम के आयोजकों ने उन्हें अच्छी तफरीह, खरीदारी के लिए पैसा और टोकन मेहनताना देने का वादा किया था। इंडस्ट्री में ऐसे कार्यक्रम हर गर्मियों में होते थे। इस तरीके से फिल्मी सितारों को समर्पित एन. आर. आई. प्रायोजकों की बदौलत मुफ्त में विदेशों की सैर करने को मिल जाती थी। बदले में ये प्रायोजक टिकिट बेचकर और विज्ञापनों के जरिए उससे पाँच गुना ज्यादा पैसा कमा लेते थे। जहाँ तक फिल्मी सितारों का सवाल था, उन्हें दो रात स्टेज पर उछलने-कूदने, नाचने-गाने, हिट डायलॉग बोलने और दीवाने प्रशंसकों के साथ फोटो खिंचवाने में कुछ बुराई नहीं दिखती थी। अक्सर साउथहॉल में परचून की दुकानें चलाने वाले हिंदुस्तानी ही जोर-शोर से ऐसे प्रोग्राम कराते थे। इन कार्यक्रमों का फार्मूला साल-दर-साल वही बना रहता था—एक पार्श्व गायक, एक बड़ा हीरो, एक नई हीरोइन, एक-दो कैबरे डांसर, एक स्वाँग करनेवाला और कुछ सह-कलाकार। बड़े सितारों को तो बढ़िया फाइव स्टार होटलों में शानदार कमरों में ठहराया जाता था और लौटते समय उनके पास वी.सी.आर. होते थे, जबकि छोटे-मोटे कलाकारों को मेकअप के सामान और सेंट माइकेल की टी-शर्टों से ही तसल्ली करनी पड़ती थी। छबीली हीरोइनें आयोजकों के खर्च पर अपनी निगरानी के लिए किसी महिला को भी ले जाती थीं और हिंदुस्तान में छूट गए बॉयफ्रेंड को फोन करके लंबे-चौड़े बिल बना देती थीं। लेकिन कोई भी चोरी नहीं करता था। सब कुछ 'सुरक्षित' होता था।

उस समय आशा रानी नई उभरती हीरोइन थी, जिसकी तीन हिट फिल्में एक साथ चल रही थीं। अम्मा और लिंडा, दोनों ने ही उसके साथ चलने की जिद की थी। इससे कुछ गड़बड़ हो गई थी, क्योंकि अम्मा ने सुइट की माँग कर दी थी और आशा रानी को मजबूरन लिंडा के छोटे से तंग कमरे में जगह लेनी पड़ी थी, जहाँ उसका वैनिटी केस रखने लायक भी जगह नहीं थी। फिर भी कुल मिलाकर वह अनुभव रोमांचक रहा था—वह जहाँ कभी भी जाती, दीवाने प्रशंसकों की भीड़ उसे घेर लेती थी। चैनल 4 पर उसका इंटरव्यू लिया गया था, एक बदनाम एन. आर. आई. ने उसे अपने साथ खाने और पीने के लिए न्यौता दिया था, 'ऑब्जर्वर' में उस पर एक लेख छपा था और आमतौर पर उसने अपने आपको फिल्म सुंदरी की तरह महसूस किया था, जो वह उन दिनों थी भी। जब उसने 'चालू चीज' का अपना सुपर हिट डांस पेश किया था तो जवान और मुस्टंडे आदमियों ने उसे आदर जैसे भाव से देखा था। उसने 'मुझे कहते हैं

चालू'... की धुन पर पैरों की थाप देते हुए कूल्हे मटकाए थे, तो वेम्बली की भीड़ पागल हो गई और उससे इसे दुबारा पेश करने की माँग करने लगी थी। इस तारीफ से रोमांचित और प्रसन्न होकर आशा रानी ने अपना दुपट्टा दर्शकों के बीच फेंक दिया था तो वे और भी पागल हो गए थे। उसके वहाँ आने से आयोजकों की कामयाबी में चार चाँद लग गए थे, और उन्होंने अगले साल के लिए भी उसे बुक कर लिया था।

लंदन की उस यात्रा का आशा रानी ने खूब मजा लूटा था। हैरड्स की दुकान में काम करनेवाले सहायक जब उसे पहचानते और सेल्फरिजेस में उससे ऑटोग्राफ की माँग की जाती तो उसे बहुत अच्छा लगता था। लेकिन सबसे ज्यादा मजा उसे हाइड पार्क में टहलते हुए झील के किनारे बत्तखों और कबूतरों को दाना खिलाने में आया था। लंदन के हिंदुस्तानी व्यापारियों की तवज्जो पर भी आशा रानी ने बुरा नहीं माना था। ड्राइवर समेत एक रॉल्स रायस हमेशा उसकी खिदमत में हाजिर रहती थी और ये लोग अपने भव्य घरों में उसका राजसी स्वागत-सत्कार करते थे। कहीं पर लंदन में बसे हिंदुस्तानी उसके साथ फोटो खिंचाने को उतावले रहते थे, और कैसे-कैसे तोहफे मिले थे उसे ! कारों में भरकर उसके होटल में पहुँचते थे ये तोहफे। इनमें चाकलेट, फूल, शैम्पेन, फोर्टनम की मिठाइयों के टोकरे, विक्टोरियाज स्ट्रीट की महँगी ब्रॉ-पैंटियाँ, फेंडीफर, सी डी प्लेयर, वीडियो कैमरे, अनगिनत फ्रांसीसी शिफॉन और गैलन के गैलन परफ्यूम होते थे। लेकिन सबसे ज्यादा चाहत उसे गुदगुदे खिलौनों की रहती थी। और फिल्मी पत्रिकाओं की मेहरबानी से यह बात जग-जाहिर हो गई थी कि ये खिलौने आशा रानी की खास कमजोरी थे। फिर तो सम्मोहित प्रशंसक उसके लिए पंडा, बिल्लियाँ, कोआला बियर, हाथी और टेडी बियर लेकर धमकने लगे। मुंबई लौटने पर उसका कस्टम से निकलना एक नहीं, कई तरीके से रंगीन रहा था।

जब जे परिवार समेत लंदन में उतरा, तो साशा थकी हुई और चिड़चिड़ी हो रही थी। आशा रानी की हालत भी कोई बेहतर नहीं थी। जे को ही सारी औपचारिकताएँ पूरी करनी पड़ीं। फिर उसने उन्हें बकिंघम पैलेस के नजदीक सेंट जेम्स कोर्ट होटल पहुँचा दिया। इस होटल का चुनाव खुद उसी ने किया था। "बेबी और तमाम तामझाम के साथ वहाँ तुम्हें ज्यादा आराम मिलेगा। यह ताज ग्रुप का होटल है," उसने आशा रानी से कहा था। आशा रानी इस आश्वासन को लेकर थोड़ी संदेह में तो थी, लेकिन फिर भी चल दी।

लंदन में अंग्रेजों की देखरेख में चलनेवाले 'वाजिब' होटलों में रहने का उसका अनुभव बहुत अच्छा नहीं रहा था—जब वह अम्मा को अपने साथ ले गई थी, तब तो और भी नहीं। नहाने के लिए मग माँगने जैसी छोटी सी बात पर भी होटल के हाउस कीथिंग विभाग में कैसी खलबली मची थी। अम्मा को शॉवर से नहाना अच्छा नहीं लगता था और टब में नहाने से उसे चिढ़ थी। इसके अलावा अम्मा के शाकाहारी खाने

को लेकर चलने वाले नखरों ने होटल की रूम सर्विस के लोगों को पागल कर रखा था। वह तरह-तरह के सवालों और माँगों से उनकी नाक में दम किए रहती थी। पनीर के सैंडविच से लेकर मशरूम सूप तक हर चीज में उसे कुछ गड़बड़ नजर आती थी, और खाने की मेज पर रखे सभी व्यंजनों को सूँघकर वह सभी को परेशान कर डालती थी।

लेकिन आशा रानी ने सेंट जेम्स कोर्ट होटल में ठहरने के एक बड़े नुकसान को नजरअंदाज कर दिया था। हुआ यह था कि कुछ ही मिनटों में उसके वहाँ ठहरे होने की खबर बाहर चली गई थी। अभी उन्हें वहाँ अपने बैग जमाए आधा घंटा ही हुआ था कि होटल के जनरल मैनेजर ने लंदन में उनका स्वागत करते हुए उनके लिए फूल और फल भेज दिए थे।

आशा रानी के अहम् को इससे संतुष्टि मिली थी, पर वह इसे लेकर शंकाओं में भी घिर गई थी। न्यूजीलैंड में वह इस तरह की तवज्जो से कितनी बची हुई थी जहाँ फिल्म स्टार होने के दिन उसके लिए यादें बनकर रह गए थे। ऐसी यादें जिन्हें वह अक्सर ही कुरेदना भी नहीं चाहती थी। उसे इस बात का कोई आभास नहीं था कि उसके अचानक चले आने का वहाँ दर्शकों पर क्या असर पड़ा था। उसे यह भी आभास नहीं था कि लोग उसे अब याद भी करते थे या नहीं। उसे तो यह भी पता नहीं था कि अखबारों में उसकी शादी की खबर सुर्खियों में छपी या नहीं और लोगों को साशा के बारे में भी मालूम था या नहीं। उसने अपने आपको इतनी कामयाबी से उस दुनिया से काट लिया था कि जब होटल के कर्मचारियों ने उसे पहचाना तो उसे थोड़ा धक्का ही लगा। उसकी इस प्रतिक्रिया पर जे हँस दिया था, "क्या तुम सचमुच यह सोच बैठी थीं कि तुम्हें इतनी जल्दी भुला दिया जाएगा ? तुम्हें—'लाखों दिलों की मलिका' को ?"

"अरे छोड़ो भी," उसने जे को झटकते हुए कहा, "मुझे आखिरी फिल्म में काम किए हुए करीब पाँच साल हो गए हैं। मेरे छोड़ने के समय फिल्म इंडस्ट्री जिस रफ्तार से आगे बढ़ रही थी, उस हिसाब से अब तक दस 'मलिकाएँ' तो जरूर उभर चुकी होंगी। फिर, दर्शक भी किसी एक स्टार पर नहीं ठहरते, वे बेरहम होते हैं। एक बार अगर आप बाहर हो गए, तो फिर आप बाहर ही हो गए समझिए। इस लाइन की यही रीति है।"

जे ने सिर हिलाते हुए कहा, "ऐसा तो बिलकुल नहीं लगता। देखो तो, तुम्हारे आने की खबर कितनी तेजी से फैली। शर्त लगा लो, अखबारवाले तुम्हें जरूर घेरेंगे। इसलिए थोड़ा आराम कर लो, अपना चेहरा ठीक-ठाक कर लो और मैं तुम्हें कुछ नए कपड़े ला देता हूँ। खेल अभी चल रहा है जानेमन, और इसकी स्टार तुम हो।"

कई साल बाद आशा रानी ने अपना पहला ऑटोग्राफ अगली सुबह उस समय दिया जब वे नीचे नाश्ता कर रहे थे। जिस औरत ने उसका ऑटोग्राफ माँगा था, वह मुंबई की थी। "मुझे तो अपनी आँखों पर विश्वास ही नहीं हुआ," वह बोली, "मुझे तो यकीन ही नहीं था कि यह तुम ही हो, इसलिए मैंने मैनेजर से पूछा। वाह ! तुम इतनी बदली हुई दिख रही हो ! मैंने तुम्हारी आखिरी फिल्म पाँच बार देखी और जब हमें पता चला कि तुम हिंदुस्तान छोड़कर चली गई हो तो मैं बहुत रोई थी।"

जे ने मुसकराकर उससे हमदर्दी जताई और बैठने को कहा। "कॉफी चलेगी ?" उसने पूछा, जबकि आशा रानी जे को घूरती रही। "यह तुम्हारी बेटी है ? वाह, कितनी प्यारी है ! सचमुच की गुड़िया जैसी। क्या यह भी तुम्हारी तरह फिल्मों में काम करेगी ?" "कभी नहीं," आशा रानी ने तुनककर कहा। "क्यों नहीं ?" वह औरत अड़ते हुए बोली, "यह इतनी प्यारी है ! यह भी तुम्हारी और अपनी मौसी की तरह मशहूर हो जाएगी।"

तो, आखिर अम्मा ने सुधा को स्टार बना ही दिया। "मेरी बहन कैसी चल रही है ? क्या तुम उसकी फिल्में देखती हो ?" आशा रानी पूछे बगैर रह नहीं पाई। उस औरत को सवालों के जवाब देने में बड़ा मजा आ रहा था, "अरे वाह, सुधा रानी के तो कहने ही क्या, यार ! मुझे तो उसका नाच बहुत अच्छा लगता है। क्या डिस्को करती है—बुरा मत मानना, पर वह तुम्हें भी पीछे छोड़ देती है, यार ! उसकी नई फिल्म थी 'डिस्को बेबी' और मुझे यह फिल्म इतनी अच्छी लगी कि मैंने इसका असली टेप अपनी वीडियो लायब्रेरी के लिए खरीद लिया। वह और अमर तो गजब ढाते हैं, यार ! अमर भी कोई कम नहीं है !"

जे आशा रानी की प्रतिक्रिया जानने के लिए उसके चेहरे को देख रहा था। प्रशंसिका अपनी बक-बक किए जा रही थी, "तुम्हें हिंदुस्तान जरूर आना चाहिए, यार ! तुम्हारे प्रशंसक तुम्हें सचमुच बहुत याद करते हैं। पत्रिकाओं में अब भी तुम्हारे बारे में खबरें छपती जा रही हैं। सब कूड़ा होता है, यार ! एक पत्रिका ने तो—शायद 'शोबिज़' ही थी वह—यहाँ तक लिख दिया कि तुम मर गई हो। फिर उस लिंडा, उस कुतिया ने यह कह दिया, यार कि तुमने आत्महत्या कर ली है। सब बकवास है। मैंने तो अपनी दोस्तों से कह दिया, 'कभी नहीं। आशा रानी जरूर कहीं-न-कहीं सही-सलामत होगी।' मैंने सोचा कि शायद तुम्हारा ऐक्सीडेंट हो गया है। बुरा मत मानना, लेकिन तुम्हारे बारे में अफवाहें ही इतनी ज्यादा थीं। मैंने तो यह भी पढ़ा था कि किसी ने तुम्हारे मुँह पर तेजाब डाल दिया था—तुम तो जानती हो उस व्यापारी को—अखबारों ने लिखा कि उसने तुम्हें अपने बेटे के साथ पकड़ लिया था और तुम्हें जान से मार डालने की धमकी भी दी थी ! जो भी हो, उस बेचारे की बहू का पहला बच्चा जाता रहा। हम सबने यही कहा, 'अच्छा हुआ ! भगवान उसे सजा दे रहा है।' फिर हमने पढ़ा कि तुमने अपना चेहरा बदलने के लिए प्लास्टिक सर्जरी करवा ली है, और अपना नाम भी बदल लिया है। कितना झूठ लिखते हैं ये अखबार, यार ! मेरी बातों का बुरा मत मानना।

"एक पत्रिका ने लिखा कि उसका रिपोर्टर तुमसे उस समय मिला था जब तुम मुंबई से होकर कहीं जा रही थीं और तुमने अपना बुर्का हटाकर उसे अपना नया चेहरा दिखाया था। उसने बताया कि तुम ड्रैकुला की माँ लग रही थीं। तुम्हारा पूरा चेहरा झुलसा हुआ था। उसी रिपोर्टर ने यह भी बताया कि तुम पागल हो गई हो और यही सोचती रहती हो कि वह व्यापारी अपने बेटे के परिवार को बरबाद करने के लिए तुम्हें जान से मार डालेगा। इस तरह की अफवाहें भी फैली थीं कि उस व्यापारी ने अंतर्राष्ट्रीय

गुंडों को तुम्हें मारने के लिए लाखों रुपए दिए हैं। चलो, मुझे खुशी है कि यह सब बकवास निकला। अब मैंने तुम्हें देख लिया है, तुमसे बात कर ली है, तो अब मैं फोन करके मुंबई में अपनी बहन को बताऊँगी। तुम्हें बुरा तो नहीं लगेगा अगर कल मैं तुम्हारे ऑटोग्राफ–फोटोग्राफ के लिए अपने रिश्तेदारों को यहाँ ले आऊँ, क्यों ? मेरा भतीजा तो तुम्हारा बहुत बड़ा प्रशंसक था। हम उसे चमचा कहते थे, क्योंकि वह अपने पास तुम्हारे सारे फोटो रखता था और वह तुमसे वेम्बली में मिला भी था। वह इतना खुश हो जाएगा, यार ! वह तो दौड़ता हुआ चला आएगा। अच्छा, तो फिर मिलते हैं।''

उसके जाने के बाद जे ने आशा रानी के हाथ पर अपना हाथ रख दिया। ''ठीक है, डार्लिंग ! देर-सबेर यह तो होना ही था,'' वह बोला, ''तुम सारी जिंदगी इस तरह छिपकर बैठी तो रह नहीं सकती थीं। ये तुम्हारे लोग हैं। तुम्हें प्यार करते हैं। तुम्हें चाहते हैं। तुम इनसे कैसे पीठ फेर सकती हो। खुश हो जाओ ! चलो शॉपिंग करने चलते हैं।''

आशा रानी एक बार फिर घेर ली गई। इस बार वे हैमलिन में साशा के लिए खिलौने खरीद रहे थे। वे सीधे कुछ हिंदुस्तानियों से जा टकराए थे, जो यह कहते हुए उसकी तरफ झपटे थे, ''अरे, यह देखो कौन है–आशा रानी !'' वे उग्र और उजड्ड तरीके से पेश आए। उन्होंने उसके पास आने के लिए जे और साशा को धक्का देकर एक तरफ कर दिया। ''हमने तो सोचा था कि तुम मर गई,'' वे खुश होते हुए बोले। आशा रानी धीरे से मुसकरा दी और उसने उन पर्चियों पर दस्तखत कर दिए जो उन लोगों ने फटाफट अपने-अपने हैंडबैग में से निकाल ली थीं।

बाद में, जब वे मदरकेयर में लकड़ी के ब्लॉक देख रहे थे तो आशा रानी को ऐसा लगा जैसे उसने किसी जाने-पहचाने चेहरे को देखा है। उसने अपना शक पक्का करने के लिए एक बार फिर मुड़कर देखा। बिलकुल वही है।

मालिनी थोड़ी सी बदली-बदली दिख रही थी, लेकिन इतनी ज्यादा भी नहीं। वह एक ढीला-ढाला फर कोट पहने थी और उसने अपने बालों को सफाई से समेटकर गर्दन के पीछे एक जूड़ा बना रखा था। उसके चेहरे पर वही हमेशा वाली चिड़चिड़ाहट और कठोरता थी। यह लंदन में क्या कर रही है ? और क्या अक्षय उसके साथ है ? आशा रानी खिलौनोंवाले हिस्से में घुस गई। वह नहीं चाहती थी कि मालिनी उसे देखे।

मालिनी एक और हिंदुस्तानी औरत के साथ थी, जो उम्र में उससे कम थी और साफ तौर पर गर्भवती दिखाई दे रही थी। यहीं के किसी प्रायोजक की पत्नी होगी, आशा रानी ने अंदाजा लगाया। वह उन खूबसूरत पंजाबी लड़कियों में से थी जो लंदन में रहती हैं और हिंदुस्तान के सपने देखती हैं। आशा रानी को यकीन था कि मालिनी ने उसे नहीं देखा है। उसने जे की बाँह थामी, साशा को पकड़ा और बहुत धीमे से कहा, ''यहाँ से निकल चलो।'' लेकिन जब वे निकल ही रहे थे तभी उस जवान औरत ने उन्हें देख लिया। ''आशा रानी !'' वह मालिनी का हाथ पकड़ते हुए चिल्लाई, ''ए ! आशा रानी ! हम जानती हैं कि वह तुम्हीं हो !'' आशा रानी ने ऐसे जताया जैसे उसने सुना ही न हो और दौड़ती हुई दुकान से निकलकर ऑक्सफर्ड स्ट्रीट पर आ गई।

जब वे बाहर आए तो आशा रानी बुरी तरह से हाँफ रही थी और साशा बिलकुल हैरान थी। ''मम्मी को क्या हुआ ?'' उसने चिंतित होते हुए जे से पूछा। जे ने बच्ची को तसल्ली दी और आशा रानी की कमर में हाथ डाल दिया। आशा रानी विनती करने लगी, ''यहाँ से निकल चलो। मेरा दम घुट रहा है। हमें हिंदुस्तान नहीं जाना। हे भगवान ! हम यहाँ क्यों आ गए ?''

जब वे वापस होटल पहुँचे, तो उन्हें दो संदेश मिले। एक यहाँ के टी.वी. चैनल का था, और दूसरा, अक्षय का। ''उसे फोन करो,'' जे ने उससे आग्रह किया, ''जाओ, उसे फोन करो।'' ''नहीं, मैं उससे अब कभी नहीं मिलना चाहती।'' लेकिन उनके कमरे में घुसने के कुछ ही मिनटों बाद फोन की घंटी बजी। और यह अक्षय का ही फोन था।

''लो पकड़ो,'' जे ने उसे रिसीवर थमाते हुए कहा, ''ठीक है। वह तुम्हें चोट नहीं पहुँचा सकता। इतने साल बीत जाने के बाद वह ऐसा नहीं कर सकता। उसे बताओ कि तुम सुखी हो। उसे बताओ कि मैं तुम्हारे साथ हूँ।''

आशा रानी ने फोन उठाया तो उसके हाथ काँप रहे थे। वह बड़ी मुश्किल से 'हैलो' ही कह पाई। उसकी आवाज अजीब और बनावटी लग रही थी, और अक्षय की भी। जैसे ही अक्षय ने उसका नाम पुकारा, वह समझ गई कि कुछ गड़बड़ है। वह डर गई।

''अक्षय ! क्या हुआ ?'' उसने जानना चाहा। फिर खामोशी रही। लंबी खामोशी। ''मैं मर रहा हूँ,'' उसने धीरे-धीरे आशा रानी से कहा। ''नहीं ! ऐसा मत कहो।'' वह बोली। उसकी आवाज सिसकियों में डूबी हुई थी। ''यह सही है,'' अक्षय ने शांति से जवाब दिया, ''मैं इस बात पर हैरान हूँ कि इसमें इतना वक्त कैसे लग गया, बस। शायद भगवान को यही मंजूर था। शायद हमें एक आखिरी बार मिलना बदा था। क्या तुम आकर मुझसे मिलोगी ? अपने पति और बेटी को भी लेकर आना। मालिनी ने मुझे बताया कि उसने तुम सबको आज देखा था। मुझे तो विश्वास ही नहीं हुआ। अब मुझे पता चला, यह चमत्कार है। इन तमाम बरसों में मैं इस एक पल के लिए जिंदा रहा हूँ। मेरी बदहाली के तमाम दिनों में, एक ही विचार ने मुझे जिलाए रखा। मैं जानता था कि मुझे तुमसे मिलना है। मैं तुम्हें अलविदा कहे बिना इस दुनिया से नहीं जा सकता था।''

आशा रानी का ढाँढ़स बिलकुल टूटता-सा लगा, ''कह दो कि तुम झूठ बोल रहे हो। यह तुम्हारी एक और चाल है। मैं तुम्हारी बात का विश्वास नहीं करती। अगर तुम इतने ही बीमार हो तो मालिनी ऑक्सफर्ड स्ट्रीट में खरीदारी करती क्यों घूम रही थी ?'' अक्षय ने धीरज के साथ उसे समझाया, ''आशा रानी, हम अब यहीं रहते हैं। आखिरी बार अस्पताल में भर्ती होने के बाद जब मुंबई के डॉक्टरों ने मेरी उम्मीद छोड़ दी, तो हमने लंदन आने का फैसला किया। हमें इलाज के लिए जिनेवा, पेरिस और यहाँ के चक्कर काटने पड़ते हैं। नाइट्सब्रिज में ठिकाना बनाना आसान रहता है, और मैं यहीं हूँ। जिस जवान लड़की को तुमने देखा था, वह अजय की बहू है। यह सही है ! उसके बेटे की पिछले साल शादी हो गई। मालिनी उसे बच्चे की कुछ चीजें खरीदवाने वहाँ

ले गई थी। हमारे बच्चे भी यहीं स्कूल में हैं। लेकिन ये सब बातें तो बाद में भी हो सकती हैं। तुम कब आ रही हो ?'' आशा रानी ने जे की तरफ देखा और चुपचाप यह सवाल दोहरा दिया। उसने सिर हिलाकर कहा, ''कल।''

जब आशा रानी ने रिसीवर रखा तो वह ठंडी और सुन्न हो रही थी। जे ने उसे अकेला छोड़ दिया और साशा को भी उसके सामने से हटा दिया। वह जानता था कि आशा रानी को समय चाहिए। उसे खुद भी समय चाहिए था।

''मर रहा है ?'' आशा रानी ने अंत में जे से पूछा, ''वह किस चीज से मर रहा होगा ? मुझे विश्वास नहीं होता। रत्ती-भर भी नहीं। जब मैंने हिंदुस्तान छोड़ा तो वह बीमार था, लेकिन इतना भी बीमार नहीं था। या कम-से-कम मुझे इसकी जानकारी नहीं थी।'' ''मुझे तो कैंसर लगता है,'' जे ने धीरे-धीरे कहा, ''हो सकता है तब यह शुरुआती दौर में रहा हो।'' आशा रानी चीखते-चीखते रह गई, ''अक्षय को कैंसर कैसे हो सकता है ? वह तो इतना चुस्त, इतना दुरुस्त था।''

आशा रानी बड़ी देर तक खामोश बैठी रही। उसकी समझ में यह बात आ ही नहीं रही थी। वह समझना चाहती भी नहीं थी। कैंसर आपकी जान-पहचानवालों को नहीं पकड़ता, वह सोचने लगी। यह आपके अजीजों की जान नहीं लेता। यह तो दूसरों को पकड़ता है। इसके बारे में तो आप अखबारों में पढ़ते हैं। कोई आपको किसी रिश्तेदार के बारे में बताता है कि वह कैंसर से मर रहा है। बस ! यह तो बेतुकी बात है ! जे गलत कह रहा है। और अक्षय अपनी पुरानी चालें चल रहा है। वह उससे मिलना चाहता है, बस ! क्या पता वह माफी माँगना चाहता हो। जो भी हो, उसने आशा रानी के साथ बहुत खराब बरताव किया था। उसकी कोई जरूरत ही नहीं थी, यह सही है। अक्षय उससे यही कहना चाहता था कि उसे उस बात का अफसोस है। उसे अपनी गलती महसूस करने में पाँच साल लग गए।

उसने अपना यह विचार जे को बताया। वह कुछ देर तो चुप रहा, फिर बोला, ''नहीं, आशा रानी ! मुझे ऐसा नहीं लगता। अक्षय ऐसी किसी चीज के बारे में मजाक नहीं कर सकता। अच्छा तो यही होगा कि तुम कल जाकर खुद पता कर लो।'' ''तुम भी चलना,'' आशा रानी ने विनती की, ''मैं अकेली इससे नहीं निपट सकती।'' ''अब तुम बड़ी हो गई हो,'' जे ने कहा, ''तुम बिलकुल इस सबसे निपट सकती हो। इस बीच मैं साशा को महारानी से मिलवाने ले जाऊँगा।''

आशा रानी को लगा, वह किसी प्रेत को देख रही है। अक्षय तो बिलकुल पहचान में ही नहीं आ रहा था। दर्दनाक ढंग से दुबला और काला हो गया था वह। इतना काला तो उसने उसे पहले कभी नहीं देखा था। उसकी तो आवाज भी बदल गई थी। उसके बोलने में घरघराहट थी। आशा रानी तेजी से चलकर उसके पलंग के पास बैठ गई। अक्षय में उठने की ताकत नहीं थी। मालिनी कुछ देर बैठी और फिर दोनों को अकेला

छोड़कर चली गई। "तुम उसे नहीं लाईं ?" अक्षय बहुत धीमे से बोला। "किसे ?" आशा रानी ने पूछा। "अपनी बेटी को। मैंने सुना है तुम्हारे पास एक बेटी है, एक सुंदर सी बेटी। मैं उसे देखना चाहता हूँ।"

आशा रानी को अपनी आँखों से आँसू लुढ़कते महसूस हुए। उसने कहा, "साशा, उसका नाम साशा है।"

"अच्छा नाम है," वह बोला, "और तुम्हारे पति। मैं उनसे भी मिलना चाहता था।" "जे। मेरा मतलब है जैमी नाम है उनका।" "हाँ, मुझे तुम्हारे लिए खुशी हो रही है। मुझे सचमुच खुशी हो रही है। तुम अच्छी दिख रही हो। तुम्हारा जो रूप मुझे याद है, उससे अलग दिख रही हो तुम। तुम्हारे बालों को क्या हुआ ? कटवा दिए ? और तुम्हारे कपड़े। मैं सोचता हूँ कि फिरंगी से शादी करके तुम्हें अपने आपको बदलना पड़ा होगा। कैसा लगता है ? क्या तुम्हें विदेश में रहना अच्छा लगता है ? सब कुछ बताओ मुझे। मैं तुम्हारी नई जिंदगी के बारे में सभी कुछ जानना चाहता हूँ। तुम कहाँ रहती हो। कैसे रहती हो। क्या करती हो। चलो, शुरू करो।"

आशा रानी अगले दो घंटे अक्षय से धीमी आवाज में बातें करती रही। उसने अक्षय को न्यूजीलैंड और अपने भेड़ फार्म के बारे में बताया। अक्षय बीच-बीच में ऊँघ जाता था, लेकिन जब वह रुक जाती थी तो धीमे से अपना हाथ हिलाकर उससे 'बोलती रहो' कह देता था। लग रहा था जैसे उसे आशा रानी की आवाज सुनकर आराम मिल रहा है। वह उसके बालों को सहलाना चाहती थी—जो कुछ भी थोड़े-बहुत बचे थे, उन्हें। और वह झुककर उसे चूमना चाहती थी। लेकिन सबसे ज्यादा तो वह चाहती थी कि एक बार फिर पृष्ठभूमि में अमजद अली का वादन सुनाई दे, और वह अक्षय की शराब की एक घूँट भरे और उसकी सिगरेट के एक-दो कश खींचकर उसके सिरे पर अपनी लिपस्टिक के दाग छोड़ दे और उसे झुँझलाकर यह कहते सुने, 'कितनी बार मैंने तुमसे कहा है कि मेरी सिगरेट मत छुआ करो !'

लेकिन उसके सामने यह जो आदमी बेबस लेटा था, वह पहले ही कहीं बहुत दूर जा चुका था। उसे पक्का पता भी नहीं था कि वह उसकी बातें सुन भी रहा है या नहीं। कुछ देर बाद वह गहरी नींद में चला गया। वह अक्षय के ऊपर झुकी और उसने उसके माथे और फिर होंठों को चूम लिया।

अक्षय के जिस्म में कोई हरकत नहीं हुई।

सुधा रानी

"देखो, साशा देखो ! वह तुम्हारी मौसी है—मेरी छोटी बहन—सुधा ! हे भगवान ! हर जगह वही छाई हुई है ! और वह है अमर—पुराना चिकना। लगता है मुंबई की हरेक होर्डिंग पर इन्हीं दोनों ने कब्जा कर रखा है," आशा रानी रोमांचित होकर कह रही थी। इस समय वे लोग सी-रॉक शेरटन होटल जा रहे थे।

तो अम्मा ने यह कर दिखाया था। सुधा—या होर्डिंग पर छपा नाम लें तो सुधा रानी कामयाब हो गई थी ! सुधा रानी—वाह, क्या नाम है ! जरूर किशनभाई ने रखा होगा...आशा रानी ने मजा लेते हुए सोचा।

मुंबई के जाने-पहचाने दृश्य पीछे छूटते जा रहे थे और वह अपने आपको तनावमुक्त महसूस कर रही थी। उसने इस अहसास की उम्मीद नहीं की थी और हीथ्रो हवाई अड्डे पर ही उसे यहाँ की यात्रा के सुखद होने पर संदेह होने लगा था।

लेकिन जैसे ही वह सांताक्रुज हवाई अड्डे से बाहर आई, उसका तनाव खत्म होने लगा था। आशा रानी की घर वापसी संयोग से होली के दिनों में हुई और इस बात से उसकी खुशी कुछ और बढ़ गई थी। लेकिन जे के मन में हिंदुस्तान के लिए जो उमंग थी, वह उसी पल खत्म हो गई जब वे हवाई जहाज से उतरे और किसी ने उस पर रंग डाल दिया। साशा भी डरकर पीछे हट गई थी।

"बदमाश, लुच्चे ! मुझे तो इस घिनौनी चीज़ से ही नफरत है। हिंदुस्तान की अपनी पहले की यात्राओं से मुझे इसकी याद बनी हुई है। दादा इसका खूब मजा लेते थे और यहाँ के बाशिंदों में शामिल हो जाते थे। लेकिन मेरे मम्मी-डैडी और मैं—हम इस सब हुल्लड़ में नहीं रहते थे। हमें तो यह गंदगी लगवाने में घिन आती थी। इन शैतानों से कहो कि ये यहाँ से दफा हो जाएँ, नहीं तो मैं एकाध को मार बैठूँगा," जे ने हुलियारों की एक टोली को रंग-गुलाल लेकर अपनी तरफ बढ़ते देखकर कहा।

"ऐसा कुछ नहीं है," आशा रानी ने बाप-बेटी को विश्वास दिलाया था, "यह लगेगा नहीं। होटल पहुँचकर इसे धो डालेंगे हम।" लेकिन साशा अपने पिता के पीछे छिप गई थी और उसने अपना मुँह ढाँप लिया था, और जे उन हुल्लड़बाजों को भगाने की नाकाम कोशिश करने लगा था। "होली है भाई," आशा रानी बोले जा रही थी,

"यह तो जश्न का हिस्सा है। ये लोग तुम्हें कोई नुकसान नहीं पहुँचाना चाहते। ये तो तुम्हें अपने साथ शामिल करने की कोशिश कर रहे हैं, बस। चलो, हँसो-खेलो, ये लोग तुम्हारे माथे पर गुलाल का एक टीका लगाना चाहते हैं बस। उसके बाद ये लोग चले जाएँगे।"

जे अनमना-सा झुक गया था और उनमें से एक आदमी के अपने माथे पर टीका लगाने का इंतजार करने लगा था। "जंगली," वह बुदबुदाया, "नशेड़ी बदमाश ! यह वाहियात त्योहार आखिर है क्या ? मुझे तुम्हारी बकवास फिल्में याद हैं जिनमें मैंने तुम्हें गंदे कपड़े पहने और मुँह पर ढेर सारा गंदा रंग लगाए उछलते-कूदते देखा था।"

आशा रानी उसकी परेशानी पर हँस दी थी। "मुझसे ये पेचीदा सवाल मत पूछो। अपनी गाइड बुक पढ़ो। हम अब हिंदुस्तान में हैं। हम अपने घर में हैं। होली हमारा वसंत का त्योहार है। जब हम मनपसंद गाँव से निकलेंगे तो तुम्हें ढेरों मछलीमार नावें दिखाई देंगी। उनके मस्तूलों पर चटकीले नए झंडे होंगे। आज से लेकर भयंकर मानसून तक समुद्र नाव चलाने के लिए सुरक्षित रहेगा," उसने जे को समझाया।

फिर जब टैक्सी करने की बारी आई तो जे और भी परेशान हो गया था। "ये सारी टैक्सियाँ कहाँ चली गईं ?" उसने तमककर पूछा था।

"शायद वे लोग होली मना रहे हैं। आज के दिन ज्यादातर कारें सड़कों पर नहीं आतीं। कभी-कभी भीड़ उग्र भी हो जाती है," आशा रानी ने समझाने की कोशिश की थी। "हम कोई और दिन नहीं चुन सकते थे ?" जे अपनी चिड़चिड़ाहट को छिपा नहीं पाया था। "मुझे होली बहुत पसंद थी," आशा रानी ने उसे बताया, "इंडस्ट्री में होली हमेशा बड़ी धूमधाम से मनाई जाती है। दरअसल, पूरे दिन चलनेवाली सबसे बड़ी पार्टी अक्षय के बँगले पर हुआ करती थी। पूरी इंडस्ट्री वहाँ जमा हो जाती थी और सारे लोग मसखरी करते रहते थे। अक्षय अपने स्वीमिंग पूल में रंग घोल देता था और हर आनेवाले को उसमें फेंक दिया जाता था। क्या तुमने कभी भाँग पी है ? इसमें स्कीला से ज्यादा नशा होता है। तुम्हें जरूर पीकर देखनी चाहिए। लोग होली के दिन भाँग पीते हैं। यह दूध डालकर बनाई जाती है और इसमें ढेर सारा पिस्ता-बादाम पीसकर डाला जाता है।"

"लोग दूध और बादाम का नशा कबसे करने लगे ?" जे ने तुनककर पूछा था।

"क्या मैं पिसी भाँग की पत्तियों और ताँबे के सिक्के के बारे में कहना भूल गई ? दरअसल नशा तो सिक्के से ही होता है," आशा रानी ने उसे प्रसन्न करने के लिए कहा था। "सुनने में तो बड़ा मजेदार लग रहा है," जे ने कहा था। उसके लहजे से लग रहा था कि उसे विश्वास नहीं हुआ। "अगर आप सही लोगों के साथ हों तो बड़ा मजा आता है। मैं तो होली की पार्टियों का बेसब्री से इंतजार करती थी। असल में तो, होली से पहलेवाली रात को मैं बांद्रा के मछुआरों के गाँव में चली जाती थी और उनके साथ एक बड़ी सी होली (की आग) के चारों तरफ घूम-घूमकर नाचती थी। उनका खाना बड़ा लजीज होता था। मैं कभी तुम्हें वहाँ ले चलूँगी।" "शुक्रिया, लेकिन मैं सोचता हूँ मैं चलूँगा।"

आखिर उन्हें टैक्सी मिल गई थी। जब वे बांद्रा के पास पहुँचे थे तो सुधा की तसवीरोंवाली होर्डिंग्स उभरने लगी थीं। उन्हें देखकर आशा रानी को बहुत सी बातें याद आ गईं और उसने अपने बदमिजाज श्रोताओं को उन दिनों की कहानियाँ सुनाकर तरोताजा करना चाहा, जब वह फिल्मी दुनिया के होली-समारोहों का खास आकर्षण हुआ करती थी।

"हमारे समय में बड़े हीरो-हीरोइनों के साथ नए होनहार कलाकारों को भी बुलाया जाता था। सभी लोगों से एक खुले माहौल में मिलने का उनके लिए यह अच्छा मौका होता था। बड़े प्रोड्यूसर इन पार्टियों में नई प्रतिभाओं की तलाश किया करते थे। वहाँ इतना गाना-बजाना और नाचना होता था कि ऐसा कलाकार हमेशा ही नजर में आ जाता था, जिसमें आनेवाले दिनों का स्टार बनने की संभावनाएँ होती थीं," आशा रानी ने समझाया। वह काफी रोमांचित थी, "क्या तुम कल्पना कर सकते हो, कैसा लगता होगा ? हम सभी सफेद चिपके कपड़ों में—कम-से-कम शुरू में तो वे सफेद ही होते थे—सिर से पाँव तक भीगे हुए लॉन में भाँगड़ा और डिस्को करने में जुट जाते थे, और तमाम संभ्रांत बड़े लोग हमें घूरते होते थे। अम्मा मेरे साथ आया करती थी और दूसरे लोगों का नाचना बंद हो जाने के बाद भी मुझे मजबूर करती थी कि मैं अकेली ही नाचती रहूँ। तमाम पत्रिकाओं में मेरी अकेली की तसवीरें छपती थीं, क्योंकि मैं सबसे अच्छी थी !" "हाँ, मैं दावे के साथ कह सकता हूँ कि तुम सबसे अच्छी थीं," जे ने कहा और खिड़की से बाहर मुख्य सड़क को देखने लगा। "हे भगवान ! यह तो साल-दर-साल और खराब होता जा रहा है, क्यों ?" वह बोला, "उन कब्जा जमाए बैठे लोगों को देखो। उन झुग्गी-झोंपड़ियों को देखो ! कितनी गंदगी है ! क्या हमेशा से यही बुरा हाल था यहाँ का ?" "मेरी आँखों को तो सब वैसा ही लगता है। शायद हम भीड़भाड़ और गंदगी के आदी हो जाते हैं। मुझे सचमुच कुछ बुरा नहीं लगता। देखो ये लोग कितने सुखी दिखाई दे रहे हैं। उन बच्चों को देखो, कैसे एक-दूसरे पर रंग डालकर मजा ले रहे हैं," आशा रानी ने बाहर देखते हुए कहा।

"हाँ, वे बहुत मजा ले रहे हैं, और जो ट्रकें यहाँ से धड़धड़ाती हुई निकल रही हैं न, वे उन्हीं के नीचे कुचल भी सकते हैं," जे ने बेचैन होते हुए कहा।

"अरे, चलो भी। ये बच्चे सड़कों पर ही पलकर बड़े होते हैं। वे अपनी देखभाल खुद करना जानते हैं।"

लेकिन यह तो आशा रानी को भी मानना पड़ा कि मुंबई शहर पहले से ज्यादा ऊबड़-खाबड़ और गंदा हो गया था। जब उनका जहाज नीचे उतरने का संकेत मिलने के इंतजार में रनवे पर मँडरा रहा था, तभी आशा रानी हवाई अड्डे की चारदीवारी के किनारे-किनारे फैल गई झुग्गी-बस्तियों को देखकर हक्का-बक्का रह गई थी। उसने मुंबई की सीमा पर बसे छोटे-छोटे कस्बों को देखा था, जिनमें हजारों भद्दी रिहायशी इमारतें छोटी-छोटी चौकोर जगहों पर खड़ी हो गई थीं। उनका प्लास्टर उखड़ रहा था और छतों पर जंग लगी पानी की टंकियाँ रखी थीं। कितना निराश कर देनेवाला दृश्य था। कस्बों

के मुख्य रास्तों पर जगह-जगह कूड़े के ऊँचे-ऊँचे ढेर लगे थे, जिन्हें अरसे से साफ नहीं किया गया था और वे सड़ रहे थे, खुली नालियों पर झोंपड़ियों की घनी कॉलोनियाँ बन गई थीं, और सबसे ज्यादा आश्चर्यजनक दृश्य था उन सैकड़ों टी.वी. एंटीनाओं का जो एक कमरेवाली झुग्गियों के ऊपर धातु के कंकालों की तरह खड़े थे। ये झुग्गियाँ टाट के बोरों, लहरियादार चादरों, प्लाईवुड और चीथड़ों को जोड़-जोड़कर खड़ी की गई थीं। मुंबई तो चरम पर पहुँची गंदगी का नाम था।

"मम्मी, ये सारे बच्चे नंगे क्यों हैं ? क्या इनके पास कपड़े नहीं हैं ? ये इतने काले और पतले क्यों हैं ?" साशा ने उससे पूछा। "देखो बिटिया, ऐसा इसलिए है क्योंकि ये गरीब हैं," उसने जवाब दिया। "यह 'गरीब' क्या होता है मम्मी ?" साशा ने फिर पूछा। और तब आशा रानी ने पहली बार महसूस किया था कि उसकी बेटी हिंदुस्तान में विदेशी है, और इसके लिए कोई और नहीं, बल्कि वह खुद दोषी है। उसी ने साशा को बंद करके और सबसे बचाकर रखा था। उसने यह नहीं चाहा था कि साशा अपनी माँ के देश के बारे में जाने या अपनी माँ की बीती जिंदगी के बारे में जाने। जे ने अपनी पत्नी की आँखों में देखा और बोला, "तुम्हीं जवाब दो उसे। बताओ उसे कि 'गरीब' क्या होता है।"

जब वे अपने होटल पहुँचे तो आशा रानी यह तय नहीं कर पाई कि अम्मा को फोन करे या नहीं। लंदन के बाद से ही वह इस तरह की अफवाहें सुनती आई थी कि उसके मुंबई से भाग जाने के बाद अम्मा ने उसे बदनाम किया था। शायद उससे दोबारा संबंध न बनाना ही अच्छा रहेगा। लेकिन जे जिद करता रहा, "अब इतने साल हो गए। चलो, आखिर वह तुम्हारी माँ है, और यह साशा के लिए भी अहम है कि वह अपनी नानी और दूसरे रिश्तेदारों को जाने। हम उसे अपनी जिंदगियों से इस तरह कैसे काटते रह सकते हैं ? फिर, मैंने तो यही सोचा था कि तुमने यहाँ आने का विचार इसीलिए किया था ताकि तुम अपने परिवार से दोबारा संबंध बना सको।"

लेकिन पहल आशा रानी को नहीं करनी पड़ी। किशनभाई ने उसे 'अम्मा की तरफ से' फोन किया। आशा रानी को इस बात से थोड़ी झुंझलाहट भी हुई। "वह खुद फोन नहीं कर सकती थी क्या ?" उसने पूछा। "जाने दो। हम सबको इस बात की खुशी है कि तुम यहाँ आ गई हो। हमें शाम के अखबार में यह खबर पढ़ने को मिली," किशनभाई ने कहा। "कैसे अखबार ?" आशा रानी ने सवाल किया, "मैंने तो किसी से बात नहीं की। किसी को भी तो नहीं पता था कि मैं यहाँ आ रही हूँ।" "हो सकता है," किशनभाई ने कहा, "लेकिन किसी रिपोर्टर ने तुम्हें एयरपोर्ट पर देख लिया था। वह वहाँ लंदन से ही लौटनेवाले किसी मिनिस्टर और इंग्लैंड सीरीज खेलकर वापस आ रहे हिंदुस्तानी टीम के कुछ खिलाड़ियों की फोटो खींचने गया था—ये लोग भी तुम्हारीवाली फ्लाइट से आ रहे थे। उसने तुम्हें पहचान लिया और अखबारों को फोन खड़खड़ा दिया।

फिर तुम्हारी लंदन यात्रा की खबरें भी यहाँ छपी थीं। तुम वहाँ हिंदुस्तानियों से मिली होगी, देख लो लोग इतनी जल्दी नहीं भूलते। तुम्हारे प्रशंसक अब भी चाहते हैं कि तुम वापस आ जाओ। मेरे पास फोन, बहुत सारे फोन आते हैं...अगर तुम चाहो तो।''

''बेवकूफी की बातें मत करो। जब मैंने फिल्म लाइन छोड़ी थी तो हमेशा के लिए छोड़ी थी,'' आशा रानी ने दोबारा फिल्मों में आने के विचार को खारिज करते हुए कहा, ''लेकिन यह तो बताओ—अम्मा कैसी है ? और सुधा ? और बाकी के सारे लोग ?''

''महारानी जी, मेमसाब जी, तुम खुद ही क्यों नहीं आकर पता कर लेतीं ?'' किशनभाई ने कहा, ''अम्मा तुम सबके लिए गरमागरम उत्तपम और 'कापी' बनाएगी। फिर मैं तुम्हें खबर दूँगा—हरेक चीज़ की खबर। बच्ची कैसी है ?'' ''अच्छी है,'' आशा रानी ने कहा, ''तुम्हें साशा के बारे में कैसे पता चला ?'' ''अरे, इस बात की फिक्र मत करो। हम यहाँ बैठे-बैठे ही सब कुछ पता कर लेते हैं। हमारे अपने जासूस हैं।''

आशा रानी मन-ही-मन मुसकराई। कुछ चीजें कभी नहीं बदलतीं, उसने सोचा। हिंदुस्तानियों की जिज्ञासा हिंदुस्तानी झुग्गी-बस्तियों की तरह है। यहाँ कुछ भी छिपा नहीं होता। यहाँ किसी को कोई राज बनाए रखने का अधिकार नहीं होता, परिवार में तो बिलकुल भी नहीं। गोरों की दुनिया से कितनी अलग है यहाँ की दुनिया। उसे हिंदुस्तान वापस आने के बाद ही यह पता चला किं न्यूजीलैंड में वह कितनी अजनबी थी। वहाँ उसने अपने आपको वहाँ के हिसाब से ढालने और उन्हें अपनाने की कोशिश की थी, और अपने हिसाब से वह इसमें कामयाब भी रही थी। लेकिन अब इस जानी-पहचानी जगह आकर उसे यह अहसास हुआ कि वह कितने ज्यादा भ्रम में थी। नहीं, वह वहाँ की नहीं थी। घर तो यही था। यह होली और दीवाली थी, और वे मछुआरे थे जो अपनी चटकीली रंगीन नावों पर एक बड़ी सी होली (की आग) के चारों तरफ नशे में झूमते हुए आशा रानी को अपने साथ शामिल हो जाने का संकेत करते थे—यह वह आग होती थी जो उसी तरह से, साल-दर-साल, शताब्दियों से राक्षसी होलिका के भस्म होने की याद में जलती चली आ रही थी। आशा रानी अपने लोगों से मिलने के लिए, सारी खबर लेने के लिए और इंतजार नहीं कर पाई।

आशा रानी की शादी की खबर ने पूरी मुंबई को स्तब्ध करके रख दिया था। सबसे ज्यादा असर अम्मा पर पड़ा था। ''उसकी हिम्मत कैसे हुई ?'' अम्मा ने किशनभाई से पूछा था। उसकी आवाज गुस्से से भर्राई हुई थी, ''उस लड़की ने हम सबको नीचा दिखाया है। मैं उसके प्रोड्यूसरों से क्या कहूँ ? उसके जो करार अधूरे पड़े हैं, उन सबका क्या होगा ? कौन उसकी डबिंग करेगा ? कौन उसकी अधूरी फिल्मों को पूरा करेगा ? पाजी लड़की ! मुझे पता था कि एक-न-एक दिन वह मुझे बरबाद करके छोड़ेगी। उन तमाम योजनाओं को बरबाद करके छोड़ेगी, जो मैं इतने सालों से उसके लिए बनाती आ रही हूँ। पहले वह किसी और के आदमी के साथ भाग गई, फिर उसने किसी

अजनबी से शादी कर ली। किसी गोरे से। क्या पता किस किस्म का आदमी है वह ? कौन है ? छिः, छिः—जरूर गाय का मांस खाता होगा। अब वह हमारे घर में, हमारे मंदिर में कभी नहीं घुस पाएगी। वह अशुद्ध हो गई है। वह अब मेरी बेटी नहीं रही। मेरा उसमें जो विश्वास था, उसने उसे तोड़ा है। अगर किसी भी अखबारवाले का फोन आए तो मुझसे बात करवाना। मैं बड़ी खुश होकर इंटरव्यू दूँगी और सबको बताऊँगी कि मैंने कैसी बेटी को जन्म दिया—कैसी राक्षसी, कैसी चुड़ैल को। सात जन्म के पापों का यह फल मिला है मुझे। मैं भगवान से पूछती हूँ कि पिछले जन्मों में मैंने ऐसा कौन सा पाप किया था कि मुझे ऐसी बेटी मिली ? मैं मद्रास में किसी को मुँह नहीं दिखा सकती। मैं अप्पा से क्या कहूँगी ? विजी ने हम सबको बेइज्जत किया है। मुझे तो शुरू में ही समझ लेना चाहिए था।'' किशनभाई ने यह कहकर उसे तसल्ली देने की कोशिश की थी, ''कम-से-कम वह सुखी तो होगी।'' ''सुखी ?'' अम्मा ने फुँफकारते हुए कहा था, ''वह लड़की कभी सुखी नहीं रहेगी। मेरा शाप है उस पर।''

तभी फोन की घंटी बजी थी। लिंडा का फोन था। उसने बड़ी मीठी-मीठी बातें करके 'शोबिज' के लिए इंटरव्यू देने का आग्रह अम्मा से किया था। लेकिन अम्मा को आग्रह की जरूरत नहीं थी। अम्मा ने पहले से ही सोच रखा था कि उसे क्या कहना है।

अगला हफ्ता 'अम्मावाद' से भरा था। पूरे शहर में होर्डिंग लगे थे, जिन पर इस तरह की सुर्खियाँ थीं, 'मेरी बेटी रंडी है', 'आशा रानी ने मेरे साथ विश्वासघात किया', 'माँ ने आशा रानी को बेटी मानने से इनकार किया', 'लाखों दिलों की मलिका खलनायिका बनी'। अम्मा ने गुस्से और कड़वाहट में भरकर अपनी बेटी पर प्रहार किए थे। उसने आशा रानी की जिंदगी की अंतरंग घटनाओं को उजागर कर दिया था और मर्दों के साथ उसके जितने चक्कर चले थे, उन सबका ब्यौरा अखबारवालों को पकड़ा दिया था। इससे अम्मा को जो प्रचार मिल रहा था, उसमें उसे मजा आ रहा था। वह इस बात से रोमांचित थी कि उसकी भी पूछ हो रही है। जब भी वह खास खबर के लिए लालायित अखबारनवीसों को इंटरव्यू का समय देने को फोन उठाती तो उसे यह अभूतपूर्व अहसास होता था कि हाँ, मेरा भी कोई रुतबा है। उसने तो एक नियमित फिल्म फोटोग्राफर से अपनी ढेर सारी तसवीरें खिंचवाकर भी रख ली थीं, ताकि जब रिपोर्टर आएँ तो उन्हें देने के लिए तसवीरें तैयार रहें।

जब अम्मा को यह समझ में आ गया कि वह आशा रानी की शादी के बारे में कुछ भी नहीं कर सकती, तो उसने सबसे पहला काम यह किया कि सेठजी को फोन घुमाया। उसने सेठजी से कहा, ''आपने मेरी बेवकूफ बेटी के अचानक शादी कर लेने की खबर तो सुन ली होगी...जी, जी, किसी विदेशी के साथ, पता नहीं कौन से देश में। भगवान ने मुझे सचमुच नीचा दिखाया। मुझे उसके भविष्य की चिंता हो रही है। मुझे नहीं पता कि वह कहाँ है, कैसी है, लेकिन मुझे अपनी दूसरी बच्ची की भी चिंता करनी है। जी, सेठजी, मेरी एक और बेटी है। मेरी जैसी बेबस औरत अकेली क्या करे ?

आशा रानी तो बड़े आराम से अपनी जिम्मेदारियों से मुँह मोड़कर भाग गई। लेकिन मैं तो ऐसा नहीं कर सकती। इसीलिए मैं आपको फोन कर रही हूँ। सेठजी, नहीं, मैं कुछ माँग नहीं रही हूँ सेठजी, मैं तो बस अपनी छोटी बेटी को आपकी खिदमत में पेश करना चाहती हूँ। अगर आप उससे मिलने के लिए थोड़ा समय निकाल सकें तो मेरी इज्जत बढ़ जाएगी। जी, मैं जानती हूँ आप चुनावों में व्यस्त हैं, लेकिन कोशिश कीजिए, बीच में थोड़ा सा समय हमारे लिए भी निकालिए। जी, बहुत मेहरबानी, सेठजी ! सुधा कमसिन है, और मासूम भी—आपको निराशा नहीं होगी उससे मिलकर। वैसे भी, आशा रानी तो हमारे लिए मर ही चुकी है। अब मुझे सुधा का भविष्य देखना है। आप बहुत मेहरबान हैं, सेठजी ! भगवान आपको बहुत आशीष देगा। यह पूरी मुंबई यूँ ही नहीं कहती है कि सेठ अमीरचंद अकेले शख्स हैं जो अपने लोगों की परवाह करते हैं। अब मैं अपनी छोटी बेटी को भी आपके हाथों में सौंप रही हूँ; क्योंकि मुझे पता है कि अकेले आप ही उसकी अच्छी देखभाल कर पाएँगे।''

सुधा को किशनभाई के साथ सेठजी के पास भेज दिया गया था, लेकिन उसे यह यातना नहीं झेलनी पड़ी थी जो आशा रानी ने झेली थी। सेठजी ने उन दोनों को अपने कमरे में बुलाया था। उन्होंने सुधा को अच्छी तरह से, जी भरके देखा था। फिर उसने उससे बाहर बैठने को कहकर किशनभाई से अकेले में बात की थी। ''लड़की मुझे अच्छी लगी,'' उन्होंने किशनभाई से कहा था, ''सच पूछो तो, अपनी बहन से ज्यादा खूबसूरत है, गोरी भी है। फिगर भी अच्छी है। सब कुछ अच्छा है। लेकिन कुछ जमता नहीं है—कहीं कोई कमी है। आशा रानी में सेक्स अपील थी। आदमी उसे एक नजर देख-भर ले तो उत्तेजित हो जाता था—किसी साँड की तरह। मैं ऐसे कई आदमियों को जानता हूँ जिनमें उसके कपड़े उतारने का भी सब्र नहीं होता था। ऐसा जबरदस्त असर था उसका। यह लड़की ठीक है। चालू भी है। लेकिन मुझमें इसके लिए कोई चाहत नहीं है। शायद मैं बूढ़ा हो रहा हूँ, इसलिए प्रोस्ट्रेट की भी प्रॉब्लेम है, और उस पर यह इलेक्शन का झमेला। तुम तो जानते ही हो कैसा होता है यह सब। लेकिन वह लड़की आशा रानी, वह मुझे अच्छी लगती थी। वह होशियार थी। उसे मर्दों की समझ थी। वह जानती थी कि मर्दों को कैसे खुश किया जाता है। खैर, मदद तो मैं इसकी भी कर दूँगा—क्या नाम है लड़की का ? सुधा ? मैं इसकी मदद करूँगा, वह भी केवल इसलिए कि मुझे इसकी बहन अच्छी लगती थी। इनकी माँ तो बेहया औरत है। उस कुतिया में कोई जज्बात नहीं हैं। उसने अपने मासूम बच्चों को तबाह कर दिया है। लेकिन यह मैं भगवान पर छोड़ता हूँ कि वह उसे अपने तरीके से देखे। तुम मुझसे संपर्क बनाए रखना और बताना कि इस लड़की के लिए मैं क्या कर सकता हूँ। पार्टी-शार्टी का इंतजाम करना है ? और कोई तमाशा करना है ? मैं उसे अपने समारोहों के लिए बुलवा सकता हूँ। खूबसूरत लड़कियों का इस्तेमाल तो हम हर समय कर सकते हैं। और क्या ?

मैं अपने प्रोड्यूसर दोस्तों से इसे मिलवा दूँगा। इसके बाद, इसका भाग्य है। इसकी माँ से कहना कि मुझे परेशान न करे। लेकिन अगर तुम्हें आशा रानी की कोई खबर मिले और अगर उसे मेरी मदद की जरूरत हो तो मैं हमेशा तैयार हूँ। अच्छा, काम खत्म। इस लड़की को मेरा आशीर्वाद है। तुम अगर इसे किसी से मिलवाना चाहो तो मेरा नाम ले सकते हो। सेठ अमीरचंद का सही लोगों में अभी भी बोलबाला है। ठीक है ?'' किशनभाई ने चलने से पहले उनके पैर छुए थे। वह जानता था कि सुधा का कैरियर बन गया। और वह इस बात से खुश था कि उसे वह सब नहीं झेलना पड़ा, जो उसकी बहन ने झेला था। बहुत खुश था वह।

किशनभाई अपने आप से समझौता कर रहा था। उसने एकाध ऐसी फिल्में हाथ में ले ली थीं, जिनमें उसका सब कुछ डूब गया था, और उसके बाद से उसने मुकम्मिल प्रोड्यूसर बनने का अपना पूरा ख्वाब देखना छोड़ दिया था। अब वह मात्र एक छोटा-मोटा डिस्ट्रीब्यूटर था। कभी-कभार वह स्टार बनने के इच्छुक किसी व्यक्ति का काम कर देता था। लेकिन भाग-दौड़ करने और सौदा पटाने के उसके दिन अब लद गए थे। मजे की बात यह थी कि इससे उसे कोई परेशानी भी नहीं होती थी। सुधा रानी को आशा रानी के अधूरे रोलों का पूरा करना अनिवार्य लगा था। अम्मा ने यही चाहा था, और यही हुआ भी।

किशनभाई ने आराम से वह काम करने का जिम्मा ले लिया था जो वह आशा रानी के लिए पहले ही कर चुका था। ''मैंने तब उसे स्टार बनाया था,'' उसने अम्मा से कहा था, ''और अब मैं सुधा को स्टार बनाऊँगा—उसकी बहन से भी बड़ी स्टार। यह मेरे लिए चुनौती है, और मेरा मकसद भी।'' शुरू-शुरू में तो सुधा रानी को अपनी अक्का की जगह लेने की कवायद से घबराहट हुई थी। ''क्या लोग मुझे स्वीकार करेंगे ?'' उसने मुंबई में पहली बार कैमरे का सामना करते हुए अम्मा से पूछा था। अम्मा ने उसे एकदम चुप कर दिया था, ''फिर कभी ऐसा मत कहना, समझीं ? लोग कुछ भी स्वीकार कर लेते हैं। तुम्हें अपने आपको इसके काबिल साबित करना है, बस। तुम क्या सोचती हो, दर्शक वफादार होते हैं ? क्या तुम सोचती हो कि अपने मनपसंद कलाकार के चले जाने के बाद वे उसे याद करते हैं ? नहीं। मुझसे पूछो, दर्शक अस्थिर होते हैं। उनकी याददाश्त कमजोर होती है। वे इस बात की परवाह नहीं करते कि पर्दे पर कौन है; वे तो बस मनोरंजन चाहते हैं। अब, यह बात तुम हमेशा याद रखना। अक्का को भूल जाओ। वह हमारे लिए मर चुकी है। भूल जाओ कि उसने पर्दे पर क्या किया। तुम तो उससे भी अच्छी डांसर हो, अच्छी ऐक्ट्रेस हो। तुम्हारी फिगर भी उससे अच्छी है, और तुम उसके मुकाबले गोरी भी खूब हो। अक्का क्या थी ? एक काला लोंदा, बस ! वह तो हमने—किशनभाई और मैंने—मिलकर उसे उस मुकाम तक पहुँचा दिया था। फिर, वह लड़की सुस्त और उदासीन थी—उस लंपट के पीछे दीवानी थी। तुम तो उसकी तरह नहीं हो। तुम्हारी हर बात तुम्हारे पक्ष में है—तुम्हारी उम्र, तुम्हारी शक्ल-सूरत, तुम्हारी प्रतिभा। इन सबका भरपूर फायदा उठाना, अपनी मूर्ख बहन की

तरह अपने कैरियर को तबाह मत करना। वह कितना पैसा कमा सकती थी, कितना नाम कमा सकती थी। लेकिन उसने किया क्या ? बेकार के आदमियों पर अपना सारा समय बरबाद कर दिया। और अब ? उसने यहाँ से जाकर किसी गोरे किसान से शादी कर ली है ! तुम सोच सकती हो, किस तरह की जिंदगी जी रही होगी वह ? वह उससे रात-दिन काम करवा रहा होगा। बाथरूम की सफाई करवाता होगा, खाना बनवाता होगा, खिड़कियों को चमकवाता होगा, झाड़ू-पोंछा करवाता होगा, बर्तन-भांडे मँजवाता होगा। मैं तुमसे सच कहती हूँ, वह आदमी जरूर आया तलाश रहा होगा, बीवी नहीं। और वह लड़की वहाँ जाकर उसके फंदे में फँस गई। लेकिन तुम—तुम अपनी अम्मा की बात सुनना। मर्दों से दूर रहना। मैं हर समय तुम्हारे साथ रहूँगी। किसी से बात मत करना। किसी का भरोसा मत करना। तुम्हें जो कुछ भी चाहिए, वह तुम्हें मैं, सिर्फ मैं दूँगी। किशनभाई तुम्हारे बाकी काम देखेगा। वह तुम्हारे प्रोड्यूसरों से बात करेगा, और मैं चाहूँगी कि तुम उससे भी सीधे बात न करो। तुम तो अपना मुँह बंद करके चुपचाप अपना काम किए जाना। बस। हम तुम्हें फिल्म इंडस्ट्री की सबसे बड़ी हीरोइन बना देंगे। बस देखती जाओ।"

अम्मा ने आशा रानी का स्वागत चौकन्ना रहकर किया, लेकिन उसमें बैरभाव नहीं था। उसने अपनी बेटी और दामाद का स्वागत आरती के साथ किया। आशा रानी ने चाँदी की थाली में रखे दीयों की लपलपाती लौ के ऊपर अपनी माँ के चेहरे को गौर से देखा और हैरान होकर सोचने लगी कि क्या यह वही औरत है, जो उसके साथ इतनी कलुषता से पेश आती थी। उसने भरपूर कोशिश करते हुए बीती बातों को अपने मन से झटक दिया और अपनी माँ को देखकर मुसकरा दी। कितनी उदास जिंदगी थी उसकी, सच। वह अब भी शंकालु, अब भी खबरदार थी कि कोई—उसकी अपनी ही बच्ची—उससे ऊपर न चली जाए। आशा रानी का मन हुआ कि वह अपनी माँ के गले लग जाए, उसकी बाँहों में गिर पड़े, उसे अपने में समेट ले और कहे, 'सब ठीक है। जो कुछ भी हुआ, सब बीती बात हो गई। सब कुछ बीत चुका। चलो सब कुछ भुला दें। हम एक-दूसरे की खुशी का मजा लें, बस।' लेकिन उसकी हिम्मत नहीं हुई।

उस बात को युगों बीत गए थे, जब उन दोनों के बीच शारीरिक निकटता थी। लेकिन आरती उतारती माँ के माथे पर ध्यानमग्नता की शिकन देखकर उसे उसके बचाव की इच्छा हो आई। उसका मन हुआ कि वह अपनी माँ को माफ कर दे। अम्मा बूढ़ी और पस्त दिखाई दे रही थी। उसके मुँह और आँखों के चारों ओर झुर्रियाँ पड़ गई थीं। ढीले-ढाले साड़ी-ब्लाउज के अंदर उसकी छातियाँ लटक आई थीं, और आशा रानी ने अंदाजा लगाया कि उसकी कंजूस माँ अब भी अपनी तमाम कांजीवरम् साड़ियों को जरूर घर पर ही धो रही होगी। आशा रानी ने आह भरी। इतने साल ऐश से रहने के बाद अम्मा आज भी कपड़ों की धुलाई पर पैसे बचा रही थी ।

बच्ची को लेकर वही खींचतान हुई जो ऐसे मौकों पर हमेशा होती है। करीब आधा दर्जन लोगों ने साशा को भींचकर रख दिया—वह भी एक साथ। यह अनुभव उसके लिए इतना नया और अजीब था कि वह बिलकुल चकरा गई। भाषा तो उसके लिए नई थी ही, गले लगाने और चूमनेवाले तमाम लोग भी नए थे। वह रोने लगी, "मम्मी ! मुझे मेरी मम्मी चाहिए।" फिर तो औरतों में उसे चुप कराने की जैसे होड़ लग गई। वे उसके लहजे पर चकित हो रही थीं, अविश्वास से उसके बाल छू रही थीं और बार-बार यही कहे जा रही थीं, 'बिलकुल गुड़िया जैसी है ! कितनी गोरी है और बाल भी कैसे सुनहरे हैं !' आशा रानी ने जल्दी से जे को देखा कि कहीं वह परेशान तो नहीं हो रहा। लेकिन वह शांत दिख रहा था। वह चुपचाप इस तमाशे को देखकर मजे ले रहा था और इसके खत्म होने का इंतजार कर रहा था। अम्मा ने अपने दामाद से कहा, "हमने इसके कमरे को वैसा ही रखा है, जैसा पहले था। बिलकुल वैसे का वैसा। हमने उसमें कोई बदलाव नहीं किया। गुलाबी। हर चीज गुलाबी। हम जानते थे कि यह वापस आएगी, और अगर इसे कुछ बदला हुआ मिला तो परेशान हो जाएगी।" "मुझे गुलाबी रंग से नफरत है ! हमेशा से रही है।" आशा रानी ने हलका सा विरोध जताया था। लेकिन जे ने साशा का हाथ पकड़ते हुए कहा, "चलो, चलकर तुम्हारी मम्मी का पुराना कमरा देखते हैं। वहाँ ढेर सारे खिलौने रख रखे हैं उसने।" उसके जाने के बाद अम्मा ने आशा रानी को इस तरह घूरकर देखते हुए सवाल किया कि वह झूठ बोलने का दुस्साहस तो करे, "क्या यह अच्छा आदमी है ?" आशा रानी ने स्थिर होकर उसे देखा और कहा, "हाँ अम्मा, जे बहुत अच्छा है। आप यह कह सकती हैं कि उसी ने मेरी जिंदगी बचाई। मैं नहीं जानती कि अगर वह मुझे नहीं मिला होता तो मेरा क्या होता। मैं हिंदुस्तान वापस नहीं आना चाहती थी, और मैं वहाँ भी नहीं ठहर सकती थी।" अम्मा ने सिर हिलाया और फिर कहा, "तुम्हारे अप्पा अब बूढ़े हो गए हैं। बहुत बूढ़े। उन्हें पता है कि तुम हिंदुस्तान में हो। वह तुम्हें और अपने नाती को देखकर बहुत खुश होंगे।" आशा रानी कुछ नहीं बोली। अम्मा इंतजार करती रही कि वह कुछ बोलेगी। "क्या सोचा ?" आखिर उसने पूछ लिया। "मैं इस बारे में सोचूँगी," आशा रानी ने कहा, "लेकिन पहले मुझे सुधा के बारे में बताओ। उसकी फिल्में कैसी चल रही हैं, वह कितना पैसा ले रही है—आजकल टॉप हीरोइनों को कितना पैसा मिल रहा है ? पाँच लाख ?" अम्मा हँस दी, "बेबी अब जमाना बदल गया है। सुधा को इसका दोगुना मिलता है—करीब दस लाख।" आशा रानी की तो जैसे साँस ही रुक गई, "दस ? बाप रे ! इस साल उसकी कितनी फिल्में रिलीज हुईं ?" अम्मा ने घुन्नेपन से कहा, "अभी तक तो पाँच ही हुई हैं—उनमें से दो हिट हुई हैं। अगले कुछ महीनों में चार और रिलीज होनेवाली हैं। दीवाली पर अमर के साथ एक बड़ी फिल्म रिलीज होने जा रही है।"

"वह इतना ज्यादा कमा रही है तो तुम लोग यहाँ से निकले क्यों नहीं ? या वह अपना सारा पैसा जमा कर रही है ? क्या तुम अब भी उसकी कमाई का हिसाब-किताब करती हो ?" आशा रानी ने पूछा।

अम्मा ने हिचकिचाते हुए जवाब दिया, ''देखो, सच में तो सुधा के पैसों का हिसाब-किताब उसका बैंक का एक दोस्त पेशेवर ढंग से करता है। वही उसे बताता है कि कहाँ और कब पैसा लगाना है। उनके पास, क्या कहते हैं उसे, एक पोर्टफोलियो है। मैं उसके कामों में दखल नहीं देती। स्टॉक, शेयर, जायदाद, हर चीज का हिसाब सुधा अपने सेक्रेटरी और अमर के साथ मिलकर देखती है।'' आशा रानी थोड़ी देर तक सोचती रही, फिर बोली, ''और तुम ? तुम्हारा काम कैसे चलता है ?'' अम्मा ने जवाब दिया, ''देखो, हमारे पास तुम्हारा कुछ पैसा था, तुम्हें तो पता है, जब तुम यहाँ से चली गई तो पैसा आता रहा था। और अब सुधा हमें एक बँधी रकम देती है। वह दिल खोलकर देती है। हमारे गुजारे लायक जरूरत से ज्यादा ही होता है। सुधा यहाँ नहीं रहती, उसने विले पार्ले में एक शानदार बँगला खरीद लिया है। वह वहाँ अमर के साथ रहती है। भगवान जाने क्या हो रहा है ! न शादी की ही तैयारी हो रही है, न कुछ। बस, साथ-साथ रह रहे हैं। बेहयाई से। लेकिन अम्मा क्या कह सकती है ? मैं तो एक शब्द भी नहीं बोलती। वह लड़की तो हमेशा से इतनी 'जेलेस' रही है। तुम्हें पता है बेबी, वह तुमसे नफरत करती है।''

किशनभाई भी उन दोनों के पास आ गया। वह एक कुर्सी पर फूहड़पन से बैठ गया। ''तुमने अपने बाल क्यों कटवा दिए ?'' उसने आशा रानी से पूछा, ''अब तो तुम पक्की फिरंगी लगती हो।''

इतने में नौकर कॉफी-नाश्ता लेकर आ गया। आशा रानी का ध्यान फटे हुए रूमालों, प्लास्टिक की ट्रे और अनब्रेकेबल प्यालों और तश्तरी पर गया। किशनभाई ने देखा कि वह घर की फटेहाली को देख रही है, और जब अम्मा जे और साशा का पता करने वहाँ से चली गई तो वह धीरे से बोला, ''आशा रानी, अब वह बात नहीं रही जो तुम्हारे जमाने में थी। अम्मा को बहुत सारी परेशानियों का सामना करना पड़ रहा है। तुम्हारी बहन तुम्हारी तरह नहीं है। वह बिलकुल अलग है। मतलबी है। बहुत मतलबी। और वह अम्मा से सख्ती से पेश आती है। ये हर समय लड़ती ही रहती हैं, पैसे को लेकर। हर बात को लेकर। अम्मा को नई साड़ी भी चाहिए होती है तो उसे सुधा से पूछना पड़ता है। और वह उस बोगस आदमी के चक्कर में है। मैं तुम्हें अमर के बारे में क्या बताऊँ, तुम्हें तो पता ही है कि वह कैसा है—एक नंबर का हरामी। अब वह बड़ा स्टार बन गया है। उसका दिमाग भी बड़ा है। बहुत बड़ा। वे सोचते हैं कि उन्हें कोई पछाड़ ही नहीं सकता, कि किसी को उनके मंसूबों के बारे में पता ही नहीं है। उनमें कोई प्यार-व्यार नहीं है, सब ढोंग है। सुधा को हर रोज एक नया आदमी चाहिए, और अमर मामूली रंडियों के पास जाता है। वह कहता है कि उसे फिल्मी लड़कियाँ अच्छी नहीं लगतीं। लेकिन वे साथ-साथ रहते हैं, ताकि दुनिया यही समझे कि उनकी जोड़ी है। अमर बड़ा होशियार, चंट व्यापारी है। उसने हिंदुस्तान में कुछ भी नहीं रखा। सब कुछ विदेशों में है। हवाला के जरिए लेन-देन करता है। साला, इतना होशियार है कि पकड़ा भी नहीं जा सकता। सारा बेनामी धंधा है। उसने जहाँ भी पैसा

लगाया है, वहाँ नुकसान की तो गुंजाइश ही नहीं है। बिलकुल भी नहीं है। उसे फिल्मों के बारे में सोचने की जरूरत ही नहीं है। लेकिन फिल्में तो नशा हैं, जुनून हैं। आप इनसे कभी निकल ही नहीं सकते। हाँ, दर्शक ही आपको बाहर फेंक दें तो बात और है। वे ही आपको खारिज कर दें तो बात अलग है,'' किशनभाई साँस लेने को रुका। उसने आशा रानी को देखा। फिर आगे कहा, ''यह बताओ आशा रानी—तुमने आगे के लिए कुछ सोचा है ? चलो, अब तो तुम्हारे पास पति है, एक प्यारी-सी बेटी है। तुम क्या करना चाहती हो ? तुम अब भी जवान हो, और मेरे कहे का बुरा मत मानना—सेक्सी भी हो। प्रोड्यूसर लोग मुझसे पूछ रहे थे...मैंने कहा, 'बाबा, पहले उसे हिंदुस्तान तो आने दो, फिर देखेंगे।' अगर तुम वापस आना चाहो तो तुम्हारे लिए अच्छा मौका है। तुम्हारे प्रशंसकों की चिट्ठियाँ अब भी आती हैं। लोग तुम्हें भूले नहीं हैं।

''लोग सुधा से तुम्हारे बारे में पूछते हैं, और अम्मा से भी। अगर तुम्हें सही फिल्म में सही रोल मिल जाए तो तुम्हें कर लेना चाहिए। हाँ, पहले तुम्हें अपना वजन थोड़ा कम करना होगा। लेकिन यह कोई समस्या नहीं है। हम तुम्हारी पुरानी डांस डायरेक्टर सरोज की मदद ले सकते हैं—तुम्हारी डांसिंग कुछ ढीली जरूर हो गई होगी...मुझे गलत मत समझना। लेकिन हम इन चीजों को तरतीब दे सकते हैं। सबसे अहम बात तो यह है—क्या तुम वापस आना चाहती हो ? और तुम्हारे मियाँ ? उनका क्या सोचना है ? क्या उन्हें बुरा लगेगा ? तुम्हें सोचना होगा। अभी मुझे जवाब मत दो, लेकिन याद रखो, तुम्हारे प्रशंसक भी हमेशा तुम्हारा इंतजार नहीं कर सकते। अगर अभी तुमने अपना मन बदल दिया तो बाद में तुम बहुत बूढ़ी हो चुकी होगी। और होड़ भी तो देखो कैसी मची है। छोटी-छोटी लड़कियाँ आ रही हैं, जो तुम्हारी बच्ची से ज्यादा बड़ी नहीं होंगी—जिनकी अभी माहवारी भी नहीं शुरू हुई ! और वे उन हीरो लोगों की हीरोइन बनकर आ रही हैं, जिनकी उम्र उनके दादा के बराबर होगी ! दो-चार फिल्में करती हैं और बाहर हो जाती हैं। सैकड़ों और लड़कियाँ उनकी जगह लेने को तैयार बैठी हैं। लेकिन तुम्हारी बात ही अलग थी। तुम्हारे पीछे लोग थे, पूरा हिंदुस्तान तुम्हारा दीवाना था। तुम सचमुच 'लाखों दिलों की मलिका' थीं। लोग अब भी तुम्हारे गाने गाते हैं। जब तुम्हारे गाने टी. वी. पर दिखाए जाते हैं तो लोग पागल हो जाते हैं। तुम्हारे लिए वापसी आसान होगी। नीतेशजी सोच रहे थे...''

लेकिन आशा रानी बहुत दूर थी। उसने एक-एक शब्द सुना था—लेकिन बस यूँही। वह मुंबई में अपने आखिरी दिनों के बारे में सोच रही थी। अभिजित और अक्षय के बारे में सोच रही थी, और सोच रही थी अपनी उस हालत के बारे में। वह अम्मा के कठोर शब्दों और अमीरचंद की अप्रत्याशित मदद के बारे में सोच रही थी। वह सब कुछ इतना अवास्तविक, इतना दूर लग रहा था; और यहाँ यह आदमी, यह दलाल बैठा था (आजकल वह अजीबोगरीब काला चश्मा पहनता था और उसके हाथ काँपते थे) जो उसे उसी कुएँ में वापस कूद जाने का लालच दे रहा था, जिसमें वह अभी मरते-मरते बची थी। ''नहीं,'' उसने एक झटके में कह दिया, ''नहीं, मुझे दिलचस्पी नहीं है। मैं

जहाँ हूँ वहाँ बहुत सुखी हूँ। मुझे वहाँ की अपनी जिंदगी अच्छी लगती है। मैं बस एक पत्नी और माँ ही बनी रहना चाहती हूँ। मैं अपनी बेटी को ठीक से पालना-पोसना और अपने पति की देखभाल करना चाहती हूँ। बस। वापसी का तो कोई सवाल ही नहीं है !''

तभी जे वहाँ आया। उसने आखिर के कुछ शब्द सुन लिए थे। ''वापसी ?'' वह चकराते हुए पूछने लगा, ''यह वापसी का क्या मामला है ? आशा रानी, क्या तुम फिल्मों में वापस जाने की सोच रही हो ?'' आशा रानी दौड़कर उसके पास गई और उसकी कमर में अपनी बाँहें डालते हुए बोली, ''बिलकुल नहीं, डार्लिंग ! मैं अभी किशनभाई से यही कह रही थी।'' जे ने तन्मयता से उसे देखा। ''यह आज थक गई है,'' उसने किशनभाई से कहा, ''यह इसके लिए बहुत ज्यादा हो गया। घर आने, सबसे मिलने, अपने परिवार वालों को देखने की सारी उत्तेजना। इसे आराम करने के लिए समय चाहिए, सोचने के लिए समय चाहिए। हो सकता है हम हफ्ते के आखिरी दिन बिताने गोवा जाएँ। जगह बदलने से इसको फायदा होगा, और मैं थोड़ी धूप ले लूँगा।''

आशा रानी को जे का यही विचार पसंद आया। पाँच साल बाहर रहने के बाद मुंबई उसे अभिभूत किए दे रही थी। किशनभाई लगातार उसके पीछे पड़ा हुआ था कि वह फिल्मों में वापस आने के बारे में गंभीरता से विचार करे। ''मैं प्रलोभन में पड़ गई हूँ। अगर मैं यह कहूँ कि इस तवज्जो से मुझे खुशी नहीं हो रही है, तो यह झूठ होगा,'' आशा रानी ने जे से कहा था। उस समय उनका जहाज हिचकोले खाता हुआ डाबोलिन एयरपोर्ट की ओर बढ़ रहा था। ''इससे मुझे यह अहसास हो रहा है कि अब भी मेरी पूछ है। क्या इसमें कुछ गलत है ?'' ''बिलकुल नहीं, जानी,'' जे ने उसे यह कहते हुए भरोसा दिलाया था, ''मुझे तो तब आश्चर्य होता जब तुम पर इस सबका कोई असर ही नहीं होता। तब वह स्थिति सामान्य नहीं होती। तुम आखिर इनसान हो, आशा रानी ! तुम्हें वह प्रशंसा और कामयाबी मिली है जो दुनिया में बहुत कम इनसानों को मिलती है। मुझे तो इस बात पर आश्चर्य हो रहा है कि इन तमाम बरसों में यहाँ से बाहर रहकर तुम्हें इन सबकी कमी नहीं अखरी। अगर तुम्हें यह कमी अखरी है और तुमने मुझे बताया नहीं है, तब बात और है।''

आशा रानी ने अपने नीचे सरकते बेहद खूबसूरत समुद्र तट को देखा। उसने गोवा के रेतीले तटों और ताड़ के पेड़ों को साशा को दिखाया, जो खिड़की से नाक सटाए बाहर ही ताक रही थी। उसने कोशिश की कि मुंबई और किशनभाई की बातों के बारे में न सोचे। वह इस दुविधा से दो-चार नहीं होना चाहती थी। वह कोई फैसला नहीं करना चाहती थी। ''मैं न्यूजीलैंड में बहुत खुश थी,'' अंत में वह बोली।

जे मुसकरा दिया, ''थी ? तुमने बिना समझे भूतकाल में बात की।'' आशा रानी ने जल्दी से अपनी गलती सुधारी, ''ओह ! मेरा यह मतलब नहीं था। मैं तो बस यह

कह रही थी...'' जे ने उसे बीच में ही टोकते हुए कहा, ''कोई बात नहीं है, जानी ! जब मैंने तुमसे शादी की थी तो मुझे पता था कि न्यूजीलैंड तो बस एक पड़ाव ही रहेगा। यह तुम्हारे लिए आराम का दौर होना था। तुम्हें इसकी जरूरत भी थी, और तुमने इसकी कीमत भी चुकाई थी। जैसे अब गोवा है। फर्क बस यह है कि गोवा में तुम पाँच दिन बिताओगी, जबकि न्यूजीलैंड में तुमने पाँच साल बिताए। यह तो नजरिए की बात है। बस।'' ''यह कैसे कह सकते हो तुम ?'' आशा रानी ने हैरान होते हुए कहा। उसकी हैरानी नकली नहीं थी। ''मैंने फिल्मों में वापस जाने के बारे में अभी अपना मन नहीं बनाया है। मैंने तो अभी इसके बारे में सफाई से सोचा भी नहीं है। मैंने तो यही कहा था कि मैं इस बात से खुश हूँ कि लोग मुझे आज भी पर्दे पर देखना चाहते हैं।''

हवाई जहाज नीचे आने लगा था। उन्हें सफेदी किए चर्च धान के हरे-भरे खेतों के बीच खड़िया के गुड़ियाघरों की तरह खड़े दिखाई दे रहे थे। ''अरे देखो !'' आशा रानी ने कहा, ''कितना खूबसूरत है ! मैं तो भूल ही गई थी कि कितनी प्यारी जगह है यह। 'बेबी डॉल' की शूटिंग यहीं हुई थी। पूरी तो नहीं, लेकिन काफी।'' ''मुझे पता है,'' जे बोला, ''क्या मैं वह मशहूर गाना गाकर सुनाऊँ जिसमें तुम गोवा की एक मछुआरिन के कपड़े पहने थीं और उस साँड को लुभाने की कोशिश कर रही थीं, मैं उसका नाम भूल रहा हूँ–उमेश ?'' आशा रानी खिलखिलाकर हँस पड़ी। वह बोली, ''तो तुमने वह बेहूदा फिल्म देखी है ?'' ''मैंने तुम्हारी सारी फिल्में देखी हैं, जानी,'' जे ने हँसते हुए कहा, ''कोई-कोई फिल्म तो मैंने पाँच-पाँच बार देखी है !''

साशा बड़ी रोमांचित थी, ''देखो मम्मी, समुद्र देखो ! जैसे सिडनी में है !'' विमान परिचारिका ने आकर उनसे अपनी-अपनी सीट-बेल्ट बाँध लेने को कहा। अचानक उसकी नजर आशा रानी पर पड़ी। ''ओह सॉरी,'' वह बोली, ''मुझे नहीं मालूम था कि आप भी इस जहाज में हैं। क्या सुखद आश्चर्य है ! मैंने यह तो पढ़ा था कि आप वापस आ गई हैं और आपने कुछ फिल्में भी साइन की हैं।'' आशा रानी हैरान रह गई। ''कहाँ पढ़ी तुमने यह बकवास ?'' उसने चिढ़ते हुए पूछा। ''जी, यह किसी फिल्मी अखबार में ही छपा था। कौन सा अखबार था वह, मुझे याद नहीं।''

आशा रानी ने जे का हाथ पकड़ लिया। वह बोली, ''वह हरामजादा ! जरूर उसी किशनभाई का काम होगा–नहीं तो हमारी बातचीत के बारे में और किसे पता है। उसने यह भी कष्ट नहीं किया कि अखबार में देने से पहले मुझे पूछ तो लेता। मैं उसे जान से मार डालूँगी। उसकी हिम्मत कैसे हुई ! होटल पहुँचते ही उसे फोन मिलाते हैं।''

जे ने धीमे से कहा, ''शांत हो जाओ। इसे इस तरह से देखो, उसने तुम्हारी तरफ से फैसला कर लिया है। अब इसे वापस तो लिया नहीं जा सकता।''

आशा रानी एकटक उसे देखने लगी। ''तो क्या तुम सचमुच मेरे लिए यही चाहते हो ?'' उसने पूछा।

''मैं सोचता हूँ कि तुम अपने लिए यही चाहती हो,'' जे ने धीरे से कहा, ''बस तुम इसका सामना करने से डर रही हो। मेरा सामना करने से डर रही हो।''

मुंबई लौटते-लौटते फैसला हो चुका था—आशा रानी फिल्मों में वापस आ रही थी। उस दुनिया में वापस आ रही थी जिसके बारे में उसने सोचा था कि उससे बचकर निकल सकती है; और इस बार इस दुनिया में उसे धकेलनेवाला जे रहा। जैसे कि अम्मा ने कहा, "बेबी, तुम खुशनसीब औरत हो। कोई हिंदुस्तानी आदमी अपनी बीवी को शादी के बाद फिल्मों में काम करने की इजाजत नहीं देता। अप्पा को देखो। अक्षय को देखो। मैं और कितनी ही मिसालें दे सकती हूँ। हमारे मर्द पाखंडी होते हैं। वे खुद तो बाहर निकलकर मजे लूटना चाहते हैं, लेकिन बीवियों को वे घर में ही बंद करके रखते हैं। जे समझदार पति है। उसे तुम्हारे पैसों की जरूरत नहीं है। उसे तुम्हारी शोहरत की जरूरत नहीं है। लेकिन वह तुम्हें जानता है। वह जानता है कि तुम्हें क्या चाहिए, और चाहता है कि तुम अपनी चाहत को पूरा करो। रतन है वह। रतन, नवरतन। मुझे उम्मीद है कि तुम इस बात को समझती हो।" आशा रानी ने सिर हिला दिया। वह इस बात पर मन-ही-मन मुसकरा रही थी कि अम्मा ने जे के बारे में अपनी राय कितनी जल्दी बदल दी थी। अम्मा बोलती रही, "लेकिन तुम्हारी शादी का क्या होगा ? तुम्हारी बेटी का क्या होगा ? तुमने इसके बारे में भी सोचा है ? अगर तुम यहाँ रहीं और वह वहाँ, तो यह सब कैसे चलेगा ? सौ बार सोच लो। तुम्हारी अम्मा बदल गई है। मैं अपनी गलतियों को महसूस कर चुकी हूँ। अब मैं तुम्हारे कैरियर के बारे में और नहीं सोच रही हूँ, मैं तो केवल तुम्हारे बारे में और तुम्हारी खुशी के बारे में सोच रही हूँ। तुम तो जानती ही हो कि यह इंडस्ट्री किस तरह की है। यह बेहूदा है, घटिया है, बेरहम है—यह अच्छे लोगों के लिए नहीं है, और शादीशुदा औरतों के लिए तो बिलकुल भी नहीं है !

"हीरो लोगों की बात और है। वे पाँच-पाँच शादियाँ कर लें तो भी कोई फर्क नहीं पड़ता है। लेकिन जहाँ तक तुम्हारी बात है, तुम्हारे पास अब जिम्मेदारियाँ हैं। तुम्हारी अपनी बेटी है। कैसे निपटोगी तुम इन तमाम गंदे आदमियों से ? पियक्कड़ों से ? डिस्ट्रीब्यूटरों से ? मैं जानती हूँ, तुम्हें क्या-क्या नहीं करना पड़ा है ! मैं जानती हूँ कि मैंने खुद तुम्हें कैसे-कैसे हालात में डाला। अब मैं उस सबके लिए शर्मिंदा हूँ। लेकिन अब बहुत देर हो चुकी है। सुधा ने मेरी आँखें खोल दीं।

"अपनी बहन को देख लो—वह बेरहम और दुष्ट है। वह अपनी ही अम्मा के खिलाफ हो गई है। उसने यह समझने की कोशिश नहीं की कि मैंने जो कुछ भी किया, उसके भले के लिए ही किया। वह एक बड़ी स्टार बनना चाहती थी। वह तुम्हें पछाड़ना चाहती है। शुरू से उसकी यही लालसा रही। जब वह मुंबई आई थी तो उसने मुझसे यही कहा था, 'अम्मा, मुझे टॉप हीरोइन बनाना। मैं अक्का से भी बड़ी हीरोइन बनना चाहती हूँ। मैं सबसे अच्छी हीरोइन बनना चाहती हूँ। मैं चाहती हूँ कि लोग उसे भूल जाएँ। मैं अक्का से अच्छी हूँ—मैं इसे साबित कर सकती हूँ।' हाँ, यही कहा था उसने मुझसे। मैं इसे कभी नहीं भूल सकती। वह कहीं भी रुकना नहीं चाहती थी !

"हे भगवान ! इतनी ऊँची लालसा ! इतनी चालाकी ! अगर उसे अपनी अम्मा को भी बेचना पड़ता तो वह यह भी कर देती। उस लड़की में कोई भावना नहीं है, कुछ

नहीं है। उसे तो बस पैसा चाहिए। पता नहीं किस पर गई है वह। पैसा, सेक्स और शोहरत। बस, यह चाहिए उसको। मुझे तो वह एक पाई भी नहीं देती। मुझे उससे पैसों के लिए भीख-सी माँगनी पड़ती है। ब्लाउज के कपड़े तक के लिए भीख माँगनी पड़ती है। 'शुक्र मनाओ,' वह कहती है, 'कि मैंने तुम्हें रहने के लिए घर दे दिया है' यह तुम्हारा घर है, आशा रानी, उसका नहीं। लेकिन वह फिर भी ऐसे बोलती है। वह किसी की परवाह नहीं करती। उसके दिल में किसी के लिए भी प्यार नहीं है। भगवान उसे एक दिन जरूर दंड देगा। मैं उसे शाप नहीं दे रही। आखिर मैं उसकी अम्मा हूँ, वह भले ही भूल गई हो। मेरे लिए तो वह हमेशा मेरी बच्ची ही रहेगी।

"लेकिन तुम—तुम अलग हो। तुम्हारा दिल कोमल है। जिन लोगों ने तुम्हारे लिए इतना किया है, उनके लिए तुम दयालु और भली हो। मैं जानती हूँ कि तुम अपनी अम्मा को नहीं भगाओगी। तुम बुढ़ापे में मेरी देखभाल करोगी। अब मैं जा भी कहाँ सकती हूँ ? मैं अपनी जिंदगी कैसे काटूँगी ? भगवान वेंकटेश जानते हैं कि तुम बच्चों को पालने के लिए मैंने कितनी मुश्किलों का सामना किया है। क्या मुझे थोड़ा आराम करने का हक नहीं है अब ?

"मैं थक चुकी हूँ। मेरे जोड़ों में दर्द रहता है। डॉक्टर कहता है कि मुझे ब्लडप्रेशर है। मुझे डायबिटीज हो गई है। पता नहीं और कितने दिनों की मेहमान हूँ इस धरती पर। लेकिन मैं शिकायत नहीं कर रही हूँ। मैं शांति से रहना चाहती हूँ।"

आशा रानी ने खामोशी से उसकी सारी बात सुनी। वह अम्मा को यह नहीं बताना चाहती थी कि वह खुद इस बारे में क्या सोचती है। यह औरत शरीर और मन दोनों ओर से टूट चुकी थी। आशा रानी उसके धूर्तता और स्वार्थ से भरे भाषण को अनदेखा कर देने को तैयार थी। 'अंत में हम सभी को अपने-अपने बारे में देखना पड़ता है,' पस्त होकर वह सोचने लगी, 'हर आदमी को जिंदा रहने का अपना-अपना रास्ता मिल जाता है। बेचारी अम्मा—उसकी इकलौती उम्मीद मैं ही तो हूँ। और जहाँ तक मेरा सवाल है, मुझे भी जल्दी ही अपने बारे में पता चल जाएगा।'

उस दिन बाद में, अम्मा कॉफी लेकर आशा रानी के बेडरूम में आई, "बेबी, मैं सोच रही थी कि हमें फिल्मों में तुम्हारी वापसी के सिलसिले में एक बड़ी पार्टी देनी चाहिए। इंटरव्यू दो, लेकिन केवल बड़ी पत्रिकाओं को। इस तरह से तुम्हारी कीमत भी बढ़ जाएगी। प्रोड्यूसर लोग तुम्हें ज्यादा भाव देंगे।"

आशा रानी ने उनींदी हालत में उसे यह कहकर चलता किया, "बाद में, अम्मा, बाद में। अभी तो मैंने मन भी नहीं बनाया है।"

इस बातचीत के दस मिनट बाद ही फोन की घंटी बजी और आशा रानी ने एक्सटेंशन उठा लिया। उसे लिंडा की आवाज सुनकर थोड़ा धक्का लगा। वह कह रही थी, "हाँ ? क्या कहा उसने ? कब आ जाऊँ मैं ?" उसकी आवाज में वही ठसक थी। "श् ! अभी मुझे पता नहीं। उसने कुछ भी नहीं कहा है। बाद में," अम्मा फुसफुसाई, "मैं तुमसे बाद में बात करूँगी। कहीं वह जाग न जाए और हमारी बात न सुन ले।"

लिंडा तुनककर बोली, "मैं हमेशा तो इंतजार करती नहीं रह सकती। हमारी भी डेडलाइन होती है। वह महारानी दुर्लभ होने का नाटक कर रही है, क्यों ? उससे मेरी तरफ से कह देना यह सब नहीं चलेगा। इस समय पब्लिसिटी की जरूरत उसी को है। उसे यह याद दिला देना कि उस पर कोई लेख छापकर हम ही उस पर अहसान करेंगे। वह हम पर कोई अहसान नहीं करेगी। वैसे, उसे पता है कि आजकल मैं ही एडीटर हूँ ? खैर, तुम्हें सौदा तो याद है न—हमें खास इंटरव्यू चाहिए। अगर मुझे कहीं और कोई लेख दिखाई दिया तो यह सौदा रद्द हो जाएगा।" अम्मा ने उसे विश्वास दिलाया कि वह आशा रानी को इस इंटरव्यू के लिए राजी कर लेगी और जल्दी से फोन काट दिया।

आशा रानी अपने कमरे से निकली तो अम्मा बैठक में किशनभाई से बात कर रही थी। "तो, कभी कुछ नहीं बदलता, क्यों," उसने कहा, "मैंने तुम्हें उस कुतिया से बात करते हुए सुन लिया है। अम्मा तुमने ऐसा किया तो कैसे ? मुझे इस बात की परवाह नहीं है कि मैं दूसरी फिल्म कभी साइन करती हूँ या नहीं, लेकिन मैं उस औरत से जाकर भीख नहीं माँगूँगी। वह अपनी पत्रिका के साथ भाड़ में जाए ! मुझे उसकी जरूरत नहीं है। इस बार अगर मैं फिल्मों में वापस आती हूँ तो सब कुछ अपने तरीके से करूँगी। किशनभाई, मैं अपना फैसला तुम्हें एक-दो दिन में बताऊँगी। इस बीच, मेहरबानी करके मेरी तरफ से कुछ भी मत करना। समझ गए न ?" अम्मा और किशनभाई मुँह बंद कर उसे घूरते रह गए। आशा रानी ने घंटी बजाई और ताजा कॉफी की फरमाइश कर दी।

जे को अब बेचैनी होने लगी थी, और बोरियत भी। अब उसे हिंदी सिनेमा को घुसकर देखने का मौका मिल गया था, तो इसके प्रति उसका सारा मोह जाता रहा था। वह वीडियो पर नई फिल्में देखने की कोशिश करता, लेकिन उनसे उसे बोरियत ही होती थी। "हम मद्रास कब चल रहे हैं ?" उसने आशा रानी से पूछा, और कहा, "और उसके बाद हमें, मेरा मतलब है मुझे, वापस जाने के बारे में सोचना पड़ेगा।"

आशा रानी ने कुछ नहीं कहा। वह साशा से बात करने लगी, "बिटिया, क्या तुम मद्रास चलोगी अपने नाना से मिलने ?" साशा ने अपनी उन खूबसूरत भूरी-हरी आँखों से उसे देखा। "मुझे नहीं पता कि मद्रास में मेरे कोई नाना भी हैं।" वह बोली। आशा रानी ने उसके सिर को थपथपाते हुए कहा, "चलो, अब तो पता चल गया तुम्हें। वह मेरे पिता हैं और बहुत प्यारे हैं। तुम्हें वह जरूर अच्छे लगेंगे।" "आपके पिता ?" बच्ची ने पूछा, "आपने तो मुझे कभी नहीं बताया कि आपके पिता भी हैं। कैसे लगते हैं वह देखने में ? उनका नाम क्या है ?"

"मैं उन्हें अप्पा कहती हूँ। अब तो वह बहुत बूढ़े और बीमार हैं," आशा रानी ने जवाब दिया। साशा ने थोड़ी देर सोचकर फिर पूछा, "क्या वह मरनेवाले हैं, मम्मी ?" आशा रानी ने उसे अपने सीने से लगा लिया और जवाब दिया, "मैं तो उम्मीद करती

हूँ कि ऐसा नहीं होगा बिटिया !''

उन्हें जो फ्लाइट सबसे पहले मिली, वे उसी से मद्रास के लिए रवाना हो गए। जे वहाँ की यात्रा को लेकर रोमांचित था, क्योंकि वह उस शहर में कभी नहीं गया था, और वह अप्पा को देखने को भी उतावला हो रहा था। आशा रानी ने उसे अपने पिता के बारे में इतना कुछ बता रखा था कि उसे उन्हें देखने की जिज्ञासा होने लगी थी। लेकिन पिता के बारे में उसने बारीकी से नहीं बताया था, और जे ने उस पर जोर भी नहीं डाला था। उसने सोचा था कि यह आशा रानी की जिंदगी का एक नाजुक, बदनुमा पहलू है, जिसे वह याद कराया जाना पसंद नहीं करेगी।

''घबराहट हो रही है ?'' मीनाम्बक्कम् हवाई अड्डे पर जहाज उतरने के बाद उसने आशा रानी से पूछा। ''नहीं,'' उसने जवाब दिया, ''बस गर्मी लग रही है और पसीना आ रहा है।'' जे हँस दिया। ''तुम तो ऐसे बात कर रही हो जैसे कोई किवी अपनी पहली यात्रा पर पूरब में आए,'' वह बोला, ''तुम तो यहीं पैदा हुई थीं, कुछ याद आया ?'' ''हाँ क्यों नहीं, मुझे याद है,'' आशा रानी ने थोड़ा परखते हुए कहा, ''लेकिन मुझे यहाँ की गर्मी कभी रास नहीं आई। मुझे हमेशा इससे नफरत ही रही, आज भी है। कुछ लोग पसीने के कभी आदी नहीं हो पाते, मैं उन्हीं में से हूँ।'' और इतना कहकर वह फर्राटेदार तमिल में उन कुलियों से बात करने लगी, जो मद्रास की गर्म हवा में उनके बाहर आते ही उनके चारों तरफ उमड़ने लगे थे।

''मम्मी, तुम क्या कह रही हो ?'' साशा उससे बार-बार पूछती। जब उसे अपनी माँ से कोई जवाब नहीं मिला तो उसने अपने पिता की ओर मुड़ते हुए कहा, ''मम्मी तो बड़ा अजीब बरताव कर रही हैं। मुझे तो उनकी भाषा समझ में आ नहीं रही। उन्हें क्या हो गया है ?'' जे ने साशा को प्यार करते हुए कहा, ''कुछ नहीं, तुम्हारी मम्मी को अपने घर आने की खुशी हो रही है, बस।''

मद्रास की लंबी विमान यात्रा के दौरान आशा रानी के दिमाग में सुधा की बातें भरी रही थीं। वह लिंडा की पत्रिका के पन्ने पलटती रही थी और उसमें 'हैव यू हर्ड दि लेटेस्ट स्कैंडल' वाले लोकप्रिय गॉशिप कॉलम में उसने अपनी तसवीरें प्रमुखता से छपी देखी थीं। हे भगवान ! आशा रानी को अपने बारे में लिखी गई बकवास पढ़कर और अपनी बिगड़ी हुई तसवीरों को देखकर बड़ा खराब लगा था। पत्रिका में सुधा के साथ एक लंबा इंटरव्यू था, जिसे लिंडा ने लिखा था। यह इंटरव्यू दुष्टता और वैमनस्य से भरा था जिसमें सुधा ने कुछ ऐसा कहा था, 'बेचारी अक्का ! मैं समझ सकती हूँ कि उसे कैसा महसूस हो रहा होगा। अब मैं स्टार हूँ और वह कुछ भी नहीं है। बेचारी—उसने यह कैसे सोच लिया कि उसे इस उम्र में हीरोइन के रोल मिल जाएँगे ? किसी ने उसे गलत सलाह दे दी है। अब तो उसकी शादी हो गई है और वह माँ भी बन गई है। अब तो उसे फिल्मों से संन्यास ले लेना चाहिए। दूसरों को मौका क्यों नहीं देना चाहती

वह ? उसे तो मौका मिल चुका। उसने इतनी सारी गलतियाँ कीं और गलत मर्दों के चक्कर में पड़ी। लेकिन उसे खुद तो यह सोचना चाहिए था कि वह कर क्या रही है। अक्षयजी, आखिरकार, एक शादीशुदा आदमी थे। उसे उनकी विवाहित जिंदगी को तबाह करने की कोशिश नहीं करनी चाहिए थी; और अभिजित की भी। अब ये सारे शाप उस पर हैं। अगर उसकी जगह मैं होती तो मुझे तो ऐसा करते हुए बहुत डर लगता। दूसरी औरतों के मर्दों के साथ लफड़े में पड़ने से तो अच्छा है कि अनब्याही और अछूती रहो। अपनी बड़ी बहन की गलतियों से मैंने भी सबक लिया है। मैं तो कभी किसी शादीशुदा आदमी के चक्कर में नहीं पड़ूँगी, और मैं घर बसाने से पहले कई बार सोचूँगी। मैं पहली मुलाकात में ही किसी अजनबी से ब्याह नहीं रचा बैठूँगी, और वह भी किसी चलते-फिरते फिरंगी से ! अब मुझसे इस सबके बारे में और कुछ मत पूछो। आखिर, वह मेरा जीजा है। कम-से-कम अक्का तो यही चाहती है कि मैं उसे जीजा कहूँ। क्या पता उन्होंने सचमुच शादी की भी है या नहीं ? हमारे घर से तो वहाँ कोई था नहीं, और मैं भी पता करने के लिए आस्ट्रेलिया या टिम्बकटू या जहाँ कहीं भी वे रहते हैं, वहाँ गई नहीं। मैंने सुना है कि उसके घरवाले अक्का को अपनी बहू नहीं मानते। लेकिन यह अफवाह भी हो सकती है। मैं तो यह कह रही हूँ कि मैं अपने रीति-रिवाजों में विश्वास करती हूँ। मैं पुराने खयालों की लड़की हूँ। मैं तो सात फेरों को पवित्र मानती हूँ। अक्का जैसी जिंदगी चाहे बिताए, लेकिन मेरी मान्यताएँ अलग हैं। मुझे कहना तो नहीं चाहिए, लेकिन मुझे तो उसके इस तथाकथित पति के साथ उसका रिश्ता भी बहुत अजीब लगता है। हो सकता है मैं पुराने खयालों की हूँ, लेकिन मुझे तो बड़ा अजीब लगा जब वह फिरंगी बिना बुलाए मेरे घर आ गया और मुझसे बाहर चलने को कहता रहा—अकेले ! मैंने तो यह कहकर साफ-साफ मना कर दिया, 'अक्का को कैसा लगेगा ?' छिः, छिः, छिः ! हमारे देश में तो देवर इस तरह का बरताव नहीं करते ! मुझे तो इतना धक्का लगा ! ये फिरंगी सोचते हैं कि सारी औरतें उन्हीं की औरतें हैं—इतने घटिया होते हैं ये और इनमें कोई नैतिकता तो होती नहीं। मैंने तो उसे उसकी औकात बता दी। वैसे भी, यह अक्का की जिंदगी है और मैं उसमें दखल नहीं दे सकती। मैं तो यही प्रार्थना करती हूँ कि वह सुखी रहे। अब वह वापस आने की उम्मीद तो कर भी नहीं सकती, क्योंकि तुम तो जानती ही हो, दर्शक उसे कभी नहीं अपनाएँगे। पिछली बार तो वह अपने तमाम प्रोड्यूसरों और प्रशंसकों को धोखा देकर बिना कुछ कहे गायब हो गई थी। यह तो कोई पेशेवर तरीका नहीं है। यह तो शुक्र है कि मैं थी, नहीं तो पता नहीं क्या हुआ होता ? इतने लाख, बल्कि करोड़ उसके नाम से फँसे हुए थे। वह तो बस सबको चूना लगाकर चली गई। किस्मत से, डायरेक्टर लोगों ने मुझ पर विश्वास किया और सारी फिल्में हिट गईं। अब, बेचारी, उसे माँ के रोल भी नहीं मिलेंगे। क्या पता वह फिर धोखा दे जाए। भले ही रोल छोटा हो लेकिन प्रोड्यूसर लोग सारे सीन तो दोबारा शूट नहीं कर सकते न। निरंतरता का क्या होगा ? बेचारे फाइनेंसर भी ! वे भी मेरे पास यह गारंटी लेने आए कि अक्का उन्हें निराश नहीं करेगी। मैंने तो कह

दिया, ''बाबा, मैं उसकी तरफ से कोई वादा कैसे कर सकती हूँ ?' आखिर वह मेरी बड़ी बहन है। मुझसे उम्र में बहुत, बहुत बड़ी है वह। सच पूछो तो मैं तो उसकी बेटी हो सकती हूँ। अपनी अक्का के लिए ऐसी इज्जत है मेरे दिल में। मैं उससे यह नहीं कह सकती, 'यह मत करो, वह मत करो।' अब बाकी तो भगवान पर है। पता नहीं वह भगवान में अब भी विश्वास करती है या नहीं; लेकिन हमारे परिवार में, हम सभी बहुत धार्मिक हैं और हर साल तिरुपति जाते हैं।'

इंटरव्यू पढ़ने के बाद आशा रानी सोचने लगी कि आखिर सुधा उसके खिलाफ क्यों हो गई। वह इतनी बैरी, इतनी कड़वी क्यों हुई। आखिर आशा रानी ने उसका बिगाड़ा क्या था ? क्या ये अफवाहें सचमुच सही थीं कि अम्मा ने उसके दिमाग में आशा रानी के खिलाफ जहर भर दिया था ? लेकिन अम्मा ऐसा क्यों करेगी ? क्या वे दोनों ही उसकी बच्चियाँ नहीं हैं ? या अम्मा सचमुच ऐसी ही संगदिल, बेरहम औरत है ? क्या वह इतनी लालची है कि पैसे की खातिर एक बेटी को दूसरी से भिड़वा देगी ? कितना भयंकर विचार था यह, और क्या यह केवल अप्पा के व्यवहार के कारण है कि अम्मा इतनी वहशी हो गई ? चाहे जिस तरफ से भी देख लें, तसवीर में हमेशा एक मर्द ही दिखाई देता है। मर्द, जो औरत को इस्तेमाल करता है, उसका दुरुपयोग करता है और अंत में उसे छोड़ देता है।

अप्पा

अम्मा ने अप्पा को आशा रानी के मद्रास आने के बारे में बता दिया था। अप्पा आजकल ह्वील चेयर पर ही रहते थे। नर्सें रात-दिन उनकी देखभाल करती थीं, और उन्हें कई बार जो दौरे पड़े थे उनका असर उनके दिमाग पर पड़ा था। लेकिन अम्मा ने आशा रानी को यह भी बताया था कि बीच-बीच में अप्पा सामान्य भी हो जाते हैं। आशा रानी इस भेंट को लेकर संशय और भय की स्थिति में थी। वह तो भूल ही गई थी कि उसके पिता कैसे दिखते हैं। उसे जिस पिता की याद थी, वह परिवार के एलबमों में दिखनेवाला अनजबी था। वह एक हट्टा-कट्टा, दमदार आदमी था जो कलफ लगा सफेद मुंडु पहने था और जिसके कंधों पर एक अंगवस्त्रम् पड़ा था। लेकिन उसे अपने बचपन के खुशमिजाज पिता की भी याद थी, जो घर में रहने की अपेक्षा बाहर ज्यादा रहते थे, जो दीवाली पर हमेशा बच्चों को महँगे तोहफों से लाद देते थे और उनकी माँ को छेड़-छेड़कर परेशान कर देते थे।

आशा रानी के गृहनगर को देखकर जे की पहली प्रतिक्रिया सच्चाई को उजागर करनेवाली थी। "यहाँ मुंबई से ज्यादा सफाई है," वह बोला, "पर यहाँ के लोग छोटे और काले हैं।" लेकिन जब वे शहर के बीच में पहुँचे तो जे अपना सिर पकड़कर रह गया। "यह तो पागलपन है," वह बोला, "यहाँ हो क्या रहा है ? कहीं कोई मेला लगा है क्या ? या कोई सत्संग-समारोह हो रहा है ?" साइकिलवाले, बसें, कारें और पैदल चलनेवालों की भीड़ थी वहाँ। "मम्मी, देखो कितने चटक रंग हैं !" साशा ने खुश होते हुए कहा, "और वह प्यारी स्कर्ट देखो। मम्मी, मुझे भी ऐसी ही स्कर्ट ले दो न !"

चहल-पहलवाले माइलापुर इलाके की सड़कों पर ठँसी भीड़ खुद आशा रानी को रास नहीं आई। लेकिन पीतल की थाली में पीले नारंगी फूल और चमेली के सफेद सुंदर फूल लिए मंदिर जाती औरतों को देखकर उसे बहुत अच्छा लगा। जे को यहाँ के आदमियों के माथे पर लगे सफेद त्रिपुंड और उनके मुंडु ने बहुत मोहित किया। "ये लोग अपने सरोंग में कितने आराम में दिख रहे हैं," उसने कहा। आशा रानी ने उसे

फौरन सही किया, 'ये सरोंग नहीं हैं, यह हमारी पारंपरिक वेश-भूषा है। यह बहुत व्यावहारिक है। तुम्हें पता है, जब बारिश होती है तो ये लोग बस अपने मुंडु को घुटनों तक उठाकर बाँध लेते हैं और अपना काम करते रहते हैं। तुम देखोगे, अप्पा भी मुंडु पहनते हैं।'' साशा खिलखिलाकर हँस पड़ी। वह बोली, ''कितने अजीब लग रहे हैं मम्मी ये, लंबी-लंबी स्कर्ट पहने ये सारे आदमी लोग !'' आशा रानी ने बच्ची को कुछ भी समझाने की कोशिश नहीं की। पिता से भेंट का समय पास आता जा रहा था और उसका माथा जैसे तनाव से फटने को तैयार बैठा था।

होटल पहुँचकर उसने सावधानी से कपड़े पहने। अम्मा ने अपने ट्रंक से एक पुरानी साड़ी निकालकर उसे दी थी। यह सिंदूरी पल्लेवाली चटक पीली साड़ी थी। ''अप्पा को यही रंग पसंद है,'' अम्मा ने उससे कहा था, ''और अब, पोट्टू, चूड़ियों और थाली के बगैर वहाँ मत जाना। तुम सुहागिन हो और तुम्हें सुहागिन ही दिखना चाहिए। वरना अप्पा दुखी होंगे। और यह लो, उन्होंने मुझे बहुत पहले दिया था यह। तुम्हारे पैदा होने के तुरंत बाद। इसे पहन लो। शायद वह इसे पहचान ही लें,'' यह कहते हुए अम्मा ने सोने का एक भारी हार आशा रानी के गले में डाल दिया था। ''जब तुम हिंदुस्तान से गई थीं तो अपने सारे गहने यहीं छोड़ दिए थे,'' उसने कहा, ''मैंने तुम्हारी सारी चीजें सँभालकर रखने की पूरी कोशिश की। लेकिन सुधा के आने के बाद...'' और उसने अपनी बात पूरी नहीं की थी। ''मेरी कितनी चीजें उसने चुराईं ?'' आशा रानी ने गुस्से में पूछा था, ''मुझे जानने का अधिकार है—मैंने बड़ी मेहनत करके जोड़ी थीं ये चीजें। बताओ, अम्मा, क्या-क्या ले लिया उसने ?'' अम्मा परेशान दिखने लगी थी। ''देखो, यह सब उसी का किया-धरा नहीं है,'' वह बोली, ''आखिर, जब वह मुंबई आई तो उसके पास था ही क्या। हमें प्रोड्यूसरों को दिखाना था कि वह भी बड़ी स्टार है। तमिल फिल्मों से उसे जो पैसा मिला था, वह सब दूसरी चीजों पर खत्म हो गया था। बेचारी ! उसे पार्टी-शार्टी के लिए कुछ अच्छे गहने चाहिए थे, इसलिए मैंने तुम्हारे गहने उसे दे दिए। मुझे क्या पता था कि वह इन्हें लौटाएगी ही नहीं। मैंने तो उधार मानकर उसे वे गहने दिए थे !''

आशा रानी गुस्से में उबलने लगी थी। ''वह लड़की ! उसे तो मैं लौटकर बताऊँगी,'' उसने कहा था, ''वह चोर है। उसने अपनी बहन को ही धोखा दिया ! वह क्या सोचती है कि बचकर निकल जाएगी ?'' और इतना कहकर उसने अम्मा के मुँह पर दरवाजा बंद कर दिया था।

अप्पा के घर का रास्ता बेहद लंबा लगा। आशा रानी अपनी साड़ी और बालों को ही ठीक करती रही। उसने अपनी चोटी में फूल लगा लिए थे और लहरियादार बालों को पिन से बाँधकर रखने की कोशिश की थी। वह बेढब लग रही थी और इस बात को जानती भी थी। होटल में कुछ लोगों ने उसे पहचान लिया था और परेशान करने वाले

कुछ सवाल उससे पूछे थे। वह उन्हें चिपटाने के मूड में बिलकुल भी नहीं थी। "नहीं, आपको कुछ गलतफहमी हो गई है, मैं वह नहीं हूँ," उसने गुस्से में कहा था। साशा इस बात पर बेहद हैरान रह गई थी।

जे सड़क किनारे लगे फिल्म-स्टारों और नेताओं के बड़े-बड़े कट-आउट देखने में व्यस्त था, "इन्हें देखकर तो विश्वास ही नहीं होता ! मैंने अपनी जिंदगी में ऐसी चीजें पहले कभी नहीं देखीं ! उसे देखो, और उसे ! बाप रे ! काश, मैं अपना वीडियो कैमरा लाया होता ! हमारे यहाँ तो लोग इस पर विश्वास ही नहीं करेंगे। और ये मंदिर–देखो तो इन्हें कैसे रँगा गया है। यह पॉप आर्ट है, पता है तुम्हें, अचेतन पॉप आर्ट।"

लेकिन आशा रानी ने कोई जवाब नहीं दिया। वह अपने में ही इतनी मगन थी।

सड़कों पर गायें मजे में टहल रही थीं या व्यस्त चौराहों के बीचोबीच पसरी हुई थीं। यह देखकर साशा से रहा नहीं गया। "गायों को देखो, मम्मी !" वह कहे जा रही थी, "ये पशुफार्म में क्यों नहीं हैं ?" आशा रानी ने उसे बताया, "हिंदुस्तान में पशुफार्म नहीं होते।" "ये गायें किसकी हैं ?" साशा ने फिर पूछा। "सभी की," आशा रानी ने संक्षेप में जवाब दिया। "इन्हें चारा कौन खिलाता है ?" साशा ने पूछा। "सभी खिलाते हैं," आशा रानी ने जवाब दिया। "इन्हें घास कहाँ मिलती है ?" साशा ने जानना चाहा। लेकिन आशा रानी का धैर्य जवाब दे चुका था। "बेसिर-पैर के सवाल मत पूछो," उसने कहा। जे ने उसकी गोद में हाथ रखकर उसे शांत किया और बोला, "गरम मत होओ, डार्लिंग ! वह अभी बच्ची है। उसका उत्सुक होना स्वाभाविक है।" "तो फिर तुम्हीं क्यों नहीं जवाब दे देते उसे," आशा रानी ने बमककर कहा, "मैं उसके अंतहीन सवालों का जवाब देते-देते थक गई हूँ।"

वे प्रसिद्ध मरीना बीच से होकर निकले और साशा ने समुद्र के रंग के बारे में टिप्पणी की। "यह तो अलग है," वह चिल्लाई, "इतना सुंदर ! और भीड़ भी कितनी है ! लेकिन सब लोग कपड़े क्यों पहने हुए हैं ? अरे देखो–वे कपड़े पहने-पहने ही पानी में जा रहे हैं, उन्हें ठंड लग जाएगी !"

जे ने आनंदमिश्रित उत्सुकता में बाहर की ओर देखा। वहाँ का दृश्य बड़ा मजेदार था। पूरे-के-पूरे परिवार, सिर से पाँव तक ढके, समुद्र में जा रहे थे। उन्होंने अपनी रबर की चप्पलों को ऊपर उठा रखा था। "इनके पास स्विमसूट नहीं हैं क्या ?" साशा के सवाल जारी थे। "हिंदुस्तान में, मद्रास में, कोई भी स्विमसूट नहीं पहनता," आशा रानी ने उसे बताया। "हाँ, पहनता है," साशा बोली, "मैंने लोगों को हमारे होटल के पूल में स्विमसूट पहने देखा है। मैंने बिकिनी भी देखी और स्विमिंग की दूसरी चीजें भी देखीं।" "हाँ, लेकिन वे विदेशी थे," आशा रानी ने कहा। साशा चकरा गई, "नहीं, वे विदेशी नहीं थे। वे हमारे जैसे थे। विदेशी तो वे लोग हैं," उसने बाहर की तरफ इशारा करते हुए कहा। आशा रानी ने अपनी बेटी को सीने से लगा लिया। कितनी होशियार बच्ची है, उसने सोचा, पर कितना कुछ सिखाना है मुझे इसको। लेकिन क्या साशा को सचमुच उसकी टिप्पणी के लिए दोषी ठहराया जा सकता है ? वह कौन है ?

हिंदुस्तानी ? न्यूजीलैंडवासी ? मिली-जुली नस्ल की ? एक ऐसी बच्ची जिसकी कोई वास्तविक पहचान नहीं है ? यही समय है जब साशा को उसके हिंदुस्तानी मूल के बारे में बताया जाता। उसकी माँ के देश के बारे में, उसकी माँ के धर्म के बारे में, उसकी माँ की भाषा के बारे में और सबसे अहम, उसकी माँ के लोगों के बारे में बताया जाए—और इसकी शुरुआत उसके नाना से की जाए।

अप्पा को देखकर आशा रानी को बड़ा धक्का लगा। वह उसके खयालों के लंबे, गर्वीले पुरुष नहीं थे, वह तो सचमुच ही कोई 'सब्जी' लग रहे थे। काश, अम्मा ने इसके लिए उसे तैयार किया होता, आशा रानी ने सोचा। उसे इस बारे में कुछ और बताया होता कि अप्पा की क्या हालत हो गई है। और अब जिस घर में वह रह रहे थे, यह एक टूटा-फूटा झोंपड़ीनुमा मकान है, जिसमें हवा और रोशनी आने का कोई रास्ता नहीं है। यह तो एक कामचलाऊ बसेरे की तरह है, जिसमें बाहर की तरफ शौचालय बना था। जो औरत उनकी देखभाल करती थी, वह अनपढ़ थी—वह पास की झुग्गी बस्ती की कोई दीनहीन औरत थी। देखने से तो ऐसा लग रहा था, जैसे उसके सिर में जुएँ हों, और उसके कपड़ों से पेशाब की बदबू आ रही थी। वह बदमिजाज-सी अपना सिर खुजाती वहाँ खड़ी थी और अप्पा के मुँह पर से मक्खियों को इस तरह भगा रही थी जैसे उसकी इसमें कोई रुचि ही न हो। तो नर्सें कहाँ हैं ? और इनकी दवा-दारू ? आशा रानी ने उनके पास जाकर पुकारा, "अप्पा ?" उन्होंने आशा रानी की आवाज तो सुन ली, क्योंकि उन्होंने उसकी दिशा में सिर घुमाया। लेकिन आशा रानी इस बारे में आश्वस्त नहीं थी कि उन्होंने उसकी आवाज को या उसे पहचाना भी है या नहीं। उसने उनके कंधे पर हाथ रखकर सावधानीपूर्वक फिर कहा, "अप्पा !" छत की कड़ियों से लटकते तार के पिंजरे में से एक दुर्दशाग्रस्त तोते ने एक बार आवाज निकाली, मानो आशा रानी का जवाब दे रहा हो।

अप्पा बिलकुल अचल और चुप थे। नौकरानी इस दृश्य से चकित एक ओर को खड़ी हो गई थी। "अम्मा ने तुम्हें बताया नहीं कि मैं आ रही हूँ ?" आशा रानी चिल्लाई, "अप्पा मेरी तरफ देखो, मेरी बात सुनो। यह मैं हूँ—विजी—तुम्हारी बेटी। अप्पा—मुझसे बात करो !" करीब पाँच-छह मिनट तक वह अप्पा के पैरों पर बैठी असहाय उन्हें ताकती रही, "अप्पा—कुछ तो कहो, देखो, मैं तुम्हारी नातिन को, तुम्हारे दामाद—अपने पति को लेकर आई हूँ। अप्पा, इनकी तरफ देखो।" लेकिन उसे कोई जवाब नहीं मिला। जे आकर उसके पास खड़ा हो गया। "कोई बात नहीं डार्लिंग," वह बोला, "मुझे विश्वास है कि उन्हें तुम्हारी आवाज सुनाई दे रही है, मुझे विश्वास है कि उन्हें पता है कि तुम उनके पास हो। शायद यह सब उनके लिए ज्यादा हो गया है। चलो उन्हें कुछ देर के लिए अकेला छोड़ दें—उन्हें इस आघात को सहने का मौका दें।" लेकिन आशा रानी नहीं हिली। "मुझे विश्वास ही नहीं हो रहा कि यह अप्पा हैं," वह बोली, "इन्हें हो क्या गया है ? ये तो इतने लंबे और खूबसूरत होते थे। तुमने तो इनकी पुरानी तसवीरें देखी हैं। अब तो ये प्रेत दिखाई देते हैं, जैसे कोई साया हो। अम्मा इनकी

देखभाल के लिए यहाँ क्यों नहीं रुकी ? और सारा पैसा कहाँ गया ? मैं इनकी देखभाल के लिए अम्मा को काफी पैसा भेजा करती थी–वह कहाँ गया ?''

साशा कहीं गायब हो गई थी। आशा रानी ने उसे इधर-उधर खोजा। ''साशा कहाँ है ?'' उसने घबराते हुए पूछा। जे उसे ढूँढ़ने निकल गया। तभी, बिना किसी चेतावनी के, उसे अप्पा की आवाज सुनाई दी, ''क्या सचमुच तुम्हीं हो, विजी ?'' उन्होंने पूछा। आशा रानी को लगा कि वह कहीं कोई सपना तो नहीं देख रही। यह आवाज उतनी कमजोर नहीं थी जितनी उसने सोची थी। यह बिलकुल उसके अप्पा की ही आवाज थी। कड़क और तेज। उसने उनके हाथ पकड़ लिए और रो पड़ी। ''अप्पा ! तुमने मुझे पहचान लिया !'' वह बोली, ''तुम्हें पता है कि मैं यहाँ तुम्हारे पास हूँ...हाँ अप्पा, यह मैं ही हूँ, विजी।'' अप्पा की आँखें उस पर आकर ठहर गईं। ''अम्मा ने मुझे बताया था कि तुम आ रही हो,'' वह बोले। आशा रानी उनके घुटनों से लिपट गई। ''अप्पा–यह क्या है ?'' वह पूछने लगी, ''तुम यह कहाँ रह रहे हो ? और तुम इस हालत में क्यों रह रहे हो ? मैं तुम्हें यहाँ अब एक मिनट भी नहीं रहने दूँगी। तुम्हें इस नर्क में किसने रखा ? कोई तुम्हारी देखभाल क्यों नहीं कर रहा है ?''

अप्पा खामोश थे। उसने आँखें उठाकर उनके चेहरे की तरफ देखा तो उनकी आँखों से आँसू गिर रहे थे। ''मैं बहुत खुश हूँ,'' वह बोले, ''बहुत खुश। अब मैं चैन से मर सकता हूँ।'' आशा रानी ने उनका सिर अपने हाथों में ले लिया और बोली, ''अब मैं आ गई हूँ, अप्पा ! मैं तुम्हारी देखभाल करूँगी। तुम किसी बात की चिंता मत करो। अब तुम मेरे पास हो। मैं सारे इंतजाम कर दूँगी।'' जे अस्त-व्यस्त साशा को लिए हुए वापस आया और चुपचाप खड़ा होकर यह दृश्य देखने लगा। ''नाना बोल रहे हैं, नाना बोल रहे हैं !'' साशा उछल-उछलकर चीखने लगी। तोता भी चीं-चीं करने लगा, और नौकरानी चुपचाप वहाँ से खिसक गई।

आशा रानी ने अप्पा को मद्रास के अपने मकान में ले जाने का फैसला कर लिया। लेकिन जब बीमार अप्पा के लिए जरूरी इंतजाम करने वह वहाँ गई तो उसे हकीकत का पता चला। मकान में ताला पड़ा था और वह जर्जर हो चुका था। मकान की देखभाल के लिए जो आदमी रखा गया था और जो गैराज में रहता था, वह इस समय नशे में धुत एक चारपाई पर पड़ा था और उसकी परेशान-हाल बीवी उसे पंखा झल रही थी। आशा रानी यह देखकर दंग रह गई कि वह जगह कितनी खस्ताहाल दिख रही है। बगीचे में हर जगह घास-फूस उग आई थी और खिड़कियाँ चिड़ियों की बीट से रँगी हुई थीं। ''यह सब क्या है ?'' उसने गुस्से में पूछा। पर बूढ़ा कृष्णा इस कदर धुत था कि कोई जवाब ही नहीं दे पाया। उसने चारपाई पर पड़े-पड़े ही आगंतुकों को देखा और कहा, ''तुम कौन हो ? क्या चाहते हो ? चले जाओ। यहाँ कोई नहीं रहता। वे सब चले गए। मुंबई चले गए।'' लेकिन उसकी बीवी लक्ष्मी ने आशा रानी को पहचान

लिया और वह तनावग्रस्त हो गई। फिर दौड़कर गैराज में गई और तेल के एक खाली टिन से चाबियाँ निकाल लाई। फिर दरवाजा खोलने के लिए दौड़ी। बार-बार माफी माँगते हुए वह उन्हें अंदर लेकर गई। "अम्मा ने पैसा भेजना बंद कर दिया है," उसने झिझकते हुए बताया, "मैं और कृष्णा क्या कर सकते थे ? हम तो जैसे-तैसे गुजारा कर रहे हैं। मैं पास-पड़ोस में चौका-बासन करती हूँ।—और यह मेरी सारी कमाई पीने में उड़ा देता है। हम भूखों मर रहे हैं। बच्चे सारा समय भूख से बेहाल रहते हैं। एक तो मर गया, दो सड़कों पर भीख माँगते फिर रहे हैं और कूड़ेदानों से जूठन उठाकर अपना पेट भरते हैं।" आशा रानी ने उसे चुप कराया और कहा कि वह उसे सही-सही बताए कि हुआ क्या है ? "करीब एक साल पहले अचानक पैसा आना बंद हो गया। हमने चिट्ठियाँ लिखीं। कई चिट्ठियाँ। लेकिन कोई जवाब नहीं आया। कृष्णा ने सुधा अक्का को भी लिखा, लेकिन उन्होंने भी कोई जवाब नहीं दिया। तब इसने पैसा उधार लेकर मुंबई की रेल पकड़ी। यह अम्मा से मिला तो अम्मा ने कहा, 'क्या करें ? मेरे पास भी पैसा नहीं है।' अम्मा ने कृष्णा को सुधा अक्का के पास भेज दिया। लेकिन सुधा अक्का ने उससे मिलने से इनकार कर दिया। यह वहाँ दोबारा, तिबारा गया। इसने सुधा अक्का से उस समय बात की जब वह फाटक से शूटिंग के लिए निकल रही थीं। वह बोली, 'वह मेरा घर नहीं है। मेरा घर यह है। तुम विजी से पैसे लो, या अम्मा से लो।' हमारी समझ में नहीं आया कि क्या करें, कहाँ जाएँ। अम्मा ने तो कह दिया, 'कैसे भी काम चलाओ।' कृष्णा वापस आ गया। इसने मुझसे कहा, 'कम-से-कम हमारे पास सिर छिपाने को एक जगह तो है। मैं चौकीदारी कर लूँगा। तुम कपड़े और बर्तन धोने का काम ढूँढ़ लो। हम गुजारा कर लेंगे और विजी अक्का के लौटने का इंतजार करेंगे।' कुछ समय तक तो मैंने घर को साफ रखने की कोशिश की। मैं इसे हर हफ्ते खोलती रही। माली के जाने के बाद हमने बगीचे की भी देखभाल की। लेकिन फिर मेरी सेहत गिरने लगी, हमारा बच्चा मर गया और कृष्णा ने पीना शुरू कर दिया।"

आशा रानी ने उसकी पूरी बात सुनी। काफी काम करना था। "हम यहाँ कुछ दिन रहेंगे," उसने कहा।

दो महीने बाद आशा रानी को रीता का अप्रत्याशित फोन मिला। "हैलो जी, मैं मद्रास में हूँ," उसने चहकते हुए कहा, "हम एक मुहूर्त के लिए यहाँ आए हुए हैं। मैंने सोचा, आशा रानी, क्या तुम यहाँ मुख्य अतिथि बनकर क्लैपर देने नहीं आ सकतीं ? यह तुम्हारे लिए अपने आपको फिर से फिल्मों में लाने का अच्छा तरीका होगा। अपने पति—जे—को भी लेकर आना। क्यों ? काफी पब्लिसिटी मिल जाएगी तुम्हें। पता है, मुंबई से पूरी यूनिट आई है यहाँ। तुम्हारे बहुत से पुराने दोस्त भी हैं। साथ में अखबारवाले भी—कुछ को तो तुम पहचान भी जाओगी। तुम्हारे पनपसंद पब्लिसिस्ट और फोटोग्राफर भी हैं यहाँ। हमने सुना कि तुम अपने पिताजी की देखभाल के लिए

यहाँ मद्रास में रुकी हुई हो। बहुत अच्छी बात है। अम्मा ने हमें बताया कि तुमसे कहाँ बात हो सकती है। तुम्हारी नन्ही बिटिया कैसी है ? क्या सोच रही हो, जी ? यह बहुत प्रतिष्ठित फिल्म है...मल्टी स्टारर...'' यहाँ आकर रीता अस्पष्ट हो गई और रुक गई।

आशा रानी एकदम चौकन्नी हो गई। ''क्या मेरी बहन सुधा भी इसमें है ?'' उसने पूछा। रीता ने घबराकर खाँसते हुए कहा, ''हाँ, हाँ जी, वह भी है। लेकिन उसके अलावा और भी तीन हीरोइनें हैं। तुम तो जानती ही हो, नई लड़कियाँ हैं। मेरे पति ने तो हमेशा नए चेहरों को मौका दिया है। नए लड़के भी हैं। बहुत बढ़िया प्रोडक्शन है। इस पर गर्व किया जा सकता है, आशा जी !'' आशा रानी ने पूछा, ''सुधा का हीरो कौन है ?'' रीता ने झिझकते हुए जवाब दिया, ''बस, वही—तुम तो उसे जानती ही हो—अमर। जानती हो, आजकल उनकी जोड़ी खूब हिट हो रही है। मेरे पति ने सोचा, क्यों न उन्हें लेकर एक और बड़ी फिल्म बना दी जाए ? आजकल तो टॉप स्टार आते हैं और चले जाते हैं। पाँच फिल्में दीं और खलास। पब्लिक बोर हो जाती है। अब तो इंडस्ट्री में बहुत सारी परेशानियाँ हैं। अम्माजी ने तुम्हें बताया ही होगा—वीडियो-शीडियो, पता नहीं चोरी की क्या-क्या तो परेशानियाँ हैं। मेरे पति एक कोर्ट केस भी कर चुके हैं—अरे, सुप्रीम कोर्ट तक गए हैं। फिर भी। फाइनेंसिंग भी बदल गई है। बाबा, यह टेलीविजन तो अच्छा नाक में दम कर रहा है। अब कोई सिनेमा हॉल में पिक्चर देखने ही नहीं जाना चाहता। कीमतें जल्दी ही गिरनेवाली हैं। सभी लोग कह रहे हैं कि इंडस्ट्री अगले साल बंद हो जाएगी। खलास ! डिस्ट्रीब्यूटर लोग हर इलाके में अपने रेट गिरा रहे हैं। चलो, मैं इन सब बातों से तुम्हें क्यों बोर करूँ ? तुम्हें तो यह सब पहले से ही पता होगा। तुम्हारे पिताजी, बेचारे ! देख लो उनके साथ क्या हुआ। देखो, यह फिल्म का धंधा है ही बहुत खतरनाक। आप आज राजा हैं तो कल भिखारी। अपने गरीब पिताजी को ही ले लो। अभी कुछ ही साल पहले वह मद्रास के बादशाह हुआ करते थे, और आज ? चलो कम-से-कम तुम तो यहाँ उनके पास हो। यह अच्छी बात है। अम्मा जी कह रही थी कि शायद तुम फिल्मों में वापस आना चाहती हो। सच है ? मैं इनसे बात कर सकती हूँ। लेकिन पहले मेरा एक काम करो—मुहूर्त शॉट के लिए हाँ कह दो। पब्लिसिटी की गारंटी मेरी है। पहली बार तुम दोनों बहनें एक जगह इकट्ठी दिखाई दोगी, यह तो सोचो ! अरे, फिल्मी पत्रिकाओं वाले तो पागल हो जाएँगे। कवर पेज हो जाएगा !'' आशा रानी उसके विद्वेष की कल्पना नहीं कर पाई। यह तो पक्का था कि उसे सुधा और आशा रानी की गहरी शत्रुता के बारे में पता है। पर यह सोचना बेकार है कि वह आँखें चुराती हुई मुहूर्त में जाएगी और अपनी दुष्ट, छोटी बहन की चमक में फीकी पड़ जाएगी। अरे, उसने तो मुंबई में सुधा से मिलने से दृढ़ता से इनकार कर दिया था, हालाँकि अम्मा ने उससे मिलने को कहा था। वह मूर्ख कुतिया जरूर यह सोचकर बौखला रही होगी कि वह यह करेगी। और फिर यह प्रहार जैसी पूरी ताकत के साथ उस पर हुआ था। लेकिन, बेशक सबसे अच्छा बदला तो यही होगा कि आशा रानी मुहूर्त में जाए और दिखा दे कि उस छोटी लड़की का उस पर कोई भी असर नहीं है।

"ठीक है। मैं वहाँ पहुँच जाऊँगी। मुझे पूरी जानकारी देना और लेने के लिए कार भेज देना," आशा रानी ने फोन पर कहा।

आशा रानी के राजी हो जाने से रीता को थोड़ा धक्का तो लगा, लेकिन उसने जल्दी ही अपने आपको सँभाल लिया और आशा रानी को अगले दिन होने वाले समारोह की जानकारी दे दी।

जैसे ही उसने फोन रखा, उसे घबराहट शुरू हो गई। उसने यह क्या बला मोल ले ली ? रीता ने उससे यह कहलवा लिया ? वह सुधा से कैसे पेश आएगी ? और अमर से ? लेकिन सबसे अहम बात तो यह थी कि वह पहनेगी क्या ? अब उसके पास खरीदारी का भी समय नहीं था। उसकी पुरानी साड़ियाँ झिन्नी और गंदी हो गई थीं। उसके लहरियादार बाल भी अब बेकार हो रहे थे और लटक आए थे। उसकी हरदम चमकनेवाली त्वचा तक अपनी रंगत खो चुकी थी और उस पर जगह-जगह धब्बे दिखाई दे रहे थे। उसने थोड़ा नयापन लाने के लिए अपने ऊपर ध्यान देने का फैसला किया। बस, उसे यही मालूम नहीं था कि शुरुआत कहाँ से की जाए।

साड़ीवाली बात तो काफी आसान थी। वहाँ एक ही दुकान थी, नेल्ली की, जहाँ हर कोई साड़ी खरीदने जाता था। ब्लाउज में थोड़ा समय लग सकता था, लेकिन लक्ष्मी उसके एक पुराने ब्लाउज की नकल तैयार करने को राजी हो गई। "अक्का, जब मद्रास में कोई नहीं था तो मैंने पड़ोसियों के लिए सिलाई का काम शुरू किया था। मुझे बस एक सिलाई मशीन की जरूरत है।" जहाँ तक चेहरे के मेकअप का सवाल था, तो यह काम आशा रानी ने विशेषज्ञों पर छोड़ दिया। उसने फौरन ताज कॉरमांडेल के ब्यूटी पार्लर में फोन करके समय ले लिया।

मुहूर्तवाले दिन आशा रानी सब सज-धजकर तैयार हुई तो गजब ढा रही थी। वह खुद इस बात को जानती थी। इस मौके के लिए उसने मैसूर जॉर्जेट की एक सफेद-सुनहरी साड़ी पहनी थी। बालों में फ्रेंच चोटी बनाई थी। ब्यूटीशियन ने भी अपना काम बड़ी सावधानी से किया था और उसकी साँवली त्वचा पर इतना ही मेकअप किया था जिससे उसमें और चमक आ जाए। आदमकद आईने में अपना अक्स देखकर वह खुश हो गई। लक्ष्मी ने प्रशंसा-भरी नजरों से उसे देखा और कहा कि वह तो अप्सरा जैसी दिख रही है। आशा रानी ने अप्पा और जे के सामने अपने आपको सँवारा तो दोनों ने यही जताया कि वह अच्छी दिख रही है। जे ने तो सीटी भी मार दी। आशा रानी ने अप्पा के सिर पर झुकते हुए उन्हें चूम लिया। "मुझे आशीर्वाद दीजिए," वह बोली, "मुझे घबराहट हो रही है।" अप्पा की आँखों ने सब कुछ कह दिया।

स्टूडियो की कार ठीक ग्यारह बजे आ गई। उसने थोड़ा प्रमुदित होते हुए देखा कि यह यहीं की एक एम्बैसडर है, जिसमें एयरकंडीशनिंग की सुविधा नहीं थी। इम्पोर्टेड टोयोटा कारें तो असली स्टारों के लिए हैं, उसने व्यंग्य में जे से कहा। उसने फैसला किया कि

वह जान-बूझकर वहाँ देर से पहुँचेगी, ताकि पलड़ा उसी का भारी रहे। वह उन्हें दिखा देगी। ये मूर्ख अपने घटिया रुतबे के खेल में जो लगे हैं ! किसी स्टार की योग्यता इस बात से आँकी जाती है कि वह किसी यूनिट को कितने घंटे इंतजार करवा सकता या सकती है। ठीक है, अब वे उसके लिए इंतजार कर सकते हैं। आखिर, ये छोटी-छोटी चालबाजियाँ उन्हीं से तो सीखी थीं उसने। दोपहर के आसपास उसने एक गिलास पानी पिया, खुद को आखिरी बार नजर-भर देखा और जे के साथ जाकर बाहर खड़ी कार में बैठ गई। ड्राइवर ने शीशे में उसे ताका। "तुम भी तो स्टार थीं न ?" उसने तमिल में पूछा। उसने प्यार से ड्राइवर की तरफ मुसकराकर देखते हुए जवाब दिया, "वह तो मैं अब भी हूँ।" ड्राइवर बेचैनी से हँस दिया और आशा रानी के दिमाग में आया कि वह जरूर यही सोच रहा होगा, 'लगता है, यह भी उन्हीं पागलों में से है !'

कार स्टूडियो के गेट पर पहचान बताने की आम कवायद के लिए रुकी। ड्राइवर ने उसकी ओर मुड़कर टूटी-फूटी अंग्रेजी में कहा, "नाम बताइए।" उसने खिड़की खोलते हुए कहा, "विजी आयंगर !" सिक्योरिटी गार्ड ने उत्सुकता से उसे देखा और कार को आगे बढ़ने का इशारा किया। वह खुद पर आश्चर्य करने लगी। उसने 'आशा रानी' क्यों नहीं कह दिया ? आज अपनी पेशेवर जिंदगी में पहली बार उसने वास्तव में अपने पिता के नाम का इस्तेमाल किया था। इसी बात पर हैरान होती हुई वह कार से उतरी।

रीता सलमा-सितारे जड़ी समुद्री हरे रंग की शिफॉन की साड़ी में लदी-फँदी मटकती हुई उनके पास आई। उसने जल्दी से जे को एक नजर देखा। उसके बाल अब भी हेलमेट की तरह थे, बस उनका रंग जरा तब्दील हो गया था। करीब-करीब सुनहरा ! उसने इन्हें थपथपाकर ठीक किया और जे को रिवाजी 'हैलो जी' कहने से भी पहले पूछ लिया, "पसंद आए ?" आशा रानी ने मुसकराते हुए जवाब दिया, "बहुत ज्यादा।" रीता ने राहत महसूस की और ठहाका लगाकर हँस पड़ी। "वाह, आशा रानी ! कमाल है," वह बोली, "आजकल तो बिलकुल किसी मेमसाब की तरह बात करती हो तुम। मिस्टर जे, आपने इसके साथ क्या कर दिया ! पाँच साल में ही इसे बिलकुल बदल डाला है ? लहजा-शहजा। हम सबको भूल गईं ? भूल गईं कि तुम हिंदुस्तानी हो ?" आशा रानी ने कोई जवाब नहीं दिया और रीता के शांत होने का इंतजार करने लगी। "वाह ! अपने आपको देखो," रीता फिर चालू हो गई, "अब भी सेक्सी लगती हो। बहुत बढ़िया। एक बच्चा है न ? बिटिया है ? अच्छा है। लड़कियाँ अच्छी होती हैं। वे हमारी परवाह करती हैं। वे लड़कों की तरह नहीं होतीं। वे तो बदमाश होते हैं। सब लोग तुम्हारा ही इंतजार कर रहे हैं, मैडम ! तुम अपने स्टारोंवाले नखरे भूली नहीं न, क्यों ? एक घंटा लेट ! अरे, अब जमाना बदल गया है। अब कोई किसी के लिए इंतजार नहीं करता। आजकल कोई सुपरस्टार नहीं होता। कुछ नहीं। सब लोग बराबर हैं। समय पर आओ, अपना काम करो और जाओ। कोई नखरा नहीं, कोई खिट-पिट नहीं। इस ढंग से काम नहीं करना चाहते तो ठीक है, सौ और लड़के-लड़कियाँ तैयार बैठे हैं। चलो—सबसे मिलते हैं। तुम अपनी बहन से मिलने के लिए बेताब होगी। बहुत अच्छी

है, यार ! हर कोई पसंद करता है उसे।"

आशा रानी ने बल्बों की चकाचौंध में कदम रखा। स्टूडियो के अंदर आकर तो उसे लगा, जैसे वह कभी इसे छोड़कर गई ही नहीं थी। सब कुछ वैसे का वैसा वापस आ गया—जलते तारों की वही अजीब महक, तेज रोशनियों की कौंध, वही खतरनाक मचान जिस पर लाइट बॉयज फुर्ती से इधर से उधर चलते-फिरते थे, पसीना और पेशाब की बदबू, गंदे फर्श, तेजी से घूमते बड़े-बड़े पैडस्टल पंखे, और सबसे ज्यादा तो वे अनजान आँखें जो आपको घूरती ही जाती हैं, घूरती ही जाती हैं, घूरती ही जाती हैं। आपके आसपास भीड़ लगाए लोग, आपको छूने, आपके पास आने, आपकी गंध लेने को व्याकुल हो रहे लोग। औरतों के जिस्म से उठती बासी परफ्यूम की महक, आदमियों के चेहरों पर लगा बेहद तेज आफ्टर-शेव लोशन, नायलॉन के लेस लगे गुलाबी पर्दोंवाले ढुलमुल सेट, सरसों के रंग के साटन और काली जाली के गंदे कपड़े पहने पृष्ठभूमि में गुप-चुप इधर-उधर जाते एक्स्ट्रा कलाकार, उस खास पल के लिए जीते जब कैमरा उन पर आएगा; और सबसे अलग अपने चमचों से घिरे स्टार ! कोई सिगरेट जला रहा है, कोई ठंडा ला रहा है, कोई बैठने को कुर्सी दे रहा है, तो कोई उन पर से मक्खियाँ उड़ा रहा है। आशा रानी की पुरानी यादें ताजा हो गईं और उसने एक गहरी साँस ली। फिर वह इधर-उधर सुधा को देखने लगी।

आशा रानी की आँखें अभी सुधा को खोज ही रही थीं कि किसी ने उसके कंधे को थपथपाया। "अक्का !" किसी ने उसके कान में कहा। आशा रानी एकदम घूम गई; और उसके सामने वही थी—खुद सुधा रानी। उसका बखान करने को बस एक ही शब्द काफी है—शानदार ! आशा रानी ने अपनी छोटी बहन पर नजर जमाई और फिर एक अजनबी की आँखों से उसे देखने की कोशिश की। वाह ! कितनी अद्‌भुत लग रही थी वह ! हर तरफ से स्टार दिख रही थी ! सुपरस्टार ! कितनी बदल गई थी वह—उसका चेहरा नहीं, बल्कि हाव-भाव ज्यादा बदल गए थे। कितना दंभ था उसकी चाल-ढाल में। वह तनकर गर्व से खड़ी थी और उसके होंठों पर उपहास का भाव था। उसकी आँखें अधखुली थीं। अपने बीच की सारी कटुता के बावजूद आशा रानी ने उसे गर्मजोशी से गले लगा लिया। यह बड़ी सहज क्रिया थी। आखिर वह अब भी उसकी छोटी बहन थी, क्योंकि आशा रानी तो छोटी-सी चुटियावाली उस लड़की को ही सीने से लगा रही थी जो उसकी पावडई का किनारा पकड़े-पकड़े उसके पीछे-पीछे न जाने कहाँ-कहाँ हो आती थी, जो उसकी पुरानी लिपस्टिकों से अपने होंठ रँग लेती थी और जो कपड़े आशा रानी फेंक देती थी, उन्हें पहन लेती थी। यह तो वही लड़की थी जो पता नहीं क्या ऊल-जलूल गाते हुए सारा दिन आँगन में कूद-फाँद करती रहती थी। वह लड़की जो एक बार में बीस इडलियाँ खा जाती थी और पास-पड़ोस के अधिकतर लड़के जिसके हाथ से पिट चुके थे। यह वह लड़की थी जो छोटी-छोटी बात पर रो भी दिया करती थी और जिसे अँधेरे से डर भी लगता था। यह वही लड़की थी जो अपनी पहली माहवारी के समय डरी हुई उसके पास आई थी कि खून निकलने से वह मर

जाएगी। आशा रानी उस नन्ही बच्ची को कैसे भूल सकती है ? सुधा ने उसके आलिंगन का जवाब सावधानी से दिया कि कहीं उसका मेकअप खराब न हो जाए या बाल न बिगड़ जाएँ। वह एक बेहद भड़कीला गुलाबी लिबास पहने हुए थी। उसके सुनहरे छल्लेदार बाल उसके सिर पर छाए हुए थे। उसने गुलाबी और सुनहरा मेकअप किया हुआ था। वह जबरदस्त सेक्सी दिख रही थी, और आशा रानी ने उससे यह कह भी दिया।

सुधा ने अपने होंठ बिचकाते हुए मोहक अदा से कहा, ''तो, अक्का, तुम मुझसे गुस्सा नहीं हो—क्यों ?'' आशा रानी ने मुसकराते हुए सिर हिला दिया। ''तुम तो गजब की लग रही हो,'' उसने कहा, ''बहुत ही सुंदर ! काश, अप्पा इस समय तुम्हें देख पाते। कितना गर्व होता उन्हें !'' यह सुनते ही सुधा के चेहरे के भाव बदल गए। मुझसे उस आदमी के बारे में बात मत करना,'' वह बोली, ''और न ही अम्मा के बारे में। मुझे उन दोनों से नफरत है।'' आशा रानी को उसकी इस बात का जवाब देने का समय नहीं मिला, क्योंकि तभी अचानक फोटोग्राफरों ने उन्हें घेर लिया। ये लोग उनकी 'एक साथ' तसवीरों की माँग कर रहे थे। ''यह तो महा पुनर्मिलन है जी,'' रीता दाँत निपोरते हुए बोली, ''इसका जश्न तो पेड़ों के साथ मनना चाहिए।'' जब पेड़े आए तो उन्हें देखकर ऐसा लग रहा था जैसे लाखों मक्खियाँ पहले ही उनका स्वाद ले चुकी हों। ''लो, लो !'' रीता ने आशा रानी के हाथों में डब्बा देते हुए कहा। ''लो, लो,'' उसने सुधा से भी आग्रह किया। ''क्यों न आशा रानी ही सुधा को पेड़ा खिलाएँ ?'' एक फोटोग्राफर ने सुझाव दिया। ''बहुत बढ़िया विचार है,'' रीता ने कहा और आशा रानी ने उनकी बात मानते हुए एक पेड़ा उठा लिया। सुधा ने पेड़ा खाने के लिए मुँह खोल दिया, लेकिन बस इतना ही कि उसकी लिपस्टिक न चटके। एक बार फिर फोटोग्राफर पागल हो उठे।

तभी आशा रानी ने अमर को देखा। वह इंडियाना जोन्स की तरह कपड़े पहने हुए था। उस समय वह जोश में तालियाँ बजा रहा था। जब उसने आशा रानी को अपनी ओर देखते पाया, तो अपनी कैप उठाकर उसका अभिवादन किया। 'बहुत ज्यादा नहीं बदला,' आशा रानी ने सोचा, 'थोड़ा मोटा जरूर हो गया है, लेकिन इतना मोटापा फबता है इस पर। चेहरा भी चौड़ा हो गया है।'

सुधा ने आशा रानी को उसे ताकते देखा, तो बोली, ''खूबसूरत लगता है न ?'' आशा रानी ने सिर हिला दिया। ''बहुत पीता जो है,'' सुधा ने खिलखिलाते हुए कहा, ''उसका पेट तो देखो—बीयर भरी है उसमें। आज सुबह भी मैंने उससे कहा, 'डार्लिंग, अभी मत पियो। हमें मुहूर्त पर जाना है, और अक्का भी वहाँ होगी। वह क्या सोचेगी ?' बहुत नटखट है। बोला, 'ठीक है, मैं तुम्हारी बहन को प्यार नहीं करूँगा। तब तो उसे पता नहीं चलेगा न कि मैंने पी रखी है।' देखो—कितनी दूर-दूर है तुमसे। डर रहा है।''

आशा रानी मुसकरा दी। सुधा जो कुछ कहना चाहती थी, उसने बड़ी होशियारी से सब कुछ इशारों में कह दिया था। उसकी नन्ही बहन अब बड़ी हो गई थी। इंडस्ट्री ने उसे अच्छा सँवारा था। वह उन्हीं की तरह हो गई थी—साजिश करनेवाली, भ्रष्ट और

हेरा-फेरी करनेवाली। हालाँकि आशा रानी उसे माफ करने को तैयार नहीं थी, फिर भी उसने सुधा पर ही सारा दोष नहीं मढ़ा, क्योंकि फिल्म इंडस्ट्री में आप या तो एक स्टार होते हैं—या फिर कुछ भी नहीं। लोग गिद्धों की तरह इस फिराक में होते हैं कि आपकी बस एक फिल्म पिटे या आपका एक कदम गलत पड़ जाए और वे आपको खत्म कर दें। वे दुष्टता से आप पर झपट पड़ेंगे और इससे पहले कि आपको अपने पैरों पर खड़ा होने का मौका मिले, वे आपका मांस फाड़ खाएँगे। यह क्रूर दुनिया है, और सुधा ने सीख लिया था कि इस दुनिया में कैसे जिंदा रहा जाता है, बल्कि कैसे इसमें ऐश की जाती है। लोग जिस तरह से सुधा से पेश आ रहे थे, उसी से आशा रानी ने यह कयास लगा लिया था। जैसे रीता का पति उसके इशारे पर नाच रहा था, जैसे वह अखबार वालों से पेश आ रही थी—मोहक गुस्ताखी के साथ। सुधा महारानियों जैसा बरताव कर रही थी, और उसके इस बरताव में कुछ भी अटपटा नहीं था। वह उस हॉल में शायद सबसे स्मार्ट थी, और वह इस बात को जानती भी थी। आशा रानी को उसके व्यवहार से लगा कि वह चाहती है, आशा रानी भी इस बात को जाने।

आशा रानी ने प्रशंसा भाव से अपनी बहन को देखा। उसे अपनी इस प्रतिक्रिया पर खुद भी आश्चर्य हुआ। उसने जो सोचा था कि वह अपनी बहन के सामने आने पर उसके प्रति गुस्से से भर जाएगी, वैसा कुछ भी नहीं हुआ है। हाँ, कड़वाहट जरूर थी उसके मन में, और शायद जलन भी। लेकिन डाह या क्रोध जैसा कोई भाव वहाँ नहीं था। सुधा खबरों के भूखे रिपोर्टरों के लिए बयान पर बयान दिए जा रही थी :

"मैं जहाँ हूँ वहाँ इसलिए हूँ क्योंकि मैं वहाँ होने लायक हूँ।" "प्रतिद्वंद्वी ? कैसे प्रतिद्वंद्वी ? मेरी होड़ केवल मुझसे है।" "मुझे हीरो लोगों की इतनी जरूरत नहीं, जितनी उन्हें मेरी है।" "कपड़े उतारूँ ? किसलिए ? मैं अपनी एड़ी-भर दिखा दूँ तो सारा हिंदुस्तान पागल हो जाता है।" "शादी ? मुझे इसकी कोई जरूरत नहीं। जिससे मैं शादी कर लूँगी, वह बेचारा तो हीनता-बोध से ही मर जाएगा।" "राजनीति का और मेरा कोई साथ नहीं है। देखिए मेरा एकसूत्री कार्यक्रम मुझी पर खत्म हो जाता है।" आशा रानी होंठों पर मुसकराहट लिए उसे देखती रही और उसने मन-ही-मन इस बात को स्वीकार किया कि उसकी छोटी बहन ने उसे बहुत पीछे छोड़ दिया है।

"मैं घर जाना चाहती हूँ," साशा ने रोते हुए कहा, "मुझे टिक्सी चाहिए, मुझे वापस पशुफार्म में जाना है। मम्मी, प्लीज घर चलिए।" आशा रानी ने साशा को चुप कराने की कोशिश की, लेकिन कामयाब नहीं हुई। उसका पेट गड़बड़ हो गया था—शायद पानी की वजह से—और वह तभी से चिड़चिड़ा रही थी। अप्पा बैठक में जमे थे, और भावशून्य आँखों से अपने आसपास ताक रहे थे। उन्होंने एक शब्द भी नहीं कहा। जे आशा रानी को एक तरफ ले गया। "इतनी छोटी बच्ची से यह उम्मीद करना वास्तविकता से परे होगा कि यह समझे कि यहाँ क्या चल रहा है," उसने दृढ़ता से कहा,

"साशा अचानक एक ऐसी दुनिया में आ गई है, जिसके बारे में उसे पता भी नहीं था। वह इन सारे बदलावों से परेशान है। तुम यह कैसे सोच सकती हो कि वह यहाँ रह लेगी। मेरा मतलब, मैं जानता हूँ कि यह तुम्हारा पुराना घर है—लेकिन जरा इसे देखो तो ! यह कूड़े का ढेर हो रहा है। इसे ठीक करने में हफ्तों लग जाएँगे। अगर साशा बीमार ही पड़ गई तो क्या होगा ? या मान लो कि तुम्हीं बीमार पड़ गईं तो ? हम किसी डॉक्टर को भी नहीं जानते। हम किसी को भी नहीं जानते, और अब तुमने अपने बीमार पिताजी की देखभाल की जिम्मेदारी भी ले ली है। कैसे करोगी तुम यह सब ? हमें मिल-बैठकर इस बारे में बात करनी होगी। मैं समझ रहा हूँ कि यह तुम्हारे लिए बहुत जज्बात से भरा पल है। लेकिन जरा बुद्धि से और व्यावहारिक होकर सोचो। क्या तुम यहाँ हमेशा के लिए रहना चाहती हो ? हमारे घर का क्या होगा ? मुंबई के बारे में क्या सोचा है तुमने ? मैं और अधिक दिन तक यहाँ नहीं ठहर सकता—मैं तुम्हें बता भी चुका हूँ। रुको, तुम्हारे कुछ कहने से पहले, मैंने कुछ सोच रखा है। मैं सोचता हूँ, सबसे अच्छा तो यह रहेगा कि मैं साशा को लेकर तब तक के लिए वापस चला जाऊँ जब तक कि तुम अपना मन न बना लो। तुम्हें बहुत सारी छानबीन करनी है।

"मैं चाहता तो यही था कि यहाँ रुककर तुम्हारी मदद करता, लेकिन मुझे घर जाना है। हम यहाँ कुछ दिन की छुट्टी पर आए थे, लेकिन यहाँ आने के बाद सब कुछ अलग ढंग से हुआ। मैं इसके लिए तुम्हें दोष नहीं देता। तुम आखिर सोच भी कैसे सकती थीं कि यहाँ आने पर यह सब होगा ? लेकिन मैं तुम्हें प्यार करता हूँ, डार्लिंग, और मैं चाहता हूँ कि तुम खुश रहो। मैं जानता हूँ कि अगर मैं इस समय जिद करके तुम्हें वापस ले गया तो तुम सुखी नहीं रह पाओगी। मैं जानता हूँ कि तुम्हें हिंदुस्तान वापस आने और उस जिंदगी का सामना करने की कितनी बड़ी कीमत चुकानी पड़ी है, जिसे तुम यहाँ छोड़ गई थीं—जिससे पीछा छुड़ाकर तुम भागी थीं। मैं तुम्हें विकल्प पर फैसला करने के लिए मजबूर नहीं करूँगा। तुम्हें समय चाहिए—और मैं तुम्हें समय दे रहा हूँ। तुम्हें जब भी और जिस भी काम के लिए मेरी जरूरत होगी, मैं हमेशा हाजिर रहूँगा। तुम मुझ पर भरोसा कर सकती हो। तुम्हें तो पता ही है। लेकिन साशा को मेरे साथ जाना ही होगा। उसे सही पढ़ाई-लिखाई, सही घर की जरूरत है। उसकी चिंता मत करना। मैं उसकी देखभाल कर सकता हूँ। वह अब बड़ी हो गई है, और फिर वहाँ जब चाहूँगा मुझे जिम्मेदार आया भी मिल जाएगी उसके लिए।"

आशा रानी ने उसकी पूरी बात ध्यान से सुनी थी। उसने एक-एक शब्द को तौलकर अपनी बात रखी। उसने कहा, "जे, इन तमाम बरसों में तुमने मेरे साथ बहुत ही अच्छा सलूक किया है। एक तरह से, तुम्हीं ने मेरी जिंदगी बचाई। अगर उस डिस्को में तुम मुझे नहीं मिलते तो भगवान जाने मुझ पर क्या बीतती। मैं जिंदगी से तंग आ चुकी थी। धोखा खा-खाकर तंग आ चुकी थी। इतने सारे लोगों ने इतनी बार मेरे साथ दगा की थी। मेरा भी दिमाग फिर गया था, मैं भ्रष्ट हो गई थी। तुमने मुझसे मेरी बीती जिंदगी के बारे में कभी कोई सवाल नहीं किया। तुमने कभी मुझसे दूसरे मर्दों के बारे

में, मेरे दूसरे प्रेम संबंधों के बारे में कभी नहीं पूछा। तुमने मेरी जिंदगी को वापस पटरी पर लाने में मेरी मदद की। तुमने मुझे यह दिखाया कि मेरे जैसी औरत के लिए भी एक दूसरी, बेहतर जिंदगी मुमकिन है। हिंदुस्तान में कोई भी आदमी, मेरा मतलब है कोई भी शरीफ आदमी मुझसे शादी नहीं करता, मुझे अपना नाम नहीं देता, मेरी देखभाल नहीं करता जैसे तुमने की। अगर यहाँ कोई मर्द मुझसे शादी के लिए तैयार भी हो जाता तो वह कोई बदमाश ही होता जो मेरे पैसे की खातिर या मेरी शोहरत देखकर ही मेरा पति बनता। ज्यादा मुमकिन तो यही था कि मेरा भी हश्र अम्मा की तरह होता। शायद अमीरचंद मुझे अपनी रखैल बना लेता, या कोई और अभिजित मुझसे टकरा जाता। तुम्हारे बहाने भगवान ने मुझे मेरे पुराने रूप को, मेरे पुराने पापों को, मेरे पुराने दोस्तों को, हरेक चीज़ को भूल जाने का मौका दिया। मैं इस सबके लिए तुम्हारा कर्ज कैसे चुका सकूँगी ?''

"अरे, छोड़ो, तुमने तो मुझे ऐसे बना दिया जैसे कोई शुरू-शुरू का मिशनरी हो जो आदिवासियों का धर्म बदलने और उन्हें रोशनी दिखाने आया हो ! ये सब बेकार की बातें हैं, जानेमन ! मैंने तुम्हें 'बचाने' के लिए तुमसे शादी नहीं की। मैंने अपने लिए ही ऐसा किया। मुझे तो तुम बेहद सेक्सी और हाँ, विदेशी दिखती हो। मैं सही अंग्रेजी स्कूलों से निकली, सही अंग्रेजी लहजे में बोलनेवाली उन सौम्य लड़कियों से तंग आ चुका था। मुझे तुम्हारी मजेदार हिंदुस्तानी अंग्रेजी और सपाट लहजा पसंद आया। सबसे पहले तो तुम्हारी इसी खासियत ने मुझे तुम्हारी ओर आकर्षित किया। मुझे तुम्हारे उस पुराने रूप की बहुत याद आती है—तुम्हें पता है ? मुझे तुम्हारी साड़ियों और उन बेढब कपड़ों की भी याद आती है। और शुरू में तुम वह जो छोटे-छोटे कर्मकांड और पूजा किया करती थीं ! अब तुम हमारे जैसी ही दिखने और हमारे जैसा ही व्यवहार करने लगी हो। तुम यह बात बिलकुल भूल गई हो कि अगर मुझे यही सब चाहिए होता तो मैं अपने पड़ोस के किसान की नीरस बेटी से भी शादी कर सकता था। नादान लड़की ! मैं तुम्हें बहुत, बहुत ज्यादा प्यार करता हूँ; और तुम मुझे अब भी अश्लीलता की हद तक सेक्सी लगती हो !

"हमें हिंदुस्तान तो आना ही था, और हमें यह सब भी जानना-समझना था। तुम न्यूजीलैंड में छिपी हुई थीं। अब तुम्हारा वनवास पूरा हो चुका है। अब तुम अपने आप से और भयभीत नहीं हो। यही तुम्हारा वतन है, और तुम्हारे पिताजी को भी तुम्हारी सख्त जरूरत है। क्या तुम सोचती हो कि मुझे यह सब नहीं दिखाई देता ? अगर मैं तुम्हें वापस चलने को मजबूर करूँगा तो तुम मर जाओगी। हमारी शादी भी खत्म हो जाएगी। इस तरह से, हमारे लिए अब भी अच्छा मौका है। अगर हम दोनों चाहें तो इसे कामयाब कर सकते हैं। तुम यहाँ रहो और इस दौरान यह तय कर लो कि तुम अपनी जिंदगी को लंबे समय के लिए क्या रूप देना चाहती हो। अगर तुम्हें लगता है कि तुम्हें ऐक्टिंग के अपने कैरियर में दोबारा भाग्य आजमाना चाहिए—तो यही करो। मैं तो यह मानता हूँ कि किसी भी व्यक्ति को अफसोस-भरी जिंदगी नहीं जीनी चाहिए।

कुंठित व्यक्ति ही दुखी होता है। अगर तुमने अभी मौके का फायदा नहीं उठाया, तो फिर बहुत देर हो जाएगी। मैं तुम्हें अपने आप से संतुष्ट देखना चाहता हूँ। मैं तो यह चाहता हूँ कि मैं इस काबिल होऊँ कि जब हम दोनों नब्बे बरस के हों तो बाहर बगीचे में झूले पर बैठकर यह कह सकूँ–'वाह, मेरी बीवी ! मुझे तुम पर गर्व है।' मैं चाहता हूँ कि हमारे नाती-पोते तुम्हारी जवानी की तसवीरें देखें, जिनमें तुम आकर्षक, शानदार और कामयाब हो; और दुनिया तुम्हारे कदमों पर है। इसलिए हिम्मत बाँधो, खुश हो जाओ, और चलो, चलकर बुढ़ऊ को कुछ खाने को दें। कहीं वह हमारे ऊपर ही ढेर न हो जाएँ।"

साशा और जे के जाने के बाद आशा रानी के लिए मुश्किल हो गई। उसे अकेलापन काटने लगा और वह सब कुछ छोड़-छाड़कर चल देने को तैयार रहने लगी। करने को अभी कितना कुछ था। यह सही है कि पैसा, ढेर सारा पैसा, समस्याओं को जल्दी ही हल कर देता है, और जे ने उसके खाते में ढेर सारा पैसा डाल दिया था। आशा रानी ने अपने पुराने एकाउंटेंट से भी संपर्क कर लिया था और उसने उसे गलत आँकड़े पकड़ा दिए थे। अम्मा ने फोन करके मद्रास आने की पेशकश की। आशा रानी ने हिसाब लगाया कि अम्मा के आने से खर्च ही बढ़ेगा और वह कोई क़ामधाम तो करेगी नहीं। वह एक और जिम्मेदारी अपने ऊपर नहीं लेना चाहती थी, खासतौर पर इस समय जबकि वह खुद चक्रव्यूह में फँसी हुई है। सबसे पहला काम तो उसके लिए यह था कि अप्पा के लिए योग्य नर्सों का इंतजाम करे। इमसें कोई दिक्कत नहीं हुई। उसके बाद उसे बँगले को ठीक करवाना था और कृष्णा की शराब की लत छुड़ानी थी।

माली को तनख्वाह बढ़ाने का लालच देकर वापस लाया गया, और जल्दी ही बगीचे से घास-फूस साफ कर दी गई और वह साफ-सुथरा दिखाई देने लगा। मकान में बहुत ज्यादा तोड़-फोड़ की जरूरत थी और आशा रानी ने ठेकेदारों की एक फर्म से संपर्क किया। उन्होंने कहा कि वे वाटरप्रूफिंग, नलसाजी, बिजली का काम, सब कुछ करवा देंगे। "सब काम मानसून से पहले पूरा हो जाना चाहिए," आशा रानी ने दृढ़ता से कहा। "ठीक है अम्मा !" उन्होंने एक स्वर में कहा। लेकिन उनकी आवाज आश्वस्त करनेवाली नहीं थी। आशा रानी ने अपनी मुसकराहट दबा ली। वह अक्का से अम्मा कब बन गई ? उसने आईने में अपना अक्स देखा। क्या वह अभी से खाला लगने लगी है ? धत्, उसे अपने बाल बनाने का भी समय नहीं मिला था, उसके लहरियादार बाल बड़े हो गए थे, और वह हौआ लग रही थी। उसे अपने शरीर को भी चुस्त-दुरुस्त करना था; उसे पता था कि उसकी कमर पर जो खाल लटक आई है, वह कोई कल्पना नहीं है। ऐसे नहीं चलेगा, उसने अपने आपसे दृढ़ता से कहा और अपने लिए कड़ी कसरत का एक कार्यक्रम तैयार किया।

पंद्रह दिन के अंदर-अंदर उसकी रसोई खूब मजे में चलने लगी, हालाँकि उसने

लक्ष्मी के कुरकुरे डोसे और फूली इडलियों से अपने आपको दूर रखने की भी कोशिश जारी रखी। उसने लक्ष्मी को आगाह कर दिया, ''इस घर में रसम-साँभर-भात नहीं चलेगा। मैं मोटी भैंस नहीं होना चाहती, समझीं ? अप्पा को भी अलग खाना देना होगा, यह सब नहीं। मैं बताऊँगी कि उन्हें क्या खाने को देना है।'' वह खुद छाछ, फल और अनाज पर टिकी रही–कभी-कभार आइसक्रीम भी ले लेती और अप्पा को भी खिलाती थी। अम्मा के फोन लगातार आते थे और वह एक ही राग अलापती रहती थी–सुधा ने यह कहा, सुधा ने वह किया। आखिरकार आशा रानी ने उससे कह ही दिया कि वह फालतू में फोन का बिल न बढ़ाए। ''मैं जब मुंबई आऊँगी तो सुधा से निपटूँगी–चाहे जब भी आऊँ,'' उसने अम्मा से कह दिया, ''लेकिन मेहरबानी करके उसकी बातों से मेरा समय और पैसा बरबाद मत करो।''

एक दिन वह डाइनिंग रूम में अकेली अपना वही हलका-फुलका लंच करके हटी ही थी कि नर्स ने आकर चुपचाप उसके कान में कहा, ''आज वह कुछ उत्तेजित दिख रहे हैं। पता नहीं क्या बात है। शायद वह आपसे बात करना चाहते हैं।'' ''क्यों नहीं,'' आशा रानी ने कहा और नर्स स्टेला के साथ अप्पा के बेडरूम में पहुँची। फिर उसने स्टेला को बाहर भेज दिया। ''जब आपको मेरी जरूरत हो तो, घंटी बजाकर बुला लीजिएगा,'' नर्स ने कहा और चली गई।

अप्पा सचमुच आपे में नहीं थे। उनकी आँखें बहुत प्रफुल्ल दिख रही थीं, चमकदार और चौकस। बरसों बाद आज पहली बार वह उन्हें इस रूप में देख रही थी। वापस आने के बाद तो यह निश्चय ही पहला मौका था। अप्पा ने उसे पास आने का इशारा किया। आशा रानी एक नीची-सी तिपाई उठाकर उनके पाँवों के पास बैठ गई। वह उसकी तरफ इस तरह देखते रहे मानो कुछ कहना चाहते हों, पर कह नहीं पा रहे। आशा रानी ने उनकी गोद में रखे उनके बेजान हाथों को थपथपाया और उन्हें बोलने के लिए उत्साहित किया। ''क्या बात है अप्पा ?–मुझे बताओ,'' वह बोली, ''कोई हड़बड़ी नहीं है। आराम से बता दो। मैं तुम्हारी बात सुनने ही यहाँ आई हूँ।'' आखिर में, जैसे अनंतकाल के बाद, अप्पा का बहुत ही धीमा स्वर उभरा। ''मेरे पास आओ,'' उन्होंने अपनी बेटी से कहा, ''मैं तुमसे कुछ बातें करना चाहता हूँ। कुछ ऐसी बातें जो मुझे तुम्हें बरसों पहले कह देनी चाहिए थीं। जब मुझे लगा था कि मैं मर रहा हूँ–तुम्हें कुछ साल पहले की मेरी वह बीमारी तो याद होगी–तब मेरी इच्छा हुई थी कि मैं तुमसे मिलूँ, तुम्हें स्पर्श करूँ, जो कुछ हुआ, उसके लिए तुमसे माफी माँगूँ। मैंने तुम सबका बहुत नुकसान किया था। तुम्हारे साथ बेरहमी से पेश आया था, जिसके लिए मुझे कभी माफ नहीं किया जा सकता।

''तुम्हारी अम्मा की जिंदगी–उसे भी मैंने ही तबाह किया। मैं जानता हूँ। लेकिन तब मैं बड़ा आदमी बनने में इतना मशगूल था कि मैंने इन सब बातों की परवाह ही नहीं की। मैं अपना स्टूडियो चलाने में, हरेक को यह दिखाने में मशगूल था कि मैं कितना रुतबे वाला हूँ। उस समय कोई बात, कोई शख्स मेरे लिए कोई अहमियत नहीं रखता

था। कोई भी नहीं। न मेरे बच्चे, न मेरी पत्नी, न मेरी रखैलें। मैं सोचता था कि कोई भी चीज, कोई भी शख्स मुझे छू नहीं सकता। मैं सोचता था कि देवतागण मुझे तमाम नुकसानों से बचाएँगे। क्यों ? क्योंकि मैं अपने आपको एक धार्मिक व्यक्ति समझता था। मैं तिरुपति गया—अपना मुंडन करवाया। मैं सबरीमाला गया और वहाँ तप किया। मैंने सारी विधियों का पालन किया। मैं गंगोत्री भी गया। मुझे पूरा विश्वास था कि ये सारी तीर्थयात्राएँ, मंदिरों को दी गई दान-दक्षिणा, जरूरतमंदों और अस्पतालों को दिया गया दान—मेरे सारे 'पुण्य कर्म' अंत में ये सब मुझे बचा लेंगे। लेकिन ऐसा नहीं हुआ। जानती हो इस सबके बदले में मैंने शक्तिमान देवताओं से अपने लिए क्या करने को कहा। मैंने कहा कि मेरी खाल बचाओ। मुझे और अमीर बनाओ। और भी रुतबेवाला बनाओ। और भी कामयाब बनाओ। मैंने केवल अपने और अपने ही लिए प्रार्थना की। मैंने भगवान के साथ व्यापार करने की चेष्टा की—तुम सोच सकती हो ऐसा ? मैंने भगवान के साथ सौदेबाजी करने की कोशिश की। मैं उससे कहता, 'देखो भगवान, मैं तुम्हारा स्वर्ण-मुकुट बनाने के लिए इतना पैसा दे रहा हूँ। क्या यह मेरी अच्छाई नहीं है। अब, तुम मुझे इसके बदले में क्या दोगे ? मैं तुम्हें वचन देता हूँ कि अगर मेरी अगली फिल्म हिट हो गई तो मैं तुम्हारे नाम पर और भी पैसा दूँगा, यज्ञ भी करवाऊँगा; और अगर मेरा स्टूडियो कमाई करता है तो मैं तुम्हारे नाम पर झुग्गी-झोंपड़ी में रहनेवालों के लिए एक डिस्पेंसरी खुलवा दूँगा। मैं गरीबों के लिए एम्बुलेंस ले दूँगा। मैं मुफ्त पढ़ाई का इंतजाम करूँगा। कुछ भी करूँगा मैं। लेकिन तुम भी पार्टनरशिप की अपने हिस्से की जिम्मेदारी को पूरा करना।' मेरा विश्वास था कि भगवान मेरी तरफ है और मैं कभी नाकामयाब नहीं हो सकता, कभी नहीं। मैं सोचता था कि मैं किसी को भी, कभी भी खरीद सकता हूँ। बस, सही कीमत लगने की देर है। लेकिन मैं गलती पर था। जानती हो यह बात मेरी समझ में कब आई ? आग लगने के बाद। तुम्हें उस बारे में कुछ नहीं पता होगा न ?

"हमारे स्टूडियो में एक धार्मिक फिल्म की शूटिंग चल रही थी। उस सीन के लिए भी मैं भगवान को ही भुना रहा था। यह फिल्म अन्याय की मारी महिला अनसूया के बारे में थी। पहले शॉट में मुझे भगवान वेंकटेश्वर की महापूजा करते दिखाया गया था। बैकग्राउंड में एक सुंदर भजन चल रहा था। मैंने सोचा था कि भगवान प्रसन्न हो जाएँगे। फिल्म उन्हीं को जो समर्पित थी। मैंने ऐलान कर रखा था कि मैं इस फिल्म से होनेवाले मुनाफे का एक हिस्सा पास के मंदिर के आँगन को ठीक करवाने में खर्च करूँगा और वहाँ कुएँ में पंप भी लगवाऊँगा। मैं पूरे भवन की पुताई के लिए भी तैयार था। मैंने भगवान से कहा, 'देखो भगवान, मैं तुम्हारे लिए कितना कुछ कर रहा हूँ। इस काम के लिए मुझे सब लोग याद रखेंगे।' खैर, एक सीन के लिए हमें नए सेट तैयार करने थे, जिनमें जंगल के बीच एक छोटी सी झोंपड़ी दिखानी थी। वहाँ गाँव वालों को आग के चारों तरफ घेरा बनाकर जमा होना था। इस दृश्य के लिए हमने एक खास गाना और डांस तैयार किया था। इसमें लड़कियों को फुलझड़ियाँ और मशालें लेकर नाचना था।

एक बेवकूफ लड़की ने अपने लहराते घाघरे पर फुलझड़ी गिरा ली। घाघरा नाइलोन का था। बस, वह मशाल की तरह जल उठी और देखते ही देखते भस्म हो गई ! वह भूसे के ढेर पर गिरी और उसमें भी आग लग गई। पलक झपकते ही लपटें चारों तरफ फैल गईं...और आसमान छूने लगीं। दस मिनट के अंदर-अंदर तो सब कुछ खत्म हो चुका था। जल चुका था। पूरा जल चुका था। कुछ भी नहीं बचा। आठ लोग मर गए। स्टूडियो खत्म हो गया, हमेशा के लिए।

"उस फिल्म के लिए मैंने काफी कर्ज ले रखा था—मेरी इससे पहले की दो फिल्में घाटा दे चुकी थीं। मुझे पूरा यकीन था कि यह फिल्म कामयाब होगी। मैंने अपने लेनदारों से कह रखा था कि मैं उन्हें भारी ब्याज के साथ पैसा लौटाऊँगा, कोई दिक्कत की बात नहीं है। लोगों का अब भी मुझ पर भरोसा था। लेकिन हुआ क्या ? अच्छा तो यही होता कि दूसरों के साथ मैं भी जलकर मर जाता। कम-से-कम इस जलालत से तो बच जाता, लेकिन भगवान तो मुझे सबक देना चाहता था। वह मुझे इस बेबसी की हालत में लाकर पटकना चाहता था। वह मुझे दिवालिया करना चाहता था। कौन सोच सकता था भला कि भगवान इस तरह बदला लेगा ? यह मेरा खात्मा था। मेरा सब कुछ चला गया। मेरा कमाया एक-एक पैसा चला गया।

"लेनदार गिद्धों की तरह मेरे दरवाजे पर आकर मँडराने लगे। उन्होंने मेरी परेशानी को नहीं समझा। उन्हें तो बस अपना पैसा चाहिए था। पैसा—हह ! उस दिन तक मैं इसे पूजता आया था। मेरा सपना मर गया, आशा रानी—उसे आग खा गई।

"लेकिन तुम्हें देखकर मेरी उम्मीदें फिर से जाग गई हैं। मैं अपने आपसे यह कहने की हालत में हूँ कि अभी सब कुछ खत्म नहीं हुआ। तुम्हारे पास एक बेटी है। एक होशियार बेटी। वह करेगी यह सब। वह जिंदा करेगी तुम्हारे बैनर को। वह स्टूडियो को फिर से खोलेगी। वह एक बार फिर तुम्हारे नाम की खोई हुई शान को वापस लाएगी।

"देखो, आशा रानी, तुम यह कर सकती हो। और तुम्हें करना ही होगा। एक मरते हुए बाप के लिए करो। एक टूटे हुए बाप के लिए करो। एक बेहद दुखी बाप के लिए यह करो। मेरी तो जीने या किसी से बात करने तक की इच्छा मर चुकी थी, लेकिन अब तुम मेरे साथ हो, तो जैसे मैं मजबूत हो गया हूँ। मैं फिर जवान हो गया हूँ—कम-से-कम दिमागी तौर पर तो हो ही गया हूँ। अब मेरी जो भी जिंदगी बाकी रह गई है, उसमें मैं अपने स्टूडियो को एक बार फिर फूलता-फलता देखना चाहता हूँ। उसे इंडस्ट्री का गौरव बनता देखना चाहता हूँ।" जब से वह मद्रास आई थी, बुढ़ऊ ने इतनी लंबी बात पहले कभी नहीं की थी, और साफ था, उसने उन्हें पस्त कर दिया था। लेकिन अपनी बेटी को देखते समय उनकी आँखों की चमक बरकरार थी। आशा रानी ने नर्स को बुलाने के लिए घंटी बजाई।

जोजो

मुंबई से ढाई महीने बाहर रहने के बाद आशा रानी वहाँ वापस आ गई। लेकिन वह अकेली नहीं थी, क्योंकि उसने तय कर लिया था कि अप्पा उसके साथ ही लौटेंगे। अम्मा को आशा रानी का फैसला मंजूर था, खासकर इसलिए कि, जैसा आशा रानी समझ रही थी, उसकी माँ ने जो योजनाएँ बना रखी थीं, वे केवल उसकी बड़ी बेटी के सहयोग से ही पूरी हो सकती थीं। आशा रानी को ज्यादा देर इंतजार नहीं करना पड़ा, क्योंकि उसके मुंबई आने के अगले दिन ही किशनभाई एक ऑफर लेकर आ गया। "एक नया प्रोड्यूसर है," उसने कहना शुरू किया, "तुम उसका नाम नहीं जानतीं, लेकिन अच्छा है। दो हिट फिल्में दे चुका है। वह अपनी ताजातरीन फिल्म में तुम्हें लेना चाहता है। धाँसू कहानी है। हीरोइन बैक्ड रोल है। उससे मिलें ?" "क्यों नहीं ? मुझे भी तो पता चले कि मेरी क्या मार्केट है," आशा रानी ने सहजता से कह दिया।

प्रोड्यूसर उसी शाम आ गया। आशा रानी को सुखद आश्चर्य हुआ। वह उन सब प्रोड्यूसरों से बिलकुल अलग था, जिससे उसकी जान-पहचान थी। यह आदमी जवान, खूबसूरत, स्मार्ट और बना-ठना था। वह तो खुद फिल्म स्टार हो सकता था। कुछ-कुछ अमरीकी लहजे में बोलता था, और पूरी स्क्रिप्ट से लैस होकर वहाँ आया था। उसका रवैया सहज, लेकिन व्यापारियों जैसा था। देखने से लगता था कि वह कॉलेज भी गया होगा !

बातचीत से उसे पता चला कि जोजो (जितेंद्र) मेहता फिल्म-निर्माण और दर्शन (फिलॉसफी) की पढ़ाई पूरी करके अभी हाल ही में कैलिफोर्निया यूनिवर्सिटी से लौटा है। उसके पास एक से एक आइडिए और फिल्म-निर्माण की भाषा के खास शब्द थे। जो स्क्रिप्ट वह लेकर आया था, वह उसकी खुद की लिखी हुई थी। उसने खुद बताया, "इसे लिखते समय मैंने स्क्रीनप्ले राइटिंग में कुछ कोर्स किए थे।" जहाँ तक आशा रानी की समझ में आया था, उसका प्रोजेक्ट दिलचस्प था। वह एक रहस्य-रोमांचवाली मर्डर स्टोरी थी, और लीक से हटकर भी थी। शायद उसने इसे चुराया हो, लेकिन रूपांतर काफी अच्छा था। आशा रानी को एक ही बात समझ में नहीं आ रही थी—वह खुद इस कहानी में कहाँ फिट होगी। इसमें तीन औरतें थीं—एक सास, उसकी बहू और 'वो

औरत' जिसका खून हो जाता है। स्क्रिप्ट का सार पढ़ने के बाद उसने जोजो से पूछा कि उसका रोल कब आएगा। ''अरे, तुम सास का रोल करोगी,'' जोजो ने आराम से कह दिया।

''सास ?'' आशा रानी फट पड़ी, ''यह तो बड़ी बेतुकी बात है। मैं अभी इतनी बूढ़ी तो नहीं हुई कि किसी भी सास का रोल करूँ ! तुम्हें पता है अपनी आखिरी फिल्म साइन करने से पहले तक मैं कॉलेज गर्ल के रोल कर रही थी ? मैंने तो शादीशुदा औरत का भी रोल नहीं किया—और यहाँ तुम मुझसे आलतू-फालतू सास का रोल करने को कह रहे हो ! तुम जरूर कोई भूल कर रहे हो। पता है मैं कितने साल की हूँ ? अभी तो मैं तीस की भी नहीं हुई !'' जोजो ने अपने हाथ ऊपर करते हुए कहा, ''शांत हो जाओ, देवी जी ! मेरा मकसद तुम्हें नाराज करना नहीं था। इस रोल में गहराई है। मैंने सोचा तुम इस रोल के साथ इंसाफ कर पाओगी। बस। इसमें तो कोई झंझट का सवाल ही नहीं है। ठीक है ?'' आशा रानी अब भी उबल रही थी। किशनभाई की तरफ हाथ नचाते हुए वह उसे एक तरफ ले गई। ''इसका क्या मतलब है ?'' उसने पूछा, ''यह आदमी मेरी तौहीन कर रहा है। तुम्हें तो इस रोल के बारे में पहले से पता होगा। उसे यहाँ लेकर आने और हम सबका वक्त बरबाद करने से पहले तुमने मुझे बताया क्यों नहीं ?''

''आशा रानी, इंडस्ट्री की दुनिया बदल चुकी है,'' किशनभाई ने शांति से कहा, ''केवल पाँच साल में ?'' आशा रानी बोली, ''हाँ, पाँच साल ही तो हुए हैं ! इस बीच कोई क्रांति-श्रांति हो गई क्या ?''

''मुझे अफसोस है, आशा रानी ! लेकिन पब्लिक को तो हर बार एक नई उम्र की लड़की चाहिए होती है। तुमने पोस्टरों और पत्रिकाओं में तो देखा ही होगा। हिट हीरोइनों की उम्र क्या है ? पंद्रह ! तुम उनके साथ होड़ तो नहीं कर सकतीं। एक-दो साल में सुधा को भी करैक्टर रोल करने पड़ेंगे। माँग ही ऐसी है। मुझे लगा था कि यह प्रस्ताव दिलचस्प है। जोजो एक इज्जतदार फिल्ममेकर है। वह बहुत पेशेवर है। समय पर पैसा देता है। उसकी फिल्में तकनीक के हिसाब से अव्वल दर्जे की होती हैं। लोग उसकी फिल्मों में काम करना गौरव की बात समझते हैं। कोई बात नहीं है। अगर तुम उसकी फिल्म में काम नहीं करना चाहतीं तो मैं उसे समझा दूँगा। मैं उसे बता दूँगा।'' लेकिन, आशा रानी ने किशनभाई को रोक दिया, ''रुको, मुझे सोचने दो—मैं खुद उसे बता दूँगी,'' उसने कहा। फिर वह जोजो के पास गई और अपना जादू चलाया, ''देखो, जोजो, मैंने सोच लिया है। प्रोजेक्ट बुरा नहीं है। सच पूछो तो, बहुत अच्छा प्रोजेक्ट है यह। सास ? क्यों नहीं ? मैंने कुछ सेक्सी सासों को देखा है। और फिर यह मेरे और तुम्हारे ऊपर है कि हम इस रोल को किस ढंग से समझते हैं, क्यों ? मैं अब भी ग्लैमरस दिख सकती हूँ। तुम इसमें गाना डाल सकते हो। कुछ सेक्सी क्लोज-अप रखे जा सकते हैं। बुरा नहीं है। आज मैं स्क्रिप्ट पढ़ लूँ, फिर कल तुमसे बात करती हूँ। कैसा रहेगा ?'' जोजो ने अपना हाथ बढ़ा दिया। ''मंजूर है,'' वह बोला। दरवाजे

पर पहुँचकर वह मुड़ा और फिर बोला, "वैसे, मैं समझता हूँ, तुम शानदार हो। लोगों ने तुम्हारे बारे में ठीक ही कहा था, उन गश खाते, लार टपकाते लोगों ने, तुम्हारा कोई जवाब नहीं ! तुम्हें कोई नहीं छू सकता। कोई भी नहीं।"

"शुक्रिया !" आशा रानी ने चहकते हुए कहा और उसकी तरफ एक चुम्मा उछाल दिया।

आशा रानी अप्पा के कमरे में गई तो वह ऊँघ रहे थे। "अप्पा !" उसने नरमी से कहा। अप्पा ने मदहोशी में आँखें खोलीं। उन्हें कुछ सूझ नहीं रहा था। "मैंने बाहर होनेवाली बातचीत सुन ली थी ?" वह बोले। "कौन सी बातचीत ?" आशा रानी ने पूछा। "जो तुम उस प्रोड्यूसर के साथ कर रही थीं। मत करना। इस फिल्म को साइन मत करना। यह तुम्हारी गलती होगी।" आशा रानी दंग रह गई। उसे विश्वास ही नहीं हुआ कि अप्पा बगल के कमरे में होनेवाली बातचीत को न केवल सुन सकते थे, बल्कि उसको समझ भी सकते थे। "क्यों न साइन करूँ, अप्पा ?" उसने उनकी सलाह लेने की गरज से नहीं, बल्कि उत्सुकतावश पूछ लिया। "मैंने तुमसे कहा न–यह बड़ी भारी गलती होगी। इससे तुम्हारी छवि बिगड़ेगी। तुम्हारा कैरियर खराब होगा। उसके बाद अगर तुम कभी दोबारा हीरोइन बनना चाहोगी, तो यह नामुमकिन हो जाएगा। तुम्हें कोई नहीं लेगा, दर्शक तुम्हें स्वीकार नहीं करेंगे। इन लोगों की बात मत सुनो। ये लोग इस खेल में नए हैं। इंडस्ट्री के लिए नए हैं। वे यहाँ अपने अमरीकी आइडियाज़ लेकर आते हैं और अपने सारे स्टंट आजमा लेते हैं। लोग प्रभावित हो जाते हैं। कभी तुक्के में एक-दो फिल्में हिट भी हो जाती हैं। बस, उसके बाद वे गायब हो जाते हैं और फिर उनकी कोई खबर नहीं मिलती। तुम्हें इस फिल्म की क्या जरूरत है ? पैसों के लिए तो नहीं होनी चाहिए ? अगर यह तुम्हारे अहं का मामला है, तो सही फिल्म का इंतजार करो। किसी बड़ी फिल्म का, जिसकी कहानी तुम्हारे इर्द-गिर्द घूमे। दर्शक तुम्हें देखकर चकाचौंध हों। वे उत्तेजित हों। लोग तुम्हारी फिल्म देखने के लिए सिनेमाघरों के बाहर कतार लगाएँ। वह आशा रानी की फिल्म हो, किसी और की नहीं।"

आशा रानी ने अपने पिता को प्यार से देखा। अपने लिए उनकी चिंता उसके दिल को छू गई। वह यह जानकर भी बहुत प्रभावित हुई कि उन्हें इसकी पूरी जानकारी है। "अप्पा, मैं जल्दबाजी में कोई भी फैसला नहीं करूँगी," उसने उन्हें विश्वास दिलाया, "लेकिन मैं बोर हो चुकी हूँ। मैं फिल्मों के अलावा और कुछ जानती भी तो नहीं। अभी मैं और कर भी क्या सकती हूँ ? मैं पढ़ी-लिखी तो हूँ नहीं, न ही होशियार व्यापारी हूँ। मेरे पास विकल्प ही कितने हैं ? जल्दी ही साशा भी बड़ी हो जाएगी और विदा हो जाएगी। पाँच साल बीत जाने के बाद, न्यूजीलैंड में मैं अपने आपको अब भी अजनबी पाती हूँ। जे के घर वाले मुझे अपना नहीं मानते। वहाँ मेरे पास करने के लिए कुछ भी नहीं है। जे को मेरी जरूरत है, वह मुझे प्यार भी करता है, लेकिन वह अपने भरोसे

रहने वाला इनसान है। वह मेरे बगैर भी काम चला लेगा। कभी-कभी मुझे अकेलापन और बेचैनी महसूस होती है। मुझे पहलेवाली अपनी भागमभाग जिंदगी याद आती है। मुझे उस तवज्जो, तेज रोशनियों, लोगों, हरेक चीज की याद आती है। मैं केवल एक-दो फिल्में करके यह देखना चाहती हूँ कि क्या इस अनुभव में मुझे अब भी मजा आता है और क्या दर्शक मुझे अब भी चाहते हैं। मेरी उम्र की दूसरी अभिनेत्रियों को देखो, जिन्होंने मेरे साथ ही अपना कैरियर शुरू किया था। वे आज कहाँ हैं ? मुझे तो आज भी ऑफर मिल रहे हैं।

"प्रोड्यूसर लोग बेवकूफ नहीं होते, वे मुझ पर अहसान नहीं कर रहे। मैं हड़बड़ी में कोई फैसला नहीं करूँगी, लेकिन अगर मैंने इस मौके को हाथ से जाने दिया तो मुझे हमेशा पछताना ही पड़ेगा। कितनी ही बूढ़ी अभिनेत्रियाँ आत्महत्या कर लेती हैं, अवसाद की शिकार हो जाती हैं, पीना शुरू कर देती हैं। मैं इस अंत पर नहीं पहुँचना चाहती।" अप्पा की आँखें उस पर टिकी हुई थीं, उनमें शिष्ट सहानुभूति थी। जब वह दोबारा बोले तो उनकी दिशा बदल चुकी थी, "वह लड़की, सुधा, हालाँकि वह मेरा ही खून है, मुझे उससे डर लगता है। अपनी बहन का विश्वास मत करना। वह खतरनाक है। उससे दूर रहना।"

अप्पा के आने पर वैसे तो अम्मा ने कोई एतराज नहीं जताया था, लेकिन जैसे-जैसे दिन बीतते गए, यह स्पष्ट होता गया कि वह अप्पा की मौजूदगी से बहुत खुश नहीं है। पहले तो आशा रानी ने सोचा कि शायद अम्मा एक बीमार और हताश आदमी की जिम्मेदारी नहीं लेना चाहती। वह एक अनावश्यक बाधा को साथ नहीं रखना चाहती। लेकिन बात बस इतनी सी नहीं थी। अम्मा थकी-थकी सी घर में घूमती रहती थी। वह बेचैन रहती थी और छोटी-छोटी बातों पर झुंझलाने लगती थी। आशा रानी को यह बात बड़ी अजीब लगी कि अब जब वह किशनभाई और जोजो के साथ काम के बारे में बातचीत करती होती है तो अम्मा कमरे में घुसकर उसकी तरफ से फैसला नहीं लेने लगती। शायद उम्र ने आखिरकार उस पर असर डालना शुरू कर दिया था, हालाँकि अभी वह पचास से ऊपर नहीं गई होगी। आशा रानी सोचती थी कि सबसे ज्यादा वह इस बात से परेशान होती होगी कि उसे एक ही घर में अप्पा के साथ रहना पड़ रहा है। वह अपने 'पति' को कभी माफ नहीं कर पाई थी, और न ही यह भूली थी कि वह उसके बच्चों का पिता है।

"तुम मद्रास क्यों नहीं जातीं ? कृष्णा और लक्ष्मी तब तक ठीक से काम नहीं करते जब तक कोई उनके सिर पर सवार न हो।" आशा रानी ने कहा। अम्मा थोड़ा हिचकिचाई। आशा रानी समझ गई कि वह जाना चाहती है। "अप्पा को मैं देख लूँगी," उसने अम्मा से वादा किया।

एक दिन सुधा ने फोन करके उसे अपने यहाँ आने को कहा। आशा रानी ने बहाने

बनाने की कोशिश की, लेकिन उनसे वह खुद भी आश्वस्त नहीं हुई। सुधा इनकार सुनने के लिए तैयार थी। वह तब तक फोन करती रही जब तक आशा रानी ने यह सोचकर हाँ नहीं कर दी कि पहले उसने इससे भी बड़े बैरियों का मुकाबला किया है। वह जानती थी कि वह जिन कारणों से सुधा के घर जाने को टाल रही थी, उनमें एक कारण यह फौरी परेशानी भी है—वह अमर के सामने आने से बचना चाहती थी। आज भी जब वह अमर के बारे में और उसके साथ अपने कुछ दिनों के संबंध के बारे में सोचती थी तो उसे उलझन होने लगती थी। यह सही है कि उसने अमर के साथ केवल इसलिए संबंध बनाए थे, क्योंकि वह अक्षय को यह दिखाना चाहती थी कि उसे नया प्रेमी भी मिल सकता है—और वह भी उम्र में उससे बहुत छोटा। अमर ने भी स्टार बनने के लिए सीढ़ी की तरह उसका इस्तेमाल किया था, और उसने इसका बुरा नहीं माना था ('मैंने भी तो अमर का इस्तेमाल किया है,' उसने लिंडा से न छापने की शर्त पर कहा था, लेकिन यह बात तुरंत ही छप गई थी)। फिर भी, अपनी छोटी बहन की मौजूदगी में उससे मिलने के विचार ने उसे परेशान कर दिया। आखिरकार, उसने अपनी भावनाओं पर काबू करके सुधा का निमंत्रण स्वीकार करने का फैसला किया। और फिर, उसे सुधा से मिलकर कितनी ही बातें साफ करनी थीं, कितने ही हिसाब चुकता करने थे उससे। आशा रानी ने अप्पा की यह चेतावनी याद रखी कि वह सुधा को अपने पर हावी न होने दे, चाहे जो हो जाए। सो, जब उस शाम सुधा का फोन आया तो वह अगले दिन चाय पर उससे मिलने को राजी हो गई।

सुधा के बँगले पर पहुँचकर उसने प्राकृतिक दृश्योंवाले लॉन, पत्थरों की साज-सज्जा और फुहारेवाले नकली ताल, गेट पर तैनात चुस्त-दुरुस्त दरबान और दूसरे वर्दीधारी नौकरों का जायजा लिया। उसे मानना पड़ा कि सुधा ऊँची पसंद वाली है।

सुधा ने ड्राइववे में कार के आने की आवाज सुनी तो वह आशा रानी के स्वागत के लिए बाहर भागी। "तुमसे मिलकर मुझे बहुत खुशी हुई, अक्का," उसने गर्मजोशी से कहा। आशा रानी ने जवाब में उसे सीने से लगा लिया और वे दोनों अंदर चली गईं। आशा रानी ने अपनी छोटी बहन का भव्य घर देखा तो न चाहते हुए भी उसके मुँह से ठंडी साँस निकल गई। "इतना सब ! और इतनी जल्दी ?" उसने अपने आपको कहते सुना। सुधा मुसकरा दी। "मैंने इसके लिए कड़ी मेहनत की है, अक्का," उसने कहा और आशा रानी का हाथ अपने हाथ में ले लिया, "आओ, तुम्हें पूरा घर दिखाऊँ।"

घर के इस दौरे में आशा रानी को ऐसी-ऐसी चीजें देखने को मिलीं, जिनके बारे में वह सोच भी नहीं सकती थी। सुधा का घर शानदार था—लेकिन उसमें टुच्चापन नहीं था। आशा रानी अपने आसपास फैली इस भव्यता को मुँह बाए देखती रही। "तुमने ये सारी चीजें अपने आप खरीदीं ?" उसने पूछा। "नहीं," सुधा ने बड़े आराम से जवाब दे दिया, "मैं तुमसे झूठ नहीं बोलूँगी। हमने दिल्ली के एक डिजाइनर को पकड़ लिया था—वह पेरिस और न्यूयॉर्क में भारत-महोत्सवों से जुड़ा था। रणजीत जैन नाम है

उसका। गजब का डिजाइनर है। बड़ी प्रतिभा है उसमें। दरअसल, अक्षय अरोड़ा ने ही सबसे पहले उसे खोजा था। अक्षय ने उससे अपना घर डिजाइन करवाया, तो फिर उसके बाद तमाम हीरो लोग और उनकी बीवियों में उसकी पूछ हो गई।'' ''तुमने उसे कैसे राजी कर लिया ?'' आशा रानी ने पूछा। ''सीधी सी बात है,'' सुधा ने मुसकराते हुए जवाब दिया, ''पहले तो मैं उसके साथ सोई। फिर मैंने उससे अपने घर को सजाने के लिए कहा, लेकिन उसे मुझसे ज्यादा अमर की चाहत थी ! अक्का, ऐसी हैरान मत हो। खैर, मैंने अमर से कहा, 'अगर तुम चाहते हो कि हमारा बँगला इंडस्ट्री में सबसे अच्छा दिखे, तो जो रणजीत चाहता है वह करो।' फिर अमर के लिए यह कोई पहली बार तो था नहीं। मार्वे के मछुआरों और सेट्स पर काम करनेवाले चिकने लड़कों के बारे में उसकी कमजोरी को कौन नहीं जानता। तुम्हें उस खलनायक हनीफ की तो याद होगी—उसके साथ भी अमर का लंबा चक्कर चल चुका है। तो थोड़े में यह कहा जा सकता है कि अमर फौरन राजी हो गया और हमें रणजीत की सेवाएँ सस्ते में मिल गईं।'' सुधा ने पठानी तकिया-गिलाफोंवाले चाँदी के पुराने दुर्लभ झूले पर अपनी उँगलियाँ फिराते हुए ये सब बातें याद कीं।

अचानक आशा रानी एक बड़े से कुत्ते से टकरा गई। डर के मारे उसकी चीख निकल गई। सुधा ने कुत्ते को चुप कराया, ''हटो जैकसन, हटो !'' इस ग्रेट डेन कुत्ते के बड़े से सिर को सहलाते हुए उसने कहा, ''हमें सिक्योरिटी के लिए इसकी जरूरत होती है। इतने सारे प्रशंसक हैं न, उनमें से कुछ तो बिलकुल पागल होते हैं। दीवारें फाँदकर आ जाते हैं। एक बार तो आधी रात को एक पागल मेरे बेडरूम में घुसा मिला। उसने मुझसे कहा कि वह केवल मेरे ऑटोग्राफ लेने जालंधर से यहाँ आया है ! मैं तो इतनी डर गई थी कि चीख भी नहीं पाई।''

आशा रानी ने बात को ज्यादा अहमियत न देने की पूरी कोशिश करते हुए पूछा, ''सच ? तो, अमर कहाँ था ?'' ''अमर उस रात एक आउटडोर शूटिंग पर गया हुआ था,'' सुधा ने जवाब दिया।

''और आज ?'' आशा रानी ने पूछा।

''ओह, आज, वह शहर में तो है लेकिन यहाँ नहीं है। मैंने सोचा, जानती हो, मैं नहीं चाहती थी कि...''

''क्या नहीं चाहती थीं ? मुझे परेशानी में डालना ?''

''अक्का, प्लीज हम लड़ाई नहीं करें तो ठीक रहेगा। तुम जानती हो कि तुम्हारा यहाँ आना मेरे लिए कितनी अहमियत रखता है। मैं चाहती हूँ कि हम दोनों दोस्त बनकर रहें।''

''दोस्त ? हम दोस्त कैसे हो सकती हैं ? जबकि तुम वो सारी नफरत-भरी बातें कहती हो...और लिंडा को उन्हें छापने के लिए दे देती हो ?'' आशा रानी ने पलटकर गुस्से में जवाब दिया। वह यह भूल गई कि वह शांत रहने का प्रण करके यहाँ आई थी। ''तुमने मेरे पैसे चुरा लिए। मेरी फिल्में चुरा लीं। मेरा प्रेमी चुरा लिया। माता-पिता के

साथ बेरहमी से पेश आईं। आज तुम जिस मुकाम पर हो वहाँ पहुँचने के लिए तुमने हर किसी से झूठ बोला, धोखा और फरेब किया; और तुम दोस्त बनकर रहना चाहती हो !''

''अक्का, शांत हो जाओ। मैगजीन में छपा वह लेख...लिंडा ही तुम्हारे खिलाफ है। तुम गुस्सा क्यों हो रही हो और सारा दोष मेरे, अकेले मेरे मत्थे क्यों मढ़ रही हो ? तुम्हें नहीं पता, अम्मा ने तुम्हारे साथ क्या किया ? उसने तुम्हारे बारे में क्या-क्या नहीं बताया। क्या-क्या झूठ उसने मुझसे नहीं बुलवाए, ताकि मुझे तुम्हारे रोल मिल जाएँ। मैं छोटी थी। मासूम थी। तुम सोचती हो कि यह साजिश तुम्हारे खिलाफ मैंने की ? क्या मुझमें इतनी क्षमता है ? अम्मा ने ही अमर को मेरे ऊपर थोपा। उसने 'बॉबी' के उस गाने की तरह हम दोनों को एक कमरे में बंद कर दिया। मैं क्या कर सकती थी ? मुंबई में मर्द के नाम पर मैंने सबसे पहले उसे ही जाना। और सच कहूँ तो मैं भी उसकी तरफ आकर्षित थी। मैंने सोचा, 'अगर अक्का को अमर इतना अच्छा लगा तो जरूर उसमें कोई-न-कोई खूबी होगी।' अम्मा ने मुझे सेठजी के पास भी भेजा। लेकिन सेठजी ने मुझमें दिलचस्पी नहीं ली। और कुछ जानना चाहती हो ? जब अम्मा ने जे को देखा तो उसी रात मुझसे फोन पर कहा, 'वह बहुत खूबसूरत है ! उससे दोस्ती क्यों नहीं कर लेतीं ? अपने घर बुलाओ उसे।' दरअसल, उसने मुझसे जबरन जे को एक-दो बार फोन करवाया, जब तुम घर पर नहीं थीं। जे ने तुम्हें बताया नहीं ? अगर मेरी बात पर विश्वास न हो तो उसी से पूछ लेना। और तुम्हारा पति। पता नहीं मुझे तुम्हें बताना चाहिए या नहीं। मेरा मतलब है, मद्रास में मुहूर्त के मौके पर उसने मुझे कोई दुतकारा-शुतकारा नहीं था। मैंने उससे मजे में बातें की थीं। उसकी बातों से तो लगता था कि उसकी मुझमें काफी दिलचस्पी है, हालाँकि वह यही कहता रहा, 'अगर तुम्हारी बहन को पता चल गया तो मुझे मार डालेगी।' उसने तो यहाँ तक सुझाया कि वह न्यूजीलैंड वापसी के समय मुंबई होता हुआ जाएगा। लेकिन जो तारीखें उसने सुझाई थीं, किस्मत से उन तारीखों में अमर घर पर ही था, इसलिए मुझे उसे निराश करना पड़ा। मैंने कह दिया कि अमर को जलन हो सकती है। बस, मामला वहीं खत्म हो गया। इसलिए, तुम चिंता मत करो, कुछ नहीं हुआ। तुम सुनना चाहती थीं न कि सच क्या है, तो अब तुमने सुन लिया। चलो, चाय पीते हैं। मैंने तुम्हारे मनपसंद मेधू वड़ा बनाए हैं।''

आशा रानी काँप रही थी। उसकी समझ में नहीं आ रहा था कि यह सदमा था, गुस्सा था, कुंठा थी या अविश्वास ? यह मुमकिन नहीं है, उसने अपने मन में कहा। और कोई बात उसके लिए अहमियत नहीं रखती थी, और तमाम लोगों का विश्वासघात उसके लिए बेमानी था। लेकिन जे ! क्या सुधा सच कह रही है ? वह उसके साथ ऐसा कैसे कर सका ? और अगर उसने उसके सामने ही ऐसा किया था तो उसकी पीठ पीछे न्यूजीलैंड में वह क्या नहीं कर रहा होगा। वहाँ तो वह अकेला है। आशा रानी ठीक से कुछ नहीं सोच पाई। ऐसा कोई भी नहीं था जिससे बात करने का उसका मन करता। सुधा तो बिलकुल भी नहीं। वह उस पूरी शाम चुप रही। उसने बहुत कम बात की।

सुधा की फिल्मों पर चर्चा करती रही। आखिर वह अभिनेत्री यूँ ही नहीं थी। लेकिन, अंदर-ही-अंदर वह उतावली हो रही थी कि कब घर पहुँचे और जे को फोन करके उससे सच्चाई जानने की कोशिश करे। यह अम्मा थी या सुधा ? या दोनों ही ? आखिर उससे झूठ कौन बोल रहा है ? और क्यों ?

सारी शाम और देर रात तक भी फोन लाइनें व्यस्त रहीं। आशा रानी को नींद नहीं आई। सुधा की बातों ने उसका दिल छलनी कर दिया था। अब ऐसा कोई नहीं था, जिससे वह हमदर्दी की उम्मीद कर सके। आशा रानी ने महसूस किया कि सचमुच वह कितनी मित्रविहीन और अकेली है। उसने बाहर अंधकार में डूबे समुद्र को देखा और उसे धुंध के पार दूर मार्वे की रोशनियाँ टिमटिमाती दिखाई दीं। उसे साशा को गोद में लेने की हुड़क उठी। यह कमबख्त आपरेटर लाइन क्यों नहीं दे रही। वह अपने घर में चहलकदमी करने लगी और ऐसी कोई चीज, कोई भी चीज, ढूँढ़ने लगी जिससे उसे शांति मिले। उसकी नजर क्रिस्टल की उस शराब की बोतल पर पड़ी जो अक्षय ने उसे कभी दी थी। यह खूबसूरत थी, और जब इस पर रोशनी पड़कर छिटकती थी तो विशेष खूबसूरत लगती थी। क्यों नहीं ? उसने सोचा और एक घूँट भर लिया। बहुत खराब स्वाद था। इसमें रखी व्हिस्की कितनी पुरानी है ? यह तो खट्टी और भयंकर स्वादवाली स्कॉच भी नहीं है। उसे उबकाई-सी आ गई। अक्षय को तो सिंगल मॉल्ट पसंद आती थी। जे बीयर तक सीमित रहता था। अमर कुछ भी पी लेता था, घोड़े का मूत भी। हो सकता है, नौकरों ने स्कॉच खत्म कर ली हो और बोतल में पड़ोस की 'आंटी' से लेकर ठर्रा भर दी हो। और आंटी की अचानक याद आने पर वह हँस दी।

उसे याद आया, वह एक बार देर रात को अक्षय के साथ आंटी के गैरकानूनी ठर्रा अड्डे पर गई थी। उन्होंने आंटी से शराब माँगी थी। आंटी तो अपने छोटे से ठेके पर दो फिल्मी सितारों को देखकर गश ही खा गई थी। उसने फौरन दो गिलास और अपनी सबसे अच्छी 'नारंगी' पेश कर दी थी। यह 'नारंगी' तेज शराब थी जिसे फलों के छिलकों का खमीर उठाकर तैयार किया जाता था, और ये छिलके कूड़ा बीननेवालों के हाथों इकट्ठे होकर आंटी जैसे शराब खींचने वालों के पास पहुँचते थे। उस रात अक्षय और आशा रानी ने जमकर पी थी और फिर विशाल महिम मस्जिद के बाहर सड़क किनारे के छोटे से ढाबे पर कबाब और कलेजी की तलाश में निकल पड़े थे। उस समय कोई मेला चल रहा था और वहाँ की छोटी सी सड़क खुली छतवाले ढाबों से भरी हुई थी। इनमें तली शीरमाल से लेकर लकड़ी के कोयलों पर भुने पूरे-के-पूरे बकरे तक बिक रहे थे। उन्होंने छककर खाना खाया था और आखिर में बड़ी-बड़ी कढ़ाइयों से निकलते गरमागरम मालपुए खाए थे। "मैं चाहती हूँ कि कल शूटिंग के कपड़े पहनने के लायक रहूँ," आशा रानी ने खिलखिलाते हुए कहा था। अक्षय ने उसके पेट पर चिकोटी काटते हुए कहा था, "भूल जाओ। हम दोनों ही उड़ी मारकर लोनावाला चलते हैं।"

कितनी याद आती थी उसे अक्षय की, और उन शामों की जो उन्होंने साथ-साथ बिताई थीं। उसने एक और घूँट भरी और संगीत चला दिया। गुलाम अली का कैसिट था। जब वे जोरदार सेक्स के बाद थककर आराम से एक दूसरे की बाँहों में पड़ जाते थे, तो गुलाम अली की ही गजलें सुनते थे। उसने कैसिट को एकदम बंद कर दिया—और अपने आँसुओं को रोकने की कोशिश करने लगी।

वह निराश हो गई। फोन की घंटी बजने का इंतजार करना व्यर्थ था। अब उसका जे से सवाल-जवाब करने का भी मन नहीं हो रहा था। वह इस समय जिस हालत में थी, वह जानती थी कि सब गड़बड़ कर देगी। ऐसी बातें बोल देगी जिनके लिए बाद में उसे खुद पछताना पड़ेगा। जे से कुछ पूछने के बजाय उस पर दोष लगाना शुरू कर देगी। नहीं, वह बाद में ही फोन कर लेगी। अचानक ही उसने टेलीफोन के पास रखे कार्ड को उठा लिया और जोजो को फोन मिलाया।

जोजो आधा घंटा बाद आया। वह उतावला हो रहा था। "क्या तुम मुझे रिझाने के लिए नाच दिखाकर समय बरबाद करोगी या मैं सीधे-सीधे लोरियों पर आ जाऊँ ?" उसने शेखी से पूछा। "सीधे-सीधे !" आशा रानी ने अपने कमरे की तरफ इशारा करते हुए कहा।

दरवाजा बंद होने से पहले ही उसने अपनी टी-शर्ट उतार ली। बिलकुल व्यापारियों जैसा व्यवहार था उसका। फटाफट। अमरीकी पेशेवरों जैसा। उसने अपनी जींस भी उतार दी और उन्हें सलीके से तह करके रख दिया। सारे कपड़े उतारकर पलंग पर जम जाने के बाद उसने कमरे में निगाह दौड़ाई "बाप रे !" वह बोला, "कैसा भयानक कमरा है ! और यह गुलाबी रंग ! तभी तो तुम्हें नींद नहीं आती है !" आशा रानी भी अपने सारे कपड़े उतार चुकी थी और अब उसके बदन पर बस पैंटी रह गई थी। "मैं यहाँ तुम्हारे इतने पास हूँ और तुम्हें बस कमरे का रंग दिखाई दे रहा है। मामला क्या है ? कहीं भरी हुई सिगरेट-विगरेट तो नहीं लगा रखी ?" आशा रानी ने कहा। जोजो ने उसका हाथ पकड़कर अपने उत्तेजित अंग पर रख लिया, "यह सिगरेट काफी रहेगी तुम्हारे लिए ?"

उनके प्यार में सेक्स से पहले की कोई भी क्रीड़ा नहीं थी, न उन्होंने प्यार जताने को दो मीठे बोल कहे, न कोई छेड़खानी की, न कुछ और ही किया। दस मिनट में ही सब खलास हो गया, बल्कि शुरू होने से पहले ही खत्म हो गया। आशा रानी को बहुत मायूसी हुई। "बस ?" उसने होंठ बिचकाकर पूछा। जोजो ने एक सिगरेट जलाते हुए उदासीन भाव से कहा, "यह तो खाने से पहले की भूमिका है।"

"तो फिर असली खाने में कितनी देर लगेगी ?" आशा रानी ने पूछा। "इतना लालच मत करो। पहले भूख तो जगाओ," जोजो ने कहा और अपनी सिगरेट के कश लेने लगा। "इस गुलाबी मकान में एक प्यासे आदमी को तृप्त करने के लिए भी कुछ

है ? पेर्ये, पेर्नो, शैब्ली जैसी कोई चीज ?" उसने आशा रानी से पूछा। आशा रानी ने इतराते हुए कहा, "इस माहौल में तो गुलाबी जिन ही सबसे बढ़िया रहेगी।"

फिर जब वे पलंग पर लेटे थे तो आशा रानी ने उससे बातों ही बातों में अपना रोल बदलवाने की कोशिश की। "क्यों न मैं दूसरी औरत का रोल करूँ ?" उसने चहकते हुए सुझाव दिया, "तुम स्क्रिप्ट को थोड़ा सा बदल क्यों नहीं देते, जिससे कि वह कमसिन न रहे। मुझे निगेटिव रोल करने में कोई एतराज नहीं है, बशर्ते किरदार जवान हो।" जोजो ने उसके चूतड़ थपथपाते हुए कहा, "मेरे साथ चालबाजी करने की कोशिश मत करो, जानी ! मैं बाजार में इसलिए नहीं हूँ कि कोई भी मुझे चला ले। तुम वही रोल करोगी, या कोई भी नहीं। अगर इस वजह से तुम मेरे साथ सेक्स छोड़ना चाहती हो, तो इसी समय ऐसा कर सकती हो। झंझट की कोई बात ही नहीं है। लेकिन अपना यह तमाशा किसी और के लिए रहने दो।" आशा रानी को उसका यह ठंडा, भावनाहीन और यथार्थ पर आधारित व्यवहार अच्छा लगा। "तुम जीत गए," वह बोली, "बताओ कहाँ साइन करना है मुझे ?"

यह फिल्म आशा रानी के लिए भूल ही साबित हुई। फिल्म का ऐलान होने के बाद तो अखबारवालों ने उसके साथ बहुत बेरहमी दिखाई। पत्रकारों ने उसके पुराने फोटो ढूँढ़ निकाले और उसके इस फैसले का मखौल उड़ाया। "यह ठीक नहीं है," आशा रानी ने गुस्से में उबलते हुए किशनभाई से कहा, "ये लोग इतने क्रूर क्यों हो रहे हैं ? मैं तो अभी पचास की भी नहीं हुई। उस दूसरी औरत को देखो जो तलाकशुदा है और दो बच्चों की माँ है—वह तो हीरोइन के रोल कर रही है और किसी को कोई एतराज नहीं है। तो फिर मैं यह रोल क्यों नहीं कर सकती ?"

"यह सब उन लोगों के साथ ही होता है जो टॉप पर होते हैं। तुम्हारे पीछे तो लोग पागल थे, तुम कोई मामूली हीरोइन नहीं थीं, और फिर अपनी शोहरत की चोटी पर पहुँचकर तुमने सबको धोखा दे दिया और चली गईं। तुम्हारे प्रशंसकों को तुम्हारी वजह से निराशा हुई। तुम प्रशंसकों के साथ ऐसा नहीं कर सकतीं," किशनभाई ने उसे तसल्ली देने की कोशिश करते हुए कहा, "पत्रकारों को भी तुम्हारे कारण निराश होना पड़ा। वे गुस्से में हैं। वे तुम्हें सबक सिखाना चाहते हैं। तुम्हें उन सबको नजरअंदाज करके अपने रोल को बखूबी अंजाम देना चाहिए।

"लोग तो अस्थिर होते हैं। आज वे तुमसे नफरत करते हैं, कल वही लोग तुम्हें प्यार भी करने लगेंगे। इंडस्ट्री इसी नियम पर चलती है। इसीलिए तो इसे जुआरियों का धंधा कहा जाता है। क्या पता; अगर वापसी के बाद का तुम्हारा रोल जम गया तो तुम्हें दूसरे बेहतर रोल भी मिल सकते हैं। यह सब लोगों पर निर्भर करता है—स्वीकार करने वाले भी वही हैं, और अस्वीकार करनेवाले भी।

"आज गोपाल आया था—वही कमबख्त पिल्ला। वह पूछताछ कर रहा था। घटिया

किस्म की पूछताछ। कह रहा था, 'आशा रानी अब तो जमीन पर आ गई होगी। अब तो जरूर उसका घमंड चूर हो गया होगा।' वह कुछ गंदी बात कहना चाह रहा था, कोई फालतू बात। तुम समझ गई होगी मैं क्या कहना चाहता हूँ। जैसे तुम इतनी गई-बीती हो कि कॉल गर्ल बन गईं। मैंने उससे कह दिया कि भाड़ में जाओ। लेकिन उसका रुतबा जो है। आज इंडस्ट्री में उसका एक मुकाम है। अब वह पहलेवाला गोपाल नहीं है। वह तुमसे सीधे संपर्क करके तुम्हें अपनी प्राइवेट पार्टियों में ग्राहकों का मनोरंजन करने के लिए बुला सकता है। लेकिन होशियार रहना। आजकल उसका खतरनाक लोगों के साथ उठना-बैठना है। सारे गुंडे लोग उसके साथ हैं। अमरीशभाई भी उसके संपर्क में है। जहाँ तक मैं समझता हूँ, तुम अभिजित के बारे में तो जानती हो।''

''नहीं, मुझे उसके बारे में कुछ नहीं पता। मेरा तो उससे बिलकुल संपर्क टूट चुका है। कैसा है वह ?'' आशा रानी ने पूछा।

''अच्छा नहीं है। वह आवारा हो चुका है। अमरीशभाई ने क्या नहीं किया। सारी कोशिशें करके देख लीं, लेकिन अब वह पूरी तरह से बिगड़ चुका है। नशीली दवाएँ, औरतें, सब कुछ इस्तेमाल करता है वह। गोपाल और उसके गुंडों को इस काम के लिए भाड़े पर लगाया गया है कि वे उसे खुश रखें और उसकी हिफाजत करें। उसे किसी भी बड़ी मुश्किल में न पड़ने दें। उसकी जिंदगी पूरी तरह से इन्हीं लोगों के हाथ में है। यही लोग उसके लिए लड़कियों और नशीली दवाओं का इंतजाम करते हैं।''

''उसकी बीवी का क्या हुआ ?'' आशा रानी ने पूछा। ''उसकी तो डिलीवरी के समय जान जाते-जाते बची। मरा बच्चा पैदा हुआ था उसके। अमरीशभाई सारा समय उसके साथ रहे। अच्छे-से-अच्छे डॉक्टर को लगाया, अच्छे-से-अच्छा इलाज करवाया। उन्होंने तो उम्मीद ही छोड़ दी थी...लेकिन वह किसी तरह से बच गई। अब उसके पास दूसरा बेटा है, अनिकेत। अमरीशभाई तो उस पर जान छिड़कते हैं। अब अभिजित का नाम तो कट चुका है, इसलिए अनिकेत ही सारी जायदाद का वारिस होगा। ट्रस्ट-व्रस्ट सब उसी के नाम हो जाएगा।'' ''यह तो बड़ी मजेदार कहानी है। शायद मुझे कोशिश करके अभिजित से मिलना चाहिए,'' आशा रानी ने जैसे अपने आपसे कहा। किशनभाई के कान खड़े हो गए। ''मरना चाहती हो क्या ?'' वह बोला, ''अमरीशभाई तुम्हारा खून कर देंगे। उनके बेटे के पास मत जाना। वह हर बात के लिए तुम्हीं को दोषी ठहराते हैं। अपनी बहू की सेहत के लिए भी। बेचारी, उसे पता चल गया था कि तुम दोनों साथ निकल गए हो। उसी रात उसके खून जाने लगा। और जानती हो, उस समय वह मुंबई में भी नहीं थी। वे लोग उसे एक विशेष हेलीकॉप्टर में बीच कैंडी अस्पताल लेकर आए। उन्हें तो लग रहा था कि वह उसी रात चल बसेगी। बहुत घबरा गए थे सब। वह तो किसी तरह बच गई, लेकिन डॉक्टरों ने बताया कि वे बच्चे को नहीं बचा सके। अब वह अपना पूरा समय अमरीशभाई के दफ्तर में बिताती है। उन्होंने उसे अपनी दूसरी कंपनी का एक्जीक्यूटिव डायरेक्टर बना दिया है, जिसमें टेक्सटाइल मशीनरी बनती है। मजदूर उसे चाहते हैं। वह उनके लिए बहुत कुछ करती है। तो यह है उनकी जिंदगी।''

"लेकिन अभिजित रहता कहाँ है ?" आशा रानी ने उत्सुकता से पूछा। "उसे एक अलग हिस्सा दे दिया गया है। वहाँ पूरा बंदोबस्त रहता है, सिक्योरिटी वगैरह सब कुछ। उसकी नशे की लत छुड़ाने के लिए उसे चार-पाँच बार विदेश भेजा गया है। कुछ महीने तो वह ठीक-ठाक रहता है, पर फिर उसी गड्ढे में गिर जाता है। यही है उसकी जिंदगी।"

जे का फोन तीन दिन बाद जाकर मिला। इस बीच वह जोजो के साथ तीन बार सो चुकी थी। इसमें दोपहर को जल्दबाजी में दो बार किया गया सेक्स शामिल नहीं था। जब उसने दूसरी तरफ जे की चिंतित आवाज सुनी तो उसका गुस्सा काफूर हो गया। वैसे भी, जोजो के बाद उसने दिमागी तौर पर यह मान लिया था कि अब वे 'बराबर' हैं। जब जे को उसकी आवाज सुनाई पड़ी तो वह ऊँची आवाज में बोला, "साशा और मैं दोनों ही तुम्हें प्यार करते हैं और हमें तुम्हारी बहुत ज्यादा याद आती है। लेकिन चिंता मत करो। तुम बस लगी रहो और जो भी करना चाहती हो, करो। अप्पा और अम्मा कैसे हैं ?"

आशा रानी इसी मौके का तो इंतजार कर रही थी। वह बोली, "तुम मुझसे यह नहीं पूछोगे कि सुधा कैसी है ? आखिर वह भी तो हमारे परिवार की सदस्य है।" काफी देर की चुप्पी के बाद जे ने कहा, "हाँ, हाँ, क्यों नहीं, तुम्हारी बहन कैसी है ?" आशा रानी ने शब्दों को लगाम देनी चाही, लेकिन वे न चाहते हुए भी निकल ही पड़े, "मैं तो सोच रही थी कि तुम्हें पता होगा।"

"मुझे भला कैसे पता होगा ? कहीं तुम मुझसे कुछ कहना तो नहीं चाह रहीं ?" जे ने कहा।

"मुझे लगता है कि पहले तुम्हें मुझे कुछ बातों का जवाब देना होगा, जे डार्लिंग," आशा रानी ने कटाक्ष किया, "या मुझे ही सबसे बाद में बताया जाएगा ?"

"क्या बताया जाएगा ?" जे चिल्लाया।

"देखो, डार्लिंग हमें एक-दूसरे के साथ खेल नहीं करना चाहिए। मैं तुम्हारे मुँह से सुनना चाहती हूँ, और मुझे खरा जवाब चाहिए। क्या यह सही है कि तुमने मेरी बहन के साथ चक्कर चलाया ?" आशा रानी ने कहा।

"तुम पागल तो नहीं हो गई हो ?" जे फटने को हो आया, "मैं और सुधा ? तुम्हें हो क्या गया है ? तुम कहीं पी-पा तो नहीं रही थीं ? तुम्हारे दिमाग में ऐसा बेहूदा खयाल आया कैसे ?"

"उसी ने बताया मुझे," आशा रानी ने कहा। वह बिखरने लगी थी, "उसी ने कहा कि जब मैं मद्रास में थी तो तुमने और उसने मुंबई में मिलने का प्रोग्राम बनाया था, लेकिन वहाँ अमर के होने से बात बिगड़ गई ?"

"वह कुतिया झूठ बोल रही है ! सुधा झूठ बोल रही है। मुझे नहीं मालूम कि वह

ऐसा क्यों कर रही है। क्या पता वह तुम्हारा दिल दुखाना चाहती हो। लेकिन तुम उसकी बातों पर विश्वास मत करना। क्या तुम मुझ पर बस इतना ही विश्वास करती हो ? क्या तुम सचमुच मुझे इतना गया-गुजरा समझती हो कि मैं तुम्हारी ही बहन को लेकर तुम्हारे साथ धोखा करूँगा ? ये बेकार की बातें छोड़ो, डार्लिंग—मेरी तो बस तुम हो, और कोई नहीं है। तुम्हें मेरा विश्वास करना ही होगा। सुधा की बातों में आकर अपनी दिमागी शांति नष्ट मत करो। उसकी बातों को अनसुना कर दो, और अगर तुम चाहो तो मैं अगले महीने तुम्हारे पास आ सकता हूँ। साशा को बहुत अच्छा लगेगा,'' जे ने ईमानदारी के साथ कहा।

''कहाँ है वह ? सो रही है ? मैं उससे बात करना चाहती हूँ,'' आशा रानी ने कहा। वह रोने लगी थी।

''मम्मी, मुझे तुम्हारी जरूरत है। वापस आ जाओ। मुझे अपनी आया अच्छी नहीं लगती। वह तुम्हारी तरह नहीं है। मुझे उसके हाथ का खाना अच्छा नहीं लगता। मुझे कुछ भी अच्छा नहीं लगता !''

आशा रानी का दिल अपनी बिटिया के लिए मचल उठा। ''ओह मेरी बच्ची, मुझे बहुत अफसोस है, हम जल्दी ही मिलेंगे, लेकिन अगर तुम्हें तुम्हारी आया पसंद नहीं है तो डैडी से कहकर दूसरी आया क्यों नहीं रखवा लेतीं ?'' आशा रानी ने कहा तो साशा रोते हुए बोली, ''नहीं, वह दूसरी आया नहीं ला सकते। वह दूसरी आया नहीं लाएँगे। उन्हें आया अच्छी लगती है। उन्होंने खुद मुझसे कहा था। वे दोनों सारा समय साथ रहते हैं और मैं अकेली रहती हूँ। मम्मी, प्लीज आ जाओ न...'' साशा की बात पूरी नहीं हो पाई, क्योंकि जे अचानक फिर से फोन पर आ गया।

''बेचारी साशा ! वह सचमुच परेशान है। तुम तो जानती हो कि जब भी तुम्हारा फोन आता है तो उसका यही हाल होता है। वह पता नहीं क्या-क्या सोचने लगती है, पता नहीं क्या-क्या कहानियाँ गढ़ने लगती है। वह ठीक है। उसने अभी जो कुछ कहा है, उसका रत्ती-भर भी विश्वास मत करना। वह पढ़ाई में अच्छी हो गई है और पहले से अच्छी दिखती है। मैं तुम्हें उसकी कुछ तसवीरें भेजूँगा। हमारे लिए परेशान मत होना। अभी तुम्हें अपनी जिंदगी के बारे में ध्यान देने की जरूरत है। बताओ, तुमने वह नई फिल्म साइन की क्या ? वही जिसके बारे में पिछले हफ्ते तुम मुझे बता रही थीं ?'' जे ने कहा।

''हाँ, मैंने साइन कर ली। पिछले हफ्ते ही साइन की है,'' आशा रानी ने धीरे से कहा।

आशा रानी को साशा की बच्चों वाली साफगोई ने परेशान करके रख दिया था। उसकी बेटी एक होशियार बच्ची थी। शायद वह अभी बहुत छोटी थी और यह समझने लायक नहीं थी कि उसके डैडी और आया के बीच जो चल रहा था, उसके लिए उसका असल में क्या नतीजा हो सकता था। लेकिन जल्दी ही वह सब कुछ जानने-समझने लगेगी। आशा रानी उसे इस स्थिति से बचाना चाहती थी। आजकल उसका दिमाग शांत

नहीं था। जोजो एक किस्म का सेक्स पार्टनर-भर था। वह उसे सचमुच पसंद नहीं था। वह सेक्स को किसी चालू खेल की तरह लेता था। बिस्तर में उसका व्यवहार भी शिष्ट नहीं होता था, और वह उसके औरतोंवाले अहं की भी कोई परवाह नहीं करता था। उसने यह स्पष्ट कह दिया था कि वह तो जब और जैसे इच्छा होगी, उसका इस्तेमाल करेगा। ''सब कुछ मेरी शर्तों पर होगा, रानी !'' उसने कहा था, और आशा रानी को लगा था जैसे वह कोई जरूरतमंद, कुंठित और परित्यक्ता औरत हो। शूटिंग भी अभी शुरू नहीं हुई थी। उसके पास समय ही समय था और अप्पा भी एक बार फिर अपनी रहस्यमय, खामोश दुनिया में वापस सिमट गए थे।

बांद्रा की सड़कों पर आम दिनों की अपेक्षा ज्यादा भीड़-भाड़ थी। अरे हाँ, उसे याद आया, यह साल का खास मौका था—माउंट मेरी फेयर चल रहा होगा। उसने गोवा के अपने एक नौकर से पूछा, तो उसने भी यही बताया। अनायास ही उसने भीड़-भाड़ को झेलते हुए वहाँ जाने का फैसला कर लिया। मैडोना (कुँआरी मरियम) की एक झलक देख पाने के लिए एक खड़ी पहाड़ी पर गर्मी में चलना पड़ता था और हजारों भक्तों की धक्का-मुक्की झेलते हुए थका देनेवाली चढ़ाई के बाद उस भव्य चर्च में पहुँचा जा सकता था। महिम की नोवेना की तरह इस सालाना जलसे में भी सभी धर्मों के लोग आते थे। अपने सच्चे विश्वासियों को वरदान देने के मामले में माँ मरियम असाधारण रूप से उदार मानी जाती थीं। आशा रानी को सचमुच पता नहीं था कि वह माँ मरियम से क्या चाहती है—मन की शांति के अलावा।

बदले में वह माँ को क्या देगी ? और लोग तो मोमबत्तियाँ जलाते थे, फूल ले जाते थे, और मोम की आकृतियाँ तो चढ़ाते ही थे। इससे कोई फर्क नहीं पड़ता। आशा रानी तो बस अपने आपको भूलना चाहती थी, भले ही थोड़ी देर के लिए। वह चाहती थी कि वह फूलों को सूँघे और पिछले मोम से अपने शरीर को जलाए। वह यह भी चाहती थी कि जब भीड़ अपनी ही गति की ऊर्जा से संचालित आगे बढ़े और डंडा फटकारते हवलदार धीमे चलनेवालों को चलने के लिए कोंचें तो वह उनके पसीने से लथपथ शरीरों की धक्का-मुक्की को अपने शरीर पर महसूस करे।

उसने फुर्सत के क्षणों में पहनी जानेवाली पैंट पहनी, शर्ट उसके अंदर की और धूप का चश्मा लगा लिया। वह अभी घर से निकलने ही वाली थी कि फोन की घंटी बजी। उसे पता नहीं क्यों ऐसा लगा कि कोई बुरी खबर है। कौन हो सकता है ? जे ? साशा ? लेकिन फोन करनेवाले की आवाज सुनकर उसने राहत की साँस ली। न तो यह जे था और न ही साशा। फोन करनेवाले ने अपना नाम नहीं बताते हुए यह जरूरी संदेश दिया, 'अक्षय की हालत बहुत खराब है। उसे तुम्हारी दुआओं की जरूरत है। वह तुम्हारे ही बारे में पूछ रहा है। उसके लिए दुआ करना।' फोन रख दिया गया। वह चाहे जो भी था, उसने फोन काट दिया।

आशा रानी को अपना दिल बैठता-सा लगा। हे भगवान ! तो बात यह थी ! वह जब से लंदन से लौटी थी, उसने अक्षय के बारे में सोचना मुल्तवी कर रखा था। वह यह नहीं सोचना चाहती थी कि वह किस हाल से गुजर रहा है। उसने यह मानने से इनकार कर दिया था कि वह अब कभी ठीक नहीं होगा; और अब यह फोन आया था। यह तो अशुभ है। शर्ट के अंदर उसका शरीर काँप गया और उसके हाथों के रोएँ खड़े हो गए। अगर फोन करनेवाले ने आधा मिनट की भी देर कर दी होती तो वह उसे नहीं मिल पाती। एक मिनट की भी देरी किए बिना, वह घर से बाहर भाग ली। अब उसे पता था कि माँ मरियम से क्या माँगना है।

जब वह बाहर थी, इस दौरान बांद्रा इतना बदल गया था कि अब उसके लिए इसकी छोटी-छोटी, भूलभुलैया गलियों में रास्ता ढूँढ़ना मुश्किल हो गया। वह बदहवास हालत में कार को अनजान गलियों में घुमाती रही और इधर अक्षय की खबर उसके दिमाग में बैठने लगी। हर जाना-पहचाना नुक्कड़ या तो किसी कपड़े की दुकान या रेस्त्राँ में बदल गया था, जैसे यहाँ के लोग बस खरीदारी करने और भकोसने के लिए जीते हों। शायद वे सचमुच इसीलिए जीते थे।

आशा रानी की कार माँ मरियम की ओर रेंगती रही। मछुआरों की छोटी सी बिरादरी जैसे-तैसे अपनी जायदाद पर डटे रहने में कामयाब रही थी, हालाँकि बड़े-बड़े मक्कार बिल्डरों ने इसे भी उसी तरह हड़पने की कोशिश की थी, जैसे उन्होंने बाकी बांद्रा को हड़प लिया था। पहले के छोटे-छोटे बँगलों में से अब बहुत ही कम बाकी बचे थे। आशा रानी को याद आया, उसने अक्षय से कहा था कि उन्हें भी ऐसा ही एक खूबसूरत बँगला खरीद लेना चाहिए, जिसके सामने के बगीचे में गुलाब की झाड़ियाँ हों और पिछवाड़े सब्जी का खेत, और उसे अपना गुप्त अड्डा बना लें। अक्षय ने इस पर हँसते हुए कहा था, 'मान लो कि खरीद लिया। अगले जन्मदिन पर तुम्हें तोहफे में मिल जाएगा।' और उन्होंने मजाक-मजाक में एक बँगला छाँट भी लिया था–'मों रपो'। खपरैलोंवाले इस बँगले की जगह अब एक भद्दी-सी गगनचुंबी इमारत खड़ी थी। वहाँ हर जगह कपड़े टँगे हुए थे। जहाँ भी थोड़ी-सी जगह मिल सकती थी, कपड़े टाँग दिए गए थे। यहाँ तक कि बाहर पेड़ों पर भी कपड़े टँगे हुए थे। वह यह दृश्य देखकर सम्मोहित हो गई। रात में, नियोन रोशनियाँ बुझने से पहले, पेड़ों की नीची डालियों पर हैंगरों में टँगे ये कपड़े समुद्री हवा में इस तरह हिलते-फड़फड़ाते थे, जैसे नर-कंकाल मौत का तांडव कर रहे हों, या ये डिस्को में झूमते सायों की तरह लगते थे–यह सब आपके मूड पर निर्भर करता था।

आज तो उसका ध्यान 'अंजुसान', 'बड़ा साब', 'रिच बिच' और 'फर्स्ट लेडी' जैसे नामोंवाली आधुनिक कपड़ों की दुकानों पर नहीं जमा। वहाँ ब्यूटी पार्लर थे, केक और बिस्कुटों की दुकानें थीं, वीडियो लायब्रेरीज थीं, और 'सैन रेमो', 'हवाई', 'सी-गल', 'सी-

विंड' और ऐसे ही आकर्षक नामवाले दूसरे गगनचुंबी एपार्टमेंट भी थे। उसने सी-रॉक होटल की तरफ देखा, जो हाल ही में हलचल का केंद्र बन गया था। अब जुहू की उन पुरानी जगहों की शान का जमाना नहीं रह गया था। सन-एन-सैड में अब वहाँ के बँधे ग्राहकों के अलावा और कोई नहीं जाता था। सारी बड़ी पार्टियों और बड़े नामों के लिए अब सी-रॉक को ही पसंद किया जाता था। साउथ से आनेवाली नई स्टार श्रीललिता, जिसने सुधा को होड़ दे रखी थी, इसी होटल में स्थायी तौर पर रह रही थी। उसी तरह, साउथ का अक्षय यानी कृष्णकांत भी वहीं रह रहा था। प्रेमी जोड़ों को शरण देनेवाला वह पथरीला समुद्र तट अब भी वहाँ था, और वहाँ इक्का-दुक्का जोड़ों को चट्टानों के बीच गले मिलते देख आशा रानी को अपना मन उछाह लेता महसूस हुआ।

जब वह चर्च के पास पहुँची तो उसे कार को बहुत ही धीमा कर देना पड़ा। पैदल भक्तगण उसकी रेंगती कार के पिछले शीशे पर ठकठक करते जा रहे थे। हालाँकि आशा रानी को पता था कि उस शाम वह कुँआरी मरियम से क्या माँगने जा रही है, पर उसे यह भी पता था कि उसकी मनोकामना पूरी नहीं होगी। अब उसके लिए बहुत देर हो चुकी थी।

बाद में उसे पता चला कि अक्षय की मौत लगभग उसी समय (वह तो यह विश्वास करना चाहती थी कि ठीक उसी क्षण) हुई थी, जब वह माँ की मुख्य वेदी के सामने खड़ी उसकी जिंदगी के लिए पूरे मन से दुआ माँग रही थी।

अक्षय की मौत को उस जैसे बड़े हीरो की मौत की तरह ही लिया गया। दैनिक अखबारों में पूरे-के-पूरे मुखपृष्ठ उसकी मौत के शोक संदेशों से भरे रहे। दूरदर्शन के समाचार बुलेटिन में उसकी मौत की खबर के लिए साठ सैकिंड का समय तो दिया ही गया, साथ में इंडस्ट्री के लोगों की प्रतिक्रिया के लिए साठ सैकिंड और दिए गए। उसके साथी कलाकारों ने जहाँ उसके बारे में वही घिसी-पिटी बातें कहीं, वहीं उसकी हीरोइनें पल्लू में मुँह देकर खूबसूरत ढंग से रोईं। मुख्यमंत्री ने भी अपने शोक संदेश में वही बँधी-बँधाई बात कही, 'अक्षय अरोड़ा की मृत्यु से फिल्म उद्योग को अत्यधिक क्षति हुई है।' प्रधानमंत्री ने अपने संदेश में कहा, 'दुख की इस घड़ी में हम अपनी हार्दिक संवेदना उनकी शोकग्रस्त विधवा श्रीमती मालिनी अरोड़ा और उनके परिवार के अन्य सदस्यों के प्रति व्यक्त करते हैं।'

अपने बेडरूम में टी.वी. पर अक्षय की अंतिम क्रिया को देखती हुई आशा रानी कटुता के साथ मुसकरा रही थी। दूसरी औरत को सांत्वना देने की बात कोई नहीं सोचता। उसके साथ किसी की हमदर्दी नहीं होती। मौत के समय भी नहीं होती।

अक्षय को उसने उस तरह से जाना था, जैसे किसी और ने नहीं जाना था, लेकिन आज एक भी व्यक्ति ने फोन करके उससे यह नहीं पूछा कि उसे यह दुख-भरी खबर सुनकर कैसा लगा। वह तो अक्षय की मौत में भी वही रही जो उसकी जिंदगी में

थी—यानी एक ऐसी औरत जिसकी कोई हैसियत नहीं थी। वह तो एक नाचीज साया थी। वह भी कैसी बेवकूफ है, उसने अपने मन में सोचा। कोई भला उससे हमदर्दी जताने क्यों आएगा ? और फिर वह हँसने लगी।

वह किस बात का शोक मना रही है ? किसी को मृत्युदेव से कहना चाहिए कि वह उसे तो इस मनोव्यथा से, अपार नुकसान के इस बोध से अछूता रखता। आखिर अक्षय उसका लगता कौन था ? क्योंकि दुनिया की नजरों में अगर वह उसका पति नहीं था, तो फिर कुछ भी नहीं था। उनकी घनिष्ठता, एक-दूसरे का होने का उनका बोध, उनकी अनूठी कीमियागीरी, इन सबमें किसी की कोई दिलचस्पी नहीं थी। उसका जो हिस्सा अक्षय के साथ प्रतिक्रिया करता था, वह उसका वह हिस्सा था जिसे केवल अक्षय ने ही छाँटकर निकाला था। अब यह हिस्सा अक्षय के साथ ही मर गया था और किसी को इससे कोई सरोकार भी नहीं होना चाहिए, क्योंकि यह उसका ऐसा पहलू था जिसके वजूद के बारे में किसी को पता नहीं।

अक्षय के मरने के कोई पंद्रह दिन बाद सुबह-सुबह तीन बजे आशा रानी के दरवाजे की घंटी बजी। काफी देर तक तो उसे आवाज सुनाई ही नहीं दी। आखिर में, किसी ने उसके गुलाबी दरवाजे को लगातार पीटा तो वह जाग गई। दरवाजा अप्पा की रात की ड्यूटी देनेवाली नर्स ने थपथपाया था। वह बहुत डरी हुई थी। "मैडम, बाहर कुछ लोग हैं। मैं दरवाजा नहीं खोलना चाहती थी, लेकिन...लेकिन..." वह अपनी बात पूरी भी नहीं कर पाई थी कि तीन हट्टे-कट्टे आदमी उसे धक्का देते हुए वहाँ आ धमके और पूछने लगे, "कहाँ है वह कुत्ता ?" उसने एक चादर घसीटकर अपने बदन को ढँका और बोली, "कौन सा कुत्ता ? इधर कोई नहीं है।"

तीनों आदमी अंदर घुस आए और उसके कमरे की तलाशी लेने लगे। उन्होंने पलंग के नीचे झाँककर देखा, उसकी आलमारी खोलकर देखी और बाथरूम में भी देखा। उनमें से एक ने बाकी दो से कहा कि वे पूरा घर छान मारें। आशा रानी डर के मारे जड़ हो गई। लेकिन वह जानती थी कि उसे कुछ-न-कुछ तो करना ही होगा। उसने उस आदमी की नजर बचाने की पूरी कोशिश करते हुए अपनी वह दराज खोलनी चाही, जिसमें उसने अपना रिवाल्वर छिपाकर रखा था। उसकी निगरानी कर रहा वह आदमी उसकी तरफ झपटा। आशा रानी ने उसके चाकू के चमकते फल को ऐन मौके पर देख लिया और गोता लगा गई। चाकू उसके हाथ में लगा, लेकिन जख्म गहरा नहीं हुआ। उस आदमी ने आशा रानी के बाल पकड़ लिए और उसे पलंग से नीचे घसीट लिया। तब तक हाथापाई से चौकन्ने होकर उसके बाकी दो साथी भी वहाँ आ चुके थे। जिस आदमी ने आशा रानी को पकड़ रखा था, वह बोला, "जोजो साब की मेमसाब ने इस संदेश के साथ अपना सलाम भेजा है, जोजो से मीलों दूर रहना—नहीं तो अगली बार मैं तुम्हारी टाँगें चीरकर तुम्हारी योनि काट डालूँगी।" फिर उसने अपनी डेनिम की जैकिट

में हाथ डालकर एक छोटी सी बोतल निकाली। "तेजाब है," वह बोला, "थोबड़े के लिए।"

तभी अप्पा अपनी व्हीलचेयर में उसके दरवाजे पर आ गए। आशा रानी चिल्लाई, "अप्पा, तुम यहाँ क्या कर रहे हो ? अपने कमरे में लौट जाओ।" उन आदमियों ने व्हीलचेयर के साथ धक्का-मुक्की की और मखौल करते हुए कहा, "साला बुड्ढा—हमें अपनी बेटी के टुकड़े करते देखेगा क्या ? वह तो चुड़ैल है, भूतनी है जो दूसरी औरतों के आदमियों को खा जाती है ! यह तो पहले ही एक आदमी को मार चुकी है और हमारी भाभीजी को विधवा बना चुकी है ! अब वह एक और शिकार का खून करना चाहती है !"

"पुलिस के पास जाने की बेवकूफी मत करना," उन्होंने आतंकित अप्पा से कहा, "अगर तुमने कोई चालाकी करने की कोशिश की, तो हम तुम्हारी बेटी को मार डालेंगे। हमें यह तो पता चल ही जाएगा कि वह कहाँ है और हमें दुनिया के छोर तक भी जाना पड़े तो भी हम उसे ढूँढ़ निकालेंगे। नीलम मेमसाब तो करोड़पति हैं। पैसे की कोई कमी ही नहीं है।" फिर बड़े नाटकीय अंदाज में उनके सरगना ने अपनी जैकिट के अंदर से कुछ कागज निकाले और आशा रानी को दिखाते हुए बोला, "तुम्हारा कांट्रैक्ट, खत्म !" फिर उसने एक लाइटर निकालकर इन्हें जलाया और आशा रानी के ऊपर फेंक दिया। वह कूदकर पीछे हट गई और जलते हुए कागज उसके सिंथेटिक गलीचे पर गिरे। गलीचे में आग लग गई। नर्स भाग चुकी थी। अम्मा मद्रास में थी और नौकर का कमरा बहुत दूर था। उन गुंडों को रोकने वाला कोई नहीं था। वे आराम से निकल गए।

उनके चले जाने के बाद ही आशा रानी को सुध आई और वह अप्पा को व्हीलचेयर में ही लेकर बाहर की ओर लपकी। "आग," बाहर आकर वह चिल्लाई, "अरे कोई बचाओ !"

अप्पा को लेकर वह सूनी सड़क पर दौड़ रही थी। इस सदमे से उसके हाथ-पाँव फूल गए थे। उसे अप्पा का खयाल आया—हे भगवान् ! क्या ये इस सदमे को बरदाश्त कर पाएँगे ? वह बहुत डरे हुए और हैरान दिख रहे थे। और आशा रानी को घूरे जा रहे थे। उनकी आँखें डर से फट रही थीं। हे भगवान्, कहीं से एक कार भेज दो। उन्हें इस समय तुरंत इसी की जरूरत थी। तभी उसे पुलिस के साइरन की आवाज सुनाई दी। वह उनके सामने नहीं पड़ना चाहती थी। कौन पुलिस को सारी बातों की सफाई देता फिरेगा, कौन उलटे-सीधे फॉर्म भरेगा, और कौन उनके अपमानित करनेवाले लाखों सवालों का जवाब देगा। उसने अप्पा की व्हीलचेयर पकड़ी और उसे तेजी से धकेलती हुई रात के अँधेरे में गायब हो गई।

जब वह भागते-भागते पस्त हो गई और उसके लिए एक कदम बढ़ाना भी मुश्किल हो गया, तो उसने व्हीलचेयर को नुक्कड़ पर रोक दिया और फुटपाथ पर बैठकर हाथों में अपना मुँह ढँक लिया और बेतहाशा रो पड़ी। अप्पा की उँगलियाँ उसके उलझे बालों में थीं। "रोना मत, विजी," वह बुदबुदाए, "हम कोई-न-कोई रास्ता निकाल लेंगे,

विश्वास रखो। ईश्वर में विश्वास रखो।" आशा रानी ने मुड़कर अप्पा की तरफ देखा। "ईश्वर ! क्या किया है उसने मेरे लिए, हुँह ? या तुमने ? या अम्मा ने ? या हममें से किसी ने भी ? हम खत्म हो गए अप्पा, हमारे परिवार पर किसी का शाप है। खत्म हो गए हम !" वह बोली। वे अभी उसी फुटपाथ पर बैठे थे और उनींदी मुंबई पर आहिस्ता-से भोर की आहट हो रही थी, जब एक कार उनके पास आकर रुकी। कार में बांद्रा के कुछ किशोर थे, जो देर रात की किसी पार्टी से लौट रहे थे। वे मस्ती में चूर थे। लड़के ने आशा रानी को देखा और हिचकी लेते हुए बोला, "जीजस ! यह तो आशा रानी जैसी लगती है !" इस पर दूसरे लड़कों ने भी नशे में झूमते हुए उसे देखा। "यह हो ही नहीं सकता," उनमें से एक बड़बड़ाया, "चलो, पुलिस आने से पहले यहाँ से निकल लो।" वे चलने ही वाले थे कि आशा रानी ने उन्हें रोक लिया। "मेहरबानी करके हमें सी-रॉक तक छोड़ दो," उसने गिड़गिड़ाते हुए उनसे कहा, "बस पास ही में है—दो ही मिनट का तो रास्ता है।" लड़कों ने न चाहते हुए भी अप्पा की व्हीलचेयर को समेटा और पहले से ही ठुँसी कार में उन दोनों को घुसेड़ दिया।

आशा रानी ने अप्पा के साथ होटल-सी रॉक में शरण ली और किशनभाई को फोन मिलाया। सुधा से बात करने या और किसी से कुछ भी बताने का उसका मन नहीं हो रहा था। पहले उसे कुछ दुनियादारी के मसले निपटाने थे। उसे तो यह भी पता नहीं था कि जायदाद के कागजात कहाँ थे और मकान का बीमा भी हुआ था या नहीं। किशनभाई से बात करने पर पता चला कि उसे भी इस बारे में कोई जानकारी नहीं है। उसने अस्पष्ट तौर पर यह जरूर बताया कि मकान की खरीदारी क्योंकि अमीरचंद के जरिए हुई थी, इसलिए कागजात उसी के पास होने चाहिए। जब आशा रानी ने सेठजी को फोन किया तो वह फोन पर खुद नहीं आए, बल्कि अपने एक गुंडे से कहलवाया कि वह खुद उनसे आकर मिले। तुरंत।

पाँच साल के बाद यह उनकी पहली मुलाकात थी। सबसे पहले आशा रानी ने यह गौर किया कि सेठजी बहुत तेजी से बूढ़े हो गए हैं। वह कमजोर दिखाई दे रहे थे और लगता था कि उनकी कमर भी झुक गई है। जैसे वह जिस्मानी तौर पर सिकुड़ गए हों। वह अपने सीने पर हाथ मारते हुए कुड़कुड़ाए, "दमा है। मेरी जान लिए ले रहा है।" आशा रानी ने हमेशा की तरह आदर के साथ झुककर उनके पैर छुए। "प्रॉब्लम क्या है ?" सेठजी ने पूछा। आशा रानी ने उन्हें सारी बात बता दी।

सेठजी अपना सिर हिलाने लगे, "तुम्हें कभी अक्ल नहीं आएगी। हमेशा गलत आदमियों के साथ कोई-न-कोई लफड़ा पाल लेती हो। पहले वह अमर था, या अक्षय ? फिर वह अमरीशभाई का बच्चा। मैंने तो सोचा था कि शादी के बाद तुम बस जाओगी। कुछ अक्ल आ जाएगी तुम्हें। तुम आखिर अपनी जिंदगी का कर क्या रही हो ? मैं तो अब बूढ़ा हो गया हूँ। मेरे गुंडे भी बूढ़े हो गए हैं। अंडरवर्ल्ड भी अब वह नहीं रहा जो

पहले हुआ करता था। इसमें कोई इज्जत नहीं रह गई है। पुराने कायदे-कानून खत्म हो चुके हैं। सारे नियम टूट गए हैं। अब कोई किसी की परवाह नहीं करता। किसी को यह भी नहीं पता कि रंग किसका चल रहा है। पहले तो खास-खास पाँच-एक गैंग होते थे और सारा धंधा ईमानदारी के साथ उन्हीं के बीच बँटा होता था। अब सबको छूट है। नए गैंग आते हैं और पुरानों को मारकर उनका धंधा हथिया लेते हैं। राजनीतिज्ञों का रुतबा खत्म हो चुका है। गुंडों को हमारी इतनी जरूरत नहीं होती, जितनी हमें उनकी होती है। समझ रही हो न ? उनके बिना हम इलेक्शन नहीं लड़ सकते। वही लोग हमें बताते हैं कि कब क्या करना है। खैर, तुम्हारे लिए मेरी सलाह यही है कि यहाँ से निकल जाओ। अपने पति और बच्ची के पास लौट जाओ। यहाँ तुम्हारे लिए अब कुछ नहीं है। तुम्हारा जमाना बीत गया। अब कोई तुम्हें रोल नहीं देगा। मार्केट बदल चुकी है। लोगों को नई चिड़ियाएँ चाहिए, बच्चोंवाली शादीशुदा औरतें नहीं। अगर मुझसे पूछो तो, अपनी बेटी के थोड़ी सी बड़ी होने का इंतजार करो। दस साल रुक जाओ और फिर उसे स्टार बना देना। एक शानदार स्टार।''

आशा रानी ने सेठजी की पूरी बात सुनी। उनकी बातें क्रूर थीं, लेकिन थीं बिलकुल सही। उसने उसी समय फैसला कर लिया कि पहले वह मद्रास की फ्लाइट पकड़ेगी और अप्पा को अम्मा की देखरेख में छोड़ेगी। फिर वह अपने घर जाने का कार्यक्रम बनाएगी।

आशा रानी मद्रास पहुँची तो और भी बुरी खबर उसका इंतजार कर रही थी। अम्मा केवल अवसाद की शिकार नहीं थी, उसे डॉक्टरी मदद की जरूरत थी। आशा रानी की हिम्मत टूट गई। डॉक्टरों का कहना था कि यह नर्वस ब्रेकडाउन का मामला है और अम्मा को अस्पताल में भर्ती कराए जाने की जरूरत है। ''भूल जाओ,'' आशा रानी ने कहा, ''मेरे पैसे खत्म हुए जा रहे हैं। इसके अलावा मैं दो लोगों के बीच भागदौड़ नहीं कर पाऊँगी। घर पर व्हीलचेयर से लगा एक मरीज है तो उधर अस्पताल में यह उन्मादी औरत होगी।'' केवल लक्ष्मी का बरताव सहारा और मदद देनेवाला रहा। उसने आशा रानी को भरोसा दिलाया कि घर का सारा काम-काज वह खुद सँभाल लेगी और आशा रानी बाहर के काम निपटाने के लिए आजाद होगी। आखिर में, आशा रानी ने सेठजी को फोन करके कह दिया कि वह उसका मुंबईवाला मकान या तो किराए पर उठा दें या बेच दें। उसने उनसे कहा कि उसे पैसों की जरूरत है। सेठजी ने उससे कहा कि वह जल्दबाजी न करे और उसे जितने भी पैसे चाहिए, उनसे ले ले। उन्होंने कहा कि वह अपना मकान बेचने के बारे में कुछ और सोचे। फिर अगर वह बेचने का ही फैसला करेगी तो वह जरूर इस मामले में उसकी मदद करेंगे। सेठजी की दरियादिली ने आशा रानी के दिल को छू लिया और वह उनकी कृतज्ञ हो गई।

सुधा की इस बात ने सबको हैरान किया कि उसने किसी को फोन तक करने की जरूरत नहीं समझी। मानो उसका तो कोई परिवार था ही नहीं। आशा रानी इतनी

अधिक व्यस्त थी कि उसके पास सुधा के बारे में परेशान होने की फुर्सत ही नहीं थी, लेकिन उसके मन में कड़वाहट तो थी ही। सुधा ने तो अपना मतलब निकाल लिया था और अब उसे अपने परिवार की जरूरत नहीं रह गई थी।

उसका मन कहता था कि काश, जे यहाँ होता। जे नहीं, तो कोई और मर्द होता। वह मर्दों पर अपनी निर्भरता को स्वीकार करने से चिढ़ती थी, लेकिन ऐसे मौकों पर मर्द ही काम आते थे। उसे निश्चित तौर पर यह भी पता नहीं था कि वह जे के पास सचमुच जाना भी चाहती है या नहीं। हाँ, साशा के पास वह जरूर जाना चाहती थी। लेकिन जे के पास ? क्या उसने कभी जे को प्यार भी किया है ? जे तो उसके लिए बच निकलने का एक रास्ता-भर था। शायद खुद जे को भी शुरू से यह पता था। शायद आशा रानी भी जे के लिए बच निकलने का रास्ता बनकर आई थी।

आशा रानी के पास काफी समय था, जिसमें वह अपनी शादी के बारे में सोच सकती थी और उसका विश्लेषण भी कर सकती थी। उसमें यह स्वीकार करने की तो ईमानदारी थी कि उसने जे के साथ जो साल बिताए थे, उतने अच्छे दिन वह किसी फिल्मी आदमी के साथ रहकर नहीं काट सकती थी। या किसी भी हिंदुस्तानी आदमी के साथ। फिल्मी आदमी तो दुनिया के सबसे खराब पति थे। लेकिन उनकी बीवियों में चूँ करने की हिम्मत नहीं थी। कितनी ही बार उसे सिसकियों में डूबी चोट पहुँचाकर मजा लेने, मानसिक यातना, मारपीट और अपमानित करने की कहानियाँ सुनने को मिली थीं। उसे याद आया, एक छोटे-मोटे अभिनेता की पत्नी ने उसे बताया था, "बस ये सारे जवाँ मर्द एक-से होते हैं। एक फिल्म हिट हुई नहीं कि ये अपने आपको सुपरमैन समझने लगते हैं। मेरा आदमी अच्छा शरीफ था, लेकिन फिर उसकी वह फिल्म हिट क्या हुई ! उसकी ऐंठ देखतीं तुम, कैसे भाव देने लगा था। एक दिन वह शूटिंग से घर लौटा तो मैंने यूँ ही मजाक में उससे पूछ लिया, 'तो आज कितनी हीरोइनों का बिस्तर गरम किया ?' उसने आव देखा न ताव, मुझे एक थप्पड़ रसीद कर दिया और चिल्लाकर बोला, 'कमबख्त कुतिया ! मुझसे इस तरह से बात करने की तुम्हारी हिम्मत कैसे हुई ? तुम्हें पता है मैं कौन हूँ ? पूरी इंडस्ट्री मेरे कदमों में है। औरंगाबाद में मेरे प्रशंसकों का एक क्लब है। और तुम, तुम क्या हो ? कुछ नहीं। आइंदा अपनी जबान पर लगाम देकर रखना, समझीं ? नहीं तो अपना सामान उठाओ और दफा हो जाओ।' उसने इतनी नफरत में भरकर यह सब कहा कि मुझे तो विश्वास ही नहीं हुआ। मैं तो दंग रह गई। चुप रह गई मैं। फिर मैंने कहा, 'मैं क्या इस घर की नौकरानी हूँ कि तुम जब चाहो मुझे निकाल दोगे ?' उसने मेरी तरफ देखकर थूका और बोला, 'नौकरानी नहीं तो और क्या है तू ?' मेरे दोनों छोटे बच्चों ने यह सब सुना तो वे डर के मारे चिल्लाने लगे। 'मैं तुम्हारे बच्चों की माँ नहीं हूँ क्या ?' मैंने उससे पूछा तो उसने जवाब दिया, 'आज से तुम्हारी इस घर में यही हैसियत है। तुम एक ऊँचा दर्जा हासिल की हुई आया हो। और याद रहे, यह मेरा मकान है। मैं अपनी मेहनत की कमाई से इसके सारे बिलों का भुगतान करता हूँ। अगर यह अनुबंध तुम्हें सही नहीं लगता, तो चली जाओ। किसी

और के घर डेरा डालो।' वह तो किस्मत से मेरे माता-पिता थे, और उन्होंने अपने घर से मुझे बाहर नहीं निकाला। मैं अपने बच्चों को लेकर उसी रात उनके पास चली गई। उसने तो यह तक पता लगाने का कष्ट नहीं किया कि उसके बीवी-बच्चे कहाँ चले गए और वे कैसे अपना गुजारा करेंगे। मैंने सिले-सिलाए कपड़ों की एक दुकान में नौकरी कर ली है और जैसे-तैसे अपना काम चला लेती हूँ। वह पियक्कड़ हो गया है और अब उसके हाथ में एक भी फिल्म नहीं है। उस हरामी के साथ यह तो ठीक ही हुआ।''

आशा रानी की कहानी भी इससे कोई अलग न होती। पहले तो उसे 'शादी की खातिर' अपना कैरियर छोड़ना होता, और फिर उसकी जिंदगी में हीरो बनकर आनेवाला मर्द जल्दी ही खलनायक बन जाता। उसने ऐसी कितनी ही मिसालें देखी थीं, जहाँ रुतबे और कामयाबी के घमंड में चूर आदमियों ने अपनी बीवियों के साथ ऐसा बरताव किया, जैसे वे इस्तेमाल के बाद फेंक दी जानेवाली जिंस हों। वह यह सोचकर हैरान होती थी कि आखिर ये मर्द शादी करते ही क्यों हैं। अक्षय ने भी शादी क्यों की थी ? ''हैसियत, इज्जत और स्वीकार किए जाने योग्य बनने के लिए,'' किशनभाई ने एक बार उसे बताया था, ''किसी भी लाइन में कामयाब मर्द को एक शानदार घर की जरूरत होती है। उसकी देखभाल के लिए एक अदद बीवी की जरूरत होती है। उसे दो प्यारे-प्यारे बच्चे चाहिए होते हैं—एक लड़का और एक लड़की। और चाहिए होते हैं दूसरे घरेलू साज-सामान।''

जितना बड़ा हीरो होगा, उतनी ही ज्यादा दुखी उसकी बीवी होगी, आशा रानी ने मजा लेते हुए सोचा। दरअसल, उसकी अपने पति से मुलाकात ही मुश्किल से हो पाती है। कुछ बीवियाँ तो अपने स्टार पतियों से हफ्ते के आखिरी दिनों में आउटडोर लोकेशन पर मिलती हैं। लेकिन इससे बेचारी हीरोइन तो बँध जाती है, जबकि हीरो तनाव में आ जाता है। इसलिए इन बीवियों को उनकी गुमनामी से तभी निकाला जाता है, जब प्रीमियर, फिल्म समारोह या ऐसा ही कोई 'खास' जलसा होता है, जिसमें समाज की परंपराओं को निभाना जरूरी होता है। तब उससे आशा की जाती है कि वह इंडस्ट्री में अपने पति की हैसियत के मुताबिक बरताव करेगी और अपने पति की स्थिति का खयाल रखते हुए ही लोगों से पेश आएगी। ऐसे मौकों पर छोटे-छोटे लोगों के लिए उसे मुँह बंद रखकर मुसकराना होता है। बड़ी हस्तियों को फर्शी सलाम ठोंकने होते हैं और मामूली लोगों की ओर ऐसे देखना होता है, जैसे उनमें उसकी कोई दिलचस्पी ही नहीं है।

आशा रानी अपने कैरियर के अलग-अलग मुकामों के बारे में याद कर काँप उठी। उसे खासकर उस समय के अनुभव याद आए जब उसकी कोई पहचान नहीं थी, जब वह इंडस्ट्री में कोई खास ऐक्स्ट्रा भी नहीं होती थी। पर जब वह स्टार बन गई तो वही लोग कितने बदल गए थे। हर समय उसकी लल्लो-चप्पो में लगे रहते थे। इन लोगों में वे खुशामदी फोटोग्राफर भी शामिल थे। ये वही दो कौड़ी के लोग थे जो उस दौरान उसकी तरफ देखते भी नहीं थे, जब वह स्टूडियो के चक्कर काटा करती थी। फिर

अचानक ही अपनी फ्लैश गनें चमकाते उसके आगे गिड़गिड़ाने लगे थे वे, "आशा रानी जी, बस इस तरफ। थैंक्यू जी !"

अक्षय ने ही उसे सिखाया था कि इन सबसे कैसे निपटना है। "जिन हरामजादों ने तुम्हारे साथ बुरा बरताव किया है, उन्हें मजा चखाओ," उसने आशा रानी से कहा था, "उन्हें ऐसा सबक सिखाओ कि हमेशा याद रखें।" अक्षय ने खुद यह सब झेला था और वह भूलनेवालों में से नहीं था। माफ करनेवालों में से भी नहीं था वह। अगर वह उससे शादी कर लेती तो उसकी जिंदगी कैसी होती ? एक समय था जब यह खयाल उसका पीछा नहीं छोड़ता था। उसने अपनी कितनी किरकिरी करवाई थी। पत्रकारों ने उसके मंगलसूत्र, सिंदूर और चूड़ियों को देख लिया था और उन पर टिप्पणियाँ भी की थीं। अक्षय इस तमाशे से बहुत परेशान हुआ था और उसने उसे डाँटा भी था, "तुम पागल तो नहीं हो गई हो ? यह सब क्यों कर रही हो तुम ? भगवान के लिए, बंद करो यह सब। क्या बकवास है यह सब ? क्या तुम चाहती हो कि लोग इसका गलत मतलब निकालें ?" इस पर आशा रानी ने एक रहस्यमय मुसकान बिखेरते हुए एक ऐसा रहस्यपूर्ण जवाब दिया था जो चिढ़ाने वाला था, "क्या मैंने किसी से कहा है कि ये सब चीजें मुझे तुमने दी हैं ? मुझे पागल औरत ही समझ लो। अगर कोई मुझसे इनके बारे में पूछता है तो मैं यही कहती हूँ कि मैंने खुद अपने लिए मंगलसूत्र खरीदा है, और सिंदूर मैं इसलिए भरती हूँ क्योंकि मैं एक नया फैशन चलाना चाहती हूँ। इससे तुम्हें क्यों परेशानी होती है ?"

"फिर तुम्हें जो करना हो करो। अपनी मरजी पूरी कर लो। अगर मालिनी ने मुझसे पूछा तो मैं कह दूँगा कि मैं तो आशा रानी को जानता तक नहीं हूँ। या मैं उससे कह दूँगा कि तुम पागल हो गई हो। वैसे भी तुम्हें दिमाग के डॉक्टर को दिखा लेना चाहिए—तुम्हें मदद की जरूरत है," अक्षय ने तुनककर कहा था। अब उस दौर के बारे में सोचते हुए उसे महसूस हुआ कि वह कितनी भावुक और अपरिपक्व हुआ करती थी उन दिनों। कितनी मूर्ख और अनाड़ी भी। उसकी 'दूसरी शादी' की वह योजना भी कितनी बचकानी थी। यह सही है कि इंडस्ट्री की दूसरी औरतों ने यह किया था, और लोगों के मुताबिक उनकी दूसरी शादी कामयाब भी हुई थी। लेकिन दुनिया की नजरों में वे अकेली औरतें और अनब्याही माएँ ही रही थीं और उन्हें कोई कानूनी मान्यता नहीं मिली थी। उन्होंने अपनी जिंदगी ऐसे ही अँधेरे में काट दी थी। और समाज में इस तमाशे का क्या असर हुआ ? क्या उनके आदमियों में उन्हें अपनाया ? नहीं। उनके इस असाधारण गठबंधन से पैदा हुए बच्चों का क्या हुआ ? वे सब अभी बहुत छोटे थे। उन्हें बाद में जाकर पता चलेगा कि नाजायज औलाद होने का क्या मतलब होता है। जैसे खुद उसे पता चला था।

कभी-कभी उसका मन होता था कि अप्पा से पूछे कि उन्होंने उसकी माँ के साथ ऐसा बरताव क्यों किया था। एक बार उसने पूछने की कोशिश भी की थी। अप्पा ने दुखी होकर अपना सिर हिलाया था और कहा था, "मर्द क्रूर होते हैं। बहुत क्रूर। इस

दुनिया में कोई इंसाफ नहीं है, और मर्द और औरत में कोई बराबरी भी नहीं है। यह मत सोचो कि शादी से यह संतुलन बदल जाता है। कभी-कभी तो यह और भी खराब हो जाता है। रुतबा तो पैसे से होता है—यह बात याद रखो। उनमें से जो भी पैसे को अपने पास रखता है, रिश्ते की लगाम उसी के हाथों में होती है। जब तुम अपनी शादी पर नजर डालोगी तब तुम्हें मेरी बात की सच्चाई पता चलेगी। फर्क बस इतना होता है कि कुछ मर्द सबसे ऊपर होने की अपनी सच्ची भावनाओं को काबू में रखने में समर्थ होते हैं। इन आदमियों को 'सुसंस्कृत' कहा जाता है। दूसरे मर्द इन भावनाओं का खुल्लम-खुल्ला प्रदर्शन कर देते हैं। ऐसे मर्द अपनी बीवियों को अपने अहसान का अहसास करवाते रहते हैं। उन्हें दबाकर रखने का यही सबसे अच्छा तरीका होता है। तुम्हारा आदमी पहलीवाली श्रेणी में आता है। लेकिन रुक जाओ, शायद एक दिन ऐसा आएगा जब तुम्हारे पास और भी पैसा होगा और तब तुम उसे बदलता देखोगी। मेरी सलाह मानो, ऐसा कोई काम शुरू करो, जिसे तुम अपना कह सको। हमेशा के लिए उस पर निर्भर मत रहो। अभी तक तो सब कुछ ठीक-ठाक चला आ रहा है। अब तुम्हारी बिटिया बड़ी हो गई है। तुम्हारे पास अब ज्यादा समय है। तुम्हारे पास दिमाग है। और तुम अभी बुढ़िया भी नहीं हुई हो। अपने देश में अपने लोगों के बीच लौट आओ। मद्रास लौट आओ। स्टूडियो को फिर से खड़ा करो। तुम इसे कामयाब कर लोगी, मुझे यकीन है।''

आशा रानी ने अप्पा की इन बातों को याद रखा था। शायद वह ठीक कह रहे थे, लेकिन उसमें किसी काम को हाथ में लेने की इच्छा-शक्ति नहीं थी। उसे असफलता और अस्वीकार का भय लगा रहता था। पाँच साल तक तो जे ने सारी चीजों की देखभाल की थी और उसने उनका लुत्फ उठाया था। यह सच था कि उसे इस बारे में कोई ठीक-ठाक जानकारी नहीं थी कि उसके अपने घर में कितना पैसा है। जे ने इस बारे में उसे नहीं बताया था। ''तुम अपने खूबसूरत दिमाग को इन सारे पचड़ों में क्यों डालना चाहती हो ? सब मुझ पर छोड़ दो। तुम तो बस अपने आपको तनाव से दूर रखो, मजे करो, अच्छी बीवी बनो, अच्छी माँ बनो। औरत होने का यही तो मतलब है,'' उसने कहा था।

आशा रानी ने उसका आभार ही माना था। यह उसके लिए एक ऐसा ठाठ-सा था, जिसके बारे में उसने पहले कभी नहीं सुना था कि कोई आपकी जिम्मेदारियों को सँभालेगा और उन्हें पूरी तौर पर अपने ऊपर ले लेगा। उस समय तक वह भागते-भागते बेहद थक चुकी थी।

लेकिन आज की स्थिति अलग थी। उसमें आत्मविश्वास की कमी थी, और यह सही था कि जो समस्याएँ चारों तरफ से उसे घेरती नजर आ रही थीं, उन्होंने उसे पस्त कर दिया था। लेकिन फिर यह भी अजीब बात थी कि उसने अपने आपको इतना दुरुस्त पहले कभी महसूस नहीं किया था। शायद उसे इस तंग दायरे से निकालने का श्रेय जोजोवाले प्रसंग को जाता था। अब उसे जिंदगी की सच्चाइयों के साथ समझौता

करना आ गया था। उसके भ्रम और मुगालते टूट गए थे। फिल्म स्टार के तौर पर उसका कैरियर बेशक खत्म हो गया है, इतना उसने स्वीकार कर लिया था। वह तो इस सच्चाई का सामना करने को भी तैयार थी कि उसके वैवाहिक संबंध भी खत्म हो चुके हैं। कम-से-कम, पहले के वे जाने-पहचाने वैवाहिक संबंध तो खत्म हो ही चुके थे। अगर जे को और उसे इस संबंध को आगे चलाना था तो उन्हें नए सिरे से इसे चालू करना होगा। इसकी शर्तें दोबारा बातचीत करके ही तय की जाएँगी। हो सकता है जे इस नए समझौते को स्वीकार न करे। क्या पता वह खुद इससे बाहर रहना चाहे। लेकिन कम-से-कम कुछ चीजें तो पहले से ज्यादा स्पष्ट थीं। उसे हिंदुस्तान वापस आना था। और भी खास तरीके से कहा जाए तो मद्रास वापस आना था, क्योंकि वह मद्रास की ही थी। मुंबई की नहीं। और वेलिंगटन की तो बिलकुल भी नहीं। मद्रास की। असह्य गर्मी, भीड़-भाड़ और अफरा-तफरीवाले मद्रास की थी वह। अचानक आशा रानी को यह ज्ञान हुआ कि वह अपनी जिंदगी के बाकी दिनों में मंदिरों की घंटियों की आवाज सुनना चाहेगी। मंदिरों की घंटियों की आवाज, महकती चमेली, दोपहर में उपमा और तड़के कुरकुरे डोसे। अब वह भाग नहीं रही थी, लेकिन पहले उसे कुछ अधूरे काम निपटाने थे।

उसने अनमने भाव से ही न्यूजीलैंड वापस जाने के लिए फ्लाइट बुक कराई। फिर उसने किशनभाई को फोन करके उससे आग्रह किया कि वह उसकी गैरहाजिरी में उसके मकान पर नजर रखे। अनायास, उसने साशा के लिए एक पावडई और उसके साथ पहनने के लिए कुछ छोटे-मोटे झुमके वगैरह भी खरीद लिए। आशा रानी ने अपनी कल्पना में साशा को इस परंपरागत लंबे घाघरे में देखा, जिसे पूरे दक्षिण भारत की कमसिन लड़कियाँ इतनी शान से पहनती हैं। साशा रानी इसे पहनकर प्यारी लगेगी। उसने साशा के लिए चाँदी की पायलें, बालों के सिंगार की चीजें, चूड़ियाँ, हार, चंदन के साबुन और एक छोटा सा हाथी भी खरीद लिया, जिसकी पीठ पर अगरबत्तियाँ लगाने के लिए छेद बने हुए थे। क्या जे को यह सब अजीब लगेगा ? लगना तो नहीं चाहिए ? वह हिंदुस्तान के लिए अजनबी तो नहीं था। उसका दावा था कि वह हिंदुस्तान को प्यार करता है। पहली बात तो यह है कि अगर ऐसा नहीं होता तो वह आशा रानी से शादी ही क्यों करता ?

गोपालकृष्णन

आशा रानी को हवाई जहाज में अकेले सफर करना बहुत बुरा लगता था, और इस बार तो वह बहुत ही ज्यादा कुढ़ रही थी। अपनी घर वापसी को लेकर उसे बेचैनी हो रही थी, और जो कुछ वह छोड़ आई थी उसे लेकर उसे दुख हो रहा था। एयर होस्टेस एक-दो बार आकर उससे पूछ चुकी थी कि उसे कुछ चाहिए तो नहीं। उसे पता था कि ये फर्स्ट क्लास के मुसाफिर यह मानकर चलते हैं कि उनकी इसी तरह से पूछ होगी। "शैम्पेन ? संतरे का रस ? कैवीआर ? और एक तकिया ? कंबल ?" एयर होस्टेस ने कहा था तो आशा रानी ने हाथ के इशारे से मना कर दिया था। उसे थकान महसूस हो रही थी। उसका दिमाग तो उस नन्ही साशा में लगा हुआ था, जो उसकी नजर में अब अजनबी जैसी थी। तभी उसे अपने पास एक आवाज सुनाई दी। वही एयर होस्टेस इस बार बर्फ से ठंडी वाइन का गिलास लिए खड़ी थी। "आपको डिस्टर्ब करने के लिए माफी चाहती हूँ मैडम, लेकिन बात यह है कि चौथी कतार में बैठे सज्जन ने मुझसे कहा है कि मैं आपको वाइन का यह गिलास उनकी शुभकामनाओं के साथ आपको पेश करूँ," एयर होस्टेस ने कहा। आशा रानी ने मुड़कर देखा।

'हे भगवान।' आशा रानी सिहर उठी। लगता है एक और लंपट है यह जिसने मुझे पहचान लिया है और अब सफर के दौरान मेरा साथ चाहता है। उसने एयर होस्टेस की तरफ विनम्रता से मुसकराते हुए यह कहकर गिलास लेने से मना कर दिया, "नहीं, शुक्रिया ! मैं पीती नहीं हूँ। और मैं बेहद थकी हुई हूँ।" एयर होस्टेस ने कंधे उचकाए और गिलास वापस ले गई। उस आदमी के चेहरे से लगा कि उसे निराशा हुई है। वह एक बड़ा तगड़ा, साँवला हिंदुस्तानी था। वह निराश तो जरूर हुआ, लेकिन बाज नहीं आया। उसने अपनी सीट बेल्ट खोली और दोस्ती के अंदाज में मुसकराता हुआ उसकी ओर आया। उसने मानो बचाव की मुद्रा में हाथ ऊपर उठाए हुए थे। "देखो," वह तमिल में बोला, "इससे पहले कि तुम कुछ कहो या मुझे यहाँ से चले जाने को बोलो, मैं तुम्हें बता देता हूँ कि मैं तुम्हारे पिता का एक पुराना दोस्त हूँ। गोपालकृष्णन। नहीं, यह सही नहीं है। मैं उनका दोस्त नहीं हूँ। मैं उनके साथ प्रोडक्शन असिस्टेंट का काम किया करता था। मैं उस दुखद घटना, उस हादसे, उनके दौरे के ठीक पहले उनसे अलग

हो गया था। मैंने पश्चिम में जाकर अपनी खुद की प्रोडक्शन कंपनी खोलने का फैसला कर लिया था। मेरा इरादा केबल टी.वी. के लिए डॉक्यूमेंट्री फिल्में और दूसरे कार्यक्रम बनाने का था। मेरा कपड़ों का साइड बिजनेस भी है। मैं न्यू जर्ज़ी में अपने परिवार के साथ रहता हूँ। मेरी बीवी अमरीकी है। वह मेरी मदद करती है। हमारे दो छोटे-छोटे बच्चे हैं। मैं इस समय पापुआ न्यू गिनी जा रहा हूँ। हमें तो नए बाजारों की तलाश रहती है, तुम तो जानती हो। हम लोग एक जगह नहीं ठहर सकते। मुझे हर समय सफर पर ही रहना होता है। और तुम ?" आशा रानी अभी इस बारे में आश्वस्त नहीं हुई थी कि वह इस अजनबी के साथ आगे बात करना भी चाहती है या नहीं। उसे तो इस आदमी की इस पुरानी कहानी पर भी विश्वास नहीं हो रहा था कि वह अप्पा को जानता है, वगैरह, वगैरह। उसने अंदाजा लग।या कि यह कोई अकेला अमीर व्यापारी है, जो किसी विदेश यात्रा पर अकेला निकला है। उसे देखकर उसने यह कहानी गढ़ डाली, ताकि उसकी चुप्पी टूटे और वह बात करना शुरू कर दे। यह बात तो उसे बहुत पहले ही पता चल गई थी कि दुनिया में उम्मीद रखनेवाले मर्दों की कमी नहीं है। ये आदमी मौका मिलते ही अजनबी औरतों के साथ बात करने लग जाते हैं, ताकि बाद में उनके बिस्तर में घुस सकें। अगर ऐसा नहीं भी हुआ तो उन्हें यह संतोष रहता है कि 'फार्च्यून' पत्रिका पढ़ते रहने और मार्टिनी पीते रहने और पिंडलियों की ऐंठन और पैरों की सूजन को झेलते रहने से तो इस तरह समय बिता देना बेहतर ही होता है।

आशा रानी ने एयरलाइन के खास मोजों में बंद अपने पैरों को घुमाया। कम-से-कम यह आदमी तमिल तो बोलता था। हाँ, यह जरूरी नहीं था कि आपके पिता का दोस्त आपको बेटी की तरह माननेवाला कोई शरीफ आदमी ही हो। इसके विपरीत, उसने अपने बचपन से ही अप्पा के दोस्तों की तरफ से ऐसा बरताव पाया था, जो पिता समान आदमी नहीं करते। उन दिनों बच्चों का यौन शोषण कोई मुद्दा नहीं होता था। हिंदुस्तान में तो यह अब भी नहीं है। आशा रानी ने उस अजनबी की ओर देखा और उसका ध्यान उसके मजबूत सफेद दाँतों पर गया। उन्हें देखकर उसे अप्पा के पुराने दोस्तों और साथ काम करनेवालों की याद हो आई। यह कुछ-कुछ उस आदमी जैसा था, जो उसे सर्कस दिखाने ले गया था। तब वह सात की भी नहीं हुई थी।

उसे याद आया, वह बड़े से तंबू के बाहर इस आदमी का हाथ पकड़े खड़ी थी। तभी उस आदमी ने उसका हाथ पकड़कर चुपके से अपने मुंडु के अंदर कर लिया था, और फिर उसके हाथ की जगह आशा रानी के हाथ में एक सख्त, कड़े डंडे जैसी कोई चीज आ गई थी। उसने चिल्लाना चाहा था, लेकिन वह डर गई थी। उसे खटका हो गया था कि हो न हो यह 'अंकल' जो बरताव कर रहा है, उसमें कोई गड़बड़ जरूर है। लेकिन वह क्या कर सकती थी ? वह इतनी ज्यादा डरी हुई थी कि वह अपना हाथ भी नहीं हटा पाई कि कहीं वह उसकी पिटाई न कर दे। इसलिए वह जैसे अनंत काल तक उसे पकड़े रही थी, और अंत में, वह सिकुड़कर लटक गया था और उसका छोटा सा हाथ किसी चिपचिपी और महकती चीज से गीला हो गया था। उस अंकल ने उसका

हाथ इस तरह से अपने मुंडु पर पोंछ दिया था जैसे कुछ हुआ ही न हो, और फिर हाथियों और चीतों के करतबों के बारे में बात करने लगा था। उसकी तबीयत खराब होने लगी थी। उसका शरीर बीमार हो गया था। अंत में उसने अंकल की ओर मुड़ते हुए कहा था, ''अन्ना, मुझे घर जाना है। मुझे सर्कस नहीं देखना। मेरी तबीयत सही नहीं है।'' उसने उसे उठा लिया और पूछा था, ''तबीयत सही नहीं है ? क्या हुआ है तुम्हें ?'' ''कुछ नहीं,'' उसने डरते-डरते जवाब दिया था, ''मेरे पेट में दर्द हो रहा है।'' उसे लगा था कि अंकल को यह सुनकर बड़ी राहत मिली है और उसने कहा था, ''ठीक है। तब तो हमें घर लौटना चाहिए।''

और अब यह आदमी मिला है, जो अपनी अमरीकी बीवी को न्यू जर्जी में छोड़ आया था और यहाँ उससे पूछ रहा था कि क्या वह उसके पास की खाली सीट पर बैठ सकता है। सच में तो, इस बात का कोई महत्त्व ही नहीं था कि वह शादीशुदा है या नहीं। इससे कोई फर्क नहीं पड़ता था कि कोई वेंडी या लिंडी, ब्लूबेरी मफिंस और यांकी कॉफी लिए अपर मांट क्लेयर में उसका इंतजार कर रही होगी। महत्त्वपूर्ण तो अभी की बात थी। और उसने तय किया कि इस आदमी को अपनी संगत देना बुरा नहीं रहेगा। इससे उसे अपनी समस्या से अपना ध्यान हटाने में तो मदद मिलेगी।

ज्यादातर बात वह अजनबी ही करता रहा। वह उसकी जिंदगी के बारे में पूछता रहा, हालाँकि यह जाहिर था कि उसे इस बारे में पहले से ही काफी कुछ पता था। एयर होस्टेस एक बार फिर यह मालूम करने आई कि उन्हें किसी चीज की जरूरत तो नहीं है। गोपालकृष्णन ने शैम्पेन मँगाई। उनके सेक्शन में केवल चार लोग और थे। ''चीयर्स,'' उसने अपना गिलास ऊपर उठाते हुए कहा, ''हमारे पुनर्मिलन के लिए।'' आशा रानी को यह बड़ा अजीब लगा। वह पूछ भी बैठी, ''पुनर्मिलन क्यों ? इससे पहले तो हम कभी मिले नहीं।'' ''ठीक है, तो फिर हमारे मिलन के लिए,'' गोपालकृष्णन ने हँसते हुए कहा और उन दोनों ने अपने गिलास टकराए।

तीसरे गिलास तक आते-आते आशा रानी का सिर चकराने लगा था। उसने यह नियम बनाया हुआ था कि विमान यात्रा के दौरान वह शराब नहीं पिएगी, क्योंकि उसे पता था कि इससे उसे अपने अंदर पानी की कितनी कमी महसूस होती है। लेकिन आज की रात अलग थी। आज उसे अपनी उदासी दूर करने के लिए कुछ चाहिए था, जिससे कि वह मुंबई को भुला सके। और इस सच्चाई को भी कि अक्षय मर चुका है।

वह नहीं जानती थी कि वह किधर लौट रही है। लेकिन यहाँ वह सुरक्षित महसूस कर रही थी। उसकी इच्छा हो रही थी कि वह ऐसी ही बनी रहे—हमेशा भूलने-भुलाने की हालत में रहे—और इस आकर्षक, हमदर्द आदमी के साथ ऊँची उड़ान भरती रहे, जो अपने सफेद दाँत चमकाते हुए उसके घुटनों के नीचे कंबल लगा रहा था। ''बस अपने आपको ढीला छोड़ दो,'' वह कहे जा रहा था, ''लाओ, मुझे अपने पैर दो, मैं पाँव की उँगलियों की बहुत बढ़िया मालिश करता हूँ।'' आशा रानी ने उसकी बात मानते हुए दोनों सीटों के बीच के हत्थे को हटा दिया और तिरछे घूमते हुए अपनी टाँगें ऊपर

रख दीं। उसने आशा रानी के सिर के नीचे एक एयर पिलो लगा दिया। "अपनी आँखें बंद कर लो। तनाव मत लाओ।" वह धीरे-धीरे, सम्मोहन की भाषा में बोल रहा था, "अपने आपको मेरे हाथों में छोड़ दो। मैंने चीनी एक्सपर्ट्स के साथ ट्रेनिंग ली है। मुझे पता है कि कहाँ दबाना होता है, खासकर औरत के खूबसूरत बदन में। मेरी बीवी अक्सर मुझसे कहती है कि अगर हमारा काम नहीं चला तो मैं 'रिलैक्सेशन सेंटर' तो खोल ही सकता हूँ, जहाँ मैं पैसेवाली अकेली विधवाओं की मालिश करके उनकी उत्तेजना शांत कर सकता हूँ।"

आशा रानी उसकी बातों को सुन तक नहीं रही थी। उसने अपने आपको पूरी तरह से उसकी जादुई उँगलियों के पोरों के हवाले कर दिया था। वह उसकी एड़ियों और तलवों को अपने मजबूत अँगूठों से दबाता रहा। जल्दी ही उसके हाथ ऊपर की ओर बढ़ने लगे। वह उसके टखनों को दबाता हुआ उसकी पिंडलियों तक पहुँच गया। बहुत ही अच्छा लग रहा था उसे। उसे अपना तनाव दूर होता लगा। उसकी तड़कती नसें अब शांत थीं, उसकी ऐंठी मांसपेशियों को अब चैन था। इस आदमी की उँगलियों में जादू था। उसने धीरे-धीरे, विश्वास और ऐसी महारत के साथ आशा रानी के पैरों की मालिश की कि वे बिलकुल मुलायम और गुदगुदे हो गए, जेली-जैसे। अब वह उसकी जाँघों के निचले हिस्से की मालिश कर रहा था। उसे लग रहा था जैसे वह बही जा रही है, और उधर उसकी कमर के नीचे कुछ-कुछ ऐसा हो रहा था जिस पर उसे विश्वास ही नहीं हो रहा था। वह उस खास जगह की इतनी देर तक मालिश करता रहा कि आखिर उसने मजबूर होकर उसके हाथों को पकड़ लिया और उन्हें अपनी टाँगों के बीच और अपने पेट के ऊपर रख लिया। "करो," उसने सिसकारते हुए कहा, "मैं अब और इंतजार नहीं कर सकती।"

"नहीं," उसने दृढ़ता से कहा, "अभी और बाकी है। तुम अभी तैयार नहीं हो।"

"तैयार नहीं हूँ ?" उसने चकित होते हुए कहा। उसका आश्चर्य गलत नहीं था। "यह देखो !" उसने कहा और अपनी टाँगें चौड़ा दीं। फिर उसने उसका हाथ पकड़कर अपने अंदर डाल लिया।

"अभी भी नहीं," उसने अड़ते हुए कहा और अपने हाथ को चाट लिया, जो बड़ी आसानी से अंदर चला गया था। वह उसकी जाँघों और पेट की मालिश करता रहा, और इधर आशा रानी ने अपनी पीठ को धनुष की तरह टेढ़ा कर लिया और उससे एक बार फिर हाथ डालने को कहने लगी।

आशा रानी ने ऐसी भूख, ऐसी शिद्दत पहले कभी महसूस नहीं की थी। वह इस आदमी के लिए उतावली हो रही थी। पूरे जोश के साथ। उसे यह खयाल ही बुरा लग रहा था कि उसे अंदर लेने के बाद उसे अपने ऊपर काबू रखना होगा और वह न नोंच-खरोंच पाएगी, न चिल्ला पाएगी और न ही हाथ-पाँव पटक पाएगी। "मुझे जल्दी से खलास कर दो," उसने गिड़गिड़ाकर कहा, "नहीं तो मैं मर जाऊँगी !" "नहीं, तुम मरोगी नहीं," उस आदमी ने कहा और उसका सिर कंबल के नीचे गायब हो गया।

अब आशा रानी को अपने ऊपर उसकी गरम जीभ का अहसास हो रहा था। वह अपनी जीभ को उसके अंदर घुमा रहा था, घुसा रहा था और फिर निकाल रहा था; और इधर वह छूटने को तैयार थी।

"मेरा गिलास दो," उसने आदेश दिया। उसने उसमें से शैम्पेन की एक घूँट भरी और फिर अपनी ठंडी जीभ उसके अंदर घुसेड़ दी। "अच्छा लग रहा है ? जलन तो नहीं हो रही ?" वह पूछने लगा।

"मुझे तो तुम्हारा स्वाद ज्यादा पसंद आया, मुझे तुम्हारी गरम साँस अच्छी लग रही है, तुम्हारी दाढ़ी की छुअन अच्छी लग रही है, अब रुको नहीं !" वह चिल्लाई।

"टॉयलेट जाओ और वहाँ मेरा इंतजार करो," उसने आदेश दिया।

"मैं वहाँ नहीं जा सकती। मेरी टाँगें जवाब दे जाएँगी," आशा रानी ने तड़पते हुए कहा।

"नहीं, ऐसा नहीं होगा। वहाँ जाने से तुम्हें फायदा ही होगा।"

वह लड़खड़ाती हुई खड़ी हुई और जैसे-तैसे वहाँ पहुँची। एक मिनट बाद वह भी वहीं आ गया।

"वहाँ बैठ जाओ," उसने कहा और आशा रानी को वाश बेसिन के पास धम-से बैठा दिया, "अब अपनी टाँगों को चौड़ा कर खोलो।" आशा रानी ने उसका कहना मानते हुए अपनी टाँगें चौड़ा दीं, और वह फुर्ती और बड़े आराम के साथ एक ही बार में उसके अंदर था। उसके धक्के में महारत थी। "मेरी गर्दन पकड़ो, और मैं तुम्हारे चूतड़ों को सँभालता हूँ," उसने कहा और अपने हाथ उसके नीचे सरकाते हुए उसे इस तरह उठा लिया जैसे कोई छोटे बच्चे को उठाता है, "अब चालू करो। मैं तुम्हें आगे-पीछे झुलाऊँगा और तुम ठीक समय पर मेरे संपर्क में आना।" फिर उनका झूलना शुरू हुआ जिसमें गजब का तालमेल था। आशा रानी को लगा जैसे उन्होंने गुरुत्वाकर्षण से मुक्ति पा ली थी। उसे लगा जैसे वे अंतरिक्ष में हैं और भारहीन होकर शून्य में तैर रहे हैं। दोनों ही एक साथ और इतनी तेजी के साथ छूटे कि वह छोटा सा टॉयलेट उस झटके के साथ धड़धड़ाता हुआ काँपने लगा।

"पहली बार ?" गोपालकृष्णन ने कुटिलता से मुसकराते हुए उससे पूछा। "नहीं, दूसरी बार," आशा रानी ने झूठ बोला, और फिर अपनी गलती सुधारते हुए कहा, "दर-असल, दो बातें पहली बार हुई हैं। एक तो तीस हजार फुट की ऊँचाई पर और दूसरी, एक तमिलभाषी के साथ।"

"तब तो हमें इसका जश्न मनाना चाहिए," उसने हँसते हुए कहा। "नहीं," आशा रानी ने थोड़ी गंभीरता से कहा, "हम ऐसा नहीं करेंगे। हमें तो भूल जाना चाहिए कि ऐसा कभी हुआ भी था।" "क्यों ?" उसने आशा रानी के गीले माथे से बालों की एक लट को हटाते हुए पूछा।

"क्योंकि, अरे, मुझे नहीं पता, क्या बात है ? जिंदगी वैसे ही इतनी उलझनों से भरी है और मैं जानती हूँ कि मैं तुमसे दोबारा कभी मिलूँगी नहीं। शायद इसे ऐसे ही

होना था।" "मैं इतने विश्वास के साथ ऐसा नहीं कह सकता," गोपालकृष्णन ने प्यार से कहते हुए उसे छोड़ दिया।

घर वापसी आशा रानी की उम्मीदों से कहीं ज्यादा सुखद रही। जे और साशा दोनों ही उसे देखकर खुश नजर आ रहे थे। वह उन दोनों को सीने से लगाकर प्यार कर ही रही थी कि गोपालकृष्णन ने अपने सामान की ट्रॉली को उसके पास रोकते हुए उसे अपना बिजनिस कार्ड पकड़ा दिया। वह बोला, "शायद तुम्हें कभी फिर से चीनी एक्सपर्ट की जरूरत पड़ जाए।" आशा रानी ने एकटक उसे देखा और कार्ड को अपने हैंडबैग में सरका दिया। "कौन था यह साँड ?" जे ने पूछा।

आशा रानी ने चकित होने का ढोंग करते हुए कहा, "साँड ? अरे, यह तो मेरे पिताजी का एक दोस्त था।"

जे ने उसकी बात का विश्वास न करते हुए साफ-सुथरा बिजनिस सूट पहने उस व्यक्ति की चौड़ी पीठ को देखा। "वह आदमी—अप्पा का दोस्त है वह ?"

"हाँ," आशा रानी ने प्यार से कहा, "और कभी उनके साथ काम भी कर चुका है।"

"बुढ़ऊ को क्या सिखाता था वह—चीनी ?"

"एक तरह से," आशा रानी ने जवाब दिया, "उसे उपचार की कुछ तकनीकों में महारत हासिल है, जो उसने किसी चीनी उस्ताद से सीखी थीं।"

"लानत है मुझ पर," जे ने अपना सिर हिलाते हुए कहा।

साशा इस बातचीत के दौरान अपनी माँ को घूरती रही थी। "मम्मी तुम अलग दिख रही हो," वह बोली।

"क्यों ? ऐसा क्या फर्क दिख रहा है मुझमें ?" आशा रानी ने हँसते हुए पूछा।

"मुझे नहीं पता, नहीं, हाँ, मुझे पता है, तुम हिंदुस्तानी दिख रही हो," साशा बोली।

आशा रानी ने आश्चर्य से उसे घूरकर देखा और कहा, "देखो, बिटिया, मैं हिंदुस्तानी तो हूँ ही।"

"नहीं, तुम हिंदुस्तानी नहीं हो। कम-से-कम मुझे तो तभी लगा कि तुम हिंदुस्तानी हो जब एलिस ने मुझे बताया। और नानी ने भी। तो फिर मैं क्या हुई ?"

आशा रानी ने जे को देखते हुए कहा, "अपने बाप से पूछो।"

"उन्होंने तो मुझसे कहा है कि मैं तुमसे पूछूँ," साशा ने हठ पकड़ते हुए कहा।

"देखो, बिटिया, मुझे सोचने दो, तुम्हारे डैडी न्यूजीलैंड के हैं और तुम्हारी मम्मी हिंदुस्तानी हैं। मैं तो सोचती हूँ कि तुम आधी-आधी हो।"

साशा अचानक पैर पटकते हुए चिल्लाई, "मैं बेकार हिंदुस्तानी नहीं होना चाहती। मैं काली नहीं होना चाहती।"

आशा रानी तो इतनी हक्का-बक्का रह गई कि उससे कोई जवाब ही देते नहीं

बना। उसने साशा को अपने से चिपटा लिया और उसके बालों में धीमे से बोली, "ठीक है, बिटिया, ठीक है। तुम जो चाहो वह हो सकती हो।"

साशा सिसक रही थी। वह बोली, "एलिस ने तो मुझसे कहा था कि तुम कहोगी कि मैं हिंदुस्तानी हूँ। उसने मुझसे यही कहा था। देखो, मुझे हिंदुस्तानी होना बहुत बुरा लगता है। मुझे हिंदुस्तानी अच्छे नहीं लगते। मुझे हिंदुस्तान अच्छा नहीं लगता, और मैं वहाँ वापस नहीं जाना चाहती।"

आशा रानी उसे अपने से चिपकाए रही और जे ने बात बदलने की गरज से कहा, "चलो, बिटिया ! तुम मम्मी को वे फूल नहीं दिखाओगी जो हम उनके लिए लेकर आए हैं ? और अवन में रखा वह 'वेलकम केक' ? सारे घोड़े इंतजार कर रहे हैं, और कुत्ते भी। आज हम बड़ी सी बार्बेक्यू पार्टी करेंगे, क्यों गुड़िया ?"

लेकिन साशा थी कि रोए ही जा रही थी। वह बोली, "मुझे पार्टी नहीं चाहिए। मुझे कुछ भी नहीं चाहिए। मुझे मम्मी से नफरत है। मुझे उसके कपड़ों से और उसके नंगे पेट से और हरेक चीज से नफरत है।"

"मैं समझती हूँ यह मेरी गलती है। मुझे शुरू से ही उसे बता देना चाहिए था। मुझे एक हिंदुस्तानी की तरह बरताव करना चाहिए था। मुझे अपनी असलियत में रहना चाहिए था। अब उसे लग रहा है जैसे उसे निराश किया गया है," घर पहुँचकर आशा रानी ने चिंतित होते हुए जे से कहा, "वह सोचती है कि मैं सारा समय उससे झूठ बोलती रही। और एक तरह से यह सही भी है। मैं सचमुच उससे झूठ ही बोलती रही हूँ। हे भगवान ! अब मैं अपने आपको कसूरवार समझ रही हूँ और मुझे बहुत बुरा लग रहा है। अब क्या करूँगी मैं ?"

"देखो," जे ने धैर्यपूर्वक कहा, "पहले तो, तुम मेरे साथ गरम पानी में देर तक नहाओगी, और पार्टी के लिए तैयार होओगी। मैंने अपने कुछ पड़ोसियों, मम्मी-डैडी, साशा की आया एलिस और उस दंपति को बुलाया है, जिनसे हमारी मुलाकात कई बार इटैलियन रेस्त्राँ में हुई थी, याद है ?"

आशा रानी पस्त हो गई थी और उसकी रुलाई फूटनेवाली थी, "जे डार्लिंग, क्या यह सब कुछ दिन और नहीं रुक सकता था ? मेरा मतलब है, मैं लंबा सफर करके आ रही हूँ और मुझे थकान हो रही है। पार्टी ? और वह भी आज रात को ? तुमने कबसे पड़ोसियों के साथ मिलना-जुलना शुरू कर दिया ?"

"अरे, वो हम दो-एक डांस पार्टियों में और हैलॉवीन डे की कुछ पार्टियों में भी गए थे, जिनमें तरह-तरह के कपड़े और मुखौटे पहनकर जाते हैं। मैंने सोचा यह अहम बात है कि साशा अकेली न रहे। उसे दोस्तों की जरूरत है। यहाँ हम काफी अलग-थलग पड़ गए हैं।"

"यह सही है। तुमने उसके लिए यह सब इंतजाम करके बहुत अच्छा किया। वैसे यह 'हम' कौन है ?" आशा रानी ने पूछा, "साशा और उसकी आया एलिस ?"

जे ने उसे चूमना चाहा। वह बोला, "बेवकूफ मत बनो, डार्लिंग ! मैं बच्ची को

अकेले कैसे सँभाल सकता हूँ ? और फिर, साशा ने ही उसे साथ ले जाने की जिद की थी।''

''साशा को अकेले कैसे सँभाल सकते हो ? तुमने पहले उसे नहीं सँभाला क्या ? तब तो वह और भी छोटी थी। अब 'सँभालने' को है ही क्या ? वह अब नैपीज तो पहनती नहीं, और उसे पॉटी के लिए भी मदद की जरूरत नहीं है।''

''यह बात नहीं है। मैंने सोचा कि उसे माँ जैसा कोई चाहिए।'' जे ने सफाई दी।

''बिलकुल,'' आशा रानी ने कहा, ''और मैं सोचती हूँ, तुम्हें बीवी जैसा कोई चाहिए था। या मैं गलत कह रही हूँ ?''

''नहीं, तुम गलत नहीं कह रही हो। तुम बस जल रही हो। मैं समझ सकता हूँ। लेकिन तुम पहले आया से मिल लो। बहुत प्यारी लड़की है। उसी ने तुम्हारे लिए तमाम फूल इकट्ठे किए और केक बनाया। और उसने यह सब साशा की मदद से किया। यहाँ तक कि बार्बेक्यू का सुझाव भी उसी का था। मुझे यह सब बहुत अच्छा लगा। इसलिए और भी कि मम्मी-डैडी यहाँ आने को राजी हो गए थे, और साशा की आंटियाँ और चचेरे भाई-बहन भी। परिवार आखिर परिवार ही होता है।''

आशा रानी इतनी थकी हुई थी कि कोई बहस नहीं करना चाहती थी। उसने सिर हिला दिया। बोली, ''तुम ठीक कह रहे हो। मैं मखौल कर रही हूँ। बेचारी साशा और बेचारे तुम ! मम्मी की गैरहाजिरी में तुम्हें सारा काम खुद सँभालना पड़ गया।''

जे ने उसके माथे को चूमते हुए खुशी-खुशी कहा, ''यह हुई न बात। चलो, अपने कपड़े उतारो, मैं तुम्हें नंगा करने और उन सारे तिलों को देखने के लिए मरा जा रहा हूँ।''

साशा नहीं चाहती थी कि आशा रानी पार्टी में साड़ी पहनकर जाए। ''बड़ा खराब लगता है मम्मी !'' वह कहे जा रही थी। आशा रानी ने तय किया कि चलो साशा को खुश करने के लिए साड़ी के बजाय जींस पहन लेंगे। जे भी उसके इस फैसले से खुश दिखाई दिया। ''साड़ी, देखो, यहाँ के लोगों के हिसाब से साड़ी कुछ ज्यादा ही विदेशी चीज हो जाती है। सारा पेट दिखाई देता है। और तुम्हारी सेक्सी नाभि ! यहाँ बेतकल्लुफी होगी। हम साड़ी को अपनी खास शाम के लिए रखते हैं। तुम शादी की वर्षगाँठ तो नहीं भूली हो न ?''

आशा रानी नहीं भूली थी, लेकिन उसे इसके बारे में इतना उत्साही होने का कोई कारण भी नहीं दिखता था।

साशा की आया एलिस शाम को छह बजे आई। गर्मियों के लिबास में वह एकदम तरोताजा और प्यारी दिख रही थी। वह एकदम गुदाज दिखती थी—बिलकुल हाल की सिंकी डबलरोटी जैसी ! वह साफ-सुथरी थी। उसके गालों पर लाली थी, और आँखें उसकी नीली थीं। साशा उसे देखते ही उससे लिपट गई। ''आज तुम कहाँ थीं ? सुबह क्यों नहीं आईं ? तुम नहीं दिखाई दीं तो मैंने नाश्ता भी नहीं किया,'' वह बोली।

जे परेशान हो गया और कमरे से बाहर निकल गया। उसे पार्टी के लिए कुछ खरीदारी करनी थी। आशा रानी ने निर्लिप्त भाव से उस जवान लड़की की आँखों में

देखा। ''तुम मेरे पति के साथ सो रही थीं न ?'' उसने पूछा, ''चिंता मत करो। मैं उससे नहीं पूछनेवाली। और मैं तुम्हारे साथ मार-पीट भी नहीं करने जा रही। लेकिन मैं चाहती हूँ कि तुम इस घर से और हमारी जिंदगियों से इसी पल बाहर निकल जाओ। मैं तुम्हारी तनख़्वाह डाक से भिजवा दूँगी। लेकिन इसी समय दफ़ा हो जाओ !''

साशा रोने लगी, हालाँकि यह स्पष्ट था कि उसे इस बातचीत की अहमियत का पता नहीं था। लेकिन आशा रानी की आवाज में जो बैरभाव था वह जाहिर था, और यह सच भी जाहिर था कि उसने एलिस से चले जाने को कहा था। वह गुस्से में थी और उसका शरीर काँप रहा था। वह बोली, ''मम्मी, तुम यह नहीं कर सकतीं। तुम आया से जाने को नहीं कह सकतीं। मैं डैडी से कह दूँगी। मैं दादी से कह दूँगी। मैं सबसे कह दूँगी। अगर आया तुम्हें अच्छी नहीं लगती, तो तुम चली जाओ। हिंदुस्तान लौट जाओ। जाओ, वहाँ जाकर साड़ियाँ पहनो और उन बकवास फिल्मों में काम करो। मुझे तुम्हारी जरूरत नहीं है। मुझे तुम नहीं, केवल मेरी आया चाहिए। मैं रात में उससे लिपटकर सोना चाहती हूँ और सुबह डैडी के कमरे में जाकर जागना चाहती हूँ। मैं तुमसे नफरत करती हूँ, नफरत करती हूँ, नफरत करती हूँ !''

आशा रानी ने साशा का हाथ पकड़ने की कोशिश की, लेकिन उसने झटके से अपना हाथ छुड़ा लिया। ''मुझे मत छुओ,'' वह बोली, ''मैं तुम्हारी बेटी नहीं हूँ। मैं तुम्हारी बेटी नहीं बनना चाहती।'' आशा रानी जानती थी कि उसे पकड़ने की कोशिश करना बेकार है। साशा को समय लगेगा, बहुत समय। आशा रानी बस यही उम्मीद कर सकती थी कि वह उसे इतना समय दे सकेगी।

एक घंटे बाद जब जे लौटा तो यह देखकर हैरान रह गया कि साशा अपने कमरे में रूठी पड़ी है। आशा रानी बैठक में चुपचाप बैठी पियानो को छेड़ रही थी। ''क्या हुआ ?'' उसने पूछा, ''एलिस कहाँ है ?'' ''मैंने उसे निकाल दिया,'' आशा रानी ने पियानो को छेड़ते-छेड़ते ही जवाब दिया।

जे ने आगे बढ़कर उसका हाथ पकड़ लिया। ''क्या ? इससे तुम्हारा क्या मतलब है कि तुमने उसे निकाल दिया ?'' वह बोला, ''तुम कौन होती हो उसे निकालने वाली ? और साशा का क्या होना है ?''

''तुम्हारा मतलब है 'तुम्हारा' क्या होना है ? साशा तो आखिर में ठीक हो ही जाएगी। अभी वह थोड़ी उखड़ी हुई है, जो स्वाभाविक भी है। लेकिन तुम ? तुम कैसे अपना काम चलाओगे ?''

जे एक गहरी आरामकुर्सी में धँस गया और शांत स्वर में बोला, ''देखो, डार्लिंग, हमें बात करनी होगी। आज की रात इसके लिए सही नहीं है। फिर भी...मैं इस बात से इनकार नहीं करूँगा कि हम दोनों का चक्कर चल रहा था—देखो, बात इससे भी बढ़कर है। मैं इसे क्षणिक आकर्षण कहकर टालने की कोशिश भी नहीं करूँगा। मैं उस लड़की से प्यार करता हूँ। वह मुझे प्यार करती है। और वह साशा को भी प्यार करती है। सब कुछ इस तरह से हो गया। मैंने यह सब सोच-समझकर नहीं किया था। मैं तुम्हें

भी प्यार करता हूँ, लेकिन वह अलग किस्म का प्यार है। हम अलग-अलग बड़े हुए हैं। हम कुछ समय से एक-दूसरे से अलग भटक रहे हैं। मेरे खयाल में हमें बाँधने वाली साशा ही है। अब वह भी बड़ी हो गई है और उसका भी अपना दिमाग है, तो हमें उसे यह छूट देनी होगी कि वह अपनी जिंदगी का रास्ता खुद चुने।

"बेबी, मैं तुम्हें जानता हूँ। मैं समझ रहा हूँ कि तुम हिंदुस्तान वापस जाना चाहती हो। खासकर, मद्रास जाना चाहती हो। तुम्हारा वनवास पूरा हो गया। अब तुम्हें हजारों मील दूर जाकर छिपने की जरूरत नहीं रह गई है। तुम अब हिंदुस्तान और अपने लोगों का सामना करने को तैयार हो। शायद, इस बार अपनी ही शर्तों पर। यह इतना आसान नहीं होगा—मुझसे ज्यादा तुम्हारे लिए। कुछ भी हो, मैं तो मौजूद रहूँगा ही। तुम्हें फिर से बसाने और तेज पटरी पर वापस लाने के लिए जो भी जरूरी होगा, मैं सब दूँगा। लेकिन हमारे बीच पति-पत्नी का संबंध अब खत्म हो गया। मैं सोचता हूँ कि तुम भी इतनी यथार्थवादी हो कि इस सच्चाई को स्वीकार करोगी। अच्छा यही होगा कि हम इसे अनावश्यक रूप से अपने लिए मुश्किल न बनाएँ। हम दोनों ने ही अलग-अलग तरीकों और अलग-अलग लोगों से चोटें खाई हैं। मैं नए सिरे से जिंदगी की शुरुआत करने को तैयार हूँ। मैं जानता हूँ तुम भी ऐसा करने में समर्थ हो।"

आशा रानी ने पियानो पर रखी अपनी फ्रेम जड़ी तसवीर को देखा। उसका मन हुआ कि वह इसे चकनाचूर कर दे। सब कुछ तोड़ डाले। मकान को आग लगा दे। जे को खत्म कर दे। आया को मार डाले, और आखिर में शायद अपनी भी जान ले ले। लेकिन फिर साशा जो है। बेचारी, मासूम साशा। बड़ों के झूठ और फरेब के मकड़जाल में फँसी साशा। नहीं, उसके पास कोई सही रास्ता नहीं है। आशा रानी को वही स्वीकार करना होगा जो जे कह रहा है। लेकिन, पहले तो बार्बेक्यू का मजा लेना था, और जे के घरवालों और दोस्तों को देखना था। आशा रानी आज रात उन सबको चकाचौंध कर देगी, उनके होश उड़ा देगी। वह उन्हें दिखा देगी कि वह किसी दूर पिछड़े देश की कोई आदिवासी औरत मात्र नहीं है।

आशा रानी वापस अपने कमरे में गई और उसने एक भड़कीली साड़ी छाँटकर निकाली। यह एक गुलाबी रंग की चमकीली साड़ी थी, जिस पर सलमा-सितारे जड़े थे। फिर वह यह सोचकर हैरान होने लगी कि इसके साथ का ब्लाउज उसकी भरी-पूरी देही पर सही बैठेगा या नहीं। उसने इसे पहनकर देखा तो उसके सीने पर थोड़ा कसा हुआ था, लेकिन चल सकता था। उसने बड़ी सावधानी से अपना सिंगार किया और इस बात का खास ध्यान रखा कि उसकी बिंदी उसकी साड़ी पर मौजूद फीरोजी रंग की बारीक कढ़ाई से मेल खाए। उसने अपनी आँखों का अलग ढंग से सिंगार किया—उनमें काजल लगाया, और उन्हें ऐसा रूप दिया जो रेवलॉन या डायर के विज्ञापनों की मॉडलों को भी मात देनेवाला था। लेकिन अभी किसी चीज की कमी थी। जेवरात की ? यहाँ उसके पास बहुत ज्यादा गहने नहीं थे। फूलों की ? बिलकुल। उसने एक फूलदान से एक बड़ा-सा गुलाब तोड़ा और उसे अपने बालों में लगा लिया।

आशा रानी सीढ़ियाँ उतरकर नीचे आई तो जे ने नजरें उठाकर उसे देखा। उस समय शाम का झुटपुटा हो रहा था। "वाह, डार्लिंग, तुम तो गजब ढा रही हो !" उसने आह भरते हुए कहा। उसने उसकी ओर शांत भाव से देखा और आहिस्ता से शुक्रिया कह दिया। वे दोनों ही जानते थे कि उसका असली मतलब अलविदा है।

साशा दौड़ती हुई आई, लेकिन आशा रानी को देखकर वहीं की वहीं रुक गई। "मम्मी !" उसने विरोध जताते हुए कहा, "मैंने तुमसे कहा था न कि यह मत पहनना। मैंने तुमसे कहा था, कहा था, कहा था !" वह चीखने लगी। आशा रानी ने उसे चुप कराना चाहा। वह नहीं चाहती थी कि वह खुद भड़क उठे या उस नन्ही लड़की को फिर से भड़कने का मौका दे। "बिटिया, मैंने अपना इरादा बदल दिया...इसके अलावा मेरी पुरानी जींस मुझे आई नहीं, मैं इतनी मोटी जो हो गई हूँ," उसने अपनी अशांत बेटी को फुसलाने के लिए कहा। साशा हाथ-पैर झटकती हुई वहाँ से चली गई और प्लेटों से छेड़छाड़ करने लगी।

धीरे-धीरे मेहमानों का आना शुरू हो गया। उनमें से कुछ को तो उसने पहचान लिया, क्योंकि वह एकाध बार शहर में सैर-सपाटे के समय उनसे मिली थी। वे उसके साथ विनम्रता से पेश आते थे, लेकिन दूरी बनाए रहते थे। वहीं साशा और जे के साथ वे खूब ठहाके लगाते थे और दोस्ताना बरताव करते थे। आशा रानी ने अपने सास-ससुर को तेजी से बैठक में आते देखा। उनके साथ जे की अविवाहित बहन थी। उसने गौर किया कि उसे देखते ही उनके चेहरों पर एक छाया आकर चली गई है और उनके हाव-भाव बदल गए हैं। जे की माँ ने होंठों को भींचते हुए मुसकराकर कहा, "बहुत अच्छा लगा तुम्हें देखकर, आशा रानी ! साशा तो सचमुच तुम्हें बहुत याद करती थी।" आशा रानी यह लक्ष्य किए बिना नहीं रही कि उसने अपने बेटे को शामिल नहीं किया। कम-से-कम वह ईमानदारी तो बरत रही थी। जे के पिता ने आराम से बैठकर उसे ऊपर से नीचे तक देखा। "वाह, वाह, वाह डियर ! क्या हम शानदार नहीं लग रहे हैं। बिलकुल किसी हिंदुस्तानी फिल्म स्टार की तरह, हा हा हा !" उन्होंने ठहाका लगाते हुए कहा। आशा रानी ने उनकी हँसी में शामिल होते हुए उनका हाथ पकड़ लिया। "लाइए, आपके लिए पेग बनाती हूँ," उसने कहा।

बरसों गोल्फ खेलने और घुड़सवारी करने से जे के पिता का शरीर अब भी छरहरा बना हुआ था। वह साठ बरस के बेहद चुस्त आदमी थे। उनकी धूप तायी चमड़ी उनकी कंकालनुमा पत्नी की भुतही पीलाहट से बिलकुल भिन्न नजर आती थी।

जे सभी के साथ बड़ी मोहकता से पेश आ रहा था और बार्बेक्यू को चालू रखे हुए था। आशा रानी ने अपने लिए शार्दने का एक और गिलास बनाया। "अच्छी वाइन है, क्यों ?" किसी ने उसके बिलकुल पास आकर कहा। उसके ससुर थे। जे ने संगीत चालू कर दिया। कोई आस्ट्रेलियाई रॉक बैंड 'लव टु लव यू, बेबी' गा रहा था। गाने में आहों-कराहों को भी नहीं छोड़ा गया था।

जे के पिता ने अपने कूल्हे मटकाए और टाँगें हिलाईं। "नाचोगी ?" उन्होंने आशा

रानी से पूछा। "शायद बाद में," उसने कहा। उन्होंने उसका हाथ पकड़ लिया और उसे आँगन के छोर तक ले गए। "तुम बहुत सुंदर औरत हो !" उन्होंने उसकी प्रशंसा करते हुए उसके कान में धीमे से कहा। आशा रानी ने उनकी आँखों में आँखें डालकर देखा। "शुक्रिया," वह बोली, "यहाँ पहुँचने के बाद यह पहली अच्छी बात मैंने सुनी है।"

वे बैठ गए और आनेवाले और लोगों को देखते रहे। वे एक-दूसरे का भर्राए स्वर में अभिवादन कर रहे थे। उनमें से कुछ मंच पर मटकने भी लगे थे। उसने अपनी गर्दन पर अपने ससुर की गर्म साँसों को महसूस किया। "तुम एक सेक्सी औरत हो !" उन्होंने कहा। उनकी आँखें चमक रही थीं। उन्होंने छोटी सी फोल्डिंग मेज के उस ओर से अपना हाथ बढ़ाकर उसके हाथ पर रख दिया। "जे खुशकिस्मत लड़का है," वह बोले, "हम तो हमेशा यही सोचते आए थे कि वह मेहरा है, औरतों से झेंपता है, मेरा मतलब शायद तुम समझ गई होगी। और तुम्हें देख लो ! मेरा मतलब है, मैं पक्का कह सकता हूँ कि तुम्हें अपने बिस्तर में कोई गर्म खूनवाला मर्द चाहिए।" उन्होंने उसके हाथ पर रखे अपने हाथ को कस दिया और उसे भींचकर अपनी मंशा जताई। उसे अपने घुटनों पर उनके घुटनों की रगड़ महसूस हुई—उनकी जींस का खुरदरा कपड़ा उसकी साड़ी की महीन तहों को काटे दे रहा था। वह उसके ब्लाउज से थोड़ा-थोड़ा झाँकती उसकी छातियों के बीच की झिरी को ताक रहे थे, और उसने देखा वह अपनी मोटी जीभ को अपने होंठों पर फिरा रहे थे। आशा रानी ने घृणा के साथ हड्डियों की उस फैशनेबल पोटली के बारे में सोचा, जिसके साथ उसके ससुर हर रात सोते थे। उसने जे की सपाट सीनेवाली बहन के बारे में भी सोचा। उसने अपने बे-रीढ़ पति के बारे में भी सोचा जो लकड़ी के छोटे से स्टेज पर साशा के साथ बर्डी डांस कर रहा था।

उसने महसूस किया कि उसके ससुर का खाली हाथ मेज के नीचे से उसकी जाँघ को टटोल रहा है। उसके आसपास के पेड़ घूमने लगे। उसने अपने ससुर की आँखों में नंगी वासना देखी, जब वह उसकी ओर झुकते हुए बोले, "क्या बात है डियर ? चक्कर आ रहे हैं ?"

आशा रानी ने सिर हिला दिया। "यह शराब का असर है," वह बोली, "हे भगवान्, यह उस कमबख्त शराब का असर है। यह हर किसी चीज और हर किसी व्यक्ति का असर है। मुझे इससे नफरत है, मुझे तुमसे नफरत है।" आशा रानी ने अपने पैरों पर खड़े होने की कोशिश की, लेकिन वह अपना संतुलन खो बैठी और उसके गिलास की शराब छलककर जे के पिता के ऊपर गिरी। वह खिलखिलाने लगी। वह बोली, "लो, कुतिया के पिल्ले, अब तो तुम्हारी गर्मी शांत हो जाएगी।" और यह कहते हुए उसने अपने गिलास की बाकी बची शराब उसकी टाँगों के बीच उभरे हुए हिस्से पर फेंक दी !

आशा रानी अपने देश से बाहर देसी चीजें पहनने से हमेशा बचती रही थी। उसे यह ज्यादा आसान लगता था कि हर जगह वहीं के लोगों के साथ मिल जाया जाए, बजाय इसके कि लोग आपको इस तरह से घूरें जैसे आप फेस्टिवल ऑफ इंडिया की कोई छूटी हुई नुमाइशी चीज हों। ऐसी बात नही थी कि पश्चिमी रूप धारण कर लेने से उसे कोई मदद मिली थी, बल्कि इससे तो उसकी ही छोटी सी बिटिया उलझन में पड़ गई थी। शायद कभी साशा उसे माफ कर दे—हो सकता है वह उसे समझते हुए स्वीकार भी कर ले, जैसे उसने अम्मा और अप्पा को समझा और स्वीकार किया था।

वह जानेवाले यात्रियों के लाउंज में जे और साशा के साथ जहाज का इंतजार कर रही थी। साशा तो जे का हाथ पकड़े थी और अपनी माँ को अपनी चमकीली नीली-हरी कांजीवरम साड़ी की चुन्नटें ठीक करते देख रही थी। तभी लंदन जानेवाली फ्लाइट की घोषणा हुई और यात्री लोग सुरक्षा की जाँच के लिए तैयार हो गए। आशा रानी ने साशा के पास जाकर उसे कसकर अपने सीने से लगा लिया। उसकी बच्ची ! कितनी याद आएगी उसे उसकी। साशा ने चुपचाप उसके हाथों में एक मुड़ा-तुड़ा कागज पकड़ा दिया—और चली गई। उसने जहाज की तरफ बढ़ते हुए उस कागज को खोलकर देखा। उस पर अनाड़ी हाथों से एक औरत की तसवीर बनाई हुई थी, जिसके माथे पर एक बड़ी सी बिंदी थी, और वह साड़ी पहने हुई थी। इसके नीचे साशा ने आड़े-तिरछे अक्षरों में लिख रखा था—'मेरी मम्मी'।

शोनाली

आशा रानी अपनी टैक्सी की खिड़की से बाहर ताक रही थी। इस समय टैक्सी लंदन की सड़कों पर दौड़ रही थी, जो सुबह-सुबह के इन क्षणों में अभी सूनी पड़ी थीं। लंदन आने का फैसला उसने पूरी तरह से सोच-विचारकर नहीं किया था। उस समय तो उसे बस इतना मालूम था कि जे के साथ उस तनातनी के बाद वह मद्रास जाने की हिम्मत नहीं कर सकती, जहाँ अम्मा और अप्पा की समस्याओं से जूझना पड़ता। और फिर उसका मुंबई का मकान भी खाली पड़ा था। वह अपने आपको पराजित और नितांत अकेला महसूस कर रही थी और कहीं भागकर छिप जाना चाहती थी। लंदन और किसी भी जगह से कम अच्छा नहीं था, और फिर जे ने इतनी बढ़िया पेशकश की थी जिसकी उसे उम्मीद ही नहीं थी। लंदन में उसका एक छोटा सा फ्लैट था और उसने आशा रानी से कह दिया था कि वह जब तक चाहे, उसमें रह सकती है। इसके अलावा उसने गुजारे के लिए पैसे देने की भी पेशकश की थी। आशा रानी ने अपने अहम् के आहत होने की परवाह न करते हुए फौरन इस मदद को स्वीकार कर लिया था। अब यहाँ आकर उसे कुछ कड़े फैसले करने थे। पहला फैसला तो बिलकुल स्पष्ट था कि अगर वह यहाँ कुछ दिन रहना चाहती है तो उसे ऐसा कोई काम ढूँढ़ना होगा जिससे न केवल जे के दिए पैसे की भरपाई हो जाए, बल्कि वह व्यस्त भी हो जाए। शायद हेयर ड्रेसिंग या ब्यूटीशियन का क्रैश कोर्स ठीक रहेगा। दुनिया में अवसरों और संभावनाओं की कोई कमी नहीं है। होशियारी इसमें है कि सही समय पर उन्हें हाथ में ले लिया जाए।

बाद में स्थितियाँ कुछ ऐसी बनीं कि आशा रानी को बिलकुल भी हाथ-पाँव मारना या मारा-मारा नहीं फिरना पड़ा। लंदन आने के एक महीने में ही, जब वह एक धूसर, रिमझिम भरे दिन को हैरड्स के एक मेकअप काउंटर से दूसरे मेकअप काउंटर के चक्कर लगाती नई-नई लिपस्टिकों और आईशैडोज को देखती फिर रही थी, तो एक बेहद आकर्षक हिंदुस्तानी लड़की उसकी तरफ आई। वह बहुत स्मार्ट थी और बहुत अच्छे कपड़े पहने हुए थी। "तुम आशा रानी ही हो न ?" उसने पूछा, "मैं इस अविश्वसनीय चेहरे को कहीं भी पहचान लेती।"

आशा रानी ने अपने सामने खड़ी इस चिकनी, मुसकराती, बेहद बनी-ठनी लड़की

को देखा और अनिश्चय के अंदाज में मुसकरा दी। उसने अपना हाथ बढ़ा दिया और बोली, "हाय ! मैं शोनाली लक्लेयर हूँ। मैं भी हिंदुस्तानी हूँ। हिंदुस्तानी मूल की। अब मैं लंदन, पेरिस, न्यूयॉर्क में रहती हूँ और वहीं काम करती हूँ।"

आशा रानी की समझ में नहीं आ रहा था कि इस बेहद आकर्षक अजनबी लड़की की बातों के जवाब में क्या कहे और क्या करे। उसके कपड़े बहुत शानदार होते हुए भी बहुत आवारा किस्म के लोगों जैसे थे। या तो वह कोई काउंटेस हो सकती थी या फिर कोई वेश्या। उसने दूधिया रंग के चीनी क्रेप के कपड़े और ढेर सारे नकली मोती पहन रखे थे। उसने गहने भी कुछ ज्यादा ही इस्तेमाल किए थे, लेकिन कुल मिलाकर उसका प्रभाव अवाक् कर देनेवाला था। आशा रानी का ध्यान उसके रेशमी मोजों और चार इंच की ऊँची एड़ीवाले मटमैले रंग के जूतों में सफाई से अँटे उसके छोटे-छोटे पैरों पर गया। उसका बैग और पेशेवर ढंग से बनाई गई हेयर स्टाइल—दोनों को ही देखने से साफ पता चल रहा था कि उन पर काफी पैसा खर्च किया गया था। शोनाली भी आशा रानी की तरह ही काली थी, लेकिन उसके मेकअप में बहुत ज्यादा चमक थी और वह उसके कपड़ों से मेल खा रहा था। वह दूसरे देश की थी, लेकिन साफ तौर पर ऐसी दिखाई नहीं पड़ती थी। उसकी देह पकी हुई और भरी-पूरी थी और ऐसी पतली कमर उसने कहीं नहीं देखी थी। उसकी बेल्ट का पालिश किया हुआ बकसुआ उसकी कमर के पतलेपन की ओर बरबस ध्यान खींचता था और उसके नीचे लहराते उसके सुडौल कूल्हे और भी उभरकर दिखाई देते थे। वह बहुत नजाकत से चलती थी—किसी थाई नर्तकी की तरह, और अपनी आँखों से मुसकराती थी।

आशा रानी बावरी-सी उसे ताकती रह गई। आखिर उसे अपनी आवाज सुनाई दी, "अच्छा, अच्छा। बड़ी खुशी हुई तुमसे मिलकर।"

"क्या तुम अकेली हो ? व्यस्त हो ?" उसने पूछा।

"नहीं तो," आशा रानी ने कहा।

"कहीं चलकर चाय पियें ?" शोनाली ने पूछा।

आशा रानी को लगा कि काश, आज सुबह उसने अपने बनाव-सिंगार पर थोड़ा ध्यान दे लिया होता। उसे पता था कि वह बिल्कुल चुड़ैल दिखाई दे रही है। वह जब सोकर उठी तो बहुत उदास थी। उसने जो गोलियाँ खाई थीं, उनकी वजह से उसका चेहरा सूज रहा था। आज का दिन भी उदास था और टप-टप बारिश भी हो रही थी। उसे खुद पता नहीं था कि आज वह क्या करना चाहती है। ऐसी बात नहीं थी कि आज की सुबह पिछली कुछ सुबहों से अलग थी। उसे लंदन में आए दो हफ्ते से ऊपर हो गए थे और वह अब भी अपनी भावी जिंदगी की कुंजी तलाश रही थी। उसने कई सैलूनों में दरख्वास्त दी थी। सभी कोर्स काफी महँगे थे, लेकिन असली समस्या पैसों की नहीं थी। वह बस अपनी उदासीनता को नहीं झटक पा रही थी। उसने मालिनी को फोन करने के बारे में भी सोचा था। अब अक्षय तो रहा नहीं, तो शायद वह उसके साथ उतनी दुश्मनी न दिखाए। उसने सुना था कि मालिनी ने प्रयोग के तौर पर लंदन

में छोटे-छोटे कार्यक्रम देने शुरू कर दिए हैं। वह अपने कुछ पुराने हिट गानों को भी रिकॉर्ड करवानेवाली थी। स्पष्ट था कि वह इस हादसे से अछूती उभर आई थी। यह बात नहीं थी कि आशा रानी को इस पर कोई आश्चर्य हुआ हो, क्योंकि उसने तो मालिनी को हमेशा रूखा और भावहीन ही देखा था।

आशा रानी ने एक-दो बार उसका नंबर डायल भी किया, लेकिन फिर काट दिया था। और अब, यहाँ वह एक शानदार अजनबी के साथ ऑक्सफर्ड स्ट्रीट के पास ही चार्चिल्स रेस्त्राँ में चाय पी रही थी। इस बीच शोनाली ने हाथ के इशारे से दो अरबों को बुलाया, जिन्होंने उसके पास आकर धीमे से अरबी में कुछ कहा। शोनाली ने आशा रानी का परिचय उनसे करवाया। बाद में शोनाली ने उसे बताया कि ये उसके 'ग्राहक' हैं।

आशा रानी को अपनी नई दोस्त से यह पूछने की हिम्मत जुटाने में कुछ वक्त लग गया कि दरअसल वह क्या करती है। शोनाली ने पहले तो एक खूबसूरत सुनहरे लाइटर से अपने लिए सिगरेट जलाई और फिर जवाब दिया, "मैं एक पी.आर. (जनसंपर्क) एजेंसी चलाती हूँ। दुनिया-भर में मेरा काम फैला हुआ है। हम बहुत सारी वी.आई.पी. हस्तियों की नुमाइंदगी करते हैं—उनमें समाज के नामी-गिरामी लोग, राजकुमारियाँ, शेख़, फिल्म-स्टार, शो-बिजनिस की हस्तियाँ, टी.वी. जगत के बड़े-बड़े लोग शामिल हैं। बहुत मजेदार काम है। दरअसल तुम्हें देखते ही मेरे मन में यह बात आई थी कि अगर यह मेरे साथ आ जाए तो मेरे काम में, और भी फुर्ती आ जाएगी। मेरा मतलब है, अगर तुम्हें कुछ अलग करने में दिलचस्पी हो ? कोशिश करने में क्या हर्ज है ? मैं तुम्हें कुछ लोगों से मिलवा दूँगी। इसमें किसी तरह का कोई बंधन नहीं होगा। फिर तुम यह फैसला कर सकती हो कि यह काम तुम्हारे मतलब का है या नहीं। मैं लंदन में लगभग सभी महत्त्वपूर्ण लोगों को जानती हूँ—पत्रकार, संपादक, राजनीतिज्ञ, शाही घराने के लोग—सभी को। हम हर वक्त आपस में पार्टी करते रहते हैं। इस काम में सफर बहुत करना पड़ता है। और सच कहूँ तो मैं बिलकुल थक चुकी हूँ, जानेमन ! बहुत, बहुत, बहुत ज्यादा थक गई हूँ मैं। मुझे अपने कुछ एसाइनमेंट तुम्हारी जैसी किसी औरत को देकर खुशी होगी। मेरा मतलब है, अपने आपको देखो—तुम तो शतावरी का एक फूल हो। तुम विदेशी हो, जोशीली हो और ऐंद्रिक भी। तुम तो सनसनी फैला दोगी ! मुझे तो अभी से तुमसे जलन हो रही है। मुझे पता है, मेरे प्रशंसक तुम्हें देखते ही मुझे छोड़ देंगे। इसके अलावा, तुम्हारा नाम भी है। तुम रुपहले परदे की रानी रह चुकी हो। तुम मशहूर हो, जवान हो और सेक्सी हो। मेरा मतलब है, औरत और कितनी खुशकिस्मत हो सकती है ? मैं मान रही हूँ कि यहाँ तुम अकेली हो। तुम अकेली दिखाई दे रही हो ?"

आशा रानी ने सिर हिला दिया।

"बहुत खूब ! तो फिर पक्का रहा," शोनाली ने कहा और दस्तानेवाला अपना हाथ आशा रानी के नंगे और ठंडे हाथ पर रख दिया। उसने एक महँगा बिजनिस कार्ड और सुनहरे केसवाली एक नोटबुक निकाली, "बताओ जानेमन, तुमसे कहाँ संपर्क कर सकती

हूँ मैं ? हम-तुम, सारी चीजें पक्की करने के लिए कब मिल सकते हैं ?''

आशा रानी तो शोनाली की बातें करने की रफ्तार से हैरान रह गई। ''लेकिन, मैं नहीं जानती मैं यह काम कर पाऊँगी भी कि नहीं। मेरे पास सच में कोई अनुभव नहीं है इसका। इस काम में मुझे दरअसल करना क्या होगा ?'' आशा रानी ने कहा।

''तफसील, तफसील। अब बोर मत करो, जानेमन ! इसके बारे में तो हम बाद में भी बात कर सकते हैं। बस 'हाँ' कह दो और आज रात हम क्लब में पीने के लिए मिलते हैं। मैं अपने दो-एक दोस्तों से तुम्हारी मुलाकात करवाऊँगी। तुम पार्टी कर सकती हो। मजा आएगा। चलो, मुसकराओ भी। हम भी तो देखें तुम्हारे खूबसूरत दाँत। याद रखो इस पी.आर. के धंधे में ऐसी औरतों के लिए कोई जगह नहीं है जिनके मुँह बने रहते हैं ! क्यों न मैं तुम्हें छोड़ आऊँ, ताकि तुम्हें थोड़ी देर सोने का मौका मिल जाए और तुम तरोताजा होकर आज रात के लिए अपने शानदार कपड़े पहनकर आओ ? ए, सुनो, यहाँ हम मजे करने के लिए आए हैं। मेरा भरोसा करो। मेरा मन कह रहा है, मेरी-तुम्हारी अच्छी निभेगी। मुझे अंदर से लग रहा है। हमें मिलना ही बदा था। और हाँ, आज रात साड़ी ही पहनना। पैंट में तुम भयंकर लगती हो ! वैसे, ये पैंट तुम्हें मिली कहाँ ? 'सेल' की ढेरी में से उठा ली क्या ?''

आशा रानी की समझ में नहीं आ रहा था कि इस मुलाकात का क्या मतलब निकाले। सब कुछ बेहद तेजी से हुआ था। लंदन में वह किसी को जानती भी नहीं थी कि उससे इस बारे में राय-मशविरा करती। शोनाली कौन है ? और दरअसल उसका खेल क्या है ? आशा रानी को कौतूहल हुआ और वह इस तरफ खिंच गई। उसने फैसला किया कि वह आज रात शोनाली से मिलेगी—और पता लगाएगी।

आशा रानी ने नीले रंग की साड़ी और नंगी पीठवाली चोली पहनी। नीला रंग उसके लिए सौभाग्य लेकर आता था, खासकर जब उसके साथ सही किस्म का सिंगार और सुनहरी बिंदी हो ! उसने सोने के ढेर सारे गहने पहन लिए और सुनहरे रंग की ही नुकीली एड़ीवाली जूतियाँ पहनने का फैसला किया। अपने आपको आईने में देखकर वह कुछ ज्यादा ही खुश हुई। वह अपने उसी पुराने रूप में थी—गरम, सेक्सी और उत्तेजक। बिलकुल 'लाखों दिलों की मलिका' ही लग रही थी वह।

सोनाली उसे लेने आई तो उसे देखकर दंग रह गई। वह बोली, ''क्या गजब है ! चंट औरत ! मेरे साथ यह सब करने की तुम्हारी हिम्मत कैसे हुई ? तुम्हारे सामने तो मैं पक्की नौकरानी लग रही हूँ ! कहीं जान-बूझकर यही कोशिश तो नहीं की है तुमने !''

आशा रानी ने रहस्यपूर्ण ढंग से मुसकराते हुए कहा, ''हो सकता है।''

शोनाली ने भी ऐसे कपड़े पहन रखे थे, जैसे किसी को मारने—या शायद कत्ल करने निकली हो। उसने एक काली मिनी स्कर्ट और उसके ऊपर सलमा-सितारे जड़ी एक जैकिट पहन रखी थी। उसने बालों को पीछे करके एक छोटा-सा घुमाव देकर उन पर वेलवेट का एक हेयर बैंड लगा लिया था। आशा रानी ने काले रेशमी मोजों के अंदर उसकी लंबी टाँगों को प्रशंसा भाव से देखा। उसके जूते और बैग उसकी गुलाबी रंग

की लिपस्टिक से मेल खाते हुए थे।

''तो, हम कहाँ जा रहे हैं ?'' कार की तरफ बढ़ते हुए आशा रानी ने उससे पूछा। ''तुम्हें जल्दी ही पता चल जाएगा, जानेमन, कि मेरे साथ कभी बोरियत नहीं होती। वैसे, बेंटली में बैठा वह आदमी लॉर्ड ऐशली है। बहुत प्यारा आदमी है। थोड़ा सनकी जरूर है, अधिकतर अंग्रेजों की तरह, लेकिन है मजेदार। हम उसके दो-एक दोस्तों के साथ कुछ पिएँगे, और फिर थिएटर चलेंगे। रात का खाना देर से खाया जाएगा। और उसके बाद, देखो, कौन बता सकता है।''

कार में बैठा आदमी चमड़े की गद्दियों में धँसा हुआ था, लेकिन दोनों औरतों को देखकर उसने सिर उठाया। आशा रानी ने गौर किया, उसकी उम्र पचास के आसपास थी और बिलकुल अलग दिखाई दे रहा था। उसकी आवाज थोड़ी ऊँची थी और उसके हाथ मखमल जैसे गुदगुदे थे। उसके नाखून लंबे और करीने से कटे हुए थे। उसने अपनी पतली उँगलियों में जो अँगूठियाँ पहन रखी थीं, वे अँधेरे में चमक रही थीं। शोनाली ने आशा रानी का परिचय यह कहकर दिया कि वह हिंदुस्तान के एक दूर-दराज गाँव की 'आदिवासी राजकुमारी' है। आशा रानी इसके जवाब में कुछ कह पाती, इससे पहले ही शोनाली ने उसे टोक दिया और धीमे से बोली, ''चुप रहो।'' पार्टी में जाते समय रास्ते में उसने उसके बारे में एक ऐसी अविश्वसनीय कहानी गढ़ी, जो सुनने में आशा रानी की तमाम फिल्मों से भी ज्यादा असंभव लगती थी।

''अगर किसी को पता चल गया कि तुम बेसिर-पैर की हाँक रही हो तो ?'' उसने सरसरी तौर पर शोनाली से हिंदी में पूछा।

''चिंता मत करो, जानेमन, हम चलते हुए कुछ-न-कुछ सोच लेंगे। हम कह सकते हैं कि तुम्हारी माँ पंद्रह साल की उम्र में तुम्हें पैदा करते समय मर गई थी, और उसके बाद तुम्हारे पिता ने एक दुष्ट औरत से शादी कर ली; और तुम्हारे पिता और चुड़ैल जैसी माँ ने मिलकर तुम्हें घर से बाहर निकाल दिया, क्योंकि उन्हें बेटा चाहिए था। तुम्हें मजबूरन मुंबई आना पड़ा, जहाँ पैनी निगाहवाले एक आदमी ने तुम्हें देख लिया और तुम एक मशहूर फिल्म स्टार बन गईं। हम यह भी जोड़ सकते हैं कि तुम्हारी भयंकर माँ अप्राकृतिक मौत मर गई—उसकी हत्या कर दी गई, और उसके इकलौते बेटे ने पेरिस में पढ़ाई करते समय कोकीन की जरूरत से ज्यादा खुराक लेकर खुदकुशी कर ली। इस तरह से परिवार में केवल तुम रह गईं, और अब राजसिंहासन की असली हकदार तुम हो और तुम्हीं वारिस हो।'' ''तो फिर मैं लंदन में क्या करती फिर रही हूँ ?'' आशा रानी ने संदेह जताया।

''अरे भाई, हिंदुस्तान तुम्हें बोर करता है ! तुम्हें तेज रफ्तार जिंदगी अच्छी लगती है, तुम्हें अच्छी जगहें चाहिए—जैसे रिवीएरा वगैरह। और फिर वहाँ तुम्हारी जमीन-जायदाद देखने के लिए तुम्हारे आदिवासी लोग हैं। तुम्हारा राज्य तुम्हारे बेटा पैदा होने के बाद उसका हो जाएगा। ब्रिटिश लोगों को 'फार पैविलियंस' किस्म की ऐसी ही कहानियाँ अच्छी लगती हैं। ये लोग राज से संबंधित कहानियों के दीवाने होते हैं और उन्हें

लपककर लेते हैं। हम तुम्हारी कहानी को हजारों पौंड में बेच सकते हैं। हो सकता है इस पर आधारित टी.वी. सीरियल भी बन जाए। अब सब कुछ तुम्हारे ऊपर है। बस अपना रोल ठीक तरह से करती जाओ, और जरूरत से ज्यादा मत बोलना। मर्द लोग चपड़-चपड़ करनेवाली औरतों को पसंद नहीं करते। मर्दों की बातों को खूब सुनना। उनमें अपनी दिलचस्पी दिखाना और बदसूरत से बदसूरत आदमी से भी यही कहना कि वह कितना खूबसूरत और अद्‌भुत है। जो आदमी जितना बदसूरत होगा, वह तुम्हारे झूठ को उतना ही अधिक सच मानना चाहेगा। जानेमन, चापलूसी ही कुंजी है। इसके बूते तुम कहीं भी और हर कहीं जा सकती हो। आज रात मुझे हरकत में देखना, तब तुम जल्दी सीख जाओगी।'' लॉर्ड ऐशली शायद सो गया था। शोनाली ने आशा रानी का हाथ दबाया और फिर लॉर्ड ऐशली का, और उससे अंग्रेजी में फ्लर्ट करने लगी।

बाकी रात आशा रानी ने शोनाली को बारीकी से देखा। वह भी एक ही चीज थी। उसके काम करने के ढंग को देखकर कुछ फिल्मी औरतें एक-दो हथकंडे सीख सकती थीं। आशा रानी ने जान-बूझकर अपने आपको पीछे रखा। वह शोनाली को दिखाना नहीं चाहती थी कि एक-दो हथकंडे तो उसे भी आते हैं।

उस रात वे जिन लोगों से मिले, वे आशा रानी से अपनी नजरें हटा नहीं सके। शोनाली ने उसे एक ओर ले जाकर धीमे से कहा, ''जानेमन, तुम तो हिट हो गईं। जबरदस्त हिट ! मैं इसे देख रही हूँ, समझ रही हूँ। हर कोई तुम्हारे बारे में और जानना चाहता है। मैंने कहानी को यहाँ-वहाँ थोड़ा बदल दिया है। अगर तुमसे कोई पूछे कि तुम किस रजवाड़े की हो तो कोई ऐसा मुश्किल सा नाम बता देना, जिसे वे न तो समझ पाएँ और न ही बोल पाएँ। इस तरह से तुम पकड़ में नहीं आओगी। लंदन सोसायटी में कई 'महामहिम' हैं और उन्हें हिंदुस्तान के एक-एक राजघराने की जानकारी है। हम नहीं चाहते कि तुम पकड़ी जाओ। मेरा मतलब है, हमारा पाला यहाँ असली नकचढ़ों से है, और हम कोई धोखाधड़ी करते नहीं पकड़े जाना चाहेंगे। और आज रात तुम एक अच्छी लड़की की तरह घर वापस जाओगी—टैक्सी में अकेली। तुम्हें हमबिस्तर होने के लिए जो भी प्रस्ताव मिलें, उन्हें ठुकरा देना। उनसे कहना कि तुम इस तरह के काम नहीं करतीं। इससे उनकी दिलचस्पी और भी बढ़ जाएगी। मैं तुम्हें एक फोन करूँगी। तब हम तय करेंगे कि हमें क्या-क्या और कैसे करना है।''

जल्दी ही आशा रानी पार्टियों, देहातों में बिताए जानेवाले सप्ताहांतों और चैनल पार की छोटी-छोटी यात्राओं के एक कभी न खत्म होनेवाले भँवर में फँस गई। यह लंदन की ऊँचे (या नीचे) स्तर की जिंदगी थी और शोनाली, बेशक, यहाँ के सामाजिक दायरे की एकच्छत्र महारानी थी। आशा रानी जितना जता रही थी, उससे कहीं ज्यादा प्रभावित थी। शोनाली में अक्खड़पन था, अंदाज था, हिम्मत थी और सेक्स अपील थी। इसके अलावा वह अक्लमंद भी थी। उसके सिखाने से आशा रानी बहुत तेजी और बहुत अच्छे

तरीके से सीख गई। उसके सोचने के ढंग के साथ-साथ उसके बोलने का ढंग भी बदल गया। किसी फटेहाल हेयर ड्रेसर के यहाँ गुलामी करने से तो यह काम यकीनन बेहतर था।

अगर आशा रानी को ब्रिटिश लोग कुछ ज्यादा ही अजीब लगे थे, तो उसकी एवज में मिलनेवाले फायदों को देखते हुए यह बात कोई मायने नहीं रखती थी। छह महीने के अंदर ही वह जे के एपार्टमेंट को छोड़कर नाइट्स ब्रिज में अपने खुद के खूबसूरत फ्लैट में चली गई थी। शोनाली खुद कार्लोस प्लेस के एक बड़े से एपार्टमेंट में रहती थी, और उसके मुताबिक 'असली' कारोबार तो वहीं था। आशा रानी वहाँ अक्सर ही तफरीह करती थी और उसके मन में लालसा थी कि उसके पास भी ऐसा एक मकान हो। उसका रोजमर्रा का कार्यक्रम यह रहता था कि दिन में वह खरीदारी और सुंदरता की सँभाल करती थी और रात में जबरदस्त तफरीह करती थी। लोग उसे एक रहस्यमयी, असाधारण और बेहद सेक्सी औरत मानते हुए जो तवज्जो देते थे, वह उसी में मस्त रहती थी। कुछ फैशनेबल पत्रिकाओं ने उसे हिंदुस्तान से आई बिलकुल नई 'हीट ऐंड लस्ट' वाली चीज बताते हुए उस पर लेख छापे थे। शोनाली को अपनी इस खोज पर बहुत नाज था और उसे आशा रानी को 'दि जूइल इन दि क्राउन' बताते हुए सबके सामने पेश करने में मजा आता था। वह उसे ऐसी राजकुमारी बताती थी जो इंग्लैंड की बेहतरीन जिंदगी का मजा लेने के लिए हिंदुस्तान में अपने एक सौ सजे-धजे हाथियों को छोड़कर आ गई थी। "इसमें इतनी बोरियत होती है, डार्लिंग," शोनाली आमतौर पर अपनी कहानी में यह भी जोड़ देती थी, "मेरा मतलब है, हाथियों के साथ तो बहुत कुछ किया जा सकता है।" उसकी इस बात पर हमेशा ही ठहाके लगते थे और लोग अपनी आँखों में और भी दिलचस्पी का भाव लिए मुड़कर आशा रानी को देखने लगते थे।

शोनाली को सारे 'लेन-देन' खुद ही निपटाने अच्छे लगते थे और वह कहती थी, "यह सब मुझ पर छोड़ दो। मेरे पास इसके लिए पूरा ढाँचा है। मेरे पास सेक्रेटरी, टैक्सवाले और बाकी तमाम चीजें हैं। तुम तो बस सुंदर दिखने पर अपना ध्यान लगाओ। मैं यह पक्का कर लूँगी कि इस दौरान तुम अमीर हो जाओ।"

आशा रानी को इस व्यवस्था से कोई एतराज नहीं था। आजकल शोनाली उसे अकेले ही मर्दों से मिलने जाने देती थी। वह कह देती थी, "मुझे दो-एक काम निपटाने हैं। क्यों न तुम अपना काम करती रहो, मजे करो, और कल मुझे इसके बारे में सारा कुछ बताना। कोई भी गंदी तफसील मुझसे मत छिपाना...।" कभी-कभी आशा उन लोगों के लिए अपने आपको दोषी मानती थी, जिन्हें उसने हर तरह से छोड़ दिया था—अम्मा, अप्पा, साशा—लेकिन वह जल्दी ही अपने आपको यह भी याद दिलाती थी कि उनकी मदद करने का उसके पास केवल एक ही उपाय था कि वह खुद अपनी मदद करे। इसके अलावा, महीने गुजरने के साथ उसके पास समय की भी कमी होती गई, क्योंकि उसका काम बढ़ता ही जा रहा था।

आशा रानी अपनी इस नई जिंदगी में कूद पड़ी तो शोनाली उसकी बेहिचक

आलोचक और मार्गदर्शक बन गई।

"जानेमन, तुम अपना समय बरबाद कर रही हो। तुम्हें अपने आपको शिक्षित कर लेना चाहिए। खबरों की जानकारी रखो, अखबार पढ़ो, किताबों और आज के हालात पर नजर रखो। अपने आप में सुधार लाओ। हम जिन लोगों से मिलते हैं, ये लोग बहुत सुसंस्कृत हैं। उन्हें अच्छी संगत, अक्लमंदी से भरी बातचीत, हँसी-मजाक, छोटी-छोटी मजेदार कहानियाँ चाहिए होती हैं। आखिरकार, अभी हम लेडी डाइ के दायरे में तो नहीं पहुँचे हैं, और 'उसके' प्रशंसक तक यह शिकायत करते हैं कि एक स्थिति के बाद उसके पास भी कहने के लिए ऐसा कुछ भी नहीं रह जाता है। अगर तुम चाहती हो कि तुम्हारे नए दोस्त तुम्हारे बने रहें, तो तुम्हें यह सब कूड़ा-करकट देखना छोड़ना होगा," वह कहती।

कभी-कभी आशा रानी को शोनाली की इन हौसला बढ़ानेवाली बातों से चिढ़ भी होती थी, लेकिन बगावत करने की उसकी हिम्मत नहीं थी। यह सही था कि जिन मर्दों से वे मिलती थीं, उन्हें खुश करना इतना आसान नहीं था। ऐसी भी रातें निकली थीं जब आशा रानी को लगा था कि वह उम्मीदों पर खरी नहीं उतरी। ऐसा खासकर तब होता था जब राजनीति पर चर्चा छिड़ जाती थी। शोनाली इस मामले में अच्छी जानकार लगती थी। और अक्सर तो वह कुछ ऐसी जानकारियाँ छोड़ देती थी, जिन्हें वर्गीकृत माना जाता था। आशा रानी ने इस बात पर गौर किया था कि वह अपने इन छोटे-छोटे बमों को छोड़ने का समय बहुत होशियारी से चुनती थी, और इस बात का अंदाजा भी बखूबी लगा लेती थी कि उसकी इस जानकारी का असर क्या होगा। एक बार तो आशा रानी ने उससे इस बारे में पूछ भी लिया। शोनाली ने सरसरी तौर पर ही इसका जवाब दिया, "ऊँचे ओहदे पर बैठे लोगों, संपादकों वगैरह से मेरी दोस्ती है। और वह मिनिस्टर, जिससे तुम मेरे यहाँ कई बार मिल चुकी हो, बहुत प्यारा है वह, लेकिन बौड़म भी है। मैं उसकी कही एक-एक बात को बड़े ध्यान से सुनती हूँ। कभी-कभी ये लोग वह भी बोल जाते हैं जो उन्हें नहीं बोलना चाहिए। ऐसा अक्सर तब होता है जब वे कॉन्यक के दो-एक पेग लगा लेते हैं। उनके जाने के बाद कुछ जानकारियों को मैं लिख लेती हूँ—पता नहीं कब किसकी जरूरत पड़ जाए। लेकिन मैं विवेक से काम लेती हूँ, जानेमन, और अपने होंठ सीकर रखती हूँ। मैंने यह सख्त नियम बनाया हुआ है कि किसी भी हालत में किसी का नाम नहीं लूँगी। यहाँ तक कि अपनी डायरी में भी मैं कोई नाम नहीं लिखती। लेकिन मेरे गुप्त कोड हैं। उन सबके अर्थ मैं ही निकाल सकती हूँ। एक दिन मेरी डायरी में दर्ज यही जानकारियाँ मुझे लाखों कमाकर देंगी—तुम बस देखती जाओ !"

आशा रानी इससे ज्यादा कुछ नहीं जानना चाहती थी। वह शोनाली की गोपनीयता का सम्मान करती थी और उससे भी यही उम्मीद करती थी कि वह भी उसकी गोपनीयता का सम्मान करेगी। वह जानती थी कि शोनाली राज छिपाने में माहिर है, क्योंकि उसने उसे किसी की भी इज्जत से खिलवाड़ करते नहीं पकड़ा था। उसमें यह

खूबी थी कि वह आदमियों को बोलने के लिए प्रेरित करती थी और उनसे वह सब भी कहलवा लेती थी जो उन्हें नहीं कहना चाहिए था। और इसके लिए उसे कोई सख्ती नहीं करनी होती थी, आक्रामक नहीं होना पड़ता था। उसने आशा रानी को इस बात के लिए उत्साहित किया कि वह भी उसकी तरह करे। उसने उससे कहा, "तुम लोगों को मुझसे कहीं अच्छे ढंग से काबू में कर लेती हो। ये जो लोग हमारा साथ चाहते हैं, ये रुतबेवाले, अमीर और असरदार लोग हैं। दुनिया इनके कब्जे में है। हम इन्हें तनाव से मुक्ति दिलानेवाली, आकर्षक और चाहने के काबिल लगती हैं। हम उन पर अहसान कर रही हैं–इनके दिन दबावों और तनावों में बीतते हैं। इनकी जिंदगियाँ पेचीदा होती हैं, बीवियाँ चुड़ैलें होती हैं, इनके बच्चे इनसे नफरत करते हैं और इनकी अंग्रेज दोस्त इनका फायदा उठाती हैं। हम सुरक्षित हैं। हम उन्हें वह देती हैं जो वे चाहते हैं। तभी तो हम कामयाब होती हैं। तुम क्या सोचती हो, दूसरे लोग कोशिश नहीं करते ? वे भी हमारी स्थिति में आना चाहते हैं। लोग मेरे पास किसी जानकारी के लिए बड़ी-बड़ी रकम लेकर आते हैं। वे चाहते हैं कि मैं इन लोगों के साथ होनेवाली अपनी बातचीत को टेप कर लूँ, सब कुछ रिकार्ड कर लूँ। लेकिन मैं इनकार कर देती हूँ। कौन अपने लिए झमेला खड़ा करे ? मैं तुम्हें यह सब बता रही हूँ, इसकी वजह यह है कि तुम क्यों नहीं हरकत में आ जातीं ? तुम जल्दी ही अपने पैरों पर खड़ी हो जाओगी। सच तो यह है, जानेमन कि तुम्हें अब मेरी जरूरत नहीं रह गई। तुम पर मोहित होनेवाले तुम्हारे अपने प्रशंसक हैं–ढेर-के-ढेर प्रशंसक हैं। मैंने तो बस तुम्हें मिलवा दिया। तुम चाहो तो इस बात का फायदा उठा सकती हो। मेरे पास ऐसे दोस्त हैं जो तुम्हारे फ्लैट में तार बिछा सकते हैं। बहुत आसान है। इसमें कुछ भी नहीं है। तुम मर्दों से बातें करने में तो माहिर हो ही। अपनी इस प्रतिभा का इस्तेमाल करो। इसमें बहुत पैसा है। तुम तो जानती ही हो कि इन अरबों के पास कितना पैसा होता है। वे बड़ी-से-बड़ी रकम देने को तैयार रहते हैं। बस एक साल तक यह काम कर लो और फिर, जब तुम्हारे पास ढेर सारा पैसा इकट्ठा हो जाए तो इसे छोड़कर जा सकती हो। किसी देहाती इलाके में चली जाना। सत्रहवीं शताब्दी की कुछ खूबसूरत रियासतों की बिक्री होनेवाली है। मैं तुम्हारी सिफारिश कर सकती हूँ। नहीं तो हिंदुस्तान लौटकर वहाँ कोई काम शुरू कर सकती हो।

"मेरे लिए स्थिति थोड़ी कठिन है, जानेमन। मैं यहीं रहती हूँ। और कहीं जा नहीं सकती। अमरीका से मुझे नफरत है। फ्रांसीसियों से मैं चिढ़ती हूँ। हाँ, कभी किसी फ्रांसीसी के साथ तुम्हें जाना पड़े तो अपने हैंडबैग में इस्तेमाल के बाद फेंक देनेवाला रेजर ले जाना मत भूलना, क्योंकि सारे-के-सारे फ्रांसीसी मर्दों को मुख-मैथुन बहुत अच्छा लगता है। उनके साथ यह अनिवार्य-सा ही होता है। पर अगर तुम्हारे मुँह में ढेर सारे बाल आ जाएँ तो तुम्हें कैसा लगेगा ! वैसे, तुम वहाँ के बाल धोने के बाद कंडीशनर का इस्तेमाल तो करती ही होगी। यह बेहद जरूरी है, जानेमन ! मर्दों को तब ज्यादा अच्छा लगता है, जब ये अच्छे और रेशमी हों...तो, जैसा कि मैं कह रही थी, मेरे सारे दोस्त यहीं हैं। हम कुछ कर सकते हैं, इसके बारे में सोचना।"

और, आशा रानी ने सोचा भी। लेकिन वह डर रही थी। वह अपने बूते पर संदिग्ध चरित्र वाले लोगों के पचड़े में नहीं पड़ना चाहती थी। जोजो की बीवी के गुंडे भेजने की घटना के बाद से तो वह और भी डर गई थी। जोजो। सुधा। वे सभी बहुत दूर लगते थे। लेकिन गुंडों की तसवीर अब भी उसके सपनों में बार-बार दिखाई देती थी। अभी तक तो उसने लंदन में अधिक संदिग्ध 'ग्राहकों' को अपने से दूर ही रखा था, और वह यही सिलसिला बनाए रखना चाहती थी।

शोनाली अपने और आशा रानी के 'पेशे' के बारे में कभी खुलकर चर्चा नहीं करती थी। इस बारे में उन लोगों के बीच एक गुप्त समझ बनी हुई थी, और घुमा-फिराकर भी कुछ कहने की इजाजत नहीं थी। रातों को जब वे बाहर जाती थीं तो उसे 'मनोरंजन करना' कहा जाता था। शोनाली फोन करके कहती, "आज रात मेरा मनोरंजन करने का प्रोग्राम है। चौकड़ी बनाना चाहोगी ?" आशा रानी भी पहेली बुझाती रहती थी। वह अपने मन में भी इस सच्चाई को स्वीकार नहीं करती थी कि वह एक महँगी रंडी के सिवाय कुछ नहीं है। लंदन में ऐसी रंडियाँ भरी पड़ी थीं। ये कुलीन कॉल गर्ल होती थीं, जो अगर पैसे नहीं लेती थीं तो बदले में और कुछ ले लेती थीं, हालाँकि उन्हें नकदी ज्यादा पसंद थी। आशा रानी तर्क देती थी कि इसमें कोई शर्म की बात नहीं है। कोई 'असली' शर्म नहीं है। वह अपनी सेवाएँ ही तो दे रही है, बस। कभी-कभी वह खुद भी मजे ले लेती थी। और फिर इस काम में ऊपरी आमदनी का पता लगाना भी मुश्किल था। उसने काफी पैसा इकट्ठा कर लिया था। इसके अलावा, कुछ मर्दों से उसने अहसान जताते हुए जेवरात भी लिए थे। इन गहनों को पहनने का उसका कभी कोई इरादा नहीं था, फिर भी उसने उनका मोल करा लिया था।

आनेवाले दिनों में शोनाली ने आशा रानी के आगे कई बार यह सुझाव दोहराया कि वह अकेली ही इस काम को करे, और बड़ी मछली फाँसे। और यह मछली जितनी संदिग्ध हो, उतना ही अच्छा है, क्योंकि शोनाली के मुताबिक, असली माल तो वहीं से मिलेगा। धीरे-धीरे उसने आशा रानी को मना ही लिया। और एक तरह से, उसे यह खयाल बहुत पसंद आया। इसी तरह सेठजी के साथ के पहले कुछ सालों में उसे रोमांच हुआ करता था। लेकिन अब वह अकेली थी—अब उसका कोई गॉडफादर नहीं था, कोई रक्षक नहीं था, कोई कवच नहीं था। अब वह अपने आपको बहुत ज्यादा खतरे में पाती थी। वह अपने मन में कहती भी थी कि वह इतनी होशियार नहीं है कि इतने बड़े-बड़े दाँव चल सके। उसे यह भी लगता था कि शोनाली उससे कुछ छिपा रही है। जैसे, हैरड्स में उनका 'इत्तफाकन' मिलना, अब आशा रानी के मन में एक शक पैदा करता था। क्या यह मुलाकात किसी ने तय की थी ? लेकिन आशा रानी का अता-पता किसे मालूम है ? और फिर उसे पता भी कैसे चल पाएगा कि सब कुछ किस तरह हुआ है ?

उसने सीधे-सीधे शोनाली से पूछने का फैसला किया। अब तक वह उसे खूब अच्छी तरह से समझ चुकी थी। अगर शोनाली ने उसे चरका देने की कोशिश की तो वह उसे भी समझ ही जाएगी। उसे बस सही मौका चाहिए था, और उसे इसके लिए ज्यादा

इंतजार नहीं करना पड़ा। उससे भी अच्छी बात यह हुई कि उसे शोनाली से इस बारे में पूछना ही नहीं पड़ा। जवाब खुद-ब-खुद उसे मिल गया, जब उसकी नजर गोपालकृष्णन पर पड़ी।

गोपालकृष्णन एक तफरीहवाली शाम को शोनाली की बैठक में कुछ अंग्रेज बैंकवालों से बात कर रहा था। आशा रानी ने आतिशदान में जलते लकड़ी के कुंदों की चमक में उसे देखा। वह अभी शोनाली के एपार्टमेंट में घुसी ही थी। पहले तो उसे देखकर वह चौंक गई। वह यहाँ क्या कर रहा है ? फिर सारी बात उसकी समझ में आ गई। बेशक। सब कुछ उसी का किया-धरा था। आशा रानी एक मकसद से उसकी तरफ बढ़ी और धीरे से उसके कंधे को थपथपाया। ''मुझे पहचाना ?'' उसने भारी आवाज में पूछा। गोपालकृष्णन ने अपना गिलास उठाया और मुसकरा दिया। ''पहचानूँगा कैसे नहीं ?'' वह बोला, ''आज तक इतनी बढ़िया शैम्पेन मैंने नहीं पी।'' बैंकवालों ने पहले आशा रानी को और फिर उसे देखा। उसने आराम से उसे 'हमारी मेजबान शोनाली की दोस्त' बताकर उन लोगों से मिलवाया।

फिर वह फुर्ती से उसे उन लोगों के पास से हटाकर एक तरफ को ले गया और बोला, ''तुमसे दोबारा इस तरह मिलकर बहुत अच्छा लगा। तुम तो उस बार से और भी अच्छी लग रही हो। और इतनी प्यारी भी कि मन रोके नहीं रुक रहा।'' आशा रानी ने आँखें जमाकर उसे देखा। ''तुम्हीं थे न ? क्यों ?'' वह बोली, ''तुम्हीं ने मुझे ढूँढ़ने के लिए शोनाली को लगाया था ? कि वह 'इत्तिफाकन' मुझसे हैरड्स में टकरा जाए ? चलो, मान भी लो अब।''

गोपालकृष्णन ने उसकी ठोड़ी पकड़कर तमिल में कहा, ''अगर तुम्हें पहले ही इतना कुछ मालूम है तो फिर पूछताछ में समय क्यों बरबाद कर रही हो ?''

''तुम्हें कैसे पता चला कि मैं लंदन आऊँगी ? और क्या तुम हर जगह मेरा पीछा करा रहे थे ?''

''शोनाली बहुत मेहनती लड़की है। उसे मेरी मदद की जरूरत ही नहीं पड़ती। लेकिन हाँ, तुम्हारे मामले में यह सही है। मैंने ही उसे चौकस किया था। मुझे लगा, तुम्हें नई शुरुआत के लिए मौका चाहिए। मुझे पता था कि तुम परेशानी में चल रही हो। मैंने वेलिंगटन के अपने साथियों से पता करवाया। वे तुम्हारे बारे में जानकारी लेते रहे। मुझे पता चला कि तुम लंदन आ रही हो। उसके बाद से मैंने कुछ और लोगों को तुम्हारे पीछे लगा दिया। बाकी का काम आसान था। शोनाली मेरी पुरानी दोस्त है।''

आशा रानी यह सब सुनकर दंग रह गई। वह और भी जानना चाहती थी, लेकिन गोपालकृष्णन बात करने के मूड में नहीं था। वैसे भी, उस शाम लोगों ने उसे अकेला छोड़ा ही नहीं। तमाम तरह के लोग गोपालकृष्णन की तवज्जो पाने की कोशिश कर रहे थे। इनमें से कुछ को तो आशा रानी ने शोनाली की पार्टियों में पहले कभी देखा

भी नहीं था। उसने शोनाली से दो-एक मेहमानों के बारे में जानना चाहा, तो उसने अस्पष्ट-सा जवाब दिया, "जानेमन, क्या पता, डिप्लोमैट होंगे।"

गोपालकृष्णन तो जैसे हर किसी को जानता था। वह जब-तब किसी-न-किसी को लेकर स्टडी-रूम में गायब हो जाता था।

शोनाली पार्टी को चालू रखे थी। उसने दो डेनिश लड़कियों को बुलाया हुआ था जो उस सीजन में लंदन की टॉप मॉडल थीं। इनके अलावा मोरक्को की एक राजकुमारी थी, अर्जेंटीना की कला फिल्मों की अभिनेत्री थी, जिसके साथ उसका पोलो खिलाड़ियों का पूरा अस्तबल था, न्यूयॉर्क की एक टी.वी. ऐंकर थी, और शोनाली की पार्टियों में नियमित रूप से आनेवाली सभी लड़कियाँ थीं।

आशा रानी की मुलाकात लगातार आते जा रहे परिचितों से तो होती ही रही, फिर भी उसके दिमाग में एक खयाल हावी था—गोपालकृष्णन। कौन है वह ? क्या करता है ? वह इसी बात को लेकर परेशान होती रही कि वह उसे समझ नहीं पाई। न ही उस दूसरे हिंदुस्तानी को, जो गोपालकृष्णन के साथ आया था। वह अजनबी पूरी शाम एक अँधेरे कोने में खड़ा रहा था। उसके रूखे चेहरे पर दो बेहद चौकस आँखें चमक रही थीं। उसने न शराब पी, न सिगरेट पी और न ही किसी से बात की। वहाँ मौजूद सभी लोगों ने, शोनाली ने भी, उसे अकेला छोड़ रखा था।

जब गोपालकृष्णन कमरे में लौटा तो आशा रानी ने उससे उस अजनबी के बारे में पूछा। "वह आदमी ? वह मेरा बॉडी गार्ड है," गोपालकृष्णन ने संक्षेप में जवाब दिया, और इससे पहले कि आशा रानी और सवाल कर पाती, वह एक बार फिर कुछ नए आदमियों के साथ स्टडी-रूम में घुस गया। आशा रानी ने वहाँ से जाने का फैसला किया। वह हैरान, परेशान और थकी हुई थी।

अगली सुबह, आशा रानी के दरवाजे पर दस्तक हुई। नींद में ही उठकर देखने गई कि कौन है। आमतौर पर दूधवाला दूध बाहर ही रख जाता था और ग्यारह बजने के बाद भी जब तक वह सोकर उठ नहीं जाती थी, कोई उसे डिस्टर्ब नहीं करता था। उसने सावधानी बरतते हुए भारी दरवाजे को खोल दिया, लेकिन पहले यह पक्का कर लिया कि सेफ्टी चेन ठीक से लगी थी कि नहीं। बाहर गोपालकृष्णन खड़ा था। उसके होंठों पर उन्मुक्त मुसकान थी। "वणक्कम !" उसने गर्मजोशी के साथ आशा रानी का अभिवादन किया।

"तुम यहाँ क्या कर रहे हो ?" उसने नींद में ही पूछा।

"मुझे और मेरे दोस्त को अंदर आने को नहीं कहोगी ?" वह बोला।

"कौन सा दोस्त ?" उसने पूछा।

"तुम कल रात उससे मिल चुकी हो। भास्करन नाम है इसका।" भास्करन वही रहस्यमय, रूखा आदमी था जिसे उसने पार्टी में देखा था। उसने उन दोनों को अंदर

कर लिया और गौर किया कि दिन के उजाले में वह इतना रूखा दिखाई नहीं देता।

आशा रानी ने अपने ड्रेसिंग गाउन को पकड़ा और डगमगाती हुई सभी के लिए चाय बनाने किचन में चली गई। वे दोनों भी उसके पीछे-पीछे वहीं चले आए और अचानक गोपालकृष्णन ने पिस्तौल निकाल ली।

"डरो नहीं, मैं तुम्हें मार नहीं रहा हूँ। यह तो तुम्हें बस यह बताने के लिए है कि भास्करन तुम्हारे साथ यहीं रात बिताएगा। तुम्हें इसके साथ सोना नहीं है—लेकिन तुम्हें अपना मुँह जरूर बंद रखना होगा। यह यहाँ करीब एक हफ्ते तक रहेगा। बहुत-बहुत शुक्रिया ! मैं जानता था तुम मना नहीं करोगी।" यह कहकर गोपालकृष्णन मुसकरा दिया और आशा रानी के मुँह से एक शब्द भी नहीं निकला। वह वहीं किचन के स्टूल में धँस गई।

"मेरे पीछे कुछ लोग लगे हुए हैं। मेरे दुश्मन हैं वे। मुझे वापस हिंदुस्तान पहुँचना है, लेकिन भास्करन इंग्लैंड नहीं छोड़ सकता। कम-से-कम अभी तो बिलकुल नहीं। मुझे इसके लिए नए कागजात तैयार करवाने होंगे। इसमें समय लगेगा। मुझे पैसों का भी इंतजाम करना है," गोपालकृष्णन ने उससे कहा।

"मुझे नहीं पता, यह सब है क्या। तुम कौन हो और यह आदमी कौन है और तुम यहाँ क्यों आए हो ?"

"अपनी इस खूबसूरत नन्ही खोपड़ी को इन चिंताओं में मत फँसाओ। मैं तुमसे बस इतना ही कह सकता हूँ कि पुलिस से संपर्क करना बहुत बड़ी बेवकूफी होगी। मेरे आदमी हर जगह तैनात हैं, उन सभी के पास हथियार हैं, और वे सभी बहुत खतरनाक हैं। वैसे, तुम्हारी बेटी भी हमारी निगाह में है। खूबसूरत बच्ची है। अगर उसे कुछ हो गया तो यह बड़े अफसोस की बात होगी," गोपालकृष्णन ने कहा।

"क्या शोनाली को इसकी जानकारी है ?" आशा रानी ने शांति से पूछा।

"मैं बस इतना ही कहूँगा कि उसे सिर्फ उतना ही मालूम है, जितना उसे मालूम होना चाहिए। उसका मिलना-जुलना बहुत अच्छे लोगों से है। वह ब्रिटिश खुफिया विभाग के असरदार लोगों को जानती है और हथियारों के कुछ इंटरनेशनल डीलर्स को भी। आई.आर.ए. को भेजी गई हमारी दो खेपों को बीच में ही रोक लिया गया है। हम जानते हैं, कौन हमारे साथ गद्दारी कर रहा है। भास्करन यहाँ इसीलिए आया है कि उस आदमी का पता लगाकर, उसे खत्म कर दे। लेकिन मुझे वापस जाना है। भास्करन के यहाँ छिपे होने के बारे में कोई सपने में भी नहीं सोचेगा," गोपालकृष्णन ने कहा।

"जब तुम मुंबई से मेरे साथ उस फ्लाइट में चले थे, तो क्या तुमने मुझे देखकर यह सोचा था कि मैं तुम्हारी शिकार हो सकती हूँ ?" आशा रानी ने बिना लाग-लपेट के गोपालकृष्णन से पूछा।

गोपालकृष्णन ने बड़ी रुखाई से उसे अपनी ओर खींचा और उसकी आँखों में आँखें डालकर बोला, "मैंने तुम्हें जहाज के अंदर देखा था। मैं जानता था तुम कौन हो। और मैंने जो देखा उससे मुझे खुशी हुई। जब मैंने तुम्हें अपना कार्ड दिया, तो मैं तुम्हें छेड़

रहा था। लेकिन मेरे इस धंधे में कुछ पता नहीं रहता कि कब कौन काम आ जाए।''

भास्करन ने अब भी अपना मुँह नहीं खोला था। उसकी निगाह सीधी और चौकस थी।

गोपालकृष्णन उसके एपार्टमेंट की खिड़की पर गया और पर्दे को थोड़ा सा हटाकर देखा। फिर उसने मुड़कर भास्करन को देखा। ''रास्ता साफ है, सुरक्षित है,'' वह बोला।

''किसके लिए सुरक्षित है ? अगर किसी को इस आदमी के ठिकाने का पता चल गया तो ? मैं नहीं चाहती कि मेरे एपार्टमेंट में बम फूटें या तोड़-फोड़ हो,'' आशा रानी ने पागलों की तरह चिल्लाते हुए कहा।

गोपालकृष्णन उसके पास आकर बोला, ''जानी, शुक्र करो कि तुम अभी तक जिंदा हो। अरे हाँ, अपने किसी मर्द दोस्त के साथ यहाँ सोना-वोना मत। तुम जिन लोगों से अक्सर मिलती रहती हो, उनमें से कितनों को तुम्हारा पता मालूम है ?''

''करीब आधा दर्जन को—उन लोगों को जो पार्टी के बाद मुझे यहाँ छोड़ने आते हैं। आमतौर पर तो मैं खुद ही ड्राइव करती हूँ या फिर कोई शोफर मुझे छोड़ जाता है,'' आशा रानी ने जवाब दिया।

''यह तो अच्छी बात है। तुम्हारा अगले हफ्ते का कार्यक्रम कितना व्यस्त है ?'' गोपालकृष्णन ने पूछा।

''डायरी देखकर बताती हूँ—मेरा मतलब है एपॉइंटमेंट बुक,'' वह बोली।

आशा रानी एपॉइंटमेंट बुक लेने टेलीफोन टेबल की ओर बढ़ी तो गोपालकृष्णन जल्दी-जल्दी भास्करन से तमिल में बात करने लगा। उसने सुनने के लिए कानों पर जोर दिया, लेकिन गोपालकृष्णन इतनी धीमी आवाज में बात कर रहा था कि उसके पल्ले एक शब्द भी नहीं पड़ा। उसने वापस आकर उन लोगों को जानकारी दी कि वह मंगलवार और शुक्रवार, दो दिनों को छोड़कर बाकी पूरे हफ्ते के लिए बुक है।

''बहुत बढ़िया !'' गोपालकृष्णन ने कहा, ''अब गौर से सुनो। घर में कोई फालतू दूध नहीं आएगा। तुम जिस समय पर जो काम करती हो, वैसे ही करती रहोगी। आंसरिंग मशीन को हर समय चालू रखना—जब तुम घर पर हो तब भी। भास्करन अपने कपड़े लेकर नहीं आया है, इसलिए तुम्हारे अलावा और किसी के धुले हुए कपड़े नहीं सुखाए जाएँगे। तुम घर में खाने का ऐसा कोई भी सामान नहीं लेकर आओगी जो किसी भी तरह से तुम्हारे रोजमर्रा के खाने से अलग हो। तुम्हारे पर्दे वैसे ही रहेंगे जैसे रहते हैं। और स्वाभाविक है कि तुम ऐसे किसी व्यक्ति के लिए दरवाजा नहीं खोलोगी जिसे तुम जानती नहीं हो। भास्करन पूरे समय गेस्टरूम में रहेगा। वह एक ट्रेंड गुरिल्ला है, इसलिए उसे कई-कई घंटे खाने-पीने की जरूरत नहीं होती। अगर उसे जरूरत हुई तो वह अपने दरवाजे पर हलके से थपथपाएगा और तुम उसे वह सब दोगी जो वह माँगेगा। अगर तुम्हें घर छोड़ना हो तो उसके दरवाजे पर ठक-ठक कर देना और वह समझ जाएगा कि तुम चली गई हो। लौटने पर एक बार फिर ठक-ठक कर देना। तुम्हें न तो उससे मिलने की जरूरत है, न बात करने की। उसका खाना और पानी तुम उसके दरवाजे

के बाहर रखी मेज पर छोड़ दोगी। उसे दिन में बस एक बार इसकी जरूरत होती है। जिस दिन उसे सही मौका मिलेगा, वह इस घर से निकलकर रफू-चक्कर हो जाएगा। तुम उसे दोबारा नहीं देखोगी। न ही मुझे। लेकिन फिर, अगर तुम अपना मुँह खोलोगी तो तुम किसी को देखने के लिए जिंदा नहीं बचोगी," इतना कहकर गोपालकृष्णन एकदम घर से निकल गया।

आशा रानी एक धुर अजनबी के साथ अकेली रह गई। यह एक खामोश अजनबी था, जो उसकी एक-एक हरकत को देख रहा था और जब गोपालकृष्णन दरवाजा बंद करके निकल गया तो उसने आशा रानी के मुँह से निकली फालतू साँस को भी पकड़ लिया था।

भास्करन की बिल्ली जैसी चाल और अविश्वसनीय फुर्ती ने आशा रानी को मोह लिया था। उसने गोपालकृष्णन की बीती जिंदगी के बारे में उससे कुछ जानकारी लेने की कोशिश की तो उसने एकदम उसे तमिल में समझा दिया कि वह उसके घर में कोई सामाजिक मेहमान बनकर नहीं रह रहा था और बेहतर यही होगा कि वह उसे अकेला छोड़ दे और गोपालकृष्णन ने खाना और पानी के बारे में जो हिदायतें दी हैं, उनका पालन करे। उसकी फटकार खाने के बाद आशा रानी अपने कमरे में चली गई और सुबह की घटनाओं के बारे में सोचने और चिंता करने लगी। इस चित्र पहेली के अलग-अलग हिस्सों को जोड़ने की कोशिश करना बेकार था। उसने अंदाजा लगाया कि गोपालकृष्णन किसी किस्म के हथियारों का डीलर है, जो ऐसे किसी भी व्यक्ति को हथियार बेच देता था जिसे उनकी जरूरत हो। इनमें आतंकवादी भी हो सकते थे, लैटिन अमरीकी गणराज्यों के तानाशाह भी हो सकते थे और तमाम किस्म की बागी सेनाएँ भी हो सकती थीं। उसे जेल के सीखचों के पीछे पहुँचाने के लिए आशा रानी को बस पुलिस के पास एक गुमनाम फोन करना काफी होता। लेकिन साशा का खयाल आते ही वह पीछे हट गई। लानत है इस आदमी पर ! उसे सेक्स को लेकर कभी कोई हिचकिचाहट नहीं रही थी, लेकिन यह तो अपवाद ही निकला। इस खयाल ने उसे परेशान कर दिया कि उसने एक ऐसे आदमी के साथ सहवास किया था, जो अपनी रोजी-रोटी के लिए लोगों की हत्याएँ करता है।

आशा रानी के फोन आमतौर पर दोपहर बाद ही आने शुरू होते थे। आज उसने आंसरिंग मशीन चालू कर रखी थी। शोनाली ने उससे उसका संदेश कम-से-कम पचास बार दोहरवाया था, तब जाकर वह उसे ठीक से समझ पाई थी। अब उसकी आवाज सेक्सी अंदाज में आ रही थी। उसमें आत्मविश्वास था, शरारत थी और सही लहजा था।

आशा रानी चिड़चिड़ी और बेचैन हो रही थी। उसने अपने आपको यह किस झंझट

में डाल दिया था। चलो, अपने लिए खाना बनाकर ही देखती है वह। वह कभी भी अच्छी 'कुक' नहीं रही। जे उसे इस बात के लिए छेड़ा करता था, जब वह उन सबके लिए अपना 'एक व्यंजनवाला डिनर' तैयार करती थी। दिन के खास खाने को वह यही कहती थी। बेचारी साशा, वह तो सारा दिन मूँगफली, कच्ची गाजरें और पकवान खाने की आदी हो गई थी।

लेकिन इस समय तो आशा रानी को अपने घर में मँडराते इस अजनबी की तरफ से अपना ध्यान बँटाना था। उसने तय किया कि वह सबसे नजदीक की सुपरमार्केट जाकर आम के अचार की बोतलें, ज्यादा चर्बीवाला दही, बासमती चावल और मिला-जुला करी पाउडर लेकर आएगी। उसने जाने से पहले अजनबी के दरवाजे पर धीरे से ठकठका दिया।

जब वह बाहर निकलकर आई तो उसे यह देखकर आश्चर्य हुआ कि आज का मौसम ऐसा था जो लंदन में अक्सर देखने को नहीं मिलता। आसमान बिलकुल साफ था और चमकदार धूप खिली हुई थी। उसे फिशरमैंस कोव और गोवा की याद हो आई। उसने गहरी साँस ली, साफ आसमान को देखा और सोच में पड़ गई कि इस खतरे से कैसे निपटे जो उसके आसपास हर जगह मँडराता नजर आ रहा है। चलते-चलते उसने एक दुकान के शोकेस में अपना अक्स देखा। बाप रे ! उसके बाल क्या लग रहे थे ! और उसका चेहरा—जैसे वह बिलकुल सो ही नहीं पाई हो। शायद शैंपू और ड्रायर से उसे आराम मिले। उसे घर जाने की कोई जल्दी नहीं थी, जहाँ उसका वह बदमिजाज मेहमान मौजूद था। इसलिए उसने सोचा कि क्यों न सैलून में समय बिताया जाए। आज उसके पास दुनिया-जहान का वक्त था। आज की रातवाली पार्टी वह शानदार पार्टी थी, जिसमें राजकुमारी ऐन को मुख्य अतिथि बनकर आना था। आज की रात वह शोनाली और सांसदों के साथ बैठेगी। अगर शोनाली के इन ऊँचे रुतबे वाले दोस्तों को पता चल गया कि आजकल आशा रानी के फ्लैट में उसके साथ कौन रहता है, तो वह एक झटके में ब्रिटेन के बाहर ही दिखाई देगी।

जब उसकी टैक्सी उसके एपार्टमेंट के सामने आकर रुकी तो उसने हमेशा की तरह खिड़कियों की तरफ नजर उठाकर देखा। यह उसने आदतन ही किया था, किसी और वजह से नहीं। बड़ी अजीब बात है, वह सोचने लगी। पर्दे खुले हुए थे। उसने बाहर निकलने से पहले उन्हें याद से बंद कर दिया था। उसने धड़धड़ाते हुए सीढ़ियाँ चढ़ीं और ताले में चाबी लगाई।

वह अपने फ्लैट की हालत देखकर सकते में आ गई। उसका सारा सामान बिखरा पड़ा था। बैठक में बीचोबीच साफ-बेदाग कपड़ों में शोनाली बैठी थी। आशा रानी ने फर्श पर पड़े खून के ढेर को देखा। "भास्करन मारा गया," शोनाली ने आखिर में कहा, "और अच्छा होगा कि तुम भी यहाँ से फटाफट निकल जाओ। यह रहा तुम्हारा जहाज

का टिकट–फ्लाइट दो घंटे में छूटने वाली है। रुको मत और कुछ पैक करने की कोशिश भी मत करना। जानती हो, जानेमन यह तुम्हारी किस्मत ही है कि तुम अभी तक जिंदा हो।''

उसकी समझ में ही नहीं आया कि क्या कहे। वह चुपचाप अपने आसपास तोड़-फोड़ के चिह्नों को देखती रही, और फिर पहली बार उसकी समझ में आया कि वह मारी भी जा सकती थी। न्यूजीलैंड यात्रा के दौरान उसने जिस लंबे, खूबसूरत अजनबी से भोलेपन में दोस्ती कर ली थी, उसके दिमाग में शुरू से ही फितूर था। वह अपना काम अंजाम देने के बारे में गंभीर था। शोनाली ने आकर उसे सीने से लगा लिया, और बोली, ''मुझे अफसोस है कि हमारी मुलाकात का अंत इस तरह हुआ–मैं तो तुम्हें पसंद करती थी। लेकिन तुम बहुत बड़ी मुश्किल में हो और अच्छा होगा कि तुम यहाँ से तुरंत निकल जाओ।'' ''लेकिन...लेकिन...हुआ क्या ? गोपालकृष्णन...'' उसने अटकते हुए कहने की कोशिश की, लेकिन शोनाली ने इशारे से उसे चुप करा दिया।

''किसी का नाम मत लो,'' शोनाली ने गंभीर होते हुए कहा, ''कोई नाम नहीं, कोई यादें नहीं। कुछ नहीं। तुम्हें नहीं पता कि क्या हुआ, तुमने कभी कुछ नहीं देखा, तुम इस मकान में कभी रही ही नहीं। वह तो शुक्र करो कि मेरी हर जगह दोस्ती है। जहाँ तक बाहर की दुनिया का सवाल है, कुछ हुआ ही नहीं है, और मैंने ऐसे इंतजाम कर दिए हैं कि कोई तुम्हारा पीछा नहीं करेगा और न ही तुम्हें परेशान किया जाएगा। अब कोई गलती मत करो। यह मैं केवल तुम्हारी नहीं अपनी खातिर भी कर रही हूँ, क्योंकि हालात को और ज्यादा बिगाड़ने में कोई फायदा नहीं है। लेकिन तुम्हें यहाँ से जाना है। आओ, कार तैयार खड़ी है। अपना पासपोर्ट ले लो।''

ब्रिटिश एयरवेज के जहाज में बैठ जाने के बाद ही आशा रानी को उन ताबड़तोड़ घटनाओं का जायजा लेने का मौका मिल पाया, जिन्होंने एक बार फिर उसकी जिंदगी को मुश्किल में डाल दिया था। अजीब बात यह थी कि उसे लंदन छोड़ने का कोई अफसोस नहीं हो रहा था, और न इस बात का कि वह एक तिजोरी जेवरात और फर के कपड़े वहाँ छोड़ आई थी। हालाँकि वह यह सोचकर हैरान थी कि कानूनी हुक्मरानों ने उसे किसी काल कोठरी में ले जाकर बंद कर देने या डंडों से पीट-पीटकर मार डालने के बजाय उसे बचकर क्यों निकल जाने दिया था। आशा रानी के दिमाग में बहुत से ऐसे सवाल थे, जिनका जवाब उसे नहीं मिला था और शोनाली ने जिस रहस्यपूर्ण ढंग से उसे समझाया था, उससे उसकी उलझन और बढ़ गई थी। इस समय जब वह उसी बेस्वाद 'पूरबी डिनर' के बाद आराम से बैठी पॉर्ट के गिलास की चुस्कियाँ ले रही थी, उसे गोपालकृष्णन और भास्करन का खयाल आया। वह उस अजनबी के बारे में सोचने लगी जिसने एक मामूली, उबाऊ, थका देनेवाली विमान यात्रा को उसके लिए इतनी यादगार और रोमांचक बना दिया था।

वही आदमी एक भगोड़ा अपराधी, एक हत्यारा था !

आशा रानी ने अपनी आँखें बंद कर लीं। उसे साशा का खयाल हो आया। उसकी जिंदगी खतरे में पड़ने से आशा रानी सचमुच परेशान हो उठी थी। वह गोपालकृष्णन की चेतावनी याद करके काँप गई। साशा, उसकी नन्ही बच्ची। कितनी याद आती है उसकी आशा रानी को।

वह मुंबई के अपने खाली घर में आ पहुँची। एक नौकर ने, जो नया ही था, आकर दरवाजा खोला और आशा रानी को देखकर घबराहट में अटक-अटककर कुछ-कुछ बोलने लगा। वह आशा रानी को पहचान तो नहीं पाया, लेकिन बार-बार यही बोलता गया, "जाओ, जाओ ! कोई घर में नहीं है। सब कोई मद्रास में हैं। अप्पा बहुत बीमार हैं। अम्मा की तबीयत ठीक नहीं है।" आशा रानी ने गहरी साँस ली। उस बड़े से खाली मकान में अकेले ठहरने का उसका मन नहीं हुआ। वह बहुत थकी हुई थी। जहाज में सफर करना उसे इतना परेशान नहीं करता था। उसने नौकर की तरफ देखकर सिर हिलाया और वापस टैक्सी में जाकर बैठ गई। उसने ड्राइवर से सी-रॉक होटल चलने को कहा।

सुबह पहले से तैयार चाय पीने के बाद (उसे इंग्लैंड की हलकी चाय में मजा आने लगा था) उसने किशनभाई को फोन किया। वह ऐसे चौंक गया, जैसे आशा रानी मुर्दों से जी उठी हो। वह पागलों की तरह तेज आवाज में बोलने लगा, "अच्छा हुआ तुम आ गईं। यह भाग्य की बात है। अप्पा की हालत बहुत खराब है। सुधा मुश्किल में पड़ी हुई है। अम्मा की हालत बदतर है। बहुत सारी समस्याएँ हैं। तुम्हारे पति का फोन आता है। बेटी का फोन आता है। 'मामा, मामा' कहती रहती है। हमें कुछ पता ही नहीं है, तुम कहाँ हो—कुछ भी तो नहीं पता। अच्छा हुआ तुम यहाँ आ गईं। अब सब कुछ ठीक-ठाक हो जाएगा।" आशा रानी ने उससे शांत होने को कहा और अपने होटल बुला लिया। फिर उसने मद्रास और वेलिंगटन के लिए कॉल बुक कीं।

टेलीफोन की घंटी का इंतजार करते हुए आशा रानी ने अंतिमता के बोध के साथ महसूस किया कि वह वापस आ गई है। लग रहा था कि यह टेलीफोन उस सबका प्रतीक है जो वह हिंदुस्तान के बारे में, मुंबई के बारे में, मद्रास के बारे में, और घर के बारे में सोचती थी। यह इतना घुन्ना और उदासीन होकर वहाँ जमा हुआ था। वह इसकी घंटी बजवाने के लिए कुछ भी तो नहीं कर सकती थी। इसने उसे ही काबू में कर रखा था। क्या वह भ्रष्ट और जिद्दी हो रहा था, या फिर यह इसकी नालायकी थी ? फोन ने उसे चिड़चिड़ा, निराश कर दिया, उसे गुस्से से भर दिया। उसने रिसीवर को पटककर, फोन को जोर से मारकर, यहाँ तक कि गुस्से में उसे फेंककर भी देख लिया था। उसने इसे अनदेखा कर दिया था, इसकी ओर से मुँह फेर लिया था और यह सोच लिया था कि इसका कोई वजूद ही नहीं है। आखिर में वह उसके पास बैठ गई और विलाप करने लगी।

उसने अपने तजुर्बों से यही सीखा था कि फोन से काम लेने का सबसे अच्छा तरीका यही है कि इसके साथ विनम्रता, धैर्य और कृतज्ञता के साथ पेश आया जाए। इससे निभाने का एकमात्र तरीका यही है कि इसकी घंटी न बजने, व्यस्त होने की टोन आने, डेड हो जाने और ऐसी ही तमाम स्थितियों को आप स्वीकार कर लें।

लेकिन, आज फोन ने साबित कर दिया था कि अगर वह चाहे तो चमत्कार भी कर सकता है। उसे एक घंटे के अंदर ही जे का फोन मिल गया।

जे की आवाज में परेशानी थी, "हमें यहाँ दो-एक गुमनाम फोन मिले। वे तुम्हारा अता-पता पूछ रहे थे। साशा को फिक्र हो गई। वह तभी से रो रही है। नहीं, पता नहीं किसके फोन थे। फोन करनेवाले की आवाज घुटी-घुटी सी थी और उसका लहजा भी अजीब था। जैसे मद्रास के लोग बोलते हैं। उस आदमी ने कुछ भी नहीं कहा, लेकिन उसका अंदाज धमकानेवाला था और उससे यह संकेत मिलता था कि तुम्हारी जिंदगी खतरे में है। उसने हमें भी धमकी दी—खासकर साशा को। तुम ठीक तो हो ? तुम कर क्या रही थीं ?"

आशा रानी ने जे को विश्वास दिलाया कि वह सुरक्षित थी और जो कुछ भी हुआ सब गलतफहमी की वजह से हुआ।

"यह नशीली दवाओं से संबंधित तो नहीं है न ?" जे ने तीखे अंदाज में कहा।

"छोड़ो भी, मैंने कभी नशीली दवाओं का सहारा नहीं लिया। तुम्हें तो पता ही है," आशा रानी बोली।

"बात यह है कि हमने लंदन में तुम्हारे रहन-सहन के ढंग के बारे में अजीब-अजीब बातें सुनी हैं," जे ने समझाया, "मैं जानता था कि मैंने इतना पैसा तो दिया नहीं था। स्वाभाविक है, मैं हैरान हो रहा था। हमें यह सुनने को मिला कि तुम बेंटली और जगुआर कारों में सैर-सपाटा करती फिर रही हो, बस। खैर, अहम बात यह है कि तुम सुरक्षित और ठीक-ठाक हो और वापस घर पहुँच गई हो।"

आशा रानी ने जे का हालचाल पूछा तो उसने आगे कहा, "सब कुछ बढ़िया चल रहा है। हाँ, साशा बेशक तुम्हें बहुत याद करती है। देखा जाए तो दिन-ब-दिन वह तुम्हारी तरह ही होती जा रही है। सब लोग यही कहते हैं। उसे तुम्हारा यहाँ न होना बहुत खलता है। डार्लिंग—यह सच है। लो, उससे बात करो," और उसने साशा को फोन पकड़ा दिया।

एक-दो सेकिंड तक तो कोई आवाज ही नहीं आई। आशा रानी ने बार-बार कहा, "हैलो मेरी बिल्लो, हैलो बिटिया, हैलो मेरी प्यारी मुनिया !" वह जानती थी कि साशा उसकी आवाज सुन सकती थी, साशा उसकी आवाज सुन रही थी। अंत में, साशा ने महीन-सी आवाज में जवाब दिया, "मम्मी, मम्मी, मैं तुमसे मिलना चाहती हूँ। मुझे तुम्हारी जरूरत है।"

आशा रानी ने भी मीठी आवाज में जवाब दिया, "मैं भी तुमसे मिलना चाहती हूँ। मैं तुम्हें प्यार करती हूँ मेरी बच्ची ! हम जल्दी ही मिलेंगे। मैं तुमसे वादा करती हूँ।"

साशा

"सब कुछ सुधा का किया-धरा है। उसी की वजह से यह सारी गड़बड़ हुई है," किशनभाई ने आते ही बड़बड़ाना शुरू कर दिया। आशा रानी ने उसे बैठाया और पानी पिलाया। फिर उसने किशनभाई से कहा कि पहले वह शांत हो जाए और फिर उसे सारी बात बताए। जब किशनभाई ने उसे सारी बात बता दी, तो वह दंग रह गई कि वह लंदन में जो साढ़े सात महीने रही थी, उस दौरान कैसी अद्‍भुत घटनाएँ घटी थीं, और यह सोचकर उसे और भी अजीब लगा कि वह इस सबसे अनजान मस्त रही !

इस सबकी शुरुआत सुधा के कर्ज लेने से हुई। वह अपने और अमर के लिए एक फिल्म बनाना चाहती थी। इस फिल्म के लिए उसने भारी कर्ज ले लिया। पैसों के लिए गोपाल जैसे नियमित प्रोड्यूसरों के पास जाने के बजाय उसने अंडरवर्ल्ड के बादशाह 'डॉन' से संपर्क करने का फैसला किया। वह तो फिल्म फाइनेंसिंग को हथियाने का मौका देख ही रहा था। सुधा ने उसे गारंटी दी कि वह मुनाफे का एक बड़ा हिस्सा उसको देगी। फिल्म बनने में अंदाज से ज्यादा पैसा लग गया और वह बजट से चार गुना ऊपर निकल गई। सुधा ने कुछ और पैसा उठाया। इसके लिए उसने अपनी सारी जायदाद गिरवी रख दी। आखिरकार, फिल्म तय समय से पाँच महीने बाद रिलीज हुई। उसकी किस्मत रही कि फिल्म हिट हो गई। एक बड़ी हिट।

फिल्म ने जो मुनाफा कमाया, उससे सुधा की सारी परेशानियाँ खत्म हो जातीं, लेकिन अपनी बेवकूफी में उसने पैसों के हिसाब में हेर-फेर करने का मन बना लिया। वह पागल ही थी जो उसने यह सब किया। किशनभाई ने, अम्मा ने, हर किसी ने उसे समझाया कि ऐसा न करे, लेकिन सुधा पर तो कामयाबी का ऐसा भूत सवार था कि उसने किसी की भी नहीं सुनी। यहाँ तक कि अमर की बात भी उसने नहीं मानी। अपने लालच में सुधा ने किसी की भी सलाह मानने से इनकार कर दिया।

"यह सब मेरा पैसा है। फिल्म मेरी है, फिल्म का आइडिया मेरा है, कहानी मेरी है। मैंने इसमें काम किया है, इसका श्रेय मुझे जाता है, मैं ज्यादा पैसा क्यों दूँ ? मैंने खतरा मोल लिया। मैंने दाँव लगाया। अब यह फैसला भी मैं ही करूँगी कि जो पैसा मैंने कमाया है, उसका क्या करूँ," उसने जोर देकर कहा था।

जल्दी ही यह बात लोगों को पता चल गई। सेठजी समेत कई लोगों ने फोन करके उसे आगाह किया था कि जो खेल वह खेल रही है, उसका अंजाम खतरनाक हो सकता है। लेकिन उसने किसी की भी चेतावनी पर कान नहीं दिया था। अंडरवर्ल्ड के डॉन ने खुद फोन करके उससे कहा था कि वह हिसाब-किताब साफ करे, नहीं तो 'तुम जिस रकम के लिए अपनी जिंदगी को खतरे में डाल रही हो, उससे ज्यादा पैसा तो मैं दो घंटे में कमा लेता हूँ। जरा गौर से सोचो—क्या तुम अच्छा कर रही हो ?' उसने सुधा से कहा था। लेकिन सुधा ने साफ झूठ बोल दिया था कि उसने कोई बेइमानी नहीं की है। डॉन ने फोन काटने से पहले आखिरी बार यह धमकी दी थी, ''हम पता कर लेंगे कि किसका हिसाब-किताब सही है।'' बस उसके बाद ही सारी गड़बड़ियाँ शुरू हो गई थीं।

सुधा की वैन उस समय पूर्वी हाइवे पर दौड़ रही थी, जब उसने देखा कि आगे रास्ता बंद है। उसने सोचा कि कोई ऐक्सीडेंट हो गया होगा। उसने अपने ड्राइवर से हॉर्न देने को कहा। लेकिन उससे पहले ड्राइवर की समझ में आ चुका था कि वहाँ कोई ऐक्सीडेंट नहीं हुआ है, उसने गाड़ी को सड़क के दूसरी तरफ घुमाकर वहाँ से भागने की कोशिश की थी। लेकिन इससे पहले ही गाड़ी के अगले दोनों टायरों को फोड़ दिया गया था और वह फिसलकर उलट गई थी।

सुधा पागलों की तरह वैन से निकलकर भागने लगी थी। वह 'बचाओ ! बचाओ !' भी चिल्लाती जा रही थी। उसे सड़क किनारे कब्जा जमाए लोगों की बस्तियाँ और बीस मीटर दूर ही एक टैक्सी स्टैंड दिखाई दिया। हाइवे भी सुनसान नहीं था। वहाँ सुबह चलनेवाली सामान-लदी ट्रकें, इंटरस्टेट कारें, कंपनियों की बसें, ऑटो रिक्शा और पैदल लोग रोज की तरह ही दौड़े जा रहे थे; और वहीं कम-से-कम पाँच सौ तमाशबीनों की मौजूदगी में दो हथियारबंद आदमियों ने हवा में गोलियाँ चलाते हुए उसका पीछा किया था। वैन के नीचे फँसे पड़े ड्राइवर की किसी ने भी परवाह नहीं की थी। सुधा लड़खड़ाती हुई भाग रही थी, क्योंकि उसकी साड़ी बार-बार उसके पैरों में उलझ जाती थी। फिर उसकी सैंडिल की एड़ी टूट गई और वह वहीं गिर पड़ी।

तब तक दोनों आदमी उसके पास तक आ चुके थे। उनमें से एक ने अपनी पिछली जेब से धीरे से एक बोतल निकाली और उसे सुधा के ऊपर उँडेल दिया। उसमें व्हिस्की थी। फिर एक माचिस की तीली जलाकर उसने सुधा के ऊपर फेंक दी और भाग गया। दूसरा आदमी यह देखने के लिए थोड़ी देर वहीं रुका रहा कि सुधा के कपड़े आग पकड़ लें। फिर वह भी हँसता हुआ वहाँ खड़ी मारुति की तरफ बढ़ गया। सुधा मदद के लिए चिल्लाती रही। उसकी दिल दहला देने वाली चीखों को दर्जनों लोगों ने सुना था। इनमें हाइवे के किनारे के दुकानदार, दूसरी तरफ दलदली बस्तियों में रहनेवाले झुग्गीवासी और वे मोटर वाले थे, जो सड़क के बीचोबीच जलती गठरी को बचाते हुए अपनी गाड़ियों को वहाँ से मोड़कर दौड़ाए जा रहे थे। मारुति जब आँखों से ओझल हो गई, तब जाकर

कुछ लोगों ने सुधा के बचाव में आगे आने और यह देखने की हिम्मत की थी कि उसके ड्राइवर का क्या हुआ।

सुधा को सबसे नजदीक के अस्पताल में भर्ती किया गया था। वह साठ फीसदी जल गई थी। हाइवे के किनारे कोल्ड ड्रिंक्स का एक छोटा सा स्टाल चलानेवाला दुकानदार ऐसा अकेला व्यक्ति था, जिसने बड़ी सूझबूझ का परिचय देते हुए अपनी दुकान से तिरपाल उतारकर उसमें सुधा को लपेट दिया था। इस बीच किसी ने ऐम्बुलेंस के लिए फोन कर दिया था। वहाँ से गुजरती पुलिस की गाड़ी भीड़ देखकर यह पता करने वहाँ आ गई थी कि वहाँ क्या हो रहा था। पुलिस को देखकर भीड़ छँट गई थी। कोई भी व्यक्ति बयान देने को तैयार नहीं था। कोई भी फँसना नहीं चाहता था। सुधा को उसकी वैन के कारण आसानी से पहचान लिया गया था। उस हाइवे के किनारे रहनेवालों को अच्छी तरह से पता था कि कौन सी गाड़ी किस फिल्मी सितारे की है, क्योंकि इन गाड़ियों को वे रोजाना देखते रहते थे। वहाँ के छोकरे तो इन्हें खासतौर से पहचानते थे, क्योंकि जब लाल बत्ती पर ये गाड़ियाँ रुकती थीं तो वे इन सितारों को तंग किया करते थे। सुधा के ड्राइवर की मौत हो गई थी। वह खुद इस हालत में नहीं थी कि पुलिस को कुछ बता सके। और जैसी कि मुंबई की फितरत है, घटना का एक भी गवाह नहीं था।

जिस दुकानदार ने सुधा की जान बचाई थी, पुलिस ने उसी को डरा-धमकाकर घटनाक्रम की जानकारी लेने की कोशिश की थी। लेकिन उसने उनके आगे गिड़गिड़ाते हुए दरख्वास्त की थी कि वे उसकी जान बख्श दें। उसने पुलिसवालों से कहा था, "अगर उन्हें पता चल गया कि यह सब आपको किसने बताया, तो मैं कहीं का नहीं रहूँगा। वे मुझे मार डालेंगे। मेरा घर-परिवार है—छोटे-छोटे बच्चे हैं। मुझ पर रहम करें। मैंने कुछ नहीं देखा। मुझे कुछ नहीं मालूम।" यह स्थिति असहनीय थी। कोई आदमी उस कार का नंबर बताने को भी तैयार नहीं था, जिसमें चढ़कर हत्यारे भागे थे। पुलिसवालों ने कुछ बच्चों को भी फुसलाने की कोशिश की कि वे इस बारे में कुछ और जानकारी दे दें। ये बच्चे घटना के समय वहीं मौजूद थे। पुलिस को विश्वास था कि इन बच्चों को उस मारुति का नंबर जरूर याद आ जाएगा। एक बच्चा नंबर दोहराने भी लगा था, लेकिन उसके एक बड़े भाई ने उसकी कलाई पर हाथ मारकर उसे फौरन खामोश कर दिया और उसे वहाँ से घसीट ले गया। घटना का कोई सुराग नहीं मिला।

इस घटना के बाद अमर को गहरा सदमा पहुँचा था। हालाँकि यह स्पष्ट नहीं हो पाया था कि उसे सदमा क्यों पहुँचा—जो कुछ सुधा के साथ हुआ, उसके कारण, या फिर इस डर से कि उसे पुलिसिया पूछताछ का सामना करना पड़ेगा। पुलिस को उसे बुलवाने के लिए काफी जूझना पड़ा। आखिरकार, डॉक्टरों ने उसे आराम की सलाह दी और उसे उसके मकान के नजदीक ही एक क्लीनिक में भर्ती कर दिया गया। इस बात का डर था कि उसे भी मारने की कोशिश हो सकती है, इसलिए उसके कमरे में पुलिस का पहरा बैठा दिया गया।

शुरू में अम्मा सुधा के पास अस्पताल में रहने के लिए आई थी। लेकिन उसकी सेहत ठीक नहीं होने के कारण वह मदद की जगह रुकावट ही ज्यादा पैदा कर रही थी। इसलिए उसे वापस मद्रास भेज दिया गया। अंत में, किशनभाई ने ही सारी भागदौड़ की। इस बीच, सुधा पंद्रह दिन से भी ज्यादा समय तक जिंदगी और मौत के बीच झूलती रही। उसके प्रशंसक रात-दिन अस्पताल के बाहर जमे रहे। बिलकुल अजनबी लोगों ने भी उसके लिए अपनी मरज़ी से बोतलों खून दे दिया। उसकी हत्या की कोशिश की खबर दूरदर्शन पर प्रसारित हुई। उसकी हालत में सुधार की खबर भी रोज दी गई। फिल्म इंडस्ट्री के लोगों ने भी इस मामले में एकजुटता दिखाई, जो सभी के लिए आश्चर्य की बात थी। सुधा के साथी फिल्मी सितारों, प्रोड्यूसरों, डायरेक्टरों और दूसरे लोगों ने रोज बयान देकर अपनी चिंता और समर्थन का इजहार किया। लेकिन एक संदेश साफ था—सुधा फिल्म इंडस्ट्री से बाहर हो चुकी थी—हमेशा के लिए।

सुधा का सारा शरीर बुरी तरह जल गया था। उसका चेहरा भी। चमड़ी की ग्राफ्टिंग के बाद उसकी प्लास्टिक सर्जरी होनी थी। ज़ब उसे खतरे से बाहर घोषित कर दिया गया तो अम्मा आगे के इलाज के लिए उसे मद्रास ले गई थी।

किशनभाई के जाने के बाद आशा रानी देर तक गुमसुम बैठी रही। इस खबर ने उसे तोड़कर रख दिया था। सुधा की अविश्वसनीय महत्त्वाकांक्षा ने पूरे परिवार को उखाड़कर रख दिया था। किशनभाई का कहना सही था। फिल्म इंडस्ट्री का कोई भी व्यक्ति इसे इसी तरह से देखता। लेकिन क्या वे सारा दोष बेचारी सुधा पर थोप सकते थे ? क्या इसके लिए सबके सब दोषी नहीं थे ? अम्मा, किशनभाई...और खुद वह, यानी आशा रानी ?

उसने अपने मन को शांत करने की कोशिश की, लेकिन उसे निराशा ही हाथ लगी। इससे खराब और क्या स्थिति हो सकती थी, और इस दौरान एक अकेला खयाल उसके दिमाग में बार-बार उभरता रहा—अब परिवार को फिर से खड़ा करने का दारोमदार उसी के ऊपर है। लेकिन उसके मन में यह भी आया कि वह इस काम को करने लायक नहीं है। उसके पास न शक्ति है, न साधन और न हिम्मत। लेकिन वह कर क्या सकती है ? वह वापस लंदन जाकर अपने आपको उन मर्दों के रहम पर नहीं छोड़ सकती, जिनका उसने मनोरंजन किया था, और जिन्हें शोनाली 'ऊँचे और झक्की लोग' कहती थी। वह अपनी शादी को भी बहाल नहीं कर सकती थी। तो फिर ? क्यों न वह आस्ट्रेलिया चली जाए। वहाँ उस जैसे कितने ही लोग हैं। ये वे लोग हैं जो घर से बेघर हैं, जिनके पास पैसा है, और जो अकेले हैं। वह भी एक और प्रवासी हो जाएगी। बस, एक अजूबा ! हाँ। लेकिन, बहरहाल, उसके भाग्य में लिखा भी यही था। शायद यहाँ मुंबई में वह और भी बड़ा अजूबा होगी।

न्यूयॉर्क ? कभी नहीं। उसके नाम से उसे अक्षय की और मुंबई फिल्म इंडस्ट्री से

भागने की उसकी योजना याद आती है। वह अमरीका में कामयाबी हासिल करना चाहता था, उसे साथ लेकर। वह वहाँ हिंदुस्तान के बारे में बनने वाले कार्यक्रमों का धुआँधार प्रोड्यूसर बनना चाहता था। उसे सरसरी तौर पर याद आया वह दिन जब अक्षय दो छोकरों को लेकर आया था। दुरंगे बालों, दुरंगी जींस और दुरंगी अमरीकी टी-शर्ट वाले इन लौंडों के दिमाग भी शायद दुरंगे थे। बाद में उसने अक्षय को उलाहना दिया था कि वह गोरों की लल्लो-चप्पो बहुत करता है। "ठीक है, तो फिर हम दोनों मिलकर उनके लिए फिल्में क्यों नहीं बनाते ? अच्छी फिल्में। क्लासिकल डांस, संगीत, मंदिरों और स्मारकों के बारे में। क्यों न हम उन्हें अपने देश को उसी रूप में दिखाएँ, जैसा कि यह है !"

"जैसा यह है ?" वह एक बार फिर हँसकर बोली थी, "तुम मजाक तो नहीं कर रहे ? तब तो हमें सारा कूड़ा-कचरा दिखाना होगा। हम उन्हें अपनी आर्ट फिल्में भेज सकते हैं—हम खुद क्यों कुछ शूट करने का झंझट मोल लें। उन्हें गंदगी, गरीबी, बीमारी और भ्रष्टाचार देखने दो।"

अक्षय ने समुद्र की ओर नजर फेर ली थी और सपने देखते हुए कहा था, "तुम्हारे साथ यही तो परेशानी है। कोई रूमानियत नहीं, कोई आदर्शवाद नहीं है तुममें। तुम तो बस बदसूरत चीजें देखती हो; बदसूरत चीजों को ही याद रखती हो। हिंदुस्तान भी खूबसूरत है। हम इसे खूबसूरत बना सकते हैं, मैं और तुम।"

इस समय अपने होटल के कमरे से उसे वही समुद्र दिखाई दे रहा था, जिसने कई साल पहले अक्षय को मोहित कर लिया था। समुद्र का चट्टानी तट हमेशा की तरह जवान जोड़ों से भरा हुआ था। कुछ जोड़े छतरियों के नीचे छिप रहे थे, तो दूसरे लोग औरतों के पल्लुओं में छिपने की कोशिश कर रहे थे। कैसे मूर्ख हैं, आशा रानी ने सोचा, यहाँ सेक्स का क्या मजा ले पाते होंगे ये लोग ! कभी तो दरारों से निकलकर धीरे-धीरे केकड़े इन बेखबर जोड़ों की पैरों की उँगलियों को काट लेते होंगे। और फिर ये छोकरे ! ये तो किसी को बख्शते ही नहीं।

फिर भी आशा रानी को उनसे ईर्ष्या ही हुई। उसके पास दुनिया-जहान की जगह थी, जहाँ उसके काम में कोई खलल नहीं डाल सकता था, भव्य, एयरकंडीशंड बेडरूम था, बटन दबाते ही संगीत हाजिर था, गुदगुदे तकिए थे, लेकिन कोई साथी नहीं था। धीरे-धीरे उसकी आँखों के आगे का दृश्य धुँधला होता गया और एक बार फिर उसका दिमाग उन समस्याओं की ओर चला गया जो उसे घेरती जा रही थीं; और दोपहर बाद उसने अपना फैसला कर लिया। अब वह कभी भागेगी नहीं।

इंडियन एयरलांइस के दफ्तर में, अंतहीन कतारें लगी थीं। उदासीन क्लर्क बैठे गप्पें हाँक रहे थे और ध्यान नहीं दे रहे थे। "कंप्यूटर खराब हैं," वे रुखाई से कहते और कहीं गायब हो जाते थे। किसी को पक्का पता नहीं था कि जहाज कब आएँगे या उनके कब उड़ान भरने की संभावना है। अगर ऐसा कभी हुआ तो ! एक ए-320 जहाज टायर फट जाने के बाद वापस आ गया था, एक और जहाज परिंदे के टकरा जाने के कारण

क्षतिग्रस्त हो गया था। गर्मी भी बला की थी। एयर कंडीशनर खराब पड़े थे। राखदानों में कई-कई दिनों से सिगरेटों के टोंटे पड़े हुए थे। पोलिस्टर की कमीजों से पसीना उठ रहा था। जगह-जगह पान की पीक पड़ी थी। लीक करती मशीनों से लगातार भीगते गलीचों की गीली गंध थी—और इन सबकी मिली-जुली बदबुओं से आशा रानी का दम-सा घुट रहा था। बाप रे, कितना अवसाद पैदा करनेवाला है यह सब। अब मद्रास में जो हालात उसे मिलनेवाले थे, उनसे वह कैसे निपटेगी ?

जब वह घर पहुँची तो हालात उससे भी ज्यादा खराब थे, जैसाकि उसने सोचा था। अप्पा की सेहत बेहद खराब हो चुकी थी। जब उसने उन्हें बिस्तर में बिलकुल खामोश पड़े देखा तो वह समझ गई कि अब वह ज्यादा दिन नहीं चल पाएँगे। उनकी पलकें मुँदी हुई थीं, और उनकी साँस रुक-रुककर, भारी चल रही थी। वह इस सच्चाई को बर्दाश्त नहीं कर पाई। यह सही था कि उन्होंने पिता होने का फर्ज पूरी तौर पर नहीं निभाया था, फिर भी पिछले दो-एक सालों में वह उन्हें अपना मानने लगी थी। उन्हें थोड़ा-बहुत समझने भी लगी थी। क्रोध और विश्वासघात का वह बोध—गायब हो चुका था। केवल उनके प्रति ही नहीं, अम्मा के प्रति भी। बात शायद बस इतनी-सी थी कि उसके माता-पिता इससे बेहतर कुछ नहीं जानते थे। उन्होंने अपने नादान तरीकों से अपने बच्चों को पाल-पोसकर उन्हें सड़कछाप लड़का बनाने की कोशिश की थी, जो वे अपने बचपन में खुद भी जरूर रहे होंगे। लेकिन जब से साशा उसकी जिंदगी में आई थी, आशा रानी को यह समझ में आ गया था कि माता-पिता का काम बच्चों को केवल यह बताना नहीं है कि वे दुनिया में जिंदा कैसे रह सकते हैं। उन्हें बच्चों को और कुछ भी देना होता है—जिसे प्यार कहते हैं। हो सकता है अपने तरीके से उन्होंने भी अपने बच्चों को प्यार दिया हो, लेकिन आशा रानी को इसकी कोई याद नहीं थी। फिर भी, वह कड़वाहट अब खत्म हो चुकी थी, और उसकी जगह स्नेह जैसे किसी भाव ने ले ली थी। और अम्मा ? वह जुझारू, दबंग औरत अब सूखकर हड्डियों की ढेरी रह गई थी। अवसादग्रस्त इस महिला की याददाश्त खराब होती जा रही थी और अपने शरीर की क्रियाओं पर भी उसका वश नहीं रह गया था, जो लज्जाजनक था। दो घायल महारथी मौत की घड़ियाँ गिन रहे थे।

लेकिन, अप्पा के दिमाग में अब भी कुछ विचार थे। उन्हें लगा कि कोई उनके पलंग के पास खड़ा है, तो उन्होंने धीरे-धीरे अपनी आँखें खोल दीं। आशा रानी को देखकर वह रोमांचित और बेचैन हो गए। उन्होंने इशारे से उसे समझाया कि वह उसे कुछ पढ़वाना चाहते हैं। उन्होंने उसे बताया कि वह कागज उसे कहाँ मिलेगा।

टिन के एक छोटे से ताला-बंद डब्बे में और कुछ छोटी-मोटी चीजों के बीच उसे कागजों का वह पुलिंदा मिला। लिखावट अप्पा की नहीं थी—जाहिर था उन्होंने किसी और से लिखवाया था। आशा रानी ने अप्पा के सामने ही धीरे-धीरे इन कागजों को

पढ़ा। फिर उसने इन्हें दोबारा पढ़ा। अप्पा लगातार उसके चेहरे को देख रहे थे। उनकी आँखें तमाम कोशिशों के बावजूद बार-बार बंद हुई जा रही थीं। यह एक पत्र था—विदाई पत्र। इसमें अप्पा ने उससे माफी माँगी थी और अपनी जिंदगी के उन कुछ हालात की सफाई पेश करने की कोशिश की थी, जिनके चलते उन्हें कुछ खराब फैसले करने पड़े थे। वे फैसले जिन्होंने उसे और उसकी माँ को और दूसरों को भी चोट पहुँचाई थी। पिता के शब्दों को पढ़ते हुए आशा रानी की आँखों में आँसू भर आए। उसने चाहा कि वह उन्हें तसल्ली दे, उन्हें अपनी बाँहों में ले ले और कहे कि इसमें दुखी होने की कोई बात नहीं है। और फिर, इसके लिए अब देर भी बहुत हो चुकी थी। वह उनसे अपनी गलती सुधारने की उम्मीद नहीं कर रही थी। उम्र के इस पड़ाव पर तो बिलकुल भी नहीं। उसने उनके साथ अपना झगड़ा खत्म कर लिया था।

आखिरी पैरा ने तो उसे दंग कर दिया। इस पैरा में अप्पा ने अपनी योजना का खाका पेश किया था। स्टूडियो आशा रानी का था। वह हमेशा से उसी का था। केवल वकीलों को इस बात की जानकारी थी। लेनदारों को भी नहीं पता था। जब उन्होंने इसे बंद किया था तो उसका नाम उनके पास ही रह गया था। वह दिवालिया हो गए थे, स्टूडियो को उखाड़ दिया गया, सारी चल संपत्ति बिक गई थी—लेकिन नाम और जगह बची रही थी, ये दोनों चीजें आशा रानी की थीं। उन्होंने इन दोनों को नहीं बेचा था। हाँ, इनको खरीदने के ऑफर मिले थे। कई ऑफर मिले थे। मद्रास के दूसरे स्टूडियो मालिकों ने इसे खरीदना चाहा था—इन्हें 'बिग एट' (बड़े आठ) कहा जाता था। उनकी साख थी। उनका बैनर अब भी दमदार था। उनकी पुरानी फिल्में लगती थीं, तो अब भी लोग उन्हें देखने को टूट पड़ते थे। उनकी प्यारी फिल्मों के कॉपीराइट उन्हीं के पास थे। इंडस्ट्री में ऐसे कई लोग थे, जो इस नाम में पैसा लगाने को तैयार थे। यह वह नाम था जिसने इतनी सारी हिट फिल्में दी थीं, और जो अब आशा रानी के पास था।

इसके साथ एक शर्त थी—वह इस जायदाद को बेच नहीं सकती थी। यह स्टूडियो ऐसी जमीन पर बना था, जिसे बेचकर अपार दौलत हासिल की जा सकती थी—लेकिन उन्होंने इस स्टूडियो को इतने सालों से इसलिए नहीं बचाए रखा था कि आशा रानी उस जमीन को ही बेच दे, जिस पर यह खड़ा है ! बिलकुल नहीं ! यही करना होता तो वह बहुत पहले यह कर चुके होते। जब उन्हें अपने कर्ज उतारने के लिए पैसों की सख्त जरूरत थी, जब उन्हें मजबूर होकर अपने मकान को बेचकर एक गंदी-सी छोटी कोठरी में जाकर रहना पड़ा था, जब उनके पास अस्पताल का खर्च देने के लिए भी पैसे नहीं थे। लेकिन उन्होंने ऐसा नहीं किया। उन्होंने धीरज बनाए रखा, और सही वक्त का इंतजार किया।

आशा रानी को उनसे वादा करना पड़ा कि वह खानदानी बैनर को फिर से खड़ा करेगी और स्टूडियो को फिर से खोलेगी। फिल्म इंडस्ट्री इस समय शबाब पर थी। अब पहले से कहीं ज्यादा फिल्में बन रही थीं। बाजार में उछाल था, और अप्पा को विश्वास था कि आशा रानी यह काम कर सकती है। वह अपने परिवार का नाम अमर करेगी

और सिनेमा में अपना अमिट योगदान देगी। उसके लिए उनकी यह विरासत थी। यही इकलौती विरासत उसे देने के लिए रख छोड़ी थी उन्होंने।

आशा रानी की समझ में नहीं आया कि क्या कहे या क्या सोचे। अप्पा ने उसके लिए यह क्यों किया ? यह ठीक नहीं था। उन्होंने आखिर सोच भी कैसे लिया कि केवल उनके बैनर को सलामत रखने के लिए वह इस गंदे धंधे में शामिल हो जाएगी। उसे क्या परवाह थी इसकी ? फिल्म इंडस्ट्री के बारे में उसका अनुभव वैसे भी बहुत खराब था। इसमें सारे भ्रष्ट लोग भरे हुए थे। बड़े-बड़े शातिर बदमाशों, चोरों, ब्लैकमेलरों और व्यापारियों का जमघट था यहाँ। वह अप्पा का स्टूडियो नहीं लेना चाहती थी, जिसके साथ ही उसे लोगों के आगे झुकने को भी तैयार होना पड़ता। वह तो इस इंडस्ट्री से जुड़ना भी नहीं चाहती थी, जिसने उसे पीड़ा, चोट और दुख के अलावा और कुछ नहीं दिया था। अप्पा को क्या पता नहीं था कि वह उसे किस झंझट में डाल रहे हैं ? लेकिन, वहाँ लेटे बूढ़े अप्पा को नम आँखों से अपनी ओर ताकते देख, उसे लगा कि उसे बहादुरी दिखानी होगी; भले ही वह इस गरज से ऐसा करे कि इससे अप्पा शांति से मर सकेंगे। "यह तो बड़ी शानदार योजना है, अप्पा !" उसने कोमलता से कहा। बुढ़ऊ ने सिर हिलाया और आँखें बंद कर लीं। उनके चेहरे पर आत्मसंतुष्टि का भाव था।

जब आशा रानी अपने कमरे में आकर अकेली बैठी तो शंकाएँ एक बार फिर उसे घेरने लगीं।

काश, कोई ऐसा समझदार व्यक्ति होता जिसके साथ वह अपनी इन शंकाओं के बारे में सलाह-मशविरा कर सकती ! कोई ऐसा व्यक्ति जिस पर वह भरोसा कर सकती, जिसके फैसले की कद्र करती। कौन था ऐसा ? जे ? उसे हिंदुस्तान में स्टूडियो चलाने के बारे में क्या पता है ? फिर, उसे यह भी संदेह था कि वह उसकी परवाह करेगा भी या नहीं। कम-से-कम उस तरह से परवाह नहीं ही करेगा वह, जैसी कि पतियों से उम्मीद की जाती है। फिर आशा रानी सोचने लगी कि आखिर पतियों से किस तरह की परवाह की उम्मीद की जाती है। उसे लगा कि उसे इसका जवाब पता है। हालाँकि इस बात की संभावना नहीं थी कि वह खुद इसका अनुभव कर पाएगी। इस अनुभव से अम्मा भी अछूती रह गई थी। फिर भी, यह विडंबना ही थी कि उसने जिन फिल्मों में काम किया था, उनमें से लगभग हरेक में पति-पत्नी के संबंधों का गुणगान किया गया था और यह बताया गया था कि दो समर्पित लोग किस तरह इस पवित्र रिश्ते के अंदर एक-दूसरे के साथ पूरी समझ बनाकर चलते हैं। उसके अंग्रेज दोस्त इसे 'बकवास' कहते।

उसने एक भी विवाहित जोड़ा ऐसा नहीं देखा था, जो सुखी हो। एक भी नहीं। या तो आपका जीवन-साथी आपका इस्तेमाल करता है, या आप अपने जीवन-साथी का इस्तेमाल करते हैं। या तो आप उस पर हावी हो जाते हैं या वह आपको दबा लेता है। सीधी-सी बात है। अम्मा अपने माता-पिता के बारे में और उनके अद्भुत प्यार के बारे में बताती थी। लेकिन आशा रानी ने तो अपने नाना-नानी को कभी देखा नहीं था। कभी-कभी उसने साधारण लोगों को अपनी नीरस जिंदगियाँ बिताते देखा था। ये

लोग काफी संतुष्ट दिखाई देते थे। शायद फिल्म इंडस्ट्री का माहौल ही ऐसा था कि लोग एक तरह के पागलपन से भर जाते थे। यहाँ कोई भी, एक भी व्यक्ति ऐसा नहीं था जो 'सामान्य' हो या जिसकी जिंदगी में शांति हो। कभी-कभी वह यह सोचकर हैरान हो जाती थी। दुनिया में और भी काम हैं, जिनमें इतने ही दबाव हैं, इतने ही आग्रह हैं, लेकिन वे लोग तो पागल नहीं हैं। फिल्मी लोग जरूर पागल हैं। सभी लोग यह कहते हैं। परेशानी यह थी कि फिल्म वाले केवल दूसरे फिल्मवालों से ही मिलते हैं। और वे सचमुच यही मानते थे कि फिल्मी दुनिया के बाहर जितने लोग हैं, वे सारे पागल हैं। कितनी ही बार उसने उन्हें यह कहते सुना था कि जो लोग फिल्म इंडस्ट्री में नहीं रह पाते, वे फिल्मवालों से जलने लगते हैं और अपनी इस जलन की वजह से वे फिल्मवालों को बुरा बताते हैं। बाहर की दुनिया का हरेक व्यक्ति फिल्मों में आना चाहता है। फिल्म स्टार बनना चाहता है। जो लोग इसमें कामयाब हो जाते हैं, वे किसी-न-किसी तरह से खास लोग होते हैं। जो कामयाब नहीं हो पाते वे हमेशा के लिए निकम्मे ठहर जाते हैं। सभी तरह की आलोचना एक तरह से ईर्ष्या से ही आती है। बस।

उसकी जिंदगी में भी एक दौर ऐसा था, जब वह भी इसी भ्रम में ज़ीती थी। उसे पक्का नहीं पता कि कब वह इस पागलखाने से निकलकर बाहर आई थी और यह महसूस किया था कि उसके विचार कितने एकतरफा थे। सच्चाई से कितने परे थे। जब ऐसा हुआ तो उसे बहुत अफसोस हुआ था। उसने चाहा था कि बाहर भाग जाए और एक बार फिर उन्हीं पुराने सपनों, उन्हीं पुराने बचावों और अपने आपको अपने गले लगा ले। वह भी उन झूठ-भरे शब्दों को सुनना चाहती थी, जो फिल्मवाले अक्सर एक-दूसरे से कहते रहते, "तुम तो कमाल हो, यार ! बहुत बढ़िया ! सबसे बढ़िया। तुम्हें कोई नहीं छू सकता।" वह भी यही सोचा करती थी। सबसे बढ़िया ! बहुत अच्छी ! हाँ–वही तो थी। आशा रानी–लाखों दिलों की मलिका !

उसे याद आया, एक बार वह एक बूढ़ी ऐक्ट्रेस से मिली थी। उसकी गड्ढे में धँसी आँखें और कड़वी बातें सुनकर वह डर गई थी। वह औरत अपने जमाने की नंबर एक हीरोइन थी। बेहद खूबसूरत और अच्छी गायिका भी थी वह। पचास से ऊपर पहुँच चुकी वह औरत अब भी अकेली थी। वह अपने आपको 'कुँआरी लड़की' कहलाना पसंद करती थी, और अब भी किसी खूबसूरत अधेड़ सपनों के राजकुमार की तलाश में थी। वह एकाध फिल्मी समारोह में आया करती थी। उसे वहाँ अस्सी पार कर चुकी उसकी माँ लेकर आती थी, जो अपनी मोतियाबिंदवाली आँखों से कमरे का जायजा लेते हुए कहती थी, 'सब लोग मेरी लड़की के पीछे पड़े रहते हैं, मुझे सँभलकर रहना होगा।' पुराने जमाने की उस हीरोइन का नाम सविता था। दरअसल वह मुसलमान थी और यह उसका फिल्मी नाम था। उन दिनों के और तमाम स्टारों की तरह ही उसने हिंदू नाम रख लिया था, जो यह सोचते थे कि अगर उनका नाम इकबाल या शाहीन रहा तो जनता उन्हें स्वीकार नहीं करेगी। तो, सविता तो अपनी जिंदगी के इकलौते असफल प्रेम के बारे में विलाप करती रहती थी, और उसके साथ के लोग उसकी हँसी उड़ाते थे, उसे

चुड़ैल, बुढ़िया कहते थे। शायद वह अपने पहले प्यार के साथ ज्यादा मजे में रहती। वह एक हिंदू हीरो था, जिसके साथ उसने अपने जमाने की सबसे बड़ी टेक्नीकलर फिल्म के साथ इंडस्ट्री में कैरियर की शुरुआत की थी। लेकिन उसकी माँ ने उसका कड़ा विरोध किया था। दो साल बाद उस हीरो ने एक दूसरी हीरोइन से शादी कर ली थी और सविता हमेशा के लिए विलाप करती और तड़पती रह गई थी।

कितनी वाहियात दिखती थी वह। अब भी नखरेबाज लड़की का रोल कर रही थी। उसका मेकअप वही पुराने जमाने का होता था, और बालों को सँवारने का ढंग भी उसकी पहली हिट फिल्म के जमाने का था। गहनों से लदी और भारी-भरकम साड़ी पहने वह किसी मुरझाई और परित्यक्ता, विक्षिप्त दुल्हन की तरह दिखाई देती थी, जिसका दूल्हा वादा करके मंडप में नहीं पहुँचा था। शुक्र है भगवान तेरा, आशा रानी ने अपने मन में कहा। कम-से-कम उसे तो इस हालत से दो-चार नहीं होना पड़ा था। उसने शादी कर ली थी। उसकी कोख भरी थी। उसके पास एक बेटी थी। वह इस हालत से बचकर निकल आई थी।

जब आशा रानी ने सुधा से मिलने का मन बनाया, उस रात मद्रास में बारिश हो रही थी। बाहर बादल गरजने की आवाज सुनकर वह जाग गई थी। वह सपना देख रही थी कि वह एक बहुत बड़े स्टेज पर नाच रही है। वह अकेली थी—न कोई साजिंदा था, न श्रोता। अधजगी हालत में ही उसने सोचा कि देवतागण थाप दे रहे हैं। स्वर्ग से बजते मृदंगम् ने उसकी तंद्रा को भंग कर दिया और उसने अपने आपको जागा हुआ और चौकस पाया। गरज के बाद बिजली कड़की। समुद्रतट पर कितना सुंदर दृश्य होगा, उसने सोचा। उसने गहरी साँस ली। उसके नथुनों में मिट्टी की सोंधी महक भर गई और वह अपने बचपन में लौट गई, जहाँ वह अम्मा से चिपटी सुधा के साथ खिलखिला रही थी और यह जुगाड़ बिठा रही थी कि किस तरह से छिपकर बाहर निकले और पानी में भीगे। यह तो बेमौसम की बरसात थी। क्या था यह ? कहीं अंधड़ आया था ? या बंगाल की खाड़ी में हवा का दबाव था ? लेकिन मौसम विभाग ने बारिश की कोई भविष्यवाणी नहीं की थी।

आशा रानी ने बिस्तर छोड़ दिया। लक्ष्मी भी उठ गई थी। सुबह के चार या पाँच बजे होंगे। आसमान उजला हो चला था। तूफान काफी रहा था। जब लक्ष्मी उसके लिए कॉफी लेने गई, तो आशा रानी खिड़की के पास बैठकर बाहर का दृश्य देखने लगी। बाहर चमेली का पेड़ पिछली रात फूलों से लदा हुआ था। अब वही नाजुक सफेद फूल आसमान से गिरे नन्हे-नन्हे सितारों की तरह गीली जमीन पर बिछे हुए थे। आसमान में बिजली कौंध रही थी। अजीब बात थी। पहले वह बिजली से कितना डरा करती थी। सचमुच, बहुत डरती थी वह। आज पहली बार वह बिजली को देख रही थी, और वह खूबसूरत दिख रही थी।

तूफान करीब पैंतालीस मिनट तो रहा ही होगा। जब उसने आसमान की ओर आँख उठाकर देखा, तो धीरे-धीरे पौ फट रही थी। खूबसूरत भोर थी; बिलकुल गुलाबी और मदहोश। वह ऐसी ही दुल्हन बनना चाहती थी। बारिश के बादल निकल गए थे। आसमान खामोश था। ब्रह्मांडीय नृत्य समाप्त हो चुका था। ईश्वर ने भी अपने तबले उठाकर रख दिए थे और अपने रंगमहल में सोने चला गया था।

आशा रानी टेलीफोन के पास गई। उसे अभी बहुत कुछ करना था। साशा से बात करनी थी। शायद आज फोन पर उसकी बात जल्दी हो जाए। उसे अप्पा को देखना था। वकीलों से बात करनी थी। लेकिन सबसे ज्यादा तो उसे सुधा से मिलना था। उसे छूना था, उससे बात करनी थी, उसे पकड़ना था, उसे माफी देनी थी। और पिछले दो-एक दिनों में आज पहली बार, उसे यह झलक मिली कि आनेवाला समय कैसा होगा।

सुधा ने जैसे ही आशा रानी को अपने पलंग के पास खड़े देखा, उसने अपने जले के निशान वाले हाथों से अपना चेहरा ढाँप लिया। ''अक्का—नहीं ! नहीं,'' उसने निराश स्वर में कहा, ''प्लीज...प्लीज चली ज़ाओ। मैं नहीं चाहती कि तुम मुझे इस हालत में देखो। मैं मरना चाहती हूँ। मैं किसी को अपना मुँह नहीं दिखाना चाहती। अब जीने को बचा ही क्या है। प्लीज, अक्का, मैं तुम्हारे हाथ जोड़ती हूँ। तुम यहाँ चाहे जिस लिए भी आई हो—मैं जानना भी नहीं चाहती। भगवान ने मुझे सजा दे दी है। यह सजा ही तो है, और मैं इसकी हकदार भी हूँ। मैंने दुष्टता का बर्ताव किया है। मैंने पाप किया है। पता नहीं क्यों मैंने यह सब किया। मैंने तुम्हारा इतना नुकसान किया। तुम मुझे माफ मत करना। बस, मुझे मर जाने देना। मेरा यह हाल हो गया है। आईना देखती हूँ तो अपनी सूरत से डर जाती हूँ। मैं उसी वक्त क्यों नहीं मर गई ? वही अच्छा होता। कम-से-कम इस कष्ट से तो छुटकारा मिल जाता मुझे। जो कुछ भी मेरे पास है, तुम ले लो। इस पर तुम्हारा ही हक है। मैंने तुम्हीं से छीना है यह सब। मुझे कुछ नहीं चाहिए। मेरा बँगला, अमर, मेरे जेवरात, सब तुम ले लो। लेकिन, प्लीज मुझ पर एक अहसान कर दो। मुझे कुछ गोलियाँ ला दो, ताकि मैं इस पीड़ा का हमेशा के लिए अंत कर दूँ। प्लीज, अक्का, ला दो न ! यहाँ ये लोग रात में मुझे एक नींद की गोली देते हैं। मैंने एक तरकीब सोची। मैं गोलियाँ खा लेने का बहाना करती रही, जबकि सचमुच में मैं उन्हें जमा करती जा रही थी। मुझे काफी गोलियाँ चाहिए थीं। कम-से-कम चालीस-पचास। लेकिन पिछले हफ्ते उन्हें मेरे बिस्तर के नीचे से वे सारी गोलियाँ मिल गईं। उनसे कह दो, अक्का, उनसे कह दो कि वे मुझे इस तरह जिंदा न रखें। किसी को भी मेरे बचने की उम्मीद नहीं थी। पता नहीं क्यों बच गई मैं। और अब ये लोग मुझे बाहर भेजना चाहते हैं—कह रहे थे, स्विट्ज़रलैंड भेजेंगे। वहाँ चमड़ी की और ग्राफ्टिंग होगी। लेकिन मैं कहती हूँ इसका फायदा क्या है ? क्या मैं कभी पहले जैसी दिख सकूँगी ? नहीं अब बहुत हो गया। अब मैं और पीड़ा नहीं झेल सकती। इंफेक्शन, सेप्टिक घाव, निमोनिया—क्या-क्या नहीं देखा

मैंने। अब मेरे शरीर में जान नहीं रह गई है। चमड़ी का एक-एक टुकड़ा उसकी सही जगह पर ग्राफ्ट कर देने के बाद–क्या होगा ! क्या कोई मुझे रोल देगा ? क्या कोई मर्द मुझसे शादी करेगा ? क्या कोई मेरी सूरत भी देखना चाहेगा ? क्या मेरा अपने ही जिस्म पर, अपनी ही जिंदगी पर कोई हक नहीं बनता ? अक्का, क्या करूँ मैं ?''

सुधा की आँखों में आँसू भी तो नहीं बचे थे। यह सारी बात कहते समय उसकी आँखें एकदम सूखी थीं।

आशा रानी थोड़ा और पास आई और उसने बड़े प्यार से अपनी बहन के गले में बाँहें डाल दीं। उसने कहा, ''मैं बताऊँगी कि तुम्हें क्या करना है। लेकिन पहले तुम्हें मुझसे एक वादा करना होगा–कि तुम मेरे पास रहोगी। मैं तुम्हारी देखभाल करूँगी और तुम्हें मेरी मदद करनी होगी। हम दोनों मिलकर अप्पा का स्टूडियो खोलेंगे–अपना स्टूडियो खोलेंगे। हम फिल्में बनाएँगे, अच्छी फिल्में, और हम जिंदा भी रहेंगे। जिंदा ही नहीं रहेंगे, फूलेंगे-फलेंगे भी। हम अपने बैनर को साउथ का अब तक का सबसे बड़ा बैनर बनाएँगे। हम स्टूडियो को बिलकुल मॉडर्न कर देंगे। नए-से-नए साज-सामान लाएँगे। काबिल से काबिल लोगों को काम देंगे। जो कुछ भी जरूरी होगा, उसे खरीदने के लिए तुम मेरे साथ सिंगापुर, हाँगकाँग, टोक्यो चलोगी। हमारा स्टूडियो हिंदुस्तान का सबसे अप-टू-डेट, हाईटेक स्टूडियो होगा। तुम्हारे अंदर व्यापार का अच्छा माद्दा है। मुझे उसकी जरूरत होगी। मैं टेक्नीकल चीजें सँभालूँगी, प्रोडक्शन का काम देखूँगी। अप्पा को अपनी बेटियों पर गर्व होगा। अम्मा को भी। मेरी तरफ देखो, सुधा यह हमारा मौका है, मेरा-तुम्हारा मौका, कि हम नई जिंदगियाँ शुरू करें, एक बार फिर शुरुआत करें। हम यह करेंगे भी। मेरी बात सुन रही हो न ? हम कामयाब होंगे और कभी पीछे मुड़कर नहीं देखेंगे। जहाँ तक मेरी बेटी साशा का सवाल है, मैंने उसके लिए भी कुछ सोच रखा है। लेकिन उसमें समय लगेगा। तुम तैयार हो न सुधा ? तुम मेरे साथ हो न सुधा ? तुम ठीक हो जाओगी। बिलकुल ठीक हो जाओगी। आज अच्छे प्लास्टिक सर्जनों के लिए कुछ भी असंभव नहीं है, और फिर मैं तुम्हारा साथ दूँगी, चाहे इसमें जितना भी वक्त लग जाए और चाहे इसके लिए दुनिया के किसी भी कोने में हमें जाना पड़े। अपना मुँह मुझे दिखाओ, मेरी अच्छी नन्ही सुधा ! तुम्हें देखूँ तो जरा।''

लेकिन सुधा ने अपने हाथ नहीं हटाए। तब आशा रानी ने अपनी बहन के ऊपर झुकते हुए उसकी कड़ी उँगलियों को सावधानी से हटा दिया। फिर, बहुत, बहुत आहिस्ता से वह झुकी और सुधा के पूरे चेहरे पर प्यार कर लिया।

आशा रानी ने जब अप्पा को बताया कि उसने क्या सोच रखा है, तो उनकी खुशी का ठिकाना नहीं रहा। वह अपनी भावनाओं को साफ ढंग से जता तो नहीं पाए, लेकिन जब उन्होंने उसके हाथों पर अपने हाथों का कमजोर दबाव डाला और उनके रूखे गालों से लगातार आँसू बहने लगे तो आशा रानी ने अंदाजा लगा लिया कि वह कितने खुश

हैं। "सब कुछ बिलकुल ठीक हो जाएगा, अप्पा," वह कहती रही, "पिछली रात बारिश हुई है। अच्छा सगुन है। क्या आपको पता चला था कि बारिश हुई है ?" अप्पा ने धीरे से सिर हिला दिया। "और अप्पा," आशा रानी ने आगे कहा, "हम सब जल्दी ही तिरुपति जाएँगे। बहुत जल्दी। जितनी जल्दी डॉक्टर लोग सुधा और अम्मा को अस्पताल से छुट्टी दे देंगे, और जितनी जल्दी साशा यहाँ पहुँच जाएगी। मैं अभी उसको फोन करके कहने जा रही हूँ कि वह यहाँ आ जाए। मैं जानती हूँ उसे अच्छा लगेगा। मैं जानती हूँ। फिर, वेंकटेश्वर के आशीर्वाद से हम सब नई शुरुआत करेंगे। आपको अपना बैनर, एक बार फिर ऊँचाई पर फहराता दिखाई देगा और आपको गर्व होगा। बहुत गर्व होगा। इंडस्ट्री में हमारे नाम का सिक्का चलेगा और हमारा स्टूडियो एक बार फिर अपने पुराने गौरव को प्राप्त करेगा। मैं आपसे वादा करती हूँ, अप्पा ! आप देखेंगे कि मैं यह सब करूँगी और साबित करके दिखा दूँगी।"

उस रात जब आशा रानी सोने के लिए बिस्तर में गई, तो जागने और सपने देखने के बीच के उजास में वह साशा के बारे में सोचने लगी। उसने अपने मन में कहा कि उसकी सबसे ज्यादा जरूरत साशा को ही है। साशा यानी उसकी खूबसूरत बेटी। गेहुँए रंगवाली उसकी बेटी साशा जिसकी खास आँखों की रंगत ऐसी थी जैसे उनमें धूप और सागर घुले हों। ऐसी आँखें जो सितारों के हजार गुच्छों की तरह झिलमिलाती और टिमटिमाती थीं। वह साशा जो मासूम और भोली थी। वही साशा यहाँ आएगी और उसके पास रहेगी। वे दोनों मिलकर इस दुनिया को जीत लेंगी। उसकी बेटी और वह मिलकर अपने लिए एक आशियाना बनाएँगे, जहाँ उन्हें कोई टोकनेवाला नहीं होगा कि ऐसे रहो या वैसे रहो। जहाँ न दिलों का टूटना होगा, न निराशाएँ होंगी, न समझौते होंगे। और जैसे ही उसे अपनी सुंदर बेटी का खयाल आया, उसे लगा कि सब कुछ आसान होगा। साशा अपनी ही शर्तों पर जिंदगी को जिएगी। और वह उसे इस तरह पाले-पोसेगी जैसे अम्मा ने अपनी बच्चियों को कभी नहीं पाला। आशा रानी अचानक कल्पना में सिनेमा के बड़े-बड़े पोस्टरों और फिल्मी पत्रिकाओं के आवरण पर अपनी बेटी का ताजगी-भरा, मासूम चेहरा देखने लगी। साशा में स्टार बनने के लिए जरूरी सारी खूबियाँ थीं। वह ऐसी स्टार बनने की क्षमता रखती थी, जिसे कभी भुलाया न जा सके। रुपहले पर्दे की सुनहली सुंदरी ! हाँ, साशा कल की हृदय-साम्राज्ञी होगी !

कल दीवाली थी। ज्योति-पर्व। उसे लक्ष्मी से कहना होगा कि वह दीये तैयार करके रखे।

●●●